开国大将的故事

（上册）

陈登才 冯世平 编著

红旗出版社

图书在版编目（CIP）数据

开国大将的故事 / 陈登才, 冯世平编著.
— 北京：红旗出版社, 2017.12
ISBN 978-7-5051-4478-1

Ⅰ.①开… Ⅱ.①陈… ②冯… Ⅲ.①中国人民解放军—将军—生平事迹—通俗读物 Ⅳ.①K825.2-49

中国版本图书馆CIP数据核字(2017)第324288号

书　　名	开国大将的故事		
编　　著	陈登才　冯世平		
出 品 人	唐中祥	责任编辑	张明林
总 监 制	褚定华	封面设计	冽　冽
出版发行	红旗出版社	地　　址	北京市沙滩北街2号
邮政编码	100727	编辑部	010-57274597
E-mai	hongqi1608@126.com		
发行部	010-57270296		
印　　刷	三河市元兴印务有限公司		
开　　本	710毫米×1000毫米		1/16
字　　数	354千字	印　张	34
版　　次	2018年7月北京第1版		2020年6月河北第2次印刷
ISBN 978-7-5051-4478-1		定　价	69.80元（全二册）

欢迎品牌畅销图书项目合作　联系电话：010-57274627
凡购本书，如有缺页、倒页、脱页，本社发行部负责调换

目 录

粟裕大将的故事 ·· 1

  志在保护穷苦百姓 ································· 1
  投身革命高举义旗 ································· 7
  在炮火硝烟中成长 ································ 13
  坚持浙南三年游击战争 ···························· 21
  先声夺人威震江南 ································ 26
  决战黄桥痛歼顽伪 ································ 32
  坚持苏中抗击敌寇 ································ 38
  分进合击决胜宿北 ································ 44
  回师鲁南再歼劲敌 ································ 50
  百万军中取上将首级 ······························ 56
  驰骋黄淮大战豫东 ································ 62
  运筹帷幄决战淮海 ································ 68
  饮马长江挥戈南下 ································ 74

徐海东大将的故事 ·· 81

  "泥巴人"的童年 ································· 81
  卖水郎参加了共产党 ······························ 88
  七支钢枪的来历 ·································· 93
  大队长赔礼 ······································ 97
  秘密发展"徐家军" ······························ 102

1

目录 CONTENT

  "徐老虎"和勤务兵 …………………………………… 106
  师长让马 …………………………………………… 110
  副军长和"朱号官" ………………………………… 115
  活捉敌师长柳树春 ………………………………… 122
  战士的冬装 ………………………………………… 127
  风雨长征路 ………………………………………… 132
  迎接党中央！迎接毛主席！ ……………………… 137
  毛泽东派人来借钱 ………………………………… 142
  不做"半个中国人" ………………………………… 148
  有一口气就要为党工作 …………………………… 153

黄克诚大将的故事 …………………………………… 159

  勇于求索的有志青年 ……………………………… 159
  湘南暴动举义旗 …………………………………… 166
  转战在中央革命根据地 …………………………… 173
  万里征途历艰辛 …………………………………… 179
  组织部长的职责 …………………………………… 185
  烽火硝烟太行山 …………………………………… 192
  挥师挺进华中 ……………………………………… 198
  情系苏北人民 ……………………………………… 206
  浴血奋战斗敌寇 …………………………………… 213
  英勇攻坚夺阜宁 …………………………………… 220
  回师苏北战两淮 …………………………………… 227
  挺进东北再显身手 ………………………………… 233

陈赓大将的故事 ……………………………………… 241

  弃读从戎 投身黄埔 ……………………………… 241
  孤胆英雄东征救蒋 ………………………………… 246

机智果敢斗敌特 …………………… 251
　　铁窗铮骨 …………………………… 259
　　威武不屈　利诱不移 ……………… 267
　　长征路上建奇功 …………………… 273
　　持枪跃马战太行 …………………… 277
　　上党战役擒敌酋 …………………… 285
　　勇歼"天下第一旅" ………………… 293
　　与毛泽东在陕北 …………………… 300
　　运筹策划　为国扬威 ……………… 304
　　最后的日子 ………………………… 309

谭政大将的故事 …………………… 312

　　书香门第的后生 …………………… 312
　　一介书生投笔从戎 ………………… 318
　　逃离军营试锋芒 …………………… 323
　　披荆斩棘上井冈 …………………… 329
　　毛泽东的首任秘书 ………………… 334
　　名副其实的谭政——"谈政" ……… 340
　　从戎不投笔的政治大将 …………… 346

肖劲光大将的故事 ………………… 352

　　穷人的孩子早立志 ………………… 352
　　初出茅庐闯世界 …………………… 357
　　年轻的党代表 ……………………… 362
　　出征前的婚礼 ……………………… 367
　　当乌云密布时 ……………………… 373
　　十万兵马大对峙 …………………… 377
　　硝烟弥漫后的黎明 ………………… 382

目录 CONTENT

开国大将的故事

张云逸大将的故事 ················· 387

邓、张谋面 ··················· 387
百色起义 ····················· 392
转战千里 ····················· 397
崂山遇险 ····················· 403
妻儿被扣 ····················· 407
乔装除奸 ····················· 412
"飞马"香烟 ··················· 416

罗瑞卿大将的故事 ················· 420

勇斗洋人 ····················· 420
死而复生 ····················· 423
巧破日特 ····················· 426
志同道合 ····················· 430
针锋相对 ····················· 435
转战歼敌 ····················· 443
坚持真理 ····················· 449
英名永存 ····················· 454

王树声大将的故事 ················· 456

"洋秀才" ····················· 456
大义灭亲 ····················· 459
剑锋初砥 ····················· 463
智取"小王国" ················· 469
疆场弯弓月 ··················· 474
勇破剑门关 ··················· 479
喋血河西 ····················· 484
打回大别山 ··················· 491

许光达大将的故事 ····· 495

  投笔从戎 ····· 495
  追赶红旗 ····· 500
  娃娃连长 ····· 505
  洪湖奋战 ····· 510
  独当一面 ····· 515
  驰骋西北 ····· 520
  铁骑飞奔 ····· 525

再版后记 ····· 532

粟裕大将的故事

志在保护穷苦百姓

"沙场名将百战多,运筹帷幄任挥戈。"粟裕是一位杰出的军事家,也是我国少数民族中唯一的大将。他在长期的革命战争中,南征北战,驰骋疆场,为中国人民的解放事业立下了不朽的功勋。

★会同县伏龙乡枫木树脚村远眺

开国大将的故事

　　1907年8月10日，粟裕出生在湖南省会同县伏龙乡枫木树脚村一个侗族家庭。会同县地处湘西，当时社会、经济、文化都比较落后。在粟裕祖父的时代，家里有几十亩土地。到他的父辈，三兄弟分了家，每家有二三十亩土地。粟裕共有兄弟姐妹五人，家庭人口多，家庭境况并不富裕。因为乡下经常闹匪患，后来他的父母就带着全家迁进了会同县城。

　　粟裕的父亲粟嘉会是清朝末年的落第秀才，为人忠厚老实，但思想比较保守。他望子成龙心切，一心想要把粟裕培养成为封建地主家庭的传宗接代人。1913年，粟裕六岁时，父亲送他进私塾读书，1918年后进了县城的"模范小学"和"高等小学"学习。

　　童年时代的粟裕，性格开朗，活泼好动，喜欢下河游泳、攀岩上树，常同家里雇用的两个长工一起玩耍。长工们见粟裕没有少爷架子，都很喜欢他。特别是有个叫阿陀的青年长工，擅长讲古时候剑侠劫富济贫、除恶扬善的故事。每当他绘声绘色、娓娓动听地给粟裕讲"七剑十三侠"和"草上飞"等故事时，都会给粟裕带来欢乐。这些故事还唤起他对受苦受难的穷苦百姓的同情和对"剑侠"的崇敬。当时，粟裕虽然还是一个不懂世事的毛头小子，但萌生了一种愿望，希望自己长大以后能做个除暴安良的剑侠。他怀着仗义行侠的愿望，经常跟着阿陀练功习武。他在小腿绑上沙袋，练"飞毛腿"，舞弄着自己制作的狼牙棒，还用阿陀送给他的自制火枪射击画有恶霸头像的靶子。

　　粟裕在高等小学读书时，会同县城里驻扎着军阀部队的一个连。这支军阀队伍，肆意欺压百姓，每次出营都排成几路纵队，不管有没有行人，不问道路宽窄，横冲直撞，把做小生意人的摊点、挑子随便踢倒撞翻。老百姓怨声载道，但敢怒不敢言，从心底里恨透了这帮军阀兵。看到这些，粟裕和小伙伴们愤愤不平，后来，他们放学外出时，也排成几路纵队，故意去冲撞那些军阀兵，为受辱受气的老百姓出气。这种对抗，使粟裕渐渐产生了"自己搞队伍"的念头。他想到外面去闯一闯，拉起一支保护穷苦百姓的好队伍，带回来狠狠地教训那些欺侮老百姓的军阀兵。

为实现这个抱负，粟裕如饥似渴地学习知识。可是，他的所作所为与他父亲的愿望和要求越来越远了。正当他在学校里刻苦学习，国文、算术、绘画、体操、唱歌等各门功课都成绩优良时，父亲却让他管家、记账，还常常逼他请假在家做事。这样就导致了粟裕的学习成绩不断下降、学业荒废，连续两年留级。这时，家里还强行做主，给他定了一门亲事，女方比他大两三岁，还裹着小脚。来自家庭和封建习俗的束缚和压抑，使他实在难以忍受。

1924年初，年仅十七岁的粟裕毅然离开了家乡。他跋山涉水，来到了常德，先后在常德第二男子师范附属小学和常德"平民中学"学习。为了多学知识，他把全部精力都投入到了学习中去，连睡觉、吃饭都尽可能缩短时间，几乎整天不离开座位，真是达到了如饥似渴、如醉如痴的程度。由于用功过度、营养不良，他害了场大病，咳嗽吐血。后来，粟裕吸取了教训，注意加强身体锻炼，从短距离跑步开始，之后逐步加大运动量，坚持每天早晨跑十多里路，还经常打篮球、做体操，身体很快就强健起来了。

1925年春天，粟裕考入了湖南省立第二男子师范学校。当时

开国大将的故事

中国共产党和国民党在广州成立了国民政府，北伐战争即将开始，学校的学潮接连不断。粟裕参加了中国共产党领导的学生会和救国义勇队，受到了锻炼。在这一段时间里，他读了许多进步书刊，开始接受共产主义的学说，目光也开始转向社会。他一改少年时代活泼好动的性格，逐渐变得沉静多思。当时，常德县工农运动蓬勃兴起，农会、工会已经组织起来。粟裕看到了工农群众的伟大力量，更加坚定了他的革命信念。

1926年11月，粟裕加入了中国共产主义青年团，在中共党组织的领导下，他积极组织学生运动，并筹钱买枪，准备迎接北伐军。1927年4月12日，蒋介石在上海发动了反革命政变，疯狂屠杀共产党人。5月，长沙的反动军阀许克祥发动了"马日事变"，血腥镇压工农群众。常德男子二师的进步校长被反动派逮捕，西郊农民协会委员长惨遭杀害。一时间，常德上空阴云密布。

一天深夜，中共常德特别支部书记李芙召集粟裕等二三十人，紧急讨论下一步的行动问题。有人主张立即调集附近的农民自卫军进城，跟反动派痛痛快快地干上一仗；有的人认为要先撤出城去，另想办法。李芙紧抿着嘴唇，默默地思考着。沉默了一会儿，李芙抬起头，环视了一下周围的每个人，然后猛地站起身来，坚定地说："必须马上撤出城去！"瞬间，室内的空气像是凝固了一般。紧接着，开始了激烈的争论。"不当可耻的逃兵！""同志们的血不能白流！"大家一个个都站了起来，愤愤地抢着发言。粟裕又深思了片刻，然后做了个手势，让大家安静下来。李芙深沉地望着一位眼里满含着泪水的女同志，动情地说："我的心情何尝不跟大家一样？但是，目前城里反动派的力量太强，如果我们盲目行动，后果将不堪设想。我们只能暂时撤到乡下去与农民自卫军会合，然后再从长计议。"

粟裕赞同地点了点头说："我同意这个意见。留得青山在，不怕没柴烧。"

经过一番讨论，大家终于一致同意立即撤出县城。可正在大家准备撤走的时候，情况却发生了急剧的变化。反动军警已关闭了常德各个城门，到处贴出告示，严令通缉李芙、粟裕等"赤色分子"。

5月24日凌晨，天刚破晓，反动军警就开始了大搜捕。常德城陷入了一片白色恐怖之中，到处都充满了血腥味。李芙、粟裕等人想马上突围出城，但已经不可能了。他们想和工人纠察队一起投入战斗，可还没赶到总工会，工人纠察队就已经被打散了，他们只得退回校园。

天色渐晚，天边几片如血的晚霞已被乌云完全遮住。校外不时传来一阵阵枪声，有时还夹杂着粗野的训斥、喝骂声。夜幕笼罩下的校园，显得格外寂静。粟裕和李芙一边安排大家休息，一边密切注视着周围的动静，时刻警惕可能发生的紧急情况。

子夜，忽然开来两个营的反动军警，包围了学校。粟裕听到外面杂乱的脚步声和枪托的撞击声，爬到树上一看，不由得倒吸了一口凉气。墙外黑压压的人群正向学校逼来。他赶紧返回宿舍，叫醒大家。紧接着又提醒李芙说："我们被包围了，必须赶快离开这里。"怎样才能安全离开学校呢？几十双眼睛焦急地望着李芙和粟裕。"不能再拖了，等到天亮敌人动起手来，我们就更没有办法

了。"粟裕想到前半夜察看四周动静时谋划的撤退路线,镇静地对李芙说:"东边厕所后面有一扇小门,门外是一条死巷子,翻过墙有一片菜地,紧靠着城墙。我们只要穿过菜地,就可以越城而出,去找农民自卫军了。"

听粟裕这样一说,大家顿时兴奋起来,决心突出重围。突然,外面传来急骤的撞门声和吆喝声。李芙果断命令大家跟着粟裕快撤,他自己则留下来掩护。

"你带大家先走,我来掩护。"粟裕恳切地对李芙说。

"你熟悉路线,你带大家冲出去……"还没有等李芙把话说完,就听"轰"的一声,学校的大门被反动军警撞开了。李芙狠狠地推开粟裕,连声催促说:"快走!快走!"

此时,反动军警已涌进校门。粟裕一挥手,便带着大家向东边跑去。他边跑边回头深情地望了李芙一眼,然后带着大家打开小门,离开了校园。

不料,粟裕带领大家在泗渡护城河时被城楼上的敌人发现了。

★烟波浩渺的沅江

枪声、喊叫声同时响起,子弹嗖嗖地从他头顶和身旁掠过。粟裕沉着冷静地指挥大家迅速渡过护城河,躲过了敌人的追杀、搜捕。在茫茫的夜色中,他们越过田野,跨过沟壑,渡过沙河,向下游的沅江奔去。为了分散目标,他们不得不分头撤离。

粟裕登上沅江对岸,远眺着常德城内腾起的片片火光烈焰,谛听着远处传来的阵阵凄厉的枪声,遥望西南方向800里外的家乡,心中涌起无限的酸楚。

又一阵激烈的枪声打断了粟裕的思绪。他毅然迎着黎明,披着曙光,踏上了新的征程——他开始了漫长的戎马生涯。

投身革命高举义旗

一列满载旅客的列车从长沙向武汉风驰电掣般地行驶着。车厢里拥挤不堪,扑鼻的汗臭味令人作呕。在旅客的座椅下,缩藏着一位面容憔悴、疲惫不堪的青年学生,他就是刚从常德逃过反动军警搜捕的粟裕。

清晨,喷薄而出的红日映照在大江两岸。粟裕随着拥挤的人群走出了车站,在这举目无亲的大武汉,到哪里去安身呢?此时此刻,粟裕心中涌起了无限的惆怅。最后,他抱着试试看的想法,来到武昌国民革命军第十一军二十四师教导队。这里果真收留了他。

第二十四师是中国共产党掌握的一支武装力量。大名鼎鼎的叶

挺就是这个师的师长。当时反动派疯狂地镇压革命和进步势力,有不少进步学生被通缉和追捕。中国共产党为了收容湖北、湖南等地受迫害的进步青年,在第二十四师成立了教导队。教导队成立不到半个月,就有1000多名学生加入。

在教导队里,粟裕和其他学员一样,对他们的师长叶挺敬仰且畏惧。在他们中传颂着很多有关叶挺的战斗故事。据说,当时反动军阀夏斗寅勾结蒋介石叛变革命,派兵攻打武汉,已经打到距离武昌仅20里的纸坊时,因兵力悬殊,在敌人猛烈的炮火攻击下,叶挺的部队退却了。后来叶挺的参谋长亲自督战,仍不能扭转不利的形势。突然,有人喊道:"叶师长来了!"战士们顿时振奋起来,停止了退却,转身向敌人冲杀,终于将敌人打退。有一位营长受了点儿轻伤,就呻吟着下了火线。他一听说叶挺来了,立即跳下了担架,又冲了上去。从此,叶挺将军便成了粟裕效仿的楷模。

教导队的训练是极其正规和严格的。每天坚持早上跑步,上、下午各一节军事操练,黄昏一节体操,上、下午还各有一节政治课或军事课,晚上还有一个小时的点名训话。训练中,一个动作做得不符合要求,就要重复做十几次,甚至几十次,直到完全符合要求为止。

教导队的学员几乎都是清一色的共产党员和共青团员。党组织十分重视对这批新生力量的教育和培养,除了上政治课外,还经常请各级领导如周恩来、恽代英、瞿秋白、叶挺等来作报告。这些报告为粟裕日后的成长进步指明了方向。1927年6月,粟裕转为中国共产党党员,还被提升为学员班长。

在国民党反动派疯狂镇压工农运动的日子里,武汉的形势也发生了急剧的变化。武汉国民政府下令制止工农运动，反动分子的气焰越来越嚣张。清一色党团员组成的教导队更是敌人的眼中钉。为了防范反动势力的进攻，叶挺师长要求全师部队做好应付突发事件的准备和立即行动的部署。

粟裕带领全班学员开始磨刀擦枪，投入了紧张的战备工作。当时，他们的枪械陈旧，多数是老套筒，寥寥无几的"汉阳造"步枪算是最新式武器了。但是，学员们都把这些武器看成是自己的生命，进行精心的保养。

一天下午，阴云密布，本来就有"大火炉"之称的武汉，显得更加闷热，让人透不过气来。突然，"嘀嘀嗒嗒"的紧急集合号响了，学员们迅速背上武器和背包，在操场集合。大队长宣布，教导队随师部即刻出发。为了缩小教导队的行动目标，各个中队分别改名为手枪队、迫击炮连、监护连等。

此时，天空乌云翻滚，电闪雷鸣，暴风雨马上就要来了。粟裕随着教导队离开了武昌，赶到汉口码头，登上轮船，经大冶、黄石港，向九江开去。

可是，反动派到处都张下了罗网，随时准备对付共产党领导的革命队伍。此刻，汪精卫、朱培德、张发奎等反动势力的代表人物，正在庐山密谋，企图想以到庐山开会为名，收缴叶挺、贺龙等人的兵权。担任第四军参谋长的叶剑英，急忙赶到九江，向叶挺通报了情况。叶挺决定，部队迅速开赴南昌。

在叶挺带领下，第二十四师连夜离开了九江向南昌进发。教导队到达南昌后，驻扎在贡院后面的一所学校里，随即改编为第

二十四师第七十二团。

此时的南昌，正孕育着一场巨大的革命风暴。

1927年7月27日，周恩来按照党中央的指示，赶到了南昌，担任党的前敌委员会书记，负责组织南昌起义。一时间，南昌城里群英荟萃。恽代英、李立三、陈潭秋等党的高级领导人都会集在这里。起义在即，繁忙的筹备工作正在有条不紊地进行着。

粟裕所在的中队，奉命担任南昌起义革命委员会的警卫队。他看到周恩来等领导人紧张忙碌地工作，有时开会到深夜，就预感到有什么重大的事情要发生了。

7月31日下午，粟裕他们接到通知："擦拭武器，补充弹药，整理行装，待命出发。"大家全副武装坐在背包上等候命令。大家纷纷议论说，肯定是要打仗，可是跟谁打还不清楚。

晚上10点来钟，第二十军军长贺龙，催马赶到了起义指挥部所在的江西大旅社。他顾不上擦去脸上的汗水，即向周恩来报告说：有一个副营长叛变，向敌人密告了起义的行动计划。

周恩来当机立断，决定起义提前两个小时，改在8月1日凌晨两点举行。午夜刚过，一阵急骤的枪声划破了南昌城宁静的夜空。顿时，城里城外枪声四起，杀声震天。

警卫队接到命令，立即前去策应第十军教导团的起义。他们跑步到达目的地时，营内吹起了欢迎号，朱德领导的第十军教导团全部起义了。

贺龙领导的第二十军、叶挺领导的第十一军第二十四师，还有第四军第二十五师等部队也都参加了起义。

上午，起义部队占领了南昌城。

南昌起义，打响了武装反抗国民党反动派的第一枪。从此，中国共产党开始有了自己的武装。粟裕跟随着这支队伍，投入了长期艰苦卓绝的武装斗争。

南昌起义的胜利，震惊了反动势力。武汉政府勾结蒋介石联手反共。九江、吉安、抚州各地的反动武装陆续向南昌逼来。为了保存革命力量，起义部队决定南下广东，到革命的策源地去，重新发动革命。

8月6日，粟裕随警卫队南下，担任革命委员会和参谋团的警卫，并负责押运在南昌缴获的大批武器弹药。行军途中，每人除携带一支驳壳枪外，还背了2支步枪，200多发子弹，加上背包等，要负重60多斤。另外，每人还要照管一个挑着枪的民夫。冒着盛夏酷暑，顶着烈日，每天要走七八十里路，真是又热又累，叫人难以忍受。

这次长途行军，从南昌出发，经过抚州、南城、南丰、广昌、瑞金、会昌、长汀、上杭等地，一直走了一个多月，才到达潮州、汕头一带。

潮州一派南国风光，各种名贵水果压满枝头。大好风光给粟裕带来了极大的快慰，使他忘记了长途跋涉的劳累。但部队刚刚休整了十来天，就传来了前方战斗失利的消息，形势一天比一天紧张。

一天下午，突然传来一阵激烈的枪声，粟裕随警卫队奉命撤离潮州，向北转移，又开始了新的长途跋涉。

起义军到达福建与江西交界的武平时，围追之敌跟踪而来。朱德指挥部队顽强抗击，打退了敌人两个团的进攻。随后，命令粟裕

所在的部队掩护主力转移。

粟裕和战友们占据武平城西门外的一个山坡,与敌人展开了激烈的战斗。突然,一颗子弹击中了粟裕的头部。他只觉得受到猛烈一击,顿时血流如注,一头栽倒在地。全排完成了掩护任务后,迅速撤离了阵地。这时,粟裕开始恢复一点儿知觉,但他怎么也动弹不得,心里想说:别丢下我,我还要跟着部队打仗啊。一阵剧烈的疼痛,使他怎么也张不开嘴……

不知又过了多久,粟裕稍稍能动弹了,可是四周已空无一人。他想挣扎着爬起来,可是腿一软又扑倒在地。一心要追赶部队的念头,给了粟裕一股力量,他站不起来,就顺着山坡往下滚。费了很大劲才滚到路边,可又跌到路旁的水田里了,恰巧被路过的几个战友发现,才使他得了救。战友们为他包扎好伤口,搀扶着他去追赶部队。

由于连续行军打仗,部队减员很多,加上处境危险,条件恶劣,一些意志不坚定的人陆续离开了队伍。这支起义部队最后只剩下了不到1000人。就在这个时候,身受重伤的粟裕,以坚定的信念和顽强的毅力,在战友们的帮助下,终于赶上了队伍。

10月下旬,朱德带着这支起义部队到达了信丰,针对部队部分官兵的悲观主义和逃跑主义思想进行了整顿。朱德坚定地说:"愿意继续革命的跟我走,不愿意革命的可以回家。1905年俄国革命失败了,留下的'渣渣',就是十月革命的骨干。我们只要留得一点儿人,在将来的中国革命中间就要起很大的作用。"陈毅也鼓励大家说:"中国革命还是要成功的。只有经得起失败考验的,才是真正的英雄。"

10月底,朱德、陈毅率领这支起义部队从信丰出发,到达了江西、广东边界的大庾地区。朱德决定对部队进行整编，将队伍缩编为一个团，朱德担任团长，陈毅担任团指导员。全团由七个连组成，粟裕被任命为第五连指导员。

在革命最困难的时候，留下来的人更加坚定了。粟裕顽强地挺立在这支革命队伍中。

在炮火硝烟中成长

1928年1月，朱德、陈毅率领起义军进驻湖南宜章地区，发动了湘南起义，随即将部队改编为"工农革命军第一师"。湘南起义胜利后，国民党反动派调集重兵，分三路向起义军发起了"会剿"。朱德、陈毅吸取南昌起义部队南下失败的教训，为保存实力，避免在不利的条件下同敌人决战，毅然率部撤离湘南，上井冈山，与毛泽东领导的秋收起义部队会师。

巍巍井冈山，高耸在湖南、江西交界处的罗霄山脉中万泽山的北段。井冈山区，山峦绵延，险峻陡峭。此时的井冈山，"山下旌旗在望，山头鼓角相闻"，毛泽东在这里亲手创建了第一个农村革命根据地。

4月下旬，粟裕跟随朱德、陈毅率领的工农革命军在井冈山同毛泽东领导的部队胜利会师后，两支部队合编为中国工农红军第四军。朱德担任军长，毛泽东任党代表，陈毅任政治部主任。粟裕被

开国大将的故事

任命为第二十八团五连党代表。从此，粟裕跟着朱德、毛泽东投入了创建和坚持井冈山革命根据地的伟大斗争。

1928年6月，敌人集中十个团的兵力对井冈山根据地发动了"会剿"。红军主动撤至根据地中心区的宁冈，朱德亲自指挥部队迎敌。

凌晨，风夹着雨丝，雨借着风势，打在人们的脸上，麻酥酥的。粟裕率领第二十八团在老七溪岭一线担负阻击任务。敌人向二十八团的防御阵地发动了一次又一次猛烈的攻击，而且由敌师长亲自督阵。这一场恶仗打得艰难极了，从早晨一直打到下午，二营营长和三连连长等相继牺牲了。战士们打得英勇顽强，坚守阵地，寸步不让。傍晚，敌人渐渐支撑不住了。粟裕抓住战机，指挥战士们冲出掩体，勇

★井冈山

猛拼杀。敌师长负伤后夺路而逃，敌人顿时溃不成军。粟裕带着一个班的人一下子就捉了100多名俘虏。随后，粟裕调任三连连长。

1929年春天，为粉碎敌人对井冈山根据地的又一次"会剿"，扩大苏区，毛泽东、朱德带领红四军主力进军赣南、闽西，实行战略性出击。粟裕跟随部队在将近一年的时间里，转战于江西、广东、福建边境地区，出崇义、战大庾、折南雄、过三南（龙南、全南、定南）、夺瑞金、血战大柏地、抑宁都、克汀州、拔龙岩、克上杭，行程数千里，参加大小战斗几十次。经历了这些苦战，粟裕已成长为英勇善战的指挥员了。

1929年农历除夕晚上，当部队接近赣西南根据地时，粟裕知道放手打一仗的条件已经具备了。这时，大柏地山区沉寂阴冷，山风飕飕地吹着。粟裕带着战士们闯进土豪家，把土豪准备的年夜饭吃个精光，酒足饭饱，以逸待劳。果然，粟裕奉命于大年初一带领连队冒着风雪在大柏地设伏。他安排一些人挑着担子停在路上，装作"掉队人员"。下午，敌人出现了，看见红军的"掉队人员"，便追赶上来。等敌人走进了伏击圈，粟裕一声令下："打！"全连一齐开火，敌人顿时大乱。红军主力部队乘势出击，一举歼灭敌人近两个团，俘敌团长以下800多人，取得了大柏地战斗的胜利。这也是自井冈山进军赣南以来的第一个大胜仗。在长期艰苦频繁的作战中，粟裕经受了严峻的考验，提高了作战指挥的才能。8月份，粟裕担任了第一纵队第二支队政委。

12月底，红四军在福建上杭的古田召开了第九次党的代表大会，总结了红军诞生以来的建军经验，通过了《中国共产党红军第

开国大将的故事

四军第九次代表大会决议案》(即著名的古田会议决议),选举了新的红四军前委,毛泽东为书记,朱德、陈毅等11人为委员。古田会议以后,红军进入了一个新的发展时期。

古田会议刚刚结束,国民党反动派精心策划了福建、广东、江西"三省会剿",集中20个团的兵力,分7路向红军扑来。粟裕率第二支队于1930年1月离开古田,进抵东韶,开始分兵进击。2月上旬,敌人对红军形成了弧形包围之势。红四军前委决定采取诱敌深入的方针,寻机歼敌。当敌进至水南、值夏、富田一线时,红四军抓住有利战机,发起了猛烈攻击。

粟裕组织部队向富田之敌发起了进攻,但几次冲锋都没能奏效。粟裕大喊一声:"不怕死的跟我上啊!"随即抓过一挺机枪冲向敌

★古田会议会址

阵。突然，一发炮弹在粟裕身边爆炸了，他只觉得眼前一黑就失去了知觉。几天后，粟裕才从昏迷中苏醒过来。从此，一块弹片永久地嵌在了他的颅骨内。

1930年7月，红四军、红六军、红十二军合编，组建成红一军团，粟裕调任红十二军第五支队支队长。

几次"会剿"失败，蒋介石恼羞成怒，调集了8个师，10万人马，向中央苏区发起了第一次军事"围剿"。为粉碎敌人的"围剿"，红一军团由江西南部向湖南进军，于8月18日进抵万载县的黄茅。这时，追击红三军团的敌人4个团，刚刚进到浏阳东南文家市和孙家段等地，立足未稳，而且对红一军团已经迫近的情况毫无所知。红一军团前委决定抓住这一有利时机，歼灭这股敌人。粟裕奉命率领部队奔袭文家市，配合兄弟部队，一举歼灭了敌人3个团又1个营。

1930年12月，粟裕升任红二十二军第六十五师师长，不久又改任第六十四师师长，参加了建立和坚持中央苏区的斗争。在毛泽东、朱德的直接指挥下，粟裕率领六十四师英勇作战，与兄弟部队一起粉碎了敌人的第二、第三次"围剿"。

1931年11月，中华苏维埃共和国临时中央政府在瑞金成立。随后又成立了中华苏维埃共和国中央革命军事委员会。红一方面军部队改称中央红军。粟裕调任红四军参谋长。不久，中央筹建了红军学校，第一期编为四个连。粟裕参加了第一期的学习，并担任第三连连长。粟裕和学员们一起，互教互学，认真研究总结了带兵和作战指挥的经验。学习期满后，粟裕又回到了红四军担任参谋长。后

来，红四军军部撤销，由军团直接管辖各师，粟裕调任红一军团教导师政委。

1933年2月，红十军与红三十一师合编为红十一军，粟裕担任红十一军参谋长。在周恩来、朱德的指挥下，粟裕等率领红十一军牵制敌人，为黄陂、草台岗两大战役大批歼灭敌人，为第四次反"围剿"的胜利作出了重大的贡献。

在攻打硝石的战斗中，为与敌人争夺一个据点，粟裕指挥部队同敌人进行了激烈的战斗。因敌我力量悬殊，部队伤亡较大。粟裕亲自到前沿指挥战斗，率领部队打退了敌人的多次反扑。

战斗越打越激烈。突然，一颗子弹打中了粟裕的左臂，顿时，殷红的鲜血顺着胳膊流到了手背。他不顾警卫员和战士们的劝阻，顾不得包扎伤口，右手举起驳壳枪，大喊一声"冲啊……"在粟裕的带领下，战士们越打越猛，终于拿下了敌人的据点。战斗结束后，他被送到了医院。在住院治疗期间，医院又遭到敌人的袭击。粟裕的伤口还没有痊愈，就忙于组织伤病员和医院的工作人员突围，因活动剧烈，伤口再次发作起来。加上当时情况紧急，没有得到及时的治疗，致使他的左臂残废。

1932年，中央红军组建红七军团，又调粟裕任红七军团二十师师长。在江西临川浒湾的八角亭战斗中，粟裕率部在腹背受敌的不利情况下，英勇奋战，坚守阵地两天多，多次打退敌人的进攻，胜利地完成了阻击任务。

八角亭位于浒湾镇南侧，西边紧靠着一条大河，东面是一条公路。当时，浒湾是敌人的一个据点，驻守五个团的兵力。这次战斗，粟裕带领的部队还不到2000人，任务是阻击由南面沿公路向浒湾集结的各部敌人九个团15000千多人。由于我军主力未能如期到达，而粟裕所带部队已经和敌人激战了一昼夜，完全处于被动状态。浒湾之敌见此情况，向南出击接应。后来，主力部队虽然赶到，但因敌情发生了变化，已不能形成两面夹击的态势。使粟裕所部处于四面受敌的危险境地。敌人见阻击部队力量薄弱，气焰更为嚣张，漫山遍野，蜂拥而上。据点内的敌人也倾巢而出，向粟裕所部进行了猛烈的攻击。敌人还出动了30余架飞机轮番轰炸，出动20多辆坦克和装甲车配合作战。眼看阵地渐渐缩小，与友邻的联系又被敌人切断。在粟裕指挥的阵地上，只剩下了一个重机枪排和一个通信排，情况十分危急。粟裕镇定自若，指挥战士们进行着顽强的抵抗。子弹打光了就用手榴弹炸，手榴弹掷完了就用石头砸。就这样，又整整坚持了一天，到黄昏才突出重围，向根据地内转移。

随后，粟裕任红七军团参谋长。1934年7月，红军第五次反"围剿"失败后，红七军团奉命调往瑞金，组成红军北上抗日先遣队，向蒋介石腹心地区闽浙赣皖进军，执行战略牵制任务，创建新的革命根据地。粟裕担任了抗日先遣队的参谋长。

7月6日晚，由红七军团组成的北上抗日先遣队，乘着夜色离开瑞金，踏上了漫漫征途。粟裕协助军团长寻淮洲率部攻克大田，渡过闽江，攻打福州，在敌人前堵后追的严重情况下，孤军征战，一路宣传党的北上抗日主张，撒下了革命的种子。9月下旬，在由浙西遂安向皖赣边界转战中，粟裕的右臂中弹负伤。红军北上抗日先遣队转战福建、浙江、江西、安徽等4省，历时4个月，行程6400

开国大将的故事

多里。

1934年11月,北上抗日先遣队到达闽浙赣苏区,粟裕调任闽浙赣军区参谋长。根据中央革命军事委员会11月4日的命令,红七军团同方志敏领导的闽浙赣苏区的红十军及新升级的地方武装合编,组成了红十军团。11月下旬,红十军团奉命开赴外线作战,粟裕调任红十军团参谋长。在方志敏、寻淮洲的领导下,部队在皖浙赣边界与敌人进行了顽强的斗争。

1935年1月,在向赣东北苏区转战的过程中,粟裕率领红十军团的先头部队前进。他灵活机动,指挥部队胜利地通过敌人的封锁线,安全到达闽浙赣根据地。但方志敏等人率大队在江西怀玉山遇到了敌人重兵的围攻,军团长寻淮洲遇难,方志敏被捕。

红军北上抗日先遣队在国民党反动派绝对优势兵力的疯狂追堵和围攻下,艰苦斗争,浴血奋战,书写了极其悲壮的篇章。

★方志敏塑像

坚持浙南三年游击战争

早春的山区，阵阵山风裹着寒意扑面而来。粟裕已在寒风中站了很久很久。粟裕将警卫员给他披在身上的大衣又递了回去，依旧站在小山头上，遥望着起伏的重峦叠嶂，倾听耳边传来的阵阵松涛，脑海里勾画着今后斗争的蓝图。

1935年初，粟裕率领抗日先遣队从怀玉山突围的部队，到达闽浙赣根据地。不久，中共闽浙赣省委向他们传达了中央的指示，要他们以先遣队的突围部队为基础，迅速组建挺进师。由粟裕任师长，刘英任政治委员，立即率部进入浙江境内，开展游击战争，创建苏维埃根据地。

粟裕深知，浙江是国民党统治的腹心地区，是蒋介石的老巢，反动势力强大，而且大部分地区共产党的组织已经被破坏，也没有革命根据地和游击区作为依托，要在这块土地上建立根据地，将面临着重重艰难险阻。

太阳西斜，天空布满殷红的晚霞，师指挥所里静得出奇。粟裕从桌上拿出一截红铅笔，和刘英政委不约而同地站到地图旁边。粟裕察看着、沉思着，突然抬起手在一块等高线密集的山地上重重地画上一个红圈。刘英定眼一看，图上红圈内斜标着"仙霞岭山脉"几个大字。刘英紧锁眉头，又盯着地图反复察看了片刻，翘起右手

的大拇指，伸到粟裕面前，连连点了点头。就这样，以仙霞岭为中心的浙西南地区成为挺进师创建游击根据地的头一个目标。

在中共闽浙赣省委和省军区的帮助下，粟裕、刘英立即着手进行挺进师的组建。原来先遣队突围的部队主要是一个迫击炮连，一个机关枪连和二十五师的第五连以及一些康复的轻伤员和政治部、供给部、保卫局的机关工作人员，加上闽浙赣独立师第一团编进来的100多人，新组建的挺进师一共只有500余人。下辖三个支队和师直属队。全师仅有的一部电台，在挺进浙江、通过封锁线被敌人打坏了。粟裕与党中央和上级领导失去了联系，开始了独立进行艰苦卓绝的浙南游击战争。

1935年三四月间，粟裕、刘英率挺进师在浙江、福建边界地区辗转作战，忽南忽北，时东时西，搅得敌人风声鹤唳，十分惶恐。敌人调集龙泉河北岸的大批保安队南下，命令福建新十师和第五十六师北进，企图两面夹击，消灭挺进师于龙泉河以南的浙闽边境地区。

4月下旬，粟裕率挺进师活动于斋郎地区时，敌人命令浙江保安第一团团长李秀率其所部1200余人，福建保安第二团团长马洪深带领1000多人，在以"大刀会"为主的地主武装近千人的配合下，从东北、正东和东南三个方面对挺进师实行分进合击。李秀、马洪深等以为这下子可以大功告成，急不可耐地要向其主子邀功请赏。

与此同时，粟裕一面派出人员侦察敌情，一面率领参谋人员勘察地形，认真筹划歼敌方案。经过细致的勘察，粟裕感到斋郎地区的地形有利，是一个歼敌的好战场。但是，粟裕深知，这一仗的胜败直接关系到挺进师能否打开通往浙西南的通道，关系到游击根据地能否建立。临战前，对自己精心制订的作战计划又进行了一番周密细致的思考和审查。

天近拂晓，远近的村落不时传来鸡叫声，粟裕依旧毫无一丝倦意。他时而踱步于地图前，时而走出屋子望望挂满星斗的天空。这时，侦察人员回来报告："大刀会"已经出动，正朝着斋郎地区靠近。

"各个歼灭敌人的绝好时机到来了。"粟裕说着，高兴得猛地一拍桌子，震得桌上的小油灯直跳。他当即下令全师进入预设阵地。

上午，战斗开始了。手持大刀、腰挎黄色符带的"大刀会"匪徒，赤背袒胸，狂叫着"刀枪不入"，漫山遍野蜂拥而来。按照粟裕的部署，战士们一面做好战斗准备，一面展开政治攻势。"大刀会"的人越来越近了，战士们先是一排枪子弹打去，接着对敌喊话，宣传红军不打受苦人，要他们不要受反动派的欺骗。在强大的军事和政治攻势下，不到半天工夫，就将这帮乌合之众全部瓦解了。

快到中午时，浙江保安第一团李秀部，骄纵轻进，一下子深入到我军前沿阵地。粟裕命令部队等敌人靠近了再打。直到敌人近到50米左右时，我军集中火力，突然攻击。顿时，枪弹声、手榴弹爆炸声和喊杀声响作一团，震得山鸣谷应，敌人扔下一片尸体，哭爹叫娘，慌乱鼠窜。

敌团长李秀不顾自己的指挥位置，一直跑到了我军的射程之内，粟裕甩手一枪打中了他的手臂，李秀托着断手嗷嗷直叫。粟裕乘机指挥部队掩杀过去，打死打伤敌人300余人，俘虏约200人。李秀携残部仓皇向斋郎东北方向逃窜，我军乘胜追击了十多里才返回。

我军重返阵地时，姗姗来迟的福建保安第二团刚刚从东南方向的烂泥村赶来，看到阵地前那一片片尸体，不敢应战，便狼狈逃窜了。

斋郎之战的胜利，迫使敌保安部队在很长的一段时间里，转为退守，龙泉河以北敌人的力量比较空虚，挺进师获得了开辟浙西南游击根据地的有利时机。粟裕挥师北上，胜利进入仙霞岭地区。

1935年5月上旬，粟裕率挺进师进入到龙泉、遂昌、松阳三县的边界地区，将部队改编为四个纵队和两个独立支队。粟裕和刘英决定将第四纵队留在龙泉河以南的浙闽边境继续活动，以牵制敌人；由第一、二纵队担负开辟根据地的任务；其余各部队随师部北进，辗转游击于浙赣铁路以南的汤溪、龙游、金华、武义、丽水之线，造成声势，迫使敌人北调，以掩护、保障第一、二纵队开展工作。

粟裕率挺进师各部所到之处，先肃清当地区、乡的反动武装，广泛发动群众，打土豪，分田地，继而建立起农会、妇女等群众组织和赤卫队。这样，一个红色游击根据地的雏形在浙西南形成了。

挺进师的活动和游击根据地的初步建立，使得反动当局惶恐不安。国民党浙江省政府主席黄绍竑召开紧急会议，决定拿出全部家当，共四个保安团和十一个保安大队，加上刚从南京派来的一个税警团，由其亲自率领，分四路向浙西南猛扑过来。

敌人的反扑，早在粟裕的预料之中。他将主力分成南北两路，跳出去，转入敌后，指挥部队辗转游击。到9月中旬，粉碎了敌人的进攻，把游击区扩大到5个县，纵横上百里，使挺进师在浙江立住了脚。

粟裕领导的浙西南游击根据地也搅得蒋介石寝食难安。他决定调用主力部队进行"围剿"。七八月间，蒋介石先后任命卫立煌、罗卓英为"闽赣浙皖四省边区剿匪总指挥部"的正副总指挥，确定"以各边区的大部对粟、刘"，并授权第十八军军长罗卓英统一指挥。

1935年8月，罗卓英集中了32个整团约7万兵力，连同地方武装号称40个团，向浙西南游击根据地发动了大规模"围剿"。粟裕决定实行"敌进我退"的方针，留下少数部队就地坚持斗争，主力部队跳出包围圈，运用巧妙的游击战术同敌人周旋于浙闽边界，积极打击敌人。在此期间，粟裕率领部队南北转战，经常把活动重点放在对敌人威胁最大的浙赣铁路南侧，就连汤恩伯的老家武义、陈诚的老家青田、蒋介石的老家奉化也经常光顾。这使蒋介石恼怒至极，悬赏巨万，捉拿粟裕。到1936年底，挺进师越战越强，部队由几百人发展到了一千五六百人，地方游击队和群众武装也达到了数千人，活动范围扩大到温州、台州、处州、金华、衢州、绍兴等地区所属的30多个县境。

1936年底，蒋介石又调集主力部队6个师、2个独立旅及地方保安团，共43个团的兵力，对挺进师进行第二次"围剿"。这是粟裕领导的挺进师在3年游击战争中作战最多、最艰苦的时期，斗争极其残酷，粟裕本人也多次遇险。

有一次，粟裕率领一支小部队渡过龙泉河准备过松阳溪。当晚，暴雨倾盆而下，引起山洪暴发，小小的松阳溪突然变得又宽又深，天黑得伸手不见五指，部队找不到渡口。天亮后敌人追来，把粟裕的部队压制在龙泉河和松阳溪之间的30里地带。粟裕指挥部队向南撤退，敌人死追不放。粟裕又命令大家向北杀回马枪，直奔渡口。

开国大将的故事

到了渡口，见一条船停泊在那里，大家正准备登船过渡。突然，枪声大作，埋伏的敌人从旁边钻了出来，向他们猛烈射击。粟裕见中了埋伏，带着大家弃船沿溪边打边撤。敌人的大部队围过来，粟裕命令大家钻进灌木丛隐蔽，他把驳壳枪子弹上了膛，准备和敌人拼了。滂沱大雨一直下到天黑，敌人坚持不住，只好走了。粟裕组织大家渡过了河，一天一夜急行军180里，连打7仗，终于冲出了敌人的包围圈。

1937年9月，国共合作抗战的局面已经形成，中共闽浙赣省委同国民党浙江当局谈判，达成了合作抗日的协议。挺进师分散游击于浙南各地的游击队先后集中到浙江平阳北港山门街，正式改编为"国民革命军浙闽边抗日游击总队"，从而结束了艰难曲折的浙南3年游击战争。

先声夺人威震江南

春光明媚，漫山遍野一片碧绿，映山红花将这片绿色的世界点缀的分外妖娆。整个皖南山区，千峰竞秀，生机勃发。

1938年3月，粟裕根据中共中央的指示，率领浙闽边抗日游击总队奔赴皖南加入新四军的战斗序列。他们从浙江平阳出发，经过20多天的长途跋涉，到达安徽歙县的岩寺地区。部队整编为新四军第二支队第四团第三营，张鼎丞任支队司令员，粟裕任副司令员。

粟裕大将的故事

4月中旬，新四军军部及一、二、三支队约7000人在岩寺一带会师。

一天下午，军部在鲍家村祠堂召开各支队负责人会议，研究如何组织部队向敌后实施战略展开的问题。叶挺军长先慰问了从8省边界13个地区汇集而来的各路将领，然后说："第三战区已下达了命令，要我军迅速开进，到指定地区袭击敌人，破坏敌人的交通，建立游击根据地，这和我党的战略思想并行不悖。"经过一番讨论后，叶挺说："我和项副军长、陈毅同志研究了一下，决定从一、二、三支队各抽一个加强连，最好是各支队的侦察连，组成一个先遣支队，尽快东进，作战略侦察，摸清敌后情况。然后由陈毅同志率领一支队跟进。同志们有什么意见？"大家都点头同意后，叶挺站起身来，看了看大家，叫了一声"粟裕同志"。

粟裕马上站起身来，答道："在！"

叶挺走到粟裕跟前，拍了拍他的肩膀，郑重地说："经东南分局和军分会研究决定，军部任命你为先遣支队司令员。你立即组建部队，争取尽早出发。具体部署由参谋长向你交代。"

★叶挺将军

"是，坚决完成任务！"粟裕坚定地回答。

项英补充说："钟期光任先遣支队政治部主任。"

开国大将的故事

陈毅同志最后风趣地说："粟裕同志，强将手下必须有精兵哟。我陈毅向来慷慨大方，我把我的副官曹鸿胜、侦察参谋张秀、测绘参谋王培臣都送给你。这几个可都是久经沙场的老兵喽，等完成了任务你可要完璧归赵啊。"

粟裕连忙说："谢谢，谢谢！"

4月28日，粟裕、钟期光率领从十几个单位抽调的500多名指战员组成的先遣队，在潜口誓师东进。临行前，军分会秘书长李一氓派来电台台长江如枝和机要员何凤山等随粟裕行动。叶挺、项英、张云逸等首长和各支队的领导都赶来欢送先遣支队出征。陈毅作了动员后，部队马上就要出发了。叶挺见跟随粟裕的机要员何凤山没有武器，就解下自己心爱的左轮手枪递给他，深情地叮嘱道："小鬼，你任何时候，不论发生什么情况，都不能离开首长身边。千万！千万！"说完，紧紧握住粟裕的手说："再见吧，粟裕同志，祝你马到成功！"

粟裕告别了首长和战友，指挥部队日夜兼程，向苏南敌后挺进。粟裕率先遣支队从岩寺出发，历尽了千辛万苦，战胜了无数艰难险阻，于5月中旬来到了苏南。

初夏的江南，正值梅雨季节，整天云幕低垂，细雨霏霏。一天早上，部队刚到宿营地，指战员们都围在火堆旁烘烤衣服。电台台长江如枝前来报告："司令员，军部来电。"粟裕连忙接过电报，看完后转身递给了钟期光，说："陈毅同志率一支队主力于6月1日向东挺进，3日夜间越过宣（城）芜（湖）铁路，进入高淳境内。"

粟裕和钟期光商量了一会儿，最后说："你带部队继续前进，

粟裕大将的故事

我现在就去接陈毅同志。"说完，立即穿上湿漉漉的军装，扎上皮带，带上警卫员向高淳奔去。粟裕走了几十里的泥泞小路，来到一支队的司令部，向陈毅同志介绍了江南敌我态势及友军方面的情况。

当晚，陈毅率一支队随粟裕进至溧水新桥地区，与钟期光带来的先遣支队会合了。粟裕和陈毅连夜商定：陈毅率一支队司令部和二团去茅山地区；一团赴江宁、当涂、溧水地区；粟裕带领先遣支队警卫班、侦察班和从一支队挑选出来的部分干部、战士共100多人，开赴沪宁铁路一线，执行破袭铁路和伏击日军的任务。

粟裕带领部队，顶风冒雨经过两夜的急行军，于6月15日夜抵达南京至镇江间的下属镇附近，在当地老百姓的帮助下，一举破坏了下蜀车站附近的铁路和电线，而后连夜撤到东昌街东北的亭子村。

亭子村是个小山村，坐落在半山坡上，周围林木葱葱，幽静隐蔽。下午，粟裕在村边一片竹林里召开了干部会。粟裕在分析了当前的情况后，提出："根据多次侦察发现，公路上每天都有五六十辆军车经过，车上一般都没有什么戒备。我决定今天子夜在镇江以南约30里处的韦岗附近伏击敌人的车队。这是我们挺进江南后的第一仗，必须打好。只有初战取胜，才能树立我军的威信，扩大我军的影响。"接着他又进行了具体布置，最后宣布副官处主任陈何龙带电台和勤杂人员留下隐蔽待命，他自己挑选了八九十名精干的战斗人员去执行伏击任务。

第二天凌晨，雨还在淅淅沥沥地下个不停。粟裕带领部队冒雨向预定的伏击地点急进，拂晓前进入了韦岗以南的赣船山口。雨越下越大，指战员们的衣服早已全部湿透了。粟裕进行了简短的动

员，派出少数人员担任警戒，指挥大部分人员进入伏击阵地。这一带地形险要，公路两侧山峦绵延起伏，公路蜿蜒于山峦之间。

上午8时，从镇江方向传来了汽车的马达声，不一会儿，几辆汽车转过山隘，驶进了伏击圈。粟裕大喊一声："打！"一个齐射，走在最前面的一辆卡车歪歪扭扭地冲出了一段后，撞到了路边的岩石上。后面的一辆卧车和三辆卡车也相继瘫在了弥漫的硝烟之中。残敌蜂拥下车进行反击。粟裕冲下山坡，指挥战士们奋勇拼杀。突然，一个日军大尉从路旁的水沟中猛地跳出，举起战刀疯狂地向粟裕砍来。警卫员眼疾手快，"砰、砰"两枪，那家伙一个趔趄，又栽到沟里去了。

一场干净利落的伏击战胜利结束了。这一仗，击毁敌人汽车五辆，打死打伤日军少佐土井、大尉梅泽武四郎及敌人好几十人，缴获长短枪10多支，日钞7000多元，还有日军战刀及车上的大批军需物资。

战斗结束后，粟裕怀着胜利的喜悦，率领部队向东南方向疾驰，在白虎镇地区与钟期光带领的大部队和陈何龙带领的电台和勤杂人员会合。先遣支队上上下下一片欢腾。

粟裕得知陈毅率一支队已于前两天到达距白虎镇十五里的宝堰地区，当晚就赶到陈毅的司令部，向陈毅报告了战斗的情况。陈毅听完粟裕的汇报后，连连说："打得好！打得好！"随即吟道："弯弓射日到江南，终夜喧呼敌胆寒；镇江城下初遭遇，脱手斩得小楼兰。"

这次战斗，是新四军挺进江南的第一战。首战告捷，打击了日本侵略者的嚣张气焰，极大地鼓舞了人民的抗战热情。此战为新四军主力挺进江南敌后，造成了"先声夺人"之势。上海等地的各种报刊竞相报道，就连国民党中央政府也向新四军颁发了嘉奖电，来电称："叶军长：所属粟部，袭击韦岗，斩获颇多，殊堪嘉尚……"

粟裕率部完成了东进战略侦察任务，先遣支队随之撤销，部队仍分别回归原建制。粟裕于6月下旬带领二支队抽调的干部战士，赶到了当涂马家桥二支队的司令部。随后，粟裕带领部队在江南的广大地区深入发动群众，掀起了抗日的热潮。于8月26日指挥三团粉碎了日军向小丹阳等地的八路进攻；9月中旬又指挥四团与日军激战于青山和黄池，粉碎了敌人的四路进攻。还指挥部队先后袭击了南京近郊的麒麟门、秣陵关、大校场机场，搞得敌人草木皆兵，惊魂不定。

1939年1月，为了打破敌人的分割、封锁和分区"扫荡"，争取更主动的局面，粟裕指挥部队袭击了安徽芜湖机场外围的官陡门据点。

1月18日清晨，粟裕作了简短的动员，部队就轻装出发了。狂暴的北风裹着雨点从丹阳湖边阵阵袭来，冰霜覆盖的地面踏出了一条斑斓蜿蜒的路痕。19日晚，粟裕指挥部队趁着还没拉开的夜幕，神不知鬼不觉地偷渡过丹阳湖，于凌晨到距官陡门近80里的预定隐蔽集结地，整装待命。当晚8时，到达亭头镇附近，粟裕命令部分队伍从南、北两面向青山和黄池的两个敌人据点逼近，以掩护突击部队的安全，其余部队继续搜索前进。21日凌晨4时，部队到达了距官陡门约4里的王石桥。粟裕命令主力部队随他过桥绕道向东攻击，另一部沿河东岸北进，进行夹击。当粟裕带领部队接近铁丝网、距敌人还有不到30米的地方，正要排除障碍接近敌人时，敌人

的警铃响了。粟裕立即命令部队出击。顿时，各种兵器齐发，火光四起。接着，东岸部队的机枪也打响了。部队冲进据点，消灭了隐蔽部里的几十个日伪军。大家继续追歼残敌，冲到了河边，夺取了小木桥，占领了伪军的指挥部，最后将敌人全部消灭。从攻击开始到解决战斗，一共用了38分钟，消灭敌人300余人。当部队押着俘虏、携带战利品胜利返回时，沿途的群众敲锣打鼓欢庆新四军又打了一次胜仗。

1939年11月，根据形势发展的需要，新四军军部决定将第一、二支队的领导机关合并，在溧阳水西村成立了新四军江南指挥部，任命陈毅为指挥，粟裕为副指挥，统一指挥新四军在苏南的各个部队和江南人民抗日义勇军及其他地方武装。

此后，粟裕积极协助陈毅指挥部队驰骋江南，创造了一个又一个的辉煌战绩。

决战黄桥痛歼顽伪

1939年11月，新四军江南指挥部成立后，陈毅、粟裕坚决执行中共中央关于新四军东进、北上的战略方针，在坚持江南抗战、完成东进淞沪任务的同时，先后派出挺进纵队和苏皖支队北渡长江，在扬州、天长、六合、泰州地区开展游击战争，造成新四军足跨长江两岸、随时可向苏北发展的有利态势。

粟裕大将的故事

1940年6月，蒋介石命令顾祝同、冷欣、韩德勤、李品仙等人从南、北、西三个方向向长江南北的新四军各部步步紧逼。7月，为贯彻中共中央指示，执行开辟苏北、发展华中抗日战争的战略任务，粟裕奉命率新四军江南指挥部及其所属主力渡过运河，越过沪宁线，顺利到达长江北岸的塘头地区。

7月下旬，进入江北的新四军江南指挥部改称新四军苏北指挥部，陈毅、粟裕仍然担任正副指挥。所属部队整编为3个纵队共9个团，共7000余人。为了打开苏北的抗战局面，粟裕和陈毅一起分析了苏北地区敌、我、友三方的情况，作出了东进黄桥、开辟以黄桥为中心的抗日根据地的重大决定。

7月25日，陈毅、粟裕率领部队从塘头出发向黄桥进军。经过

★黄桥战役纪念

两天行军进入黄桥附近地区。这时，黄桥的保安第四旅何克谦部和运河沿线的税警团陈泰运部，企图夹击我军于运动之中。面对这股敌人，陈毅对粟裕说："陈泰运与韩德勤之间矛盾较大，属中间派，而何克谦作恶多端，被称为杀人魔王，对他俩要区别对待。"陈毅决定这次战役由粟裕具体指挥。

粟裕立即着手进行部署，并亲自率第一纵队攻击陈泰运部，击溃陈泰运2个团，歼灭其1个营。为促使陈泰运抗日，粟裕和陈毅决定送还俘虏和枪支，劝其不要受韩德勤的利用，制造反共摩擦。接着，粟裕分兵两路，指挥王必成带领第二纵队占领蒋垛、古溪、营溪；命令叶飞率领第一纵队占领搬经镇，切断何克谦部的退路，命令陶勇带领第三纵队从南面攻击黄桥。经过一夜激战，于29日凌晨结束战斗，歼灭何克谦部2000余人。陈毅和粟裕率领部队进入了黄桥镇。随后，分兵打击附近的日伪据点，将黄桥周围东西百余里，南北七八十里内的敌伪和顽军一扫而光。

正当我军展开对敌作战时，韩德勤却调集重兵，准备南犯，企图趁我军立足未稳予以消灭。

9月3日，韩德勤兵分两路南犯，以李明扬、李长江、陈泰运等部为右路军，集结于姜堰地区；以第八十九军的一一七师、独立第六旅、保安第一旅为左路军，集结于曲塘、吴家集、海安地区。

陈毅、粟裕决定诱敌深入，进行分割围歼。

9月6日，粟裕指挥部队勇猛反击，保安第一旅两个团大部被歼。为了争取保安第一旅中立，战后，陈毅、粟裕决定释放了顽军副旅长以下的1500余人。

韩德勤首战失利，改变了手法，采用堡垒政策，步步为营，企图将陈毅、粟裕所部压制到江边一带消灭。他还命令张少华的保安第九旅进驻姜堰，严密封锁新四军的粮食来源。陈毅、粟裕决定以第二、第三纵队全力攻取姜堰。9月13日，发起攻击，经过一昼夜的激战，便攻克了姜堰，歼灭张少华部1000余人，张少华只带了少数残部逃窜江南。

此时，陈毅、粟裕再次呼吁韩德勤停止内战，团结抗日。但韩德勤却提出以新四军退出姜堰为条件，实现停战。韩德勤以为新四军决不会退出姜堰，如不退出，他就可以此为借口发动更大规模的进攻。为争取停战，团结抗日，陈毅、粟裕同意了韩德勤提出的条件。

9月30日，陈毅、粟裕率部撤出姜堰，交由李明扬、陈泰运部接防。新四军的这一行动，使李明扬、陈泰运十分感动，而韩德勤却一无所获，从而加深了韩德勤与李明扬、陈泰运之间的矛盾，并且得到了苏北人民和各界人士的拥护和欢迎。

蒋介石置民族安危和抗战大局于不顾，一再命令顾祝同、韩德勤等从速发动进攻，不要失去战机。韩德勤奉蒋介石的命令，决定调集重兵，分三路大举进攻黄桥，他命令其嫡系主力第八十九军和独立第六旅为中路军，担任主攻，分别经营溪、古溪和祖师庙等地进攻黄桥北面及东面地区；李明扬、李长江及陈泰运部为右路军；第一、五、六、九、十保安旅为左路军，掩护其主力两翼，进攻黄桥以西及东南地区。

山雨欲来，黑云压城。作为指挥员，粟裕清醒地意识到，即将来临的争夺黄桥之战，将是新四军在苏北进行的一场前所未有的大战和

恶战。黄桥地处靖江、如皋、海安、泰兴、泰县的中心,北面是通扬河,南面是长江,西面有一条从泰州到口岸的运河,周围有不少日军的据点,如果以黄桥为中心建立根据地,向南可控制南通、海门、如皋、启东等地,进而与江南我军相呼应,控制长江通道,对日军造成严重威胁。同时还可以切断大江南北国民党顽固派的联系。如果失掉黄桥,新四军就没有回旋的余地了,而且对民心、士气必将产生极为不利的影响。因此,这一仗必须打,而且一定要打好。

顽军重兵压境,决战迫在眉睫。粟裕和陈毅从姜堰返回黄桥后,立即召开各纵队首长会议,研究了作战部署。决定由陶勇率第三纵队坚守黄桥;由叶飞、王必成分别率第一、第二纵队隐蔽集结于黄桥西北的顾高庄、横巷桥一带,待机出击。陈毅的指挥部设在严徐庄;粟裕的前线指挥部设在黄桥,实施战场指挥。会后,陈毅和粟裕目光对视了好一阵子,表示了共同的信心:破釜沉舟,决战必胜。

10月1日,各路顽军齐头并进。粟裕命令第一纵队以一部兵力担任正面的钳击,节节抵抗,诱敌深入,掩护主力集结。这次韩德勤出师不利,大雨滂沱,道路泥泞,行动十分困难。百十来里路走了3天。3日下午,雨过天晴,顽军分兵八路,攻击前进,直扑黄桥。

粟裕的指挥部设在黄桥东门的一个隐蔽部内。粟裕指挥各部队进入临战状态以后,与陶勇在指挥部内等待着顽军的到来。下午3时,据侦察报告,顽军独立第六旅的前锋距黄桥只有五六里了。为了判明情况,把握有利的出击时机,粟裕走出隐蔽部,登上高处,用望远镜向北面仔细地观察着。当他看到顽军的先头部队距黄桥只有五里左右时,打电话征得陈毅同意后,立即命令部队出击。

粟裕决定采取"黄鼠狼吃蛇"的办法,命令第一纵队实行四路突击,猛插敌阵,将顽军独立第六旅拦腰斩成几段,首先打击其旅部和后卫团,迫使其先头团回援,然后以一部兵力从侧翼迂回到其后方,乘势将其包围。经过3个小时的激战,全歼顽军独立第六旅,中将旅长翁达自杀。

战况报来,粟裕内心一阵喜悦。翁达旅被歼灭后,粟裕把指挥的重心放在了黄桥城下及其以东地区。他告诉陶勇说:"估计第八十九军三十三师的先头部队不久就会进到这里,这里一定要守住,否则就没戏唱了。现在王必成正在通过古溪,很快就会发起对方界的进攻。我们拖住黄桥之敌,到时候前后夹击,即可将三十三师歼灭。那样,李守维的军部和第一一七师也就成了瓮中之鳖了。"

顽军为了扭转不利的局面,拼命猛攻黄桥,以猛烈的炮火掩护部队向东门攻击,守备部队的防御工事大部被摧毁。突然有人来报,东北方面围墙被打塌,部队伤亡很大。情况异常紧张。第三纵队司令员陶勇和参谋长张震东把上衣一脱,挥动马刀,带领部队反击,硬是把突进来的顽军第三十三师一部杀了出去。第一、二纵队两路夹击,将三十三师和三四九旅全部分割包围于黄桥以东地区。正当围歼战激烈进行的时候,陶勇又从守备部队中抽出力量,从黄桥的东门及其两侧地区杀了出去,配合第二纵队聚歼顽军第三十三师主力于小二房庄。顽军师长孙启人、旅长苗瑞林等被活捉。

首歼三十三师以后,粟裕指挥部队全力围攻进至野屋基村附近的第八十九军军部及第三四九旅。经过一昼夜的激战,到6日凌晨,第八十九军军部已被彻底歼灭,军长李守维妄图渡河逃窜,被

淹死在河中。

顽军失去了指挥，极度混乱。但第三四九旅仍在顽抗。战士们端起刺刀，冲进敌阵，两支队伍混杂在一起，开始了殊死的搏斗。经过多次白刃格斗，最终将其大部歼灭，余部全都缴械投降了。

此次决战，共歼顽军主力20个团和保安第十旅全部，保安第三、五旅各1个团，共计1.1万余人。

韩德勤听说前线部队几乎全军覆没，犹如惊弓之鸟，率残部1000余人向兴化方向狼狈逃窜了。

黄桥决战的胜利，完成了开辟苏北的战略任务，打开了华东抗日的新局面。陈毅曾赋诗庆贺黄桥决战胜利后的大好形势："十年征战几人回，又见同侪并马归。江淮河汉今属谁？红旗十月满天飞。"

坚持苏中抗击敌寇

早春的江南，阵阵山风还夹带着袭人的寒意，几片嫩黄的叶子已倔强地萌发在枝头。

1941年1月，国民党顽固派制造了震惊中外的"皖南事变"。1月20日，中共中央军委决定重建新四军军部，任命陈毅为代理

★周恩来为"皖南事变"题词

军长,刘少奇为政治委员,张云逸为副军长。随后,将华中部队统一整编为七个师,新四军苏北指挥部所属部队编为第一师,粟裕被任命为新四军第一师师长(后兼政委)。

为迅速组建新四军新的领导机关,原苏北指挥部即作为新四军军部的部分基础,留给第一师师部的人员,连同粟裕一共只有24人。

粟裕于1月17日奔赴东台二里桥组建一师师部。临行前,陈毅关切地问粟裕:"怎么样,人太少了吧?"

粟裕爽快地说:"好男不吃分家饭嘛!军长放心,哪里有群众,哪里有敌人,哪里就有我们的发展。"

粟裕在慨然受命的同时,深深地感到肩上担子的分量。

苏中位于长江以北,京杭大运河以东,北起斗龙港,东临黄海,面积约2.3万平方公里,有800万多人口。这里临近南京、上海,扼制着长江下游北侧航道。苏中根据地是华东抗日根据地的重要组成部分,是华中的东部前哨,又是向苏浙皖边区和闽浙赣边区发展的依托。苏中毗邻国际都市上海,是中国共产党和新四军连接国内外反法西斯力量的桥梁,而且新四军在苏中所能控制的人力、财力,在华中各战略区中占首位。所以,苏中以其重要的地理位置、经济状况、战略作用,成为日本侵略者、国民党顽军和新四军等三方面的必争之地。这决定了未来的斗争将是极端尖锐和复杂的。

新四军东进,八路军第五纵队南下,威胁着日军占领区的安全。日军第十三军决定以独立混成第十二旅团主力和第十七师团一部,对盐(城)阜(宁)华中抗日根据地进行"扫荡",妄图消灭这一地区的新四军和八路军,并威胁利诱国民党鲁苏皖边区游击军副总指

挥李长江投降。1941年1月中旬，日军独立混成第十二旅团一部由泰兴进占黄桥镇，并加紧对李长江部的诱降。

新四军粟裕所部为团结李长江共同抗日，对其做了大量的争取工作。当粟裕获悉李长江准备投敌的情报后，即将主力部队隐蔽集结于海安到曲塘的地域内，加强侦察、监视，随时准备投入讨逆战斗。

2月13日，李长江在泰州率部公开投敌，所属部队编成伪第一集团军。李长江就任总司令。

2月18日，陈毅、刘少奇颁布讨逆令，命令粟裕为讨逆军总指挥，叶飞为副总指挥。

讨逆战役于2月18日发起。粟裕指挥部队沿海（安）泰（州）公路向西进攻，19日就攻克了姜堰、石家岱、陈苏庄等地。随后，又分三路继续进军，20日攻克李长江的老窝泰州。李长江猝不及防，兵败城破，扔下佩剑，翻墙逃出，率残部向泰州以西的界沟、塘头等地溃逃。粟裕指挥部队分路追歼逃敌。此次作战，共俘李长江部官兵5000余人，争取两个支队的伪军反正。

日军为援救李长江残部，分别由扬州、高邮、如皋等地出动，乘虚侵占了海安、东台，并向泰州急进，开始对粟裕所部进行"扫荡"。为了争取主动，粟裕随即率领部队撤出泰州，转入敌后，投入了反"扫荡"作战。

4月，中共华中局决定建立苏中军区、苏中区党委和苏中行署。粟裕担任苏中区党委书记。此后，粟裕指挥苏中军区部队向日伪军展开猛烈的攻势，连续作战半个月，收复了黄桥，拔掉了古溪、蒋垛、苏陈庄、大泗庄等据点，还活捉了泰州日军城防司令。

7月上旬，日军集中兵力，"扫荡"新四军军部所在地盐城和阜宁地区，企图歼灭新四军领导机关，摧毁抗日根据地。为配合盐阜地区军民反"扫荡"作战，粟裕指挥一师主力在苏中地区向当面之敌发动了攻势，袭击泰兴、靖江、如皋、南通等地区十几个日伪军据点，围困泰州、姜堰，相继攻克了蒋垛、黄桥、古溪等地，歼灭敌人四百多人。同时破坏交通，造成敌人后勤运输的极大困难，有力地打击和牵制了日伪军，使敌人首尾不能相顾，惊恐万状。

8月13日，日军集中1万多人，对苏中进行了全面的"扫荡"。粟裕领导全区军民与日伪军连续作战42个昼夜，组织大小战斗130余次，打死打伤敌人1300多，俘虏日军14人、伪军800多人，取得了反"扫荡"斗争的胜利。

1942年夏天，日伪军又开始对苏中地区进行分区"清剿"，企图歼灭新四军一师主力，变苏中根据地为其占领区。粟裕针对敌人"清剿"作战的特点，领导地方武装配合民兵就地坚持，指挥主力部队实行外线作战，积极打击敌人，经过半年的艰苦作战，连续粉碎了敌人频繁的"扫荡"和残酷的"清剿"，度过了抗日战争中最艰难的阶段，坚持和巩固了苏中根据地。

刘少奇曾评价说：粟裕领导的新四军第一师，"在抗战中建立了最大的功劳。在我全军中以第一师作战最多，战果最大"。

1943年，粟裕领导和指挥苏中军民进行了艰苦卓绝的反"清乡"斗争。根据形势的发展和侦察获得的情报，在新年伊始，粟裕就组织苏中区党委和军区领导人认真讨论了斗争的方针和原则。紧接着，向全区军民发布了反"清乡"的紧急动员令。

4月初，日军第六十一师团长小林信男担任苏北"清乡"地区的最高指挥官。4月中旬，各个据点的日伪军倾巢出动，采取梳篦拉网战术进行"清乡"。在"清乡"区周围，敌人构筑了长达400多里的竹篱笆封锁线，沿线构筑碉堡，派兵把守。粟裕领导苏中军民开展多种形式的斗争，先后粉碎了敌人的"军事清乡"和"政治清乡"。斗争持续了9个月，共歼灭日伪军2400余人，争取伪军1700余人投诚反正；摧毁日军据点49处，碉堡200余座。

1944年初，春回大地，万物复苏，给苏中解放区带来了一片盎然生机。广大军民以无比高昂的斗志投入了新的斗争。春节前后，粟裕主持召开苏中区党委扩大会议，正确地分析了斗争的形势，作出关于发起车桥战役的决议。接着，粟裕主持召开了苏中军区作战会议，研究了具体的作战部署。

会议在军区的作战室里举行。粟裕起身走到沙盘边，指着车桥、曹甸一带的地形说："根据区党委和军区的决定，准备在近期内发起车桥战役。大家都知道，车桥镇离淮安县城40多里，它南面是苏中的水网地区，北面是苏北平原，向西过了运河、洪泽湖就是淮北、淮南平原，是我们新四军苏中、苏北、淮北、淮南四块根据地的交界处。原来顽军韩德勤部盘踞在那里时，就构筑有十分坚固的防御工事，日伪占领后，又新构筑了许多明碉暗堡。"接着，粟裕走到地图旁边，指着图上的车桥一带说："车桥连接河镇、泾口一线的其他日伪据点，北连淮阴、淮安，南接宝应，将几块抗日根据地分割封锁。同时，它与沙沟、兴化城的日伪据点相呼应，使我们苏中的一、二分区之间的联系十分困难。"

粟裕回到了座位上，端起水杯，然后又放下，继续说道："只要打下了车桥，我们的发展余地就大多了。下面，请叶飞同志具体介绍一下车桥及其附近的情况。"

叶飞详细地介绍了关于车桥及其附近的敌情及侦察情况以后说："车桥深沟高垒，防守严密，攻打车桥将是一场硬仗。但是，敌人所占据点之间空隙较大，又是日军第六十四师团和六十五师团的结合部，两部之间的协同不便，这对我军进攻是比较有利的。我军可以锲入其接合部，对车桥、泾口之敌发起强大的攻势，然后向曹甸发展。"

在参加会议人员广泛讨论的基础上，粟裕和叶飞确定采取攻点打援的方法。粟裕强调说："这次战役我们必须以重兵打援，要狠狠地打，才能确保整个战役的胜利。这次战役由叶飞同志负责具体指挥。"

最后，叶飞作了具体的任务分配和兵力部署。

3月4日，战斗命令下达了。一师的三个纵队于次日零点以前都已隐蔽到达了作战地域。

天空群星闪烁，地面微风徐徐，苏北平原的夜晚显得格外的静谧。

1时50分，战斗打响了。担任主攻车桥的部队避开敌人的外围据点，直取车桥。在炮兵大队的火力掩护下，突击队越过壕沟，架起云梯，一举突入车桥镇。到上午9时，全歼伪军1个大队，并将日军压缩于核心工事内。

我军对车桥的进攻，震惊了周围的日军。淮阴、淮安、泗阳、涟水等地的日军纷纷乘装甲车和汽车驰援车桥。下午3时，第一批增援的敌人赶到西芦家滩附近与我阻击部队接上了火。敌人的火炮、轻重机枪和掷弹筒一起开火，但连续三次进攻都遭到了阻击部队沉重打击，最后被赶入我军预设的地雷区。阻击部队乘雷群爆炸之机，奋勇出击，一举歼敌240余人。

接着，敌人的援兵一批接一批地涌来，阻击部队不断地给予歼灭性的打击。激战到第二天拂晓，敌人的援军基本被歼灭，车桥的日军残部也基本被解决。粟裕、叶飞指挥部队乘胜扩大战果，相继收复泾口、曹甸等据点，车桥战役胜利结束了。

车桥战役，共摧毁日伪军碉堡50余座，歼灭日军三泽大佐以下460余人，歼灭伪军480余人，缴获了大批武器装备，创造了华中地区新四军歼灭战的范例。从此，揭开了苏北抗日斗争的新篇章。

分进合击决胜宿北

严冬季节的宿北大地，寒风瑟瑟，给腊月的萧条景象又增添了几分肃杀之气。国民党蒋介石集团不顾全国人民的愿望，在抗日战争刚刚胜利不久，就发动了全面内战，并派重兵向我苏北根据地进攻。一场厮杀将在这块土地上展开。

粟裕指挥华中野战军，于1946年7月发起苏中战役，获得七战七捷之后，又在淮阴、涟水等地胜利地进行了运动防御战，给予进攻的国民党军队以沉重的打击，掩护华中解放区完成了对付敌人大规模进攻的准备。粟裕率部撤出淮阴、淮安以后，山东、华中野战军已经靠拢。

粟裕和陈毅商定，联名向中央军委和新四军军部建议：集中华中、山东两个野战军攻下宿迁，得手后向西扩大战果。9月28日，毛泽东电示："两军会合第一仗必须打胜。"10月15日，中央军委、毛泽东又致电陈毅等，明确指示：山东、华中两大野战军会合后，在陈毅领导下，大政方针共同决定，战役指挥交粟裕负责。

与此同时，蒋介石被大量占领解放区城镇的表面胜利冲昏了头脑，继续对解放区大举进攻，并将主要战场放在山东和苏北。他在华东战场上调集了25个整编师68个旅的兵力，并以其中的25个半旅和1个快速纵队，分4个集团，由东台、淮阴、宿迁、峄（县）枣（庄）台（儿庄）之线向华东野战军展开进攻。

四路敌军从南、西、北三面对华东野战军形成了半包围的态势。当时，华中野战军、山东野战军的主力部队分别集结于盐城、涟水地区和峄县以东地区。

陈毅、粟裕针对国民党军的部署和当面之敌的态势，召开了军事会议。会议室东面的墙上挂着一幅华东地区军事地图，各纵队和师的首长陆续进入会议室，聚精会神地看着刚发下来的敌情通报。

陈毅和粟裕来到会议室，大家一起站了起来。陈毅挥了挥手说："请坐，都请坐嘛。"接着说，"今天请大家来，主要是研究下一步如何对付蒋介石这个龟儿子的大规模进攻的问题。你们看……"陈毅走到地图前面，作战参谋连忙拉开地图上的幔布。陈毅指着已经

标好的敌我双方态势说:"敌情通报你们都已经看了,敌人四路向我们扑来,真可谓是大兵压境喽!可是,这几路敌人之间的间隙还是蛮大的,每路相隔至少都有100多里,这就给我们带来了各个击破的有利条件。我和粟裕同志商量了,最好是集中力量,先选择其一路,狠狠地打一下,挫一挫这帮龟儿子的嚣张气焰。"说完,陈毅向粟裕招了招手说:"粟裕同志,把你的锦囊妙计给大家说一说吧!"

粟裕起身也走到地图前,首先简要地介绍了敌人的兵力部署情况。然后接着说:"敌人这四路中,东台、淮阴和枣(庄)台(儿庄)这几路刚受到过我军的打击,行动会比较谨慎。唯独宿迁这一路情况不同,敌整编第六十九师还没吃过我军的苦头,骄纵嚣张;敌整编第十一师,调到宿迁不久,对我军的情况还不摸底。所以,我们的意见是先打这一路。我和陈军长(粟裕对陈毅的习惯叫法)的意思是先听听大家的高见。"

经过酝酿讨论,大家的意见基本趋于一致了。粟裕拿起铅笔,在纸上左勾右画了一番,又和陈毅低声议论了一会儿,然后站起来,提高嗓门说:"既然大家都同意先打宿迁这一路,下面我就把我们的兵力部署说一下。这次我们华中、山东野战军集中第一、第二、第九纵队和第七纵队(欠十九旅)、第八师共24个团,分批歼灭由宿迁出犯之敌。华中野战军第一师自盐城方向朝沭阳移动,准备参加宿北地区的作战;九纵就地于宿新、宿沭公路一带正面阻击,迟滞和消耗敌人,为各部队的展开争取时间;一纵与八师为右翼,从骆马湖方向由西向东发起进攻,直插敌人侧后;二纵与七师为左翼,从沭阳方向由东向西发起进攻……"

最后，陈毅补充说："我和粟裕同志的指挥所将移到宿迁以北的五花顶。毛主席最近指示我们，两个野战军会合后的第一仗一定要打胜。希望各路将领加强协同，打它个旗开得胜，给蒋介石老先生送上一份新年厚礼。"

会议以后，各路人马投入了紧张的战前准备。

宿沭公路上一阵尘土飞扬，几十匹战马由东向西急驰而来，从井儿头向北径直奔向五花顶。

五花顶位于晓店子以北，马陵山南麓，处于宿迁和新安镇的交界处。这里山高林密，山清水秀。陈毅、粟裕策马上到半山腰，穿过一片柏树林，早有打前站的作战处长和几名参谋在等候。两名参谋上前将陈毅和粟裕等引导到两个石洞前，洞的旁边凿有"三仙洞"三个大字，洞前的左侧就是骆马湖。陈毅脱下大衣递给警卫员，边向洞内走去，边回头对粟裕等人说："好去处，好去处！这不知是哪路神仙的洞府，今天我陈毅多有不恭了，等打完了这一仗再还他一个清静吧。"

粟裕接着说："我们不妨也借此宝地练一手撒豆成兵之术。"

陈毅和粟裕的一席话逗得大伙都哈哈大笑起来。

进洞以后，警卫员连忙递上军用水壶，陈毅一边推开水壶一边说："还喝啥子水哟，快拿地图来。"接着和粟裕一起询问了各部队的进展情况。粟裕一边听汇报一边看地图，然后指着一座小山说："这个峰山是宿北地区唯一的一座山啊！"又弯下腰仔细地数了数等高线说："高度也就是100米左右，但这是整个战场的制高点，一定要尽快拿到手……"

12月13日清晨，宿北的道路、田野到处覆盖着一层厚厚的白霜。上午，敌整编第六十九师和第十一师分别沿宿新、宿沭公路开始向新安镇、沭阳进犯。我第九纵队节节抗击，至14日，敌六十九师的先头部队到达五花顶以南；第十一师的先头进到邵店、小牌坊和来龙庵一线。各部队将敌情不断报到三仙洞指挥所。根据战场情况的变化，陈毅、粟裕决心首先集中主力围歼敌人左路的整编第六十九师的三个半旅于宿迁以北地区。

敌人右路第十一师进攻来龙庵的兵力越来越多，攻势越来越猛，来龙庵的防御阵地被突破。粟裕命令第二纵队火速增援来龙庵，不准敌人越过一步。二纵队随即赶到，与一纵队合到一处，对敌人展开了猛烈的反击。来龙庵是一个百十户人家的小镇，紧靠宿沭公路，周围一马平川，易攻难守。第二、第九纵队凭借临时构筑的工事，同敌人进行了顽强的拼杀。整个战场硝烟弥漫，血肉横飞，枪炮声、手榴弹爆炸声和喊杀声响成一片。直到后半晌，才杀退敌人，夺回阵地。

当天，我第一纵队和第八师经过多日的急行军，奉命由峄县以东隐蔽到达陇海线以南的新店子地区。粟裕当即命令第一纵队猛插敌后，切断敌人的退路；命令八师火速攻打峰山。与此同时，九纵阻击部队报告，进攻五花顶的敌六十九师主力突然掉头向东，企图向十一师靠拢；其预三旅有两个团分别退到晓店子和嶂山镇。粟裕和陈毅商量后，命令各部队必须于15日拂晓前完成对嶂山之敌的包围。一纵和八师向进至晓店子和嶂山镇的敌人发起了猛烈进攻。第一纵队的一部越过宿新公路，锲入敌人纵深，在曹家集附近歼灭敌十一师师属工兵营和骑兵营，迫使十一师向曹家集收缩。第八师攻占了嶂山，并打退了敌六十九师主力的连续反扑。接着，第一、第二、第九纵队以及第七、第八师等部继续向敌人的纵深猛插，于17日在宿迁以北的晓店子、人和圩、苗庄、傅家湖、罗庄地区，完成了对敌六十九师的包围和分割，并切断了六十九师和十一师的联系。

夜色降临，三仙洞周围一片寂静。一钩弯月低垂，微弱的光线映照在骆马湖的冰面上，犹如一个偌大的银盘落在五花顶的西南侧。

子夜，指挥所的电话再一次响起。围攻晓店子的部队报告，敌预三旅已被全部歼灭，旅长、副旅长均被击毙，俘敌3000多人。接着，粟裕命令第二、第九纵队拂晓前发起对人和圩守敌的进攻。

人和圩是位于宿迁东北30多里处的一个地主土围子。全村几十户人家，周围筑有高大的圩墙，墙外边有几米宽的壕沟，最外边设有鹿寨和铁丝网。敌六十九师师部就驻扎在这里。敌人以猛烈的火力对攻击部队进行疯狂的反击，攻圩部队的突击队一批批倒下，鲜血染红了沟内的冰水。

次日下午，第二、第九纵队从南北两侧同时向人和圩发起了猛烈的炮击。晚10点多钟，攻圩部队突破了敌人的防御，攻进了圩内。龟缩在吴家地主客厅一角的敌六十九师师长戴之奇，脱下黄呢大衣，穿上一件士兵棉袄，还没有来得及系上扣子，就被外边的喊杀声吓得丧魂落魄了。过了好一阵子，才想起"不成功便成仁"的信条，遂自杀身亡。

战至19日拂晓，粟裕指挥各部队在击退敌人十一师增援的同时，全歼六十九师师部及三个半旅，共2万多人。第六十九师被歼后，第十一师迅速缩居宿迁、曹家集地区，依托运河、六塘河设防。

开国大将的故事

宿北战役开创了全面内战爆发以来我军一次战役歼敌三个半旅的范例。随后,陈毅、粟裕指挥部队跨过沭河,开始向鲁南进发了。

回师鲁南再歼劲敌

1946年12月,华中、山东野战军发起的宿北战役还在进行之中,粟裕就在思考组织一次新的战役。就在宿北战役结束前夕,中央军委于12月18日指示华东部队:"第二步作战似宜集中主力歼灭

★宿北战役遗址纪念

鲁南之敌，并相继收复枣（庄）、峄（县）、台儿（庄），使鲁南获得巩固，然后无顾虑地向南发展，逐步收复苏北、苏中一切失地。"

宿北战役胜利后，山东野战军司令员陈毅和华中野战军司令员粟裕依据军委的指示和当前的敌情，于12月23日决定立即将第一纵队及第一、第八师北调鲁南会同原在鲁南的第十师等部寻歼敌军。中央军委批准了陈毅、粟裕的方案，并提出要"打一个比宿北更大的歼灭战"。

斗转星移，1947年的新年即将来临。陈毅、粟裕等首长仍在紧张地拟定下一步的作战方案。突然，情报参谋风风火火地闯了进来。"报告，截获了徐州绥靖公署的一份命令。"说完，将电报递给了陈毅。陈毅接过电报看着看着，紧锁的浓眉渐渐地舒展开了，眼睛里闪出一股喜悦之情，连声叫道："太及时了！薛岳这龟儿子给我们当参谋来了！"

粟裕忍不住地催促道："别光独自享用，快给大家念念吧。"陈毅故意放慢速度念道：本署命令：各攻击兵团，"以继续击溃共军于陇海线东段以南地区，再向鲁南追剿之目的，应继续攻占南新安镇、沭阳、北新安镇、郯城、马头镇各要点，进入陇海路东段以北地区，再向鲁南进剿"，"峄临兵团（整编七十七师、整编二十六师附第一快速纵队、整编五十一师、整编二十师）均在原防向临沂西南及临枣支线以北地区积极'扫荡'。"陈毅念完电报，拍案站起说道："薛岳是在帮助我们下决心哪！"粟裕又盯着地图思索了一阵，然后不紧不慢地说："根据已掌握的敌情，我们现在的主要问题是选择打击目标，定下战役决心。人们常说，吃柿子拣软的捏，打

敌人挑弱的打。依我看，我们这次吃柿子要专拣硬的捏，先打敌整编第二十六师和第一快速纵队。这是敌人在鲁南的主力，只有消灭了它，才能改变局面，这样既符合军委的指示精神，也符合我们面临的实际。"

按照确定的部署，粟裕随即命令第一纵队、第八师、第一师秘密兼程北上，会同已由鲁中到达鲁南的第九师、第四师的一个团及原在鲁南方向的第十师、滨海警备旅和鲁南军区特务团，准备首先歼灭整编敌二十六师及第一快速纵队。而后，再乘胜扩大战果，直下峄县、台儿庄，歼敌整编第三十三军一部或全部。命令第二纵队、第六、第七师、第九纵队及第十三旅，在沭阳东西地区进行防御，阻击迟滞由涟水、盐城北犯的敌人，并相继歼其一部。

军令如山倒。12月27日，华东野战部队主力由沭阳地区隐蔽北进。在各部队接近集结地域前，由陈毅主持召开了各师、纵队负责人参加的作战会议。在会上，陈毅通报了敌情，传达了中央军委关于鲁南战役的指示，宣布了华东野战军的战役决心。接着，粟裕进行了第一阶段作战的具体部署。粟裕指出，第一阶段的主要任务是歼灭敌二十六师及第一快速纵队，决定以第八、第九、第十师及滨海警备旅共十二个团组成右集团，切断敌二十六师与敌五十一师的联系，并歼灭石城崮、太子塘地区敌二十六师的四十四旅；以第一纵队、第一师共十五个团组成左集团，切断敌二十六师与敌三十三军的联系，并歼灭卞庄、向城地区敌二十六师的一六九旅。然后，左右两集团会攻第一快速纵队。

最后，粟裕宣布：各部队必须于1947年1月1日拂晓前到达指定集结地域；战役发起时间为 1 月 2 日 24 时。

1 月 1 日拂晓前，各部队都按时到达了指定的地域隐蔽集结，在紧张的战前准备中度过了 1947 年的元旦。

1 月 2 日夜晚，鲁南山区显得格外的沉寂、宁静。午夜，粟裕下达了提前对敌人发起全线攻击的命令。部队以排山倒海之势冲向敌人。敌第二十六师师长马励武回峄县过元旦还没有回来，战斗一打响，敌人失去指挥，群龙无首，被打得晕头转向、乱作一团。

粟裕的指挥所里捷报频频传来。

——右集团到 3 日拂晓，攻克了四马寨、平山、石城崮、青山、凤凰山、石龙山等地，歼灭敌人第四十四旅大部，切断了敌整编二十六师的退路，控制了阻止峄县、枣庄敌人东援的阵地，攻击部队直指马家庄敌二十六师师部。

——左集团于当夜包围了卞庄守敌一个团，占领了大官庄、南北小庄及洪山、横山、兰陵及其以北地区，歼敌一部，切断了整编二十六师与三十三军的联系，并与由四马寨地区向南攻击的右纵队会合。

——各部队按预定的计划，完成了对敌人的战役合围与战术分割。

指挥所电话铃声不断。数九寒冬里，硬是把作战参谋们累得满头大汗。大家高兴地说："粟司令，仗再这样打下去，可得再给我们多配几个人，否则连电话都接不过来。"

粟裕说："仗肯定是越打越多，越打越大，你们就等着挨累吧。"

战斗还在向纵深发展。整个阵地炮声隆隆，马达轰鸣。敌人组

织兵力进行反扑，但无论是炮火阻拦，还是坦克增援，都已无济于事了。

经过彻夜的激烈战斗，到4日凌晨，敌整编第二十六师师部及第四十四旅、第一六九旅大部都已被歼灭，其残部及第一快速纵队被紧紧包围于陈家桥、贾头一带的狭小地区。

天有不测风云。4日上午，天越阴越沉，不久便下起了雨，而后变成了雨夹雪。阵阵朔风裹着雨点、伴着雪花，铺天盖地扑向鲁南山区。

粟裕正在指挥所密切地注视着战场的情况变化，一个作战参谋进来请示："粟司令，作战计划是否改变？"

粟裕坚定地说："不变！"

那位参谋边拍打着身上的雪边喃喃地说："那么多的部队……"

粟裕抬头向指挥所外边望了望，说："这是老天爷在帮我们的忙，雨雪交加，道路难行，会把敌人的重型装备都陷在那里，那样敌人就更难逃脱了。"

4日上午，敌人开始向峄县方向突围逃窜。粟裕命令各部队立即发起攻击，很快就将敌第一快速纵队的第八旅大部分歼灭。此时，敌人的坦克、汽车竞相争路，炮兵、步兵混杂在一起，一窝蜂似的向西涌去。敌人西逃的重要道路和桥梁已被解放区的军民破坏了，并埋设了地雷，挖掘了反坦克壕，加上雨雪泥泞，许多汽车和火炮陷进泥潭不能动弹了。在追击部队的猛烈攻势下，突围之敌更是混乱不堪。广大指战员顶风冒雪，穿着湿透了的棉衣，奋勇冲入敌阵，与敌人短兵相接，奋力拼杀。

下午3时，风还在刮着，雨夹雪仍在紧一阵慢一阵地下着。全副美械装备的敌整编第二十六师以及被称为"国军精华"的快速纵队，早已七零八落，失去了往日的威风。

围歼整编第二十六师和第一快速纵队的战斗刚刚结束，硝烟还没有散去，粟裕就带着司令部的人员赶到了阵地上。只见坦克、汽车和大炮漫坡遍野，各种武器、弹药及装备器材堆积如山，美国制造的生活用品、药物、食品等到处都是，全身沾满泥污的俘虏被一批批地押下战场。战士们在凛冽的寒风中忙着打扫战场。看着这些忠诚无畏的战士，粟裕心中涌起了一股崇敬之情，不自觉地投入他们的行列之中。

战斗还在继续发展。敌整编第二十六师被歼灭后，其右翼第三十三军缩据运河南岸，固守既设阵地去了。

粟裕根据战场的情况变化，与陈毅商量后，率部分参谋人员组成了轻便指挥所，于1月9日拂晓前到达峄县、枣庄前线。9日当晚，就指挥部队向峄县发起了进攻，彻夜作战，攻占了南关、邵家楼、檀山及东关大部，由南面和东面直逼城垣。10日黄昏前发起了总攻，到11日凌晨，攻克了峄县县城，全歼守敌第五十一师一个旅、第五十二师一个团，以及第二十六师与第一快速纵队的残部，俘虏整编第二十六师中将师长马励武。

在攻击峄县的同时，粟裕指挥第一师及第一纵队一部就完成了对枣庄、齐村的合围。16日攻克齐村。接着，攻击枣庄的部队在随后加入战斗的八师的协同下，于20日全歼敌整编五十一师师部及两个团，俘敌第五十一师中将师长周毓英。

鲁南战役历时20天，共歼敌2个整编师，1个快速纵队，计5.3

万多人；缴获坦克24辆，汽车470余辆，以及各种火炮200多门。

随后，遵照党中央的指示，华东解放区部队进行了统一整编，新四军军部改为华东军区机关，华中野战军与山东野战军合并，组成了华东野战军，陈毅任司令员兼政委，粟裕为副司令员，继续负责战役指挥。此后，粟裕以其卓越的指挥才能在人民解放战争史上写下了更加辉煌的篇章。

百万军中取上将首级

1947年5月16日晚，华灯初上，喧闹了一天的南京城，渐渐地安静下来了。蒋介石官邸宽敞的会客厅门窗紧闭，咖啡色的窗帘将室内遮掩得严严实实，房顶的吊灯发出幽幽的光，整个大厅显得灰暗压抑。身着便装的蒋介石，蜷缩在松软的沙发里，双目微闭，十分烦躁而又无可奈何地收听着新华社关于蒙阴大捷的消息。突然，他站起身来，猛地关掉了收音机，歇斯底里地叫嚷着："娘希屁，真叫我痛心，痛心！"

此时此刻，蒋介石怎么也不会忘记：从去年6月发动全面内战以来，连续不断地损兵折将，特别在华东战场，还不到一年的时间，就有几十万大军被歼灭。出于无奈，从今年3月开始将全面进攻改为对陕北和山东实施重点进攻。在山东战场集中了24个整编师，60个旅，约45万的兵力。手中的五张王牌，一下子就打出了三张，将他的整编第十一师、第七十四师和第五军都派到了山东战场。本想以他们为骨干,向鲁中推进,与华东野战军决战,或将陈毅、粟裕赶过黄河。哪承想,这步棋又输了,而且输得很惨、很惨……

继宿北、鲁南大捷之后,粟裕又成功地组织了莱芜战役,指挥华东野战军仅用了3个昼夜的时间,就歼灭了蒋介石的7个师,共7万余人,俘国民党第二绥靖区中将副司令李仙洲、第七十三军中将军长韩浚以下将官19名,彻底粉碎了国民党军对华东解放区的全面进攻。

然而,陈毅、粟裕还没来得及洗去征尘,蒋介石就命令陆军总司令顾祝同统一指挥45万大军,分三路向华东野战军扑来。

顾祝同这次指挥作战,倒是学得乖巧多了。他吸取以往分路进攻时常被分割歼灭的教训,采取集中兵力、密集靠拢、稳扎稳打、齐头并进的战法,3月下旬发起进攻,到4月上旬,打通了津浦路徐州、济南段和兖州、临沂公路,占领了鲁南解放区,随即稳步向

★莱芜战役纪念馆全景图

鲁中山区推进。

在敌人发起进攻的一个多月里,粟裕指挥部队在鲁中、鲁南地区忽南忽北,时而围而不攻,时而主动后撤,高度机动回旋,力求调动敌人,捕捉战机。他和陈毅曾多次下决心力求歼敌一部,但由于敌人密集靠拢,不易分割而改变了决心。

5月初,敌整编第十一师进到新泰、蒙阴一线,粟裕立即作出围歼的部署。这时,憋了一个多月的指战员,求战心切,群情激昂,决心抓住有利时机歼灭敌人。可是,据侦察发现,敌第五军及整编第八十五师也已跟进,有与第十一师东西合击的迹象。粟裕果断地命令部队主动撤围。5月3日,粟裕决定以两个纵队插到鲁南敌后,一个纵队南下苏北,以求调动、分散敌人,再寻战机。

针对上述情况,中央军委于5月上旬多次电示华东野战军:对密集进攻之敌要实行诱敌深入,要有极大的忍耐性,要掌握最大的兵力在手;不要分兵,不要扰敌后路,让敌人放胆前进,总有歼敌机会。

陈毅、粟裕认真研究了中央军委的指示,总结了前段时间的经验教训,决定野战军主力后退一步,集结于莱芜、新泰、蒙阴以东地区待机。

华东野战军主力东移后,顾祝同以为华东野战军已无力再战,开始向东北方向溃退。便于5月10日下令各部"跟踪进剿,进出于莒县、沂水、悦庄、淄博之线"。敌第一兵团司令官汤恩伯急于抢头功,一反稳扎稳打之常态,不等左右两个兵团统一行动,即以整编第七十四师为主,整编第二十五、第八十三师在两翼配合,以沂蒙公路上的坦埠为目标,于11日自蒙阴东南的垛庄地区北犯,企图对华东野战军实施中央突破。

敌主力整编第七十四师,是国民党陆军总部直属的南京卫戍御林军,居蒋介石五大主力之首,是一支美械装备的精锐部队。抗日战争期间,曾在缅甸接受美国顾问的特别训练,全面内战爆发以来,在对华中、山东解放区的进攻中屡打头阵,几次与粟裕的部队交手,还没受到重大打击,骄狂嚣张,不可一世。消灭这个冤家对头,是华东野战军特别是粟裕的夙愿。

5月11日晚,指挥部里灯火通明。粟裕正在指挥部队向沂水开进,准备歼灭进犯沂水的敌第七军及整编第四十八师一部。侦察处长突然报告:"现已查明,敌人将于明日发起进攻,汤恩伯的第一兵团企图以整编第七十四师为主,攻占坦埠。"

"好啊,张灵甫这个老冤家终于出动了。"粟裕高兴地站了起来。随即吩咐参谋长,"命令各部原地待命;通知各纵队司令员到指挥部开会。"

深夜,各路将领齐聚于指挥部,不少人急不可耐地询问有何重大行动。陈毅看了大家一眼说:"战场情况复杂多变,汤恩伯部将于明天全线进攻坦埠地区。敌变我变嘛,现在研究一下新的作战计划。"

粟裕接着说:"刚才,司令员讲了,敌变我变,关键是怎么变的问题。首先是作战对象变了,明天我们将与老刘手张灵甫的七十四师作战。敌七十四师虽是蒋介石的王牌部队,又处于进攻状态,但其骄纵轻进,恰是好打之处。我军主力正处在坦埠及其两侧地区,可出其不意地迅速集中五倍于七十四师的兵力加以围歼……"

听说要打七十四师,顿时群情亢奋,各路将领高招迭出。又过

了一会儿，粟裕说："我们这次要改变攻歼侧翼之敌的习惯战法，果敢地进行中间突破，实施反突击，来他一个'虎口拔牙'……"

"好一个'虎口拔牙'，这是要在百万军中取上将首级哟！"陈毅笑了笑说，"我们要从敌人齐头并进的重兵集团中打掉蒋介石这张王牌，可不比鲁智深倒拔垂杨柳轻松哟，不知各位可有这种胆魄？"

各纵队司令员又是一阵哗然。有的打趣地说："只要两位司令员说打虎，我们就敢上山。"

具体的作战计划定下来时，雄鸡已多次啼鸣，启明星悄然升起了。粟裕推开门，向东方看了看，说："面对七十四师这个强手，我们还是要按毛主席说的，在战略上要藐视它，在战术上要重视它。战斗明天黄昏发起，请大家抓紧作好战斗准备。"他命令昨晚东进的部队立即重返原集结地域待命。

5月12日，敌人第一兵团仍在向北开进。整编第七十四师先后占领了黄鹿寨、三角山、杨家寨等要点，而后继续向坦埠以南进攻。

13日，围歼敌第七十四师的战斗打响了。我第一、第八纵队利用夜暗和山地复杂地形，隐蔽地揳入敌七十四师与其左右两翼的接合部，至14日上午，切断了七十四师与敌第二十五、八十三师的联系。我第六纵队于14日凌晨进到垛庄西南地区。

夜幕渐渐退去，晨曦微露。一阵激烈的枪炮声惊扰了张灵甫的晨梦。他穿上军装，系好领带，漫不经心地走出了指挥所，向四周望了望，对早已站在外边的参谋长说："命令部队继续向坦埠逼近。"

还没等张灵甫的指挥所前移，周围的枪炮声一阵紧似一阵，而且越来越近。参谋长显得有些紧张了，慌忙报告："师座，共军正向

粟裕大将的故事

我周围紧逼，恐怕……"

张灵甫对这一切似乎已有察觉，挥了挥手说："命令部队向南收缩。"随手抽出烟来，参谋长连忙打着火机凑了过去，给张灵甫点着烟。张灵甫深吸一口，扬起脖子，连续吐了几个烟圈。然后，傲慢地说："凭共军这几支杂牌部队想跟我较量，还不知谁吃掉谁呢！"

据前线报告，敌整编七十四师已向南收缩。粟裕立即命令部队发起全线攻击。到15日拂晓，我第六、第一、第八纵队分别攻占了垛庄、万泉山等地，完全封锁了敌七十四师的退路。正面的第四、第九纵队攻占了唐家峪子、当阳。至此，第七十四师已被四面包围在孟良崮及其以北的狭小地域内。

随着包围圈的逐渐缩小，张灵甫的嚣张气焰也在逐渐地减弱。他一面命令部队反扑，一面向顾祝同发报求援。可顾祝同认为，第七十四师战斗力强，而且与左右两翼靠近，正是吸引华东野战军进行决战的良机。于是，他一面命令张灵甫固守阵地，吸引陈毅、粟裕的主力，一面督令临沂、泗水、莱芜、新泰、蒙阴等地的十个整编师分路向孟良崮驰援，企图内外夹击，聚歼陈、粟部队。

与此同时，粟裕命令各部坚决守住阵地，防止敌人突围，决不许放走敌七十四师的一兵一卒。

仲夏的午间，骄阳当空，炽热的气浪翻滚于鲁中山区。广大指战员忍饥耐渴，连续进攻，激战正酣。粟裕发出了总攻的命令后，五个主攻纵队集中炮火对孟良崮实行猛烈轰击，分多路向敌人展开突击。在华东野战军主力集团围歼七十四师时，敌人的各路援军在顾祝同反复严令督促下，不断向孟良崮推进。有的虽然离孟良崮只

有十来里，但在阻击部队的顽强抗击下，始终未能靠近孟良崮。

在固守待援没有指望、进行疯狂反扑不能奏效后，张灵甫命令部队倾全力先后向南、向西、向东突围，但同样没能得逞。

敌我双方对孟良崮附近的各个制高点进行了反复争夺，战况空前激烈。我突击部队又相继攻占了雕窝、大碾等重要阵地，将七十四师压缩在孟良崮、芦山等几个孤立的山头上。16日，我军在猛烈的炮火掩护下，向七十四师残部实施了连续冲击。

夕阳西下，一抹抹晚霞伴着一片片流云渐渐消失在天的尽头。喧嚣了几天的鲁中山区，终于沉寂下来了。孟良崮仍笼罩在弥漫的硝烟之中。3.2万余人的第七十四师就此从蒋军的编制序列中消失了，骄纵狂妄的张灵甫也毙命于孟良崮的一个无名山洞之中。此时，粟裕怀着无比喜悦的心情，在一片欢呼声中下达了撤离战场的命令。

南京国民党的总裁办公室内，蒋介石很不情愿地又一次打开了收音机，新华社的述评再一次播出："孟良崮战役的胜利，打击了蒋介石最强大的进攻方向，打击了蒋介石最精锐的部队……"这语言、这声音又一次刺激了他。总统先生再一次咆哮起来："娘希屁，汤恩伯无能，无能！"

驰骋黄淮大战豫东

麦浪随着微风在起伏，绿色的草丛中伴杂着一朵朵黄色的小花。

粟裕大将的故事

1948年5月初的一天,毛泽东和刘少奇、周恩来、朱德、任弼时等中共中央领导人正在河北省阜平县城南庄毛泽东住处开会。华东野战军的正副司令员陈毅、粟裕一前一后走了进来。

陈毅、粟裕刚给几位领导人敬完礼,陈毅的大嗓门就嚷开了:"哈哈,我把'常胜将军'给你们请来了,也不慰劳一碗水喝。"说完,拿起桌上的茶壶,倒了两碗水,递一碗给粟裕,自己端起一碗,"咕咚、咕咚"喝完后,脱下帽子扇起风来。相比之下,粟裕倒是显得有些拘谨,笔挺地站在那里。

周恩来连忙招呼说:"陈老总,粟裕同志,辛苦了!请坐,请坐。"

还没等陈毅、粟裕坐稳,毛泽东就说:"粟裕同志,你4月28日给军委的电报,我们已经收到喽,今天请你和陈毅同志来,想当面听听你的意见。"说完,毛泽东点起了一支烟,看了看粟裕,又说:"我们原来考虑派你率三个纵队到长江以南去,主要是想吸引敌人用20到30个旅回防江南,迫使蒋介石改变'坚守东北,力争华北,集中力量加强中原防御'的战略部署,你提出暂不去江南的建议很好嘛,具体说说看。"

粟裕汇报了关于三个纵队暂不渡江南进,集中兵力在中原黄淮地区打大仗的方案后,又详细地说明了提出这个方案的依据。

毛泽东等领导人听完汇报后,当即进行了研究,并同意了粟裕提出的方案。

会议结束了,大家正要往外走,毛泽东又叫住了粟裕。毛泽东说:"粟裕同志,中央决定调陈毅、邓子恢同志到中原局和中原军区去工作,由你接任华东野战军司令员兼政委。"粟裕一听,感到很

意外，连忙说："主席，中原大战即将开始，陈司令员不能走啊！"粟裕见毛泽东没作声，接着又说："主席，陈毅同志无论如何不能离开华野。"毛泽东又沉思了一会儿说："那好吧，陈毅同志仍任华野的司令员兼政委。但是，中原那边的工作很需要他，现在必须马上去。"粟裕便担起了华东野战军代理司令员兼政委的重任。

中央军委作出华东野战军三个纵队留在中原作战的决策后，下达了中原战场近期的作战任务，要求华东、中原野战军的六个纵队集结中原黄淮地区，在陇海路开封至徐州段及其南北，以寻歼敌整编第五军为主要作战目标。

粟裕根据中央军委的指示，制定了作战计划和具体部署，决定先以第三、第八纵队由许昌向淮阳方向转移，吸引敌邱清泉兵团南下；然后以第一、第四、第六纵队和两广纵队、特种兵纵队乘机南渡，进抵定陶、成武地区，力求歼灭鲁西南守敌一部，开辟战场，吸引邱清泉兵团回转北上。

粟裕根据当时敌我态势的变化，觉得寻歼敌整编第五军并不是很有把握。所以，同时又设想了一个"先打开封，后歼援敌"的预案，并在作战部署上作了充分的准备。

5月24日，粟裕命令第三、第八纵队向淮阳方向挺进，指挥河北各纵队于5月底渡过了黄河。这一行动使蒋介石大为震惊，急令邱清泉兵团主力和整编第七十五师北返，迎击渡河部队。同时，又向鲁南增调整编第八十二、第二十五、第七十二师和第三十六师的一个旅，企图与渡河部队进行决战。

粟裕见敌人集中在鲁西南战场上的兵力剧增，而且队形密集，

粟裕大将的故事

不易分割,而自己的第三、第八纵队已到达通许、睢县、杞县之间,距开封只有一天的路程,实现"先攻开封,后歼援敌"预案的时机已经成熟,便当机立断,定下转向豫东作战的决心。

古城开封位于河南省东部平原,北濒黄河,南倚陇海铁路,是一座具有悠久历史的文化名城。开封城墙周长40余里,有六门四关。经敌人长期经营,城防工事已形成半永久性防御体系。守城敌军以城关为外围支撑点,以城垣为主阵地,以龙亭、华北运动场等为核心阵地。各阵地构筑有大量堑壕和交通壕,设有铁丝网。南关、宋关、曹关均挖有4米多宽的外壕。

第三、第八纵队于6月15日开始向开封急进,17日凌晨兵临城下,随即对各关的守敌发起了猛烈的攻击,到18日黄昏。歼灭守关之敌一部,占领四关。并于当夜从南关攻城,很快攻占敌城垣主阵地,同时分多路向敌纵深穿插,与敌人展开激烈的巷战。

开封战役发起后,蒋介石焦急万分,慌忙调兵遣将,组织多路增援,命令空军不分昼夜狂轰滥炸,投掷大量燃烧弹,妄图将开封城变成一片火海,以阻止攻城部队发展进攻。突入城内的部队,冒着熊熊烈火,昼夜攻击,连续奋战,到20日夜,占领了除敌核心阵地龙亭和华北运动场外的全部市区。

部队又经过两昼夜的激战,歼灭了开封守敌,加上援敌共4万人,击毙敌整编第六十六师师长李仲章,活捉师参谋长游凌云。

开封战役的胜利,引起了国民党统治集团的慌乱。蒋介石为了挽回败局,稳定人心,急令邱清泉部和第四绥靖区刘汝明部继续向开封攻击前进。同时,调集整编第七十五师、第七十二师和新编第

二十一旅组成一个兵团，以第六绥靖区副司令官区寿年为司令，由民权地区经睢县、杞县逼近开封，企图与华野部队决战。

战争既是军事的对垒，同时也是意志和智慧的较量。粟裕抓住蒋介石要急于夺回开封的心理，将计就计，毅然主动放弃开封，把包袱甩给了蒋介石。

粟裕分析了敌两路援军的情况，认为围歼区寿年兵团较为有把握。为创造歼敌机会，粟裕命令第一、第四、第六纵队和中原野战军的第十一纵队，组成突击集团，隐蔽集结于睢县、杞县、太康之间和民权地区，实施南北夹击，围歼区寿年兵团。以五个纵队的兵力担任阻援。

6月26日晨，第三、第八纵队按预订计划，由开封向通许方向转移，诱敌邱清泉兵团西进开封。骄狂的邱清泉，除以先头部队一个旅配合刘汝明部占领开封外，命其主力直扑通许，妄图尾击第三、第八纵队。多疑的区寿年则在进抵睢县、杞县地区后举棋不定，结果敌两路援军之间很快就拉开了距离，形成了80余里的间隙。

粟裕抓住机会，当即于27日下达了围歼区寿年兵团的作战命令，拉开了睢、杞战役的序幕。

日落西山，夜幕降临，一颗红色信号弹腾空升起。突击集团乘敌犹豫徘徊、立足未稳之际，从四面八方向敌发起猛烈进攻。至29日晨，将敌区寿年兵团部和整编第七十五师、新编第二十一旅包围于龙王店及其以东地区，并完成了对敌七十五师师部和各旅团的分割；将敌整编第七十二师包围于铁佛寺周围地区。阻击集团也控制了区寿年兵团以西40里的杞县至王固集一线，切断了邱、区两兵团之间的联系。

29日晚，突击集团的一部兵力继续包围敌整编七十二师，以主力对区兵团部和整编七十五师、新编第二十一旅发起攻击，经过两昼夜的激战，将敌全部歼灭。

西线的邱清泉兵团在我阻击部队的节节阻击下，于7月1日下午，进至距区寿年兵团约20里的过庄、官庄、屈寨、张阁一线，与阻击部队展开激战。

豫东战场的每一次战斗都触动着蒋介石的神经，区寿年兵团的存亡使其绞尽了脑汁。他急忙将北援兖州的整编第二十五师调回，与第三快速纵队和交警第二总队组成一个兵团，以黄伯韬为司令，由东向西增援区寿年兵团，并抵达铁佛寺以东约20里的帝丘店地区。

夜幕退去，豫东平原上烟雾沉沉，远处和近处都有紧一阵慢一阵的枪声。援敌东西两个兵团一齐压来，使战场气氛变得异常紧张。

粟裕对情况进行了全面分析，当即调整部署，增强了阻击力量。以3个师的绝对优势兵力加速围歼龙王店守敌。敌人的飞机在空中绕着圈子怪叫，进行低空扫射和轰炸；敌人的各种火力一齐向我突击集团轰击，并进行疯狂的反扑。我突击部队奋勇拼杀，激战至凌晨2时，将区寿年兵团部、整编第七十五师师部及第十六旅的一个团全部歼灭，活捉了敌兵团司令区寿年和第七十五师师长沈登年。

区寿年兵团覆灭在即，蒋介石再也坐不住了，于6月30日携空军总司令周至柔乘飞机到杞县上空督战。蒋介石威胁邱清泉说："如不迅速攻击前进，尽快与区兵团会合，我要你的脑袋。"邱清泉随即倾其主力，在飞机、坦克和大炮的支援下，对阻击部队疯狂进

攻。我西线阻击部队依托阵地顽强抗击，终于挫败了邱兵团的猖狂进攻。东线阻击部队经过激烈战斗也阻止了黄伯韬兵团的攻击，使其无法与相距不到十里的整编第七十二师会合。

盛夏的中原战区，烈日似火，加之久旱无雨，井河干涸，饮水奇缺。我华东野战军部队昼夜苦战，体力渐渐衰弱，广大指战员克服和忍受了重重困难，于7月2日晚又投入了新的战斗。

我突击集团以一部兵力迅速全歼了整编第七十五师第十六旅旅部和两个团，又集中主力对黄伯韬兵团实施了合围，战至6日拂晓，歼敌三个团，给黄伯韬兵团以沉重打击。粟裕纵观战场的变化，于7月6日晚下令撤出战斗，分别向睢县、杞县以北及鲁西南转移，将敌人的多路援军远远地甩在身后，宣告了豫东战役的胜利结束。

7月11日，党中央给华东、中原野战军发来贺电："庆祝你们继开封胜利之后，在豫东歼灭蒋敌区寿年兵团、黄伯韬兵团等部五万人的伟大胜利。""这一辉煌胜利，正给蒋介石'肃清中原'的呓语以迎头痛击；同时也使我更有利地进入了中国人民解放战争的第三年度。"

运筹帷幄决战淮海

东方欲晓，天边露出了一线曙光。粟裕放下手中的笔，收拾起写好的电报稿，接过警卫员递来的毛巾，边擦脸边问道："小鬼，怎么不睡了？"警卫员答非所问地说："司令员，你又是一夜没睡。"这时，一位参谋报告："攻下来了！司令员，济南城打开啦！"粟裕兴奋地说："好啊，看来解放济南的时间比我们预计的要提前了。"然后，将手中的电报稿递给了参谋说："交给机要处，尽快发给军委。"参谋看了一下说道："司令员，你的胃口可真大啊，济南战役还没结束，你就想打淮海战役了。"粟裕笑了笑说："给军委提个建议嘛。"

9月25日，粟裕正坐在作战室里，密切注视着济南城内战斗的进展情况。机要处长进来报告："司令员，军委回电了。"粟裕忙把目光集中到电文上："我们认为举行淮海战役甚为必要。"粟裕一阵欣喜，转而看着地图，凝思起来。

次日黄昏，华东野战军攻克了山东省会济南，全歼国民党军10万余

★济南战役遗址

人。粟裕没有被胜利所陶醉，抓紧处理好济南战役的善后工作，便挥师南下了。

粟裕和各纵队司令员、政委披着征尘赶到了孔子的故里曲阜，华东野战军前线委员会在这里召开了扩大会议。这里林木森森，古树参天，十分幽静。但粟裕并无游览观光的雅兴，而潜心于思考如何打好淮海战役的问题。不几天，中央军委、毛泽东发来了《关于淮海战役的作战方针》的指示，规定淮海战役第一阶段的重心是集中兵力歼灭黄伯韬兵团，完成中间突破，占领新安镇、运河车站、

曹八集、峄县、枣庄、临城、韩庄、沭阳、邳县、郯城、临沂等地。

粟裕立即对所属准备参加淮海战役的十六个纵队第一阶段的作战任务进行了部署。决定以第一、第六、第九、鲁南纵队和苏北兵团指挥的第二、第十二纵队及中原野战军的第十一纵队与附属特种兵纵队主力担任割裂围歼位于新安镇、阿湖地区的敌第七兵团；以第四、第八、第十一纵队及江淮军区的两个旅围歼邳县、官湖、炮车、运河车站等地的敌第十三兵团一部，控制运河以东阵地，阻击敌第十三兵团的东援；以第七、第十、第十三纵队由山东兵团首长指挥，自临枣公路以北地区直出临城、台儿庄、贾汪，争取第三绥靖区部队起义，而后自徐州以北、以东进逼徐州，切断陇海铁路，占领有利阵地，阻击徐州之敌东援。

粟裕同时还考虑，将要发起的淮海战役规模很大，参战部队很多，必须解决统一指挥的问题。于是，他于10月3日向中央军委建议，请陈毅、邓小平统一指挥。中央军委、毛泽东第二天回电，决定"整个战役受陈、邓指挥"。随后，组成了以刘伯承、陈毅、邓小平、粟裕、谭震林为委员的总前委。

与此同时，辽沈战役接近尾声，国民党军在东北战场败局已定。蒋介石为了避免徐州的刘峙集团重蹈东北卫立煌集团的覆辙，慌忙从东北飞回南京，拟定了《徐蚌会战计划》，决定将徐州"剿总"刘峙集团的四个兵团、四个绥靖区部队以及位于平汉铁路南段的第十二兵团等部的29个军、70个师，连同其他部队共约70万人，分别配置在津浦路徐州至蚌埠段及其两侧地区，以攻势防御，确保这段的交通，拱卫南京、上海；并准备在必要时放弃徐州，依托淮河抗击我军的进攻。他随即命令参谋总长顾祝同亲自到徐州与刘峙研究具体部署。

深秋,广袤的淮海平原上,村落里的一缕缕炊烟与迷雾混杂在一起,秋风裹着落叶在地面飞舞。这一切都将被一场空前大战的战火硝烟所淹没。

1948年11月6日,华东、中原野战军按原定计划发起了淮海战役。

以徐州为中心的淮海战场,位于江苏、安徽、山东、河南四省交界地区。这里地形开阔,村落稠密,津浦、陇海两条铁路纵横贯穿,公路四通八达,是大兵团机动作战的极好战场。

淮海大战的发起,国共双方最高统帅部都给予了极大的关注。11月7日,中央军委、毛泽东依据辽沈战役胜利后出现的全国军事形势的巨大变化,决定扩大淮海战役的原定规模,指示华东野战军主力按原部署直出新安镇两侧及台儿庄、贾汪、邳县、炮车;中原野战军主力及华东野战军的一部,继续在徐州以西地区,求歼敌第四绥靖区刘汝明部,而后两大野战军即可直逼徐蚌线。

粟裕指挥华东野战军杀向战场,拉开了大战的序幕。6日夜,第四纵队攻占了邳县、滩上。担任歼击敌第七兵团任务的各纵队正向新安镇及其两侧地区挺进,直插陇海路。

粟裕的指挥部繁忙异常,敌情报告和战报一个接着一个送达。指挥员的敏感使粟裕对一份侦察报告给予了极大的重视:"刘峙集团可能实行总退却。"8日凌晨,粟裕一面向中央军委发报,建议"如后方支援力量尚可满足战争需要,则力争歼灭刘峙集团在长江以北,勿使南

撤。"一面指挥各部队猛烈进攻，截击敌第七兵团，并向徐州进逼。

担任围歼敌第七兵团的我军各纵队从四面八方向敌展开猛烈攻击。到20日拂晓，歼灭敌第四十四、第一百军全部及第六十四、第二十五军各一部，攻占敌兵团部所在地碾庄圩。黄伯韬逃至大院上，继续指挥残部作困兽之斗。至22日，黄伯韬兵团约10万人被全歼，黄伯韬本人也被击毙。

担任阻援的各纵队从12日开始坚守阵地，顽强防御，抗击了东援之敌5个军、12个师的疯狂进攻，迫使敌人每天只能爬行2~4里路。

敌第七兵团被歼后，蒋介石于11月24日电召刘峙、杜聿明到南京开会，决定以徐州的第二、第十六兵团向南，第六、第八兵团由任桥、花庄集向北，第十二兵团经南坪集向东北攻击前进，企图南北夹击，重新占领宿县，恢复津浦路徐州、蚌埠之间的交通。

11月23日，淮海前线总前委根据敌情的变化，报经中央军委批准，决定以华东野战军第七纵队和特种兵纵队炮兵一部归中原野战军指挥，参加歼灭敌第十二兵团的作战。以华东野战军的五个纵队位于宿县、西寺坡地区，阻击敌人第六、第八兵团北援，力争歼其一部，保障中原野战军的侧背安全；以华东野战军的六个纵队和鲁中南、两广纵队及冀鲁豫军区独立第一、第二旅位于徐州以南夹沟到符离集之间，跨津浦路两侧，阻击徐州之敌南援。

中原野战军从24日发起攻击，到25日晨将敌第十二兵团围困在以双堆集为中心的地区，并在固镇以西歼灭敌第十八军第四十九师。敌第十二兵团司令官黄维奉蒋介石之命，于27日以其主力四个师向双堆集东南方向突围，被围歼部队击退后转入阵地防御。

与此同时，刘峙、杜聿明以第十三兵团守徐州，以第二、第十六兵团沿津浦路东西两侧南犯。粟裕指挥部队进行顽强阻击，将敌滞留在孤山集、后南桥、四堡、褚兰以北地区。

中央军委11月28日电示华东、中原野战军：在敌第十二兵团被解决后，徐州之敌有向两淮或武汉逃跑的可能，应作防范准备。

蒋介石鉴于黄维的处境危殆，打通津浦路的计划难以实现，徐州将更显得孤立，为保存徐州主力，并救出第十二兵团，于11月28日召杜聿明到南京研究对策。决定放弃徐州南撤。29日，刘峙率"剿总"机关部分人员飞抵蚌埠。30日晚至12月1日，杜聿明率3个兵团及徐州国民党党政机关人员并裹胁部分青年学生，共30万人，全部撤离徐州，沿徐州、萧县至永城公路仓皇西撤，伺机南进。

在查明徐州之敌动向后，粟裕立即指挥部队展开追击和堵截。以第十二、第一、第四纵队并行向徐州、萧县之间尾敌追击；以第九、第八、第三和鲁中南纵队由城阳、睢溪口作平行追击；以第十纵队由塘圩，第二、第十一纵队由固镇地区分别向永城、涡阳、亳州方向急进，迂回拦击。

杜聿明调整部署，采取东、西、北三面掩护，向东南逐次跃进突击，企图与黄维兵团会合。粟裕指挥部队采取三面突击、一面堵击的战法，将敌人全部合围于陈官庄、青龙集、李石林地区。并于6日歼灭了向西南方向突围的敌第十六兵团。

正当敌第十二兵团即将被歼灭，杜聿明集团2个兵团、8个军被合围在以陈官庄为中心，南北10里、东西20里的狭小地域内，全军覆没已成定局之时，平津战役开始了。为了稳住并消灭傅作义集

团于华北地区，根据中央军委指示，华东野战军进行了战场休整。粟裕指挥部队边围困敌人，边进行休整。经过20天的休整，部队士气旺盛，体力恢复，战斗力大为提高，为最后总攻，全歼杜聿明集团打下了良好的基础。

12月下旬，整个战区雨雪交加，气温骤然下降。敌人空运时续时断，粮食弹药补充不上，敌军大批士兵冻饿而死，有1.4万人为求生路，向我军投诚。

1949年1月初，华北、东北我军给予了傅作义集团以沉重打击，并切断其退路。华东野战军经中央军委批准，决定对杜聿明集团发起总攻。

粟裕将部队组成东、南、北三个集团和一个战略预备队，于1949年1月6日下午，三个突击集团同时对敌发起猛烈攻击。9日，敌人在20多架飞机的掩护下，施放毒气，向西突围。黄昏，粟裕指挥部队全线出击，分路插入敌阵，至10日下午全歼杜聿明集团，击毙敌第二兵团司令官邱清泉，活捉了杜聿明。

淮海战役胜利结束了。朝阳映照在茫茫雪野上，淮海平原又恢复了往日的宁静。

饮马长江挥戈南下

春风阵阵，细雨霏霏，催绿了大地。大江南北桃花吐艳，散发着阵阵清香。

1949年3月,人民解放军第二、第三野战军的百万大军纷纷云集长江以北,随时准备渡江南下,直捣南京国民党的老巢。

第三野战军代司令员粟裕和政委谭震林、参谋长张震率部抵达长江北岸,秣马厉兵,枕戈待旦。

淮海战役胜利以后,国民党军为阻止我军渡江南下,到1949年4月初,在西起宜昌、东至上海的3600余里的长江沿线,部署了115个师约70万兵力,其中京沪杭警备总司令汤恩伯部75个师45万人,布防于江西湖口至上海间1600余里的地段上;华中军政长官公署白崇禧部40个师约25万人,置兵于湖口至宜昌近2000里的地段上。另外,以海军海防第二舰队和江防舰队一部共26艘军舰、56艘炮艇,分别驻在安庆、芜湖、南京、九江,沿江巡弋;空军四个大队以南京、上海、武汉为基地,随时准备支援陆军作战。

为夺取国民党政治、经济中心京沪杭地区,而后向华南、中南和西南地区进军创造条件,中央军委决定,以第二、第三野战军的7个兵团24个军及地方武装部队共100万人,准备于4月间发起渡江战役。为加强渡江战役的统一领导,中央军委决定由刘伯承、陈毅、邓小平、粟裕、谭震林在淮海战役期间组成的总前委,在渡江作战中,"照旧行使领导军事及作战的职权"。粟裕作为总前委的成员,担负着参与领导和指挥作战的重任。

粟裕率领第三野战军在长江北岸投入了紧张的渡江准备工作。渡江作战是人民解放军面临的一个新的课题。粟裕组织第三野战军前委进行了认真的研究,认为现在部队广大指战员多属北方籍,不习水性,绝大多数指挥员缺乏组织指挥大兵团渡江作战的经验,特

开国大将的故事

别是在缺乏现代化的渡河器材的情况下，要突破敌人长期经营的由陆海空军组成的长江防线，将是十分艰巨的作战任务。为此，在加强部队思想政治教育的同时，狠抓了军事训练。特别是加强了水上作战动作和滩头突破等技术、战术训练。发动部队、地方党政部门收集船只，动员船工，训练水手。

粟裕为了摸清长江对岸的情况，积极与华中工委和苏北军区的领导人联系，请他们布置江南各地下党组织和游击队提供详细情况，同时指示部队派出侦察人员偷渡侦察，他还亲自到江边进行实地勘察。

一天，粟裕带着司令部的人员来到江边。此时的长江江涛喧啸，烟波浩渺。粟裕望着滚滚东去的长江，心潮随着长江的波涛在起伏。他不禁想起了抗日战争期间奋战在长江南北的日日夜夜，江南的土地上留下了自己多少战斗的足迹。他熟悉这里的山山水水，了

★渡江战役纪念图

解这里的风俗民情。此时此刻，他更惦记着受苦受难的江南人民，他恨不得插上翅膀飞过长江去。

3月31日，总前委拟定了《京沪杭战役实施纲要》，决定以第二野战军第三、第四、第五兵团共28万人，作为西作战集团，第四野战军先遣兵团(第十二兵团)南下后，也归第二野战军指挥；第三野战军第七、第九兵团，共30万人，组成中作战集团；第八、第十兵团，共35万人，组成东作战集团。粟裕在中央军委和总前委的领导下，参与战役指挥，主要协助陈毅，具体负责指挥中路和东路两个集团的渡江作战。

根据总前委的部署，粟裕主持召开了第三野战军作战会议，研究制定了作战方案，进一步明确了作战任务。决定以第八兵团第三十四、第三十五军以积极佯攻的手段，吸引和牵制浦江、仪征地区之敌，其余六个军由三江营至黄港段过江，成功后以一部兵力歼灭沿江当面之敌，巩固滩头阵地，主力迅速向宁沪铁路挺进。

万事俱备，只欠东风。4月20日晚，总前委发出渡江作战的命令。顿时，我军的强大炮火狂风暴雨般地向江南倾泻，整个江面如同白昼，千百只战船像离了弦的箭向对岸急驶。粟裕指挥的中集团第一梯队的四个军在强大的炮火掩护下，冒着敌舰和江防炮火的拦截，奋勇向前。首先突破了鲁港至铜陵段敌人的防线，建立了滩头阵地，进而占领了铜陵、繁昌、顺安等地。汤恩伯仓皇飞抵芜湖指挥作战，并组织第九十九军等部增援，但这一切都无济于事了。

21日，东、西两个突击集团开始渡江，百万大军直扑南岸，一举跨过长江天堑，国民党军苦心经营了好几个月的千里江防，顷刻

之间土崩瓦解，渡江作战全面成功了。

粟裕指挥东集团主力迅速突破了长山、天生港、扬中之敌的防御阵地，击退了敌人三个军的多次反扑，于22日进至香山、南闸、百丈一线，建立了东西100余里、南北20余里的滩头阵地，并争取了江阴要塞守军7000多人起义，控制了江阴炮台，封锁了江面。中集团继续发展攻势，占领了南陵，歼灭敌人第八十八军大部。23日，解放了丹阳、无锡等城市，占领了国民党统治中心南京。

当毛泽东得知人民解放军占领了南京，心情无比激动，欣然命笔，赋诗一首：

> 钟山风雨起苍黄，百万雄师过大江。
>
> 虎踞龙盘今胜昔，天翻地覆慨而慷。
>
> 宜将剩勇追穷寇，不可沽名学霸王。
>
> 天若有情天亦老，人间正道是沧桑。

粟裕在渡江战役成功后，指挥部队分路兼程，不顾疲劳，顶风冒雨，踏着泥泞，沿丹阳、金坛、溧阳及太湖西侧之线向长兴、吴兴方向疾进，将敌人由芜湖、南京、镇江地区南撤的五个军包围于郎溪、广德山区。随即发起猛烈攻击，于29日将敌8万余人全部歼灭。接着又指挥中路大军直插杭州，东作战集团分路前进，直逼上海。

5月2日，中央军委电示粟裕等，为了保护上海市区，争取上海的和平解放，5月10日前不占上海，杭州是否占领，"请粟、张决定"。粟裕、张震当机立断，命令部队发起对杭州的攻击，遂于5月3日解放了浙江省会杭州。

这时，我第二野战军主力已控制了浙赣铁路，切断了汤恩伯集团与白崇禧集团的联系。

刘伯承、陈毅、邓小平等进驻南京后，命令粟裕迅速率部奔赴上海，组织淞沪战役。

5月6日，军委就攻占上海的军事部署指出："请粟、张即行部署，于5月10日以后、5月15日以前数日内，先行占领吴淞、嘉兴两点，封锁吴淞口及乍浦海口，断绝上海敌人逃路。"

上海，位于东海之滨，濒临长江出口处，是我国重要的工业城市。当时，国民党凭借着帝国主义的海空军事实力，在上海集结了装备精良的23万军队，梦想固守这座城市。敌人利用上海近代建筑和工业设备，进行了外围阵地、主阵地和核心阵地等三种防御部署，筑有钢筋水泥碉堡5000余座，半永久性野战掩体万余处。蒋介石给上海卫戍司令汤恩伯下了一道死命令，要"死守6个月到1年，挽救局势，反守为攻"。

粟裕针对敌人在上海的防御部署，决定以第九、第10两个兵团，首先采取钳形攻势，从浦东、浦西两翼迂回，进逼吴淞口，先切断敌人海上退路，尔后围攻市区，分割歼敌，形成了"关门打狗"的战役部署。粟裕说，我们攻打上海好比是"瓷器店里抓老鼠"，既要抓到"老鼠"，又不能打坏"瓷器"。

5月12日，粟裕指挥部队向上海外围之敌发起了攻击。敌人凭借坚固的防御工事和猛烈的炮火进行抵抗，多次在空军掩护下实施疯狂反扑，战斗异常激烈。粟裕乘吉普车赶赴浦东前线，冒着枪林弹雨，指挥部队攻击。到19日，第十兵团相继攻占了月浦、国际无

线电台；第九兵团攻占了川沙，并在白龙港地区全歼了敌第五十一军，进而将敌第十二军压缩于高桥地区，我军两个兵团形成夹击吴淞口之势。

5月23日夜，粟裕按中央军委和总前委的指示，命令部队向上海市区发起总攻。到26日，第九兵团攻占了上海市区。在我军争取下，敌淞沪警备副司令刘昌义率部投诚。第十兵团相继攻占了大场、吴淞、宝山等地。到27日，上海战役胜利结束，除汤恩伯率第五十四军等部约5万人登舰逃跑外，共歼灭敌人15万人，缴获火炮1300余门，坦克、装甲车110余辆，汽车1100多辆，舰艇11艘。

随后，粟裕协助陈毅指挥第三野战军，肃清浙江、福建的残敌，并先后兼任上海市军事管制委员会副主任、南京市市长、南京市军事管制委员会主任，华东军政委员会副主席。

粟裕在长达22年的战争生涯中，成为享誉中外的一代名将。刘伯承元帅曾评价："粟裕将军百战百胜，是解放军最优秀的将领之一。"

中华人民共和国成立后，中国人民解放军的建设进入了新的发展时期。粟裕在党中央和中央军委的领导下，为保卫和巩固国防，加强领率机关的建设，发展军事科学，付出了大量的心血和毕生的精力；为建设一支强大的现代化、正规化的革命军队，作出了卓越的贡献。

徐海东大将的故事

"泥巴人"的童年

1900年6月17日,徐海东出生在湖北省黄陂县徐家老窑。他家十几口人,只有半亩地,靠烧窑、卖盆、卖罐为生。另有几间破茅屋,也是夏不遮雨,冬不挡风。一家人过着"窑花子""泥巴人"的苦日子。

徐海东来到人间,生就一双大大的眼睛,一对深深的酒窝,一副惹人喜欢的模样。可是,在徐家,他又讨人嫌。因为徐海东已有五个哥哥、三个姐姐,所以他被父母看作是一个多余的儿子。

徐海东原本没有起过名字,按照兄弟们的排行,他是老六,又最小,因此妈妈叫他"小六子"。一位有心机的人,送给他一个浑名"臭豆腐"。意思是说,这孩子虽然不受欢迎,但是他的小脸蛋逗人喜爱,就像臭豆腐似的,闻着臭吃着香。对这个苦命的儿子,妈妈不喜欢别人这样叫他,谁知一经叫开,改都改不过来了。

"臭豆腐"的浑名,叫起来真让人好笑。徐海东就这样在人们的

笑声中成长起来。6岁的时候,他就背起小筐,跟着别人去挖野菜、捡树枝。他是妈妈的小拐棍,领着双目失明的妈妈走路,帮助妈妈找这找那。每天挖了野菜回来,总要走到妈妈跟前,拉着妈妈的手摸着野菜说:"妈妈,你看呀,好多好多!"妈妈的眼睛看不见,手摸摸筐里的野菜,又摸摸小六子的头,夸他说:"真乖,乖孩子!"

小六子从不肯安静一会儿,整天东跑西颠。炎热的夏日,他赤膊露背,晒成了小黑人;寒冬腊月,身上穿的是露着棉絮的旧衣服,下雪天还光着脚丫子,冻得脸红、手肿,脚上长冻疮。

苦命的娃子,哪里知道人世间的千差万别。他看见有钱人家的孩子背着书包,有说有笑,到祠堂里去上学,心想:跟娃儿们一起念书,一起玩耍,多好!他便跑到妈妈跟前说:"妈妈,我怎么不去念书?"

双目失明的妈妈摸着小六子的脸蛋说:"你还小,等到明年吧!"

转眼间,一年过去了,小六子没有忘记上学的事,又对妈妈说:"妈妈,我该上学啦!"

妈妈又哄他说:"你还小,再等一年吧。"

做妈妈的本不该哄骗孩子,可是,家里没有钱供他念书。妈妈便不忍心地对他说:"上学要花钱,我们家穷,上不起。"

小六子慢慢地懂事了,懂得穷人家的孩子和有钱人家的孩子不一样。小六子家里十几口人,父亲和哥哥们在窑场里干活,赚不了几个钱,只够吃饭糊口。他知道家里日子难过,就不再提上学的事了,仍是背着小箩筐,天天挖野菜。

妈妈心疼小六子,盼望孩子能上学堂,学成个知书识礼的人。可是,学堂和衙门一样,没有钱难得进啊!做妈妈的只有暗暗伤心。

徐海东大将的故事

这一年春天，喻家祠堂来了个教书先生。那先生叫吴学伯，是小六子妈妈吴氏娘家门里的人。一天早晨，妈妈让小六子领着路，摸摸索索来到喻家祠堂，吴学伯一看是本家的老姐姐，连忙让进屋里。见她走路拄着棍，才知道她的双眼失明了。小六子的妈妈求先生收下她的小儿子，让他上学认几个字。

吴先生看小六子个子长得不高，便摸着他的头问道："你几岁了？"

"9岁。"

"叫什么？"

小六子眨眨大眼睛，没有回答。

妈妈插话说："从小没起名，排行是老六。"

先生又问："想上学吗？"

"想！"

先生说："上学可得守规矩。"

"嗯！"小六子点点头。

吴先生看这个小外甥虽有点野，但脸上却透着灵气，便一口答应收他入学。妈妈一听，高兴得伸着双手说："他舅，他舅，这太好了，我这一辈子也忘不了你的恩情！"说着，就要下跪，被吴学伯挡住了。

小六子高高兴兴当了小学生，老师给他起了个学名——徐元清。他放学回家，扑到妈妈身上，把新领的书本递到妈妈手上。

妈妈摸着书本问："这是什么书？"

"《百家姓》，就是各家的姓，都在这个本本上。这里头还有我们徐家的姓呢！"

妈妈接着问："有你外婆家的姓吗？"

开国大将的故事

"有，有。姓王的，姓张的，姓吴的都有。"正说着，小六子忽然想起先生给自己起的名字，便得意地对妈妈说："我叫元清了！"

妈妈高兴地摸着小六子的脸蛋说："往后你可要好好念书啊！"

"我叫徐元清！"他怕妈妈没有记住，大声说着。

"好，好，徐元清！"妈妈重复着，脸上露出了微笑。

徐元清的名字，虽说写在书皮上，登在册子里，但除了老师叫他，同学们都没当一回事儿。他成了有钱人家孩子们讥笑的对象。小元清穿的是补丁加补丁的棉袄，提不起鞋帮的烂鞋子。那个地主家的小少爷黄守本，马褂套长袍，身上还散发着香味。上课的时候，四个学生围坐一张方桌，每人占一边。几张桌子正好都坐满了人，没有元清的位置，老师叫他挤在桌角边上坐。他们看元清坐下来，有的挤眉噘嘴，有的扭过脸去，还捂着鼻子叫"臭"。放学了，孩子们一出祠堂，就扯着嗓门大叫："臭豆腐……""又脏又臭的豆腐——狗也不吃的臭豆腐。"小元清实在气不过，就握起拳头追打人家。但他一个人毕竟对付不了一伙人，吃亏的还是他。往往是他被摔倒在地，滚一身脏土，揉一脸泥巴。回到家里，也没法跟妈妈说。

妈妈虽然眼睛看不见，但耳朵却灵，她听说元清上学受气，便问他："有人欺负你？"

元清气愤地说："我都有学名啦，他们还叫我臭豆腐。"

"那怕什么。"妈妈说，"人都有小名，叫猫的，叫狗的，叫春的，叫冬的，还有叫豆腐渣的呢！妈妈就是喜欢臭豆腐！"

"我叫徐元清，不许再叫臭豆腐！"

这时，嫂嫂也来劝说，教小弟不要跟人怄气、打架，要想争口气，就得好好念书,将来进京去赶考,考上个"举人""状元",徐家门多有光彩啊!到那时候,就没有人叫我们"泥巴人""窑花子"了。

徐元清记住了妈妈和嫂嫂的嘱咐,立志要做个好学生。每天,他不用别人叫,就早早起床。到了学堂,同学再叫他"臭豆腐",他装着没听见。教书的舅舅看外甥聪明懂事,野小子变得文静了,直夸他是个好学生。

上私塾,不分班次,没有年级。不管六七岁入学还是90岁入学,都是从《百家姓》《三字经》《千字文》到《四书》《五经》,读完一本,接着读下一本。先读书,后开讲;先描红模子,后写大仿,再写小楷。徐元清渐渐地对读书写字有了兴趣,懂得用功了。

但是,徐元清从小争强好胜。没过多久,他就惹下了一个大祸——把同学的头打破了。

有一天,老师让学生练习写大字,自己径自出门办事去了。老师一走,学生自由。地主家的儿子黄守本就凑到正要磨墨写大仿的元清面前。三年多来,他们两人先是同桌,你争我挤,吵过几次架,后来老师给他们调换了座位。黄守本的大字写得好,常在同学面前试笔。他见徐元清拿出了新买的毛笔,便随手拿过来就要写。徐元清不让,伸手去夺。两人互不退让,就红了脸,又吵开了。黄守本说:"你的破笔,我才不稀罕呢!"

"谁不知道你家富得流油!"徐元清说。

黄守本说:"富怎么着?窑花子,臭豆腐!"

"你骂谁?"徐元清气得挥起了拳头。

黄守本扯着嗓门叫:"骂你,就骂你狗不吃的臭豆腐!"

开国大将的故事

　　徐元清气得脸都发紫了，抡起拳头正要打过去，黄守本的动作更快，一巴掌打在了徐元清的脸上。徐元清顺手抄起桌上的砚台，向黄守本砸去。只听得"啊呀"一声，黄守本两手捂着脑袋滚在地上，"妈呀妈呀"地直叫。血和墨把他的脸染得红一块黑一块。同学们吓呆了，徐元清也知道事情闹大了，愣了神。

　　正在混乱中，老师从门外走来，一看黄守本头破血流地倒在地上，忙问这是怎么回来。学生们吵吵嚷嚷，说是徐元清打的。吴先生也吓坏了。这个野性难改的外甥打破了黄家少爷的头，可怎么得了。

　　老师抓起戒尺，向徐元清吆喝："跪下，给我跪下！"

　　"他先打我！"元清挺在那里强辩。

　　"跪下！"老师举起了戒尺。

　　徐元清恨极了，他早就不满意舅舅动不动就训他，用戒尺处罚他。他一跃身子，夺下老师手里的戒尺，扔到门外，自己也立即跑出了祠堂。

　　老师向他喊叫道："回来，回来！"

　　徐元清头也不回，一股劲往前跑。他没敢回家，一直跑到村外头，钻进一片棉花地，躲在棉丛里。一直到天黑了，他才偷偷溜回家。妈妈已经听说儿子在祠堂里闹出了乱子。听见他的脚步声，便叫："小六子，是你吧？"

　　"嗯！"元清回答着，走到妈妈跟前。

　　"你这不争气的孩子啊！"妈妈长叹了一口气，"走，扶着我，一起到黄家赔礼去。"

　　"不去，我不去。"徐元清说着又跑出了家门。

　　后来，徐海东就不去上学了，妈妈疼爱小儿子，为海东不能上学而伤心落泪。他的爸爸徐重本说:"不让他上学了,叫他烧窑去!"

妈妈心里很不情愿,孩子才12岁,身子骨又不结实,每天挑水、和泥、劈柴,哪能受得住!但家里生活困难,吃饭的人口多,没法子,只好同意了。

刚满12岁的小六子,这年进了窑场,做了徐家门里第七代窑匠。

徐海东在窑场里是个招人喜欢的娃儿。他一会儿送泥,一会儿送坯,成了个大忙人。他决心要像爸爸、哥哥那样,当一个好窑匠。

一年之后,徐家老窑一带先旱后涝,粮食颗粒无收。乡亲们四处逃荒,窑场也就此熄了火。

徐海东看到双目失明的妈妈在哭泣,年老多病的爸爸在叹气,心里难过极了。他说:"妈,你不要哭,我养你们!"

徐海东想找条活路,赚钱赡养妈妈和爸爸。于是他跟着一批外出逃荒的乡亲,流浪到沔阳县境内的沙湖地区,替人家放养鸭子。

他白天撵着鸭群在湖水边、野地里游荡,夜晚不能回村子,只能在苇席撑起的小窝棚里歇脚。小六子不会打草鞋,又买不起鞋,整天光着脚板在野地里奔走,脚底板常被扎得流血。

当时只有14岁的小六子,夜间躺在窝棚里,透过苇席的窟窿,看着天空闪烁的星星,他想了很多很多。他想起了失去了光明靠摸索度日的妈妈,想起了家乡一个个停了火的窑场,想起了那些窑工们现在可能流落到什么地方,想起了连他自己在内的这一些"泥巴人"为什么都命苦……他渴望有人能给他指出一条改变命运的路!

小六子经常掐着手指头算日子,一个月、两个月,一晃就是半年多过去了。他打算等到秋后,鸭主人给一笔工钱,到集上买些好

吃的，回家看望妈妈。可是，他的美好愿望又落空了。

一天早起，他听到为地主放鸭子的老人在哭。他赶紧跑过去，见老人哭得很伤心，便问："大叔，你咋啦？"

"不好啦！"老人指着鸭圈说。

小六子一看，蒙了。鸭子躺倒了一大片。剩下一些活着的，也都在扯着脖子嘎嘎惊叫。眼前这情景，想必是鸭子得了瘟病，这可怎么办呀！

老人呜咽着说："小苦命，你快走吧，东家来了得叫咱俩赔啊！"

小六子说："赔？咱俩拿什么赔？"

"说的是呀，小苦命，你快走吧！"老人说着，拿了几块米饭锅巴和几个鸭蛋，塞给了小六子。

小六子犹豫着不肯走，"那你怎么办呢？"

老人说："我总能活着，你管不了我啊！"

徐海东望望好心的老人，只好撇下快要到手的工钱，踏上了返回家乡的路。

卖水郎参加了共产党

1925年春天，大别山区的黄安、麻城、黄陂各县在武昌念书的青年学生中，有不少受董必武、陈潭秋等人的影响，有的加入了共青团，有的加入了共产党。这些青年利用假期回乡的机会，到处宣传革命的道理。

一天，徐海东刚吃过晚饭，一个身穿长衫头戴礼帽、文质彬彬的青年，来到徐海东住的那间破茅草屋。徐海东想起了他正是儿时念书时的同窗好友杳积堂。原来，杳积堂在武汉董必武主办的武汉中学读书，接受了马列主义教育，加入了中国共产党。这年春天，他受党的派遣，与一名学生、共产党员李树珍一起回家乡做调查研究和革命宣传工作。

杳积堂素知徐海东出身贫苦，有股闯劲，仇恨土豪劣绅，因此他回乡之后，马上来找徐海东。

杳积堂向徐海东讲了些阔别后的生活，接着就转入一些革命的话题。徐海东听着直犯"傻"。什么"俄国的十月革命"啦，"列宁"啦，"打倒沙皇"啦——什么"苏维埃"啦，这些词都是头一回听说。徐海东不时带着疑问的目光看看他的老同学。

"你讲的都是洋人、洋事儿吧，我听不懂。"徐海东嘿嘿一笑，说，"我连武昌都没去过，哪里懂得外国的事！你还是说说武昌的事吧！"

杳积堂又给他讲了打倒军阀，打倒地主的事儿，讲了这世上为什么有的人穷，有的人富；穷人为什么受苦，地主怎样剥削农民；又讲中国有了共产党，要领着穷苦人闹革命。

徐海东听得津津有味，说："这些好懂。地主、土豪就是坏，要打倒，连他们的儿子都打死。"

杳积堂笑着说："你这是泥巴人说的话！地主老财坏透了的该杀，地主小子不能杀嘛！"

俩人你一言，我一语，越说越对味。徐海东心里觉得暖烘烘的。

从此之后，徐海东经常去找吝积堂谈想法，问事情。吝积堂呢，也常跑到窑场看徐海东做活，他们俩越来越亲近。

徐海东听了许多革命道理后，像在黑暗中见到了一线光明，心里亮堂多了。他想，不能老是捏着泥巴过日子，该到外面去闯荡闯荡。

有一天，他见到吝积堂，就开口说："你能领我去武昌走走吗？"

吝积堂有点犹豫地说："只怕你离不开家呀！"徐海东急切地说："我这个穷家，有什么留恋的？老辈人都是'泥巴人'，这苦命也非'革'不可啦。你说吧，哪天走？"

"要是真的走了，可不能反悔！到外面谋事可难啊！"吝积堂认真地说。

徐海东说："我做事从不反悔！'君子一言，驷马难追'嘛。今天说定了，你说个动身的日子吧！"

吝积堂想让徐海东再考虑考虑，和家里人好好商量商量，可徐海东连想也没想，就脱口说道："俗话说，'要得发，不离八'。"于是，他想选个黄道吉日，到外面去发一发。有一天，他们两人在赶庙会时，又具体商定，阴历三月初八动身。

这一年春节，徐海东过得特别节省。他把零用钱都积攒着，作为去武昌的盘缠。三月初八那天，他对父母说去庙会上看看热闹，就匆匆离开了家。

吝积堂和徐海东高高兴兴地上了路。从家乡到武昌，240多里路，他们晓行夜宿，不到三天就走到了。

到武昌的当天，吝积堂理解乡下人进城的好奇心，先带他这看看，那逛逛。第二天又带他去龟山、蛇山游玩。

新鲜劲儿过去了，吝积堂就领他住在了古楼大街一个小地面铺里。

徐海东本来满心希望到了武昌玩玩，找点活路干干。可找事干并不那么容易。徐海东想，吝积堂教书每月16块钱，不能靠它吃穿，自己得自谋生路。于是，他四处打听找事做，可是没有熟人，工厂进不去，拉人力车路又不熟。回老家吧，又怕人家说三道四……

吝积堂也让徐海东暂时找个事做，只要有饭吃，慢慢可以找到革命的差事。几经周折，他找到了一个不用本钱的生意——担水卖。

武汉三镇，千家万户都是饮用长江水，家家都备有几口大缸，由卖水人送水上门。

徐海东每天从早到晚，往返于水码头和用户之间，给20多户送七八十担水，一担水100多斤。一天跑下来，累得他腰酸背疼，脚底板发麻。虽然一天只能挣一吊六百钱，但生活有了着落，使他感到欣慰。

徐海东七八天没见到吝积堂了。他正在犯愁的时候，吝积堂出现在眼前。原来这几天吝积堂病了。他一见徐海东就问："怎么样，是不是又想家了？"

徐海东嘿嘿一笑，说："哪想家呢，我正在做生意。"

"什么生意？"

"不要本钱的生意，一天能挣一吊六百钱呢！"

吝积堂听说徐海东挑水卖，心里觉得过意不去。他想，自己把他从家乡带到城里，却没有帮他找个好出路。

徐海东当卖水郎的第十三天上，累得生了病。他头晕目眩，不能动弹，不思饮食，身子烧得火烫，起不了床了。

正在徐海东遇到困难的时候，吝积堂和李树珍来到床前。在他们两人的精心照顾下，徐海东的身体很快得到了恢复。

在谈论中，徐海东的表情不大高兴地说："积堂在老家就对我说过，到了武昌能参加革命，找到共产党，这事没有见底。我看你们只会嘴上'革命'，说好听的。你们谁也没有见过共产党吧！"

吝积堂和李树珍同声大笑。原来，他们两人都是共产党员。看到徐海东着急的样子，便向他说明了身份。

徐海东半信半疑地问："你们是真的，还是假的？"

"当然是真的。"吝积堂说。

"这哪是说着玩的。"李树珍也说。

徐海东真想不到，他一心想找共产党，这共产党不在天边，就在眼前。他沉默了一会儿，试着问："我真想当共产党，只是笨手拙舌，不会写，不会说，我从前是个穷窑匠，如今是个卖水郎，不知当共产党行不行？"

"共产党最欢迎工人，也欢迎农民入党！"

"你这话是真的？"徐海东惊喜地说。

吝积堂认真地说："真的，不骗你。"

他们一直谈到深夜。

1925年4月8日深夜，武昌都府堤40号，几个人应约前来秘密开会。最先到的是吝积堂和李树珍，徐海东来这里还是头一次。此外，还有几个工人和教师。他们是来参加入党宣誓会的。会场上没有党旗，也没有标语，几个人排队站立，举臂握拳，压低声调，郑重宣读：

"……为共产主义奋斗……严守党的机密……不怕流血牺牲……一切听从党的安排……"从此，徐海东成了中国共产党党员。他的入党介绍人，正是他的知己吝积堂和李树珍。

徐海东又挑起两只水桶，往返于水码头和用水户。用水的人家亲切地叫他"挑水的"。可是，人们谁都不会想到，这乡下佬，这穷卖水的，竟然成了中国共产党的一员。

徐海东这个卖水郎，用辛辛苦苦得来的卖水钱，交了第一次党费。

不久，徐海东随吝积堂和李树珍一起离开了武昌，准备到广东找北伐军去。

七支钢枪的来历

1927年4月12日，蒋介石在上海发动了反革命政变。许多共产党员被逮捕，被杀害。革命的北伐军垮的垮，散的散，一小部分走向南昌、九江。徐海东离开了北伐军，到了家乡黄陂。

徐海东头顶烈日的炎热，东转西走，好不容易在一个村庄里，找到了县委陈书记。

陈书记看徐海东英姿勃勃的气派，又听他说当过北伐军的排长，想到眼下正组织农民自卫军，需要一位能带兵的人，便说："来得正是时候，你就当自卫军大队长吧！"

徐海东爽快地回答："行！"接着又问："有多少人？多少支枪？"

陈书记说："钢枪，现今没有。人嘛，也不多。不过，只要把队伍拉起来，就不愁没有枪，也不愁没有人。"

当天，徐海东领到了一支枪，14发子弹。他集合起自卫队，一点数，总共只有13个人。他们还没有像样的武器，有的提把大刀，有的扛一杆梭镖，有的用红布包一块木头疙瘩，插在腰间，算作手枪，也有赤手空拳啥东西也不带的。穿着更是五花八门，有穿半截长褂的，有赤着背穿短裤的，也有光着脚丫的。乍一看，根本不像个自卫队，和小娃子们做游戏玩打仗的架势差不多。

徐海东面对这样一支自卫队，觉得好笑，但又不能泄气，便暗暗对自己鼓劲。他想："革命正遭殃，有一支手枪、十几个人，也要撑着干下去！"

徐海东鼓起了勇气，每天带领自卫队员进行队列训练，还给他们讲革命道理。但是，闹腾了一阵子，有几个人不想再干了，嚷嚷着要散伙。

队员们议论纷纷，有的说："这像个什么自卫军，连支钢枪也没有。"有的说："没有枪，镇不住地主豪绅，更不要说打仗了。"还有的说："还不如先散伙，等以后发了枪再集合！……"

农民自卫队员们谈论的中心问题是枪。他们觉得钢枪是胆、是主心骨，徐海东日思夜想的也是枪。他想起在北伐军里，到处都能看到步枪、机关枪和大炮，算不上稀罕东西，而眼下，一支枪、一发子弹，都成了宝贝！到哪里去弄枪支弹药呢？买吧，没有钱，就是有钱，也没处去买。要缴获敌人的吧，只靠这几个人，几把大刀、梭镖，也降不了对手。

徐海东正愁得没办法时，忽然得到一个情报：夏店于堂寺驻着民团的一个班，带的都是真家伙。这真是千载难逢的好机会。

有的吵吵说："好！我们去端了这个窝，把于堂寺打下来，缴他几条枪。手里有了真家伙，往后民团再想欺压我们，也得先掂量掂量了。"

也有人叹气，"唉！拿什么去打啊？就凭这几把大刀、红缨枪，能对付得了人家的钢枪！鸡蛋碰石头，送死去呀！"

徐海东听着大家的议论，其实他早动心了。他的眼睛里闪烁着敏锐的目光，鼓动农民兄弟说："这回，我们就是要用大刀、红缨枪来碰碰他们的钢枪！"他暗自打好了主意。

第二天一早，他带领两个自卫队员进行了侦察。夜幕刚落，徐海东挑着两个箩筐出现在大家面前，他立即集合好队伍，说：

"弟兄们，有枪啦，你们要不要？"

"要，咋不要哇！"

"要枪，就得去打仗！"徐海东说，"今天我已经侦察好了。驻在于堂寺的民团是一个班，有七八条枪。只要大伙齐心协力，听从指挥，就十拿九稳，能进得去，就能出得来。"接着，他又把于堂寺附近的情况，行动的计划向大家说了一遍。

队员们都知道徐海东当过兵，打过仗，有"两下子"，所以，跟着他去搞枪，个个心实胆壮。

徐海东留下一人看家，自己带领12个队员悄悄出发了。

这晚上，天公也作美，正好游云蔽天，月儿在薄薄的云层里走动,淡淡的月光照着他们行进的小路。到了夜半时分,队员们需要隐蔽行动时,月亮就钻进了厚厚的云层,周围变得一片昏黑,五指难分。一路上徐海东快步领先,心里有几分高兴,也有几分不安。高兴的是老天爷帮忙,月暗风急,便于偷袭;不安的是,这是他当队长以来第一次行动,打好了没说的,一旦打了败仗,或死伤几个人,往后说话就没人听了。他振作起精神,鼓足勇气,心想:事到临头,要沉着、冷静,非打他个漂亮仗不可。

他放轻了脚步,把大伙带到了敌人住的墙角下。

静悄悄的夜晚,万籁俱寂。突然传来一声叫喊:"干什么的!"

徐海东迅速回答:"走夜路的!"

"妈的,走夜路怎么走到这里来了!"敌哨兵骂着。

"我们是贩盐的,天黑迷路了!"徐海东说着,已经走到敌哨兵面前,用手枪指着他的脸:"别动!你动,毙了你!"

敌哨兵被吓得瘫软在地上,连声叫"老爷饶命!"

徐海东缴了哨兵的枪,堵住了他的嘴,叫他领进了寺院里。在北屋地上,躺着一排兵,此时他们打着呼噜睡得正香。徐海东指挥队员首先缴了挂在墙上的几条枪,又把敌人从被窝里拉出来,一个个上了绑。

徐海东的队伍,没有打一枪一弹,活捉民团一个班。他要枪不要人,把俘虏捂在被窝里。说声"快走",便领着队员们扛起钢枪,踏上归途。

天刚亮,徐海东和队员们高高兴兴地回到了出发地。他们眉开眼笑,蹦蹦跳跳。缴来的七支钢枪,虽说有两支打不响,有五支能用的就够带劲的了。有人摸着钢枪咧嘴乐,有人举起枪比试着瞄准。他们自豪地说:"这一回,我们总算有了真家伙!""两个人扛一支,还多一支呢!"

这七支钢枪,给农民自卫队壮了胆,助了威。当地许多农民纷纷要求参加自卫队。一个月的时间,自卫队扩大到300多人,徐海东成了真正的大队长。

大队长赔礼

徐海东领导的农民自卫队虽已有300多人,但纪律很差,军不像军,民不像民。衣服、武器五花八门,什么样的都有。队伍集合起来吵吵嚷嚷,像赶庙会差不多。这还不算,要是散开住到老乡家里,他们要吃要喝,老乡不给,还打人骂人。

徐海东带这样的队伍感到心烦,便下决心整治整治。于是,他选出来一些当过兵的、脑袋灵的当班长、排长,把那些跟着玩、凑热闹的二流子打发回家。再把剩下的人集合起来,当众宣布了四条纪律:第一,集合站队不准讲话;第二,不许穿长袍;第三,不许吃乡亲的东西;第四,不许打骂乡亲。

说完,徐海东伸出四个指头,"不多不少,就这四条,能做到吗?"

"行!""这好办!"

徐海东说:"纪律就是军规,军人要以服从命令为天职。从前我

在北伐革命军时，上司就这么讲的。那时候，规定了军规，谁要违犯了，就打军棍！他娘的，军棍这么粗！这么长！"他两手比画着。

队员们一阵哄笑，笑这个"徐老虎"吓唬人。也有的听了害怕。队伍解散后，大家议论纷纷。

这个说："这个队长好厉害！"

那个讲："他当过北伐军的排长，听说上过火线呢！"

有个俏皮胆大的说："你别听他说大话，他怎么不规定一条，不许喝酒？"

徐海东喝酒，是从12岁当窑工开始的。窑工们每天泡在水里、泥巴里，许多人身边都有个小酒瓶。冷了喝口酒暖暖身，累了喝口酒解解乏，困了喝口酒提提精神。他喝酒也简单，不要酒杯，也不要下酒菜，拿起酒瓶，嘴对瓶口就喝起来。在北伐军中，他曾戒了酒，回到家乡后又开了戒。

徐海东每天不离酒。半斤白酒往碗里一倒，多则三口，少则两口，就喝个净光。

人称"小金豆"的传令兵听到队员们议论徐海东，就跑来向徐海东报告情况说："弟兄们说队长好厉害呀，还说你的小名叫'臭豆腐'！"徐海东心想，这不假。金豆又说："他们说，你一天喝三顿酒，就是不敢规定不准喝酒。……"徐海东急了："哪个说我一天喝三顿酒！"

听说队员们的议论之后，徐海东也曾想过，是应该规定一条不准喝酒的纪律。可是，他是常喝酒的，一不喝就难受，现在是阴冷的冬天，喝点酒是为了驱寒。要加一条不准喝酒的纪律，等明年开春以后再说了。

一天，天变得很冷，徐海东弄了多半瓶白干，边喝着酒边想心事。忽然，金豆跑进屋里，说："队长，四班正在炖鸡呢，你不快点去吃？"

徐海东忙问："哪来的鸡？"

金豆说："那谁知道，反正不会是掏钱买的。"

徐海东拍桌而起，打翻了酒瓶，解下腰上的皮带，摇摇晃晃往外走。

金豆一看坏事了。队长一发火，就要解皮带打人。他的皮带又宽又长，是从北伐军带来的。这皮带抽到身上，啪啪响，轻了打出几条红印子，重了能抽掉一层皮。

金豆怕出乱子，马上拦住徐海东说："队长，你不要去，你不吃就不吃，让他们吃去。再说，鸡是买的，还是偷的，我也不知道。"

"让开！"徐海东一挥手，扬起皮带就要抽，吓得金豆两手捂住脑袋跑开了。

徐海东来到四班住处，一进门，果然闻到炖鸡的香味。四班长一看是队长来了，便笑容满面地迎上来说："队长，你来得真巧！"

徐海东严肃地说："我问你，鸡是偷谁家的？"

四班长莫名其妙，一着急，话都说不成句了，"偷……偷……偷……"还没等他反应过来，徐海东抡起宽皮带，对着四班长连打带骂。

队长这一顿皮带，把正在高高兴兴吃鸡肉的一伙人全都吓跑了。这时，徐海东摸起烧火棍，正要去砸炖鸡的锅，机灵的金豆一把从背后抱住喊："队长！这锅不能砸啊！"

开国大将的故事

"我要砸了它,叫他们连鸡骨头也吃不上!"徐海东大喊着。

金豆着急地说:"队长,锅是老乡的,砸坏了,老乡用什么做饭呀?"

徐海东这时虽然喝醉了酒,但是,他心里还明白。他一想,也对,偷了人家的鸡要赔钱,再砸了人家的锅,比赔一只鸡的钱还多。他住了手。

一阵打骂声被房东大妈听见了,她忙跑进来问是怎么回事。

金豆站在一旁吞吞吐吐地说,队长生气,是因为四班偷了鸡。

大妈忙问:"谁说是偷的?"

徐海东看看金豆,金豆说:"我只说不是买的……"

"怎么不是买的!"大妈立刻拿来装钱的罐子,抓出钱来说:"这不,这是他们凑的钱!鸡,是我叫他们吃的。这只母鸡不下蛋了,我让他们杀了吃吧!四班长他们说什么也不肯吃,还凑钱给我……"

徐海东一听傻了眼,怪自己不分青红皂白,冤枉了弟兄们。他看了看站在一旁的金豆,又火冒三丈,怨他没说明白,扬起皮带就要抽他,但手在空中又停住了。还是怪自己没有调查清楚,就发了酒疯!

他回到自己住处,酒劲已经过去,心里暗暗后悔。他觉得喝酒没有多少好处,喝醉了自己难受,打了人还糊里糊涂。他顺手拿起没喝完的酒瓶扔出门外,摔得粉碎。

四班的人自己掏钱买鸡吃,反被看作"偷鸡贼",受了污辱,大家愤愤不平,不辞而别了。四班长的外号叫"九哥",上次偷袭民团搞枪，他是打头阵的功臣。没想到这自卫队长打人骂人这么凶！他决心不干了。他提着枪来到队部，准备把钢枪交给队长。可是，徐海东在里屋床上睡了，"九哥"不想打扰他了，把枪交给了金豆并说："我走了。"

金豆吃了一惊，忙问："去哪儿？"

"回家种地去。"

金豆说："九哥，是我不好，你别走啊！"

"没你的事儿！我来得明白，走得光明正大。这枪和子弹请你交给队长！"

小金豆哭哭泣泣拉住九哥，劝他别走。九哥摇摇头，硬是非走不可。他说："我走后，如果自卫队用得着我，我会回来的。"

徐海东躺在里屋的床上没睡着，听了九哥和金豆的这番对话，心里难受极了，很想跑出来认个错，留住九哥，可又一时拉不下面子。九哥走远了，他才起来。

金豆把枪交给徐海东，并说："这是九哥的枪，他请假回家了。"徐海东沉默着，什么也说不出来。

晚上，徐海东带着那支枪找到九哥家。他要向九哥认错，请他回自卫队。九哥不在家，他的父亲一听九哥和自卫队长闹别扭了，急着说："队长啊，请你多包涵着点，等九哥回来，我带他找你认错赔不是。"

徐海东说："老人家，九哥没有错，是我不好，我打了他。"

"唉，那也没啥，俗话说，官打民不羞，父打子不羞，你是官，他是民，打几下又算什么呀！"

徐海东说:"老人家,我不是官,我和九哥都是一起闹革命的同志,不该打他,我向他赔礼!"说着躬下身去。

老人连忙扶住说:"这可使不得,使不得!等九哥回家,我骂他、打他,叫他回去就完了。革命好,革命兄弟亲,他常说徐队长是好人哩!"

"好!我等他回去!"徐海东说着,红着脸走了。

九哥回到家,听父亲说徐海东来到家里向他赔礼道歉,心里感动了。他消了气,又高高兴兴地回到了自卫队。

秘密发展"徐家军"

在中国共产党的领导下,湖北黄安、麻城、黄陂各县的农民纷纷起来造反,整个大别山区的革命烈火熊熊燃烧。

1927年11月13日,在起义军总指挥部的领导下,黄安、麻城4个乡3万多民众,高呼着"打倒蒋介石!""打倒地主豪绅!"的口号,像潮水般地涌进黄安,占领了黄安城,活捉了县长贺守忠,成立了黄安县工农民主政府。这就是著名的黄麻起义。

当晚,徐海东带领黄陂农民自卫军,奔赴黄安参加攻城。因在路上误了时间,自卫军赶到时战斗已经结束了。随后,徐海东带去的农民自卫军和七支钢枪,被编入了工农革命军鄂东军。这时,徐海东奉命回黄陂组织队伍。

徐海东大将的故事

徐海东回到黄陂，队伍还没组织起来，黄安的工农革命军就遭到了失败。

有一天晚上，他听说村里来了个说渔鼓书的。徐海东从小就喜欢听渔鼓书，参加革命队伍以后，还有这个爱好。他听到这个消息，便快步走到说书场上，他挤到人堆里，随便找了个地方坐下，听了《武松打虎》《呼延庆打擂》等几个小段。

徐海东边听边想渔鼓书里说的几句话："呼家的兵，杨家的将，老婆孩子齐上阵。"徐海东的心里琢磨着：从前那呼门、杨家都是满门当兵。杨家门从佘老太君到烧火的丫头杨排风，都能领兵出征保卫国家。而今天穷人要闹革命，要翻身，为啥不能动员兄长、叔侄和亲友组织起一支革命军呢？我们徐家代代当窑工，祖祖辈辈受穷受苦，要是能把烧窑的武装起来，那才叫工人阶级的队伍哩！他

★纪念黄麻起义油画

下定决心，准备拉一支"窑家军"。

俗话说，富家多财产，穷家多人口。徐海东家有五个哥哥、七八个堂兄弟，远房近房的侄儿有十几个。按人头一数，不算嫂子和女孩子，徐家门能当兵的少说也够一个排。要是再加上亲朋好友，就更多了。

徐海东首先想到的是几位哥哥：大哥虽然年纪大了，但他有三个儿子能扛枪；二哥单身一人，无牵无挂，只是胆小怕事；三哥倒是胆子大，敢打敢拼，就是好不容易娶了妻，偏偏几年不生养，夫妇俩整天念叨的是要有个传宗接代的娃儿。要是动员三哥去当兵，恐怕三嫂会扯着后腿骂。

徐海东决定先去找四哥商量。到了四哥家，能说会道的四嫂答话说："兄弟，你四哥今天出去干活了，还没回来，你找他有啥事？"

徐海东说："没啥事儿，找他聊聊。"

四嫂是个明白人，她说："你想聊什么，我能猜得个十有八九。"

"那嫂嫂就猜猜看。"徐海东说。

四嫂压低了声音说："你要叫他去参加自卫军，对不对？你这个共产党，嫂嫂我知道。"

徐海东笑着对嫂嫂说："你知道得好。你要答应四哥当共产党，我就把他带走；你要是不答应，兄弟我就劝他在家里守着你。"

四嫂叹了一口气，说："人活一世，窝窝囊囊是一辈子，风风流流也是一辈子。徐家门里人要当共产党，嫂嫂我也算一个。唉，可是嫂嫂老了，快往四十上爬了。"

徐海东说："嫂嫂不老，人家杨家将，佘老太君七八十岁了，还领兵挂帅呢！"

四嫂笑着说："那是说书唱唱，你信呀！"

两人你一言，我一语，正说得高兴，四哥回来了。这老四的性格脾气和徐海东差不多，也读过几年书，也是不信邪，不怕鬼，喜欢热热闹闹地过日子。四哥早听徐海东说起过组织革命军的事儿，今天见面，头一句话就问："你们闹得怎么样了？"

徐海东说："胆小怕事的人多，愿出头露面的人少。我今天来，是想劝劝哥哥、侄儿们一起闹。"

四哥说："好啊！我们家祖辈都做窑匠，苦也苦了几代了，我们不能再让儿孙们当窑花子。"

"四哥你这是真话？"徐海东问。

"哪个说假话！你领头闹吧，闹好了，除了害人精，穷人才能抬头说话，挺胸做人。闹不好，也没啥，老家待不住了，就远走高飞！"

四嫂坐在一旁，边做针线活，边听他们兄弟俩说话。她听得出徐海东不是说着玩的，兄弟俩真要挽手闹革命去了，心里就害怕起来。她看了看丈夫和弟弟，说："你兄弟俩不要说气话了。这年月，好赖活着吧，烧窑、卖窑货，才是本分。"

徐海东打断她的话说："四嫂，你刚才不是说人不能窝窝囊囊活着吗，怎么又改口了？"

"嘿，四嫂怕你们成不了事，又让老人和孩子都受牵连。"

徐海东说："不会，不会，你只管放心。"说罢出了门，又去找五哥去了。

五哥是个大胆的汉子，在村上和在窑场好打抱不平。五哥见到弟

弟徐海东，劈头问道："你不在外头混个人样，回到穷家做什么？"

徐海东故意说："俗话说，穷家难舍呀！"

"一座破窑，有什么好恋的？我要是你，走了就不回来。五哥我总有一天也要离开这个穷家！"

徐海东得到四哥、五哥的支持，他又去串联了几个堂兄弟和远房近房的侄儿，就这样，一支"徐家军"秘密发展起来。四哥徐元海、五哥徐元波、堂兄徐元洪、徐元庆、徐元兴，还有侄子徐文初、徐文阶、徐文治、徐文明等，在徐海东的启发和鼓动下，先后参加了共产党，参加了红军，连徐海东的童养媳妇田德载，也剪短了头发，要闹革命了。

"徐家兵""窑家军"，随着大别山地区革命形势的发展，编入了红军游击队。1928年秋天，徐海东被委任为中国共产党黄陂县夏区区委书记和暴动总指挥。他组织领导了"年关暴动"。国民党反动派为了扑灭工农武装斗争的烈火，进行疯狂的大屠杀，杀死徐海东的亲属66人。敌人的屠杀，吓不倒、压不垮工人阶级的坚强儿子。千仇万恨，更激起了徐海东以顽强的精神去战斗。

"徐老虎"和勤务兵

从1928年"年关暴动"之后，徐海东又多了个绰号——"徐老虎"。乡亲们用"老虎"来形容他为革命昼伏夜动，以山为家；

地主和反动民团用"老虎"比喻他厉害，可怕。在白色恐怖下，徐海东率领一支精干的游击队，日夜和敌人周旋。大股敌人来了，他们就溜进山林；小股敌人来了，他们就瞅准机会，打他一顿，抓几个俘虏，然后迅速转移。他闲着的时候就闭住眼睛，像老虎打盹似的，一个人沉思想问题。

徐海东对自己又多了一个绰号，开始有些恼火。他觉得这是敌人仇恨共产党，咒骂红军，把他比作吃人的野兽；慢慢人民群众也叫他"徐老虎"，他觉得这就不是恶意了。他想，革命者为人民做牛做马都应该，做革命的老虎怎么不好！他又暗暗地高兴起来。从此，他下决心戒掉了酒，又决心改掉自己性情急躁、爱骂人的坏毛病。并常常提醒自己，只能对敌人厉害，不能对群众耍威风。

1931年春天，工农民主政府成立了，妇女们组织起妇救会，娃娃们建立起儿童团，红军队伍犹如百江汇海，迅速发展壮大。一批批赤卫队和地方红军升级到主力红军。徐海东带领的警卫团也编入了红四军。

有一天，新任的红四军军长徐向前来到三十八团团部，他想来看看徐海东这位虎将。进了院门，有一个小红军正在打扫院子。

军长问道："是三十八团团部吗？"

"是咧。"

"团长在吗？"

"不在。"

"哪儿去了？"

"不知道。"小红军眼珠转转又说，"我们团长是老虎脾气，

兔子腿，一天到晚东转西走，没个安生的时候，谁知这会儿又去哪里了。"

这小红军不认识徐向前军长，还以为他是个伙夫头什么的，因此，说话也就无拘无束。问一句，他答三句，不问了，他的小嘴还是叭叭不停，口口声声"我们老虎团长"如何如何。

军长问小红军："你想不想家？"

小红军回答："不想。我们老虎团长说了，'大丈夫男子汉，不能围着锅台转'。要说想家，他准骂你'没出息'！"

军长："嗯，他骂人？"

小红军说："高兴了，你骂他、喊他'臭豆腐'他都不红脸；要是不高兴，张口就是'娘卖屁的！'怕死鬼，想家的人都怕他。"

军长问："你怕吗？"

"不怕。咱不是怕死鬼，也不想家。咱老虎团长打仗就是不怕死。他说呀，怕死的不要来革命，要革命的别怕死……"

这位小红军是团部的勤务员，跟随徐海东时间不长，啥事儿都感到新鲜。今天又碰上了愿意和他聊天的老红军，就像说书的碰上了听书的，小嘴讲个不停。他正说得高兴，军长的警卫员找来了，小红军一听叫"首长"，这才恍然大悟，哟，这人原来是个官，吓得一溜烟跑去找团长。

徐海东回到团部，军长早走了。小红军把那人的模样一讲，徐海东琢磨了一会儿，大体上猜出了是谁。

徐海东批评道："你这鬼东西，怎么不问问他的名字？"

小红军说："我刚要问，他的警卫员来了，我就……"

"鬼东西，你和他说了些什么？"

小红军支支吾吾不敢说，"没，没说什么……"

过了两天，徐海东证实了，来的人正是军长徐向前。

徐向前常常惦念徐海东这位虎将。有一次，徐海东在一次反围剿作战中，身负重伤，被送往深山里的红军医院。徐向前为他的伤势担心，为他能不能归队挂心。一天，有人告诉他，徐海东伤愈出院了。徐向前又来到三十八团，刚巧又碰上了那个打过交道的小红军。这次，小红军一眼认出是军长徐向前，顽皮地吐吐舌头，跑去找来了徐海东。

原来，徐海东和军长只是在开干部会时见过面，还没单独坐下来谈过话。他一直想找机会和军长谈一谈，但因那阵儿天天行军打仗，总是没机会。今天来得正是时候。

徐海东早就听人说过徐向前是黄埔毕业生，参加过广州起义，心里一直敬佩这位上级。他俩正说得高兴，小勤务员送水进来。这小红军见徐向前军长和老虎团长谈得那么亲热，就向徐向前说："首长，那次你来，我不认识你，我就……"

徐向前说："你要认识我，准不说那么多了，是吗？"

小红军不好意思，扭头跑了出去。

徐海东说："这小鬼，嘴太碎，话多，整天小嘴叭叭不停，他那次准说了我什么。"

徐向前说："你怎么知道？"

"猜得出。"

"我看你猜不出。"徐向前说。

徐海东笑笑说:"我这个人,粗话多,粗事办得也不少,背后总有人骂。我这个人既不怕人说,也不怕人骂。话说得不好,事做得不对,该骂!该骂!"

徐向前眯着眼,微微笑着。他觉得眼前这个徐海东是这么坦率、可亲,不像传说中的"徐老虎"那么可怕。他对这位"老虎团长"真是从心里喜爱。

徐向前军长起身要走了。出了屋门,又见到那个小勤务员,向他摆摆手,说了声"再见",又扭过脸去对徐海东说:"你们这小鬼,好呢!他很了解你,他给我说,你爱调查研究,很少蹲在团部,这好嘛!我们这些人,本事就这么一点,凭什么指挥队伍打胜仗?我看就是要多跑跑,多了解情况,再看一些兵书,掌握军事知识。"

徐海东说:"我真想有机会去学校补补课。"

徐向前军长说:"好啊,我们筹办了一个干部学校,想让干部们轮流去学习学习!不过,现在你去不了。因为,敌人的第三次大'围剿',就要来了。"

徐海东说:"好哇,手正痒痒,想打仗呢!"

师长让马

1932年,红四方面军大部队转出大别山,走向四川。担任师长的徐海东和红军主力部队失掉了联系。他率领着一支队伍,在安徽、湖北两省交界的山区与敌周旋。敌人前堵后追,部队一天到晚不得歇脚。他们冲破了敌人的一次次包围,部队始终处于流动状态。

红军战士走得又困又累,经常是衣服里面汗水浸,外面雨水浇,整天没有干透的时候。许多战士的脚起泡、溃烂,每天行军打仗,痛苦难忍。徐海东虽然自己有一匹大红马,但他自己几乎从来不骑。那匹马,经常驮的是不能走路的重病号和伤员。

在一次行军途中,徐海东看见一个战士走路很困难,他立即来到那个战士跟前,关切地问:"怎么样,你病了吗?"

那个战士见师长来了,马上精神抖擞地行了个军礼答道:"报告师长,我没有病。"

"没有病?"徐海东微笑着把手伸向那个战士的额头:"呀!烧得烫手,你还想瞒着我!是得了疟疾吧?"徐海东又严肃地说:"第一,有病不报告,应该批评;第二,骑上马,跟部队前进。"

★巍峨大别山

那战士一听，师长要让马给他骑，立即慌了神。心想，师长工作那样辛苦，我怎么能骑他的马，而要他走路呢！连忙回答说："首长，我接受你的批评，坚决执行命令，跟部队前进；这马，说什么我也不能骑。"

徐海东耐心地解释说："让你骑马，是革命的需要，不然你就会掉队的。"

战士争辩说："首长，你日夜操劳，指挥战斗，您骑马是革命的需要。我这点小病，能坚持走路，保证不掉队。"

徐海东爽朗地一笑说："不掉队？那好吧，咱俩先比一比走路，谁比输了，谁骑马。"

那个战士没想到师长会来这一招。他心想，和师长比走路，一般人是比不过他的，别说是病号，就是欢蹦乱跳的小伙子，也得小跑步才能追得上他。不过，现在是想让师长骑马，小战士只好硬着头皮说："比就比。"

于是，师长和小战士的一场走路比赛开始了。"目标，前面路边那棵小松树，谁先走到谁赢。预备——开始！"警卫员口令一落，两人同时走起来了。

徐海东迈着稳健而有节奏的步伐，向着目标走去。那个战士呢？咬紧牙关，使出全身力气往前冲刺，可他双腿打战，头昏眼花，四肢无力，艰难地移动着步子。不一会儿的工夫，徐海东就走到了终点，担任裁判的警卫员高声宣布："比赛结果，师长领先！"徐海东立刻返回来，温和地扶着生病的战士说："小伙子，认输了吧？我走10步你就掉了3步，我走10里你就要掉3里，今天要走60里路，你算算要掉多远？"

"首长……"那位战士还想要说什么，徐海东用命令的口气说："没说的，服从指挥，快骑上马，赶上队伍。"

正在为难之时，只见徐海东双手一托，把战士扶上了那匹高大的枣红马。战士伏在马背上，望着徐海东那慈祥的面容，止不住流下了热泪。大家都知道徐海东的脾气，他情愿自己挨饿，也要让伤病员吃饱；情愿自己抬担架，也不丢掉一个伤病员。眼下伤病员这么多，他宁愿自己多走路，也要使战士们跟上行军队伍。

白天走，夜晚走，一连20多天，大伙越来越疲劳不堪。徐海东也觉得自己快要拖垮了。警卫员小李实在忍不住了，就跑到徐海东跟前，苦苦央求说："师长，你上马吧，在马背上眯一会儿眼。"

徐海东问："刚才驮的病号呢？"

"他自己能走，自己走了！"

徐海东拍打着自己的大腿说："我也能走，你看，我不是很结实吗！"

他一抬步，身子却不由自主地摇晃了，差一点倒在地上。警卫员赶忙扶住徐海东，流着泪请求说："师长，你不能这样啊！你20多天没有睡过一个安生觉了，还是上马歇一歇吧！"

话音刚落，几个战士一使眼色，七手八脚把徐海东抬上了马。

徐海东有骑着马睡觉的本事。多年戎马生活，常常是白天作战，夜里行军，没有敌情的时候，就坐在马背上"睡"一会儿。打仗，他喜欢积小胜为大胜；睡觉，他也养成了积少成多的习惯。

徐海东在马背上眯了一会儿，就跳下了马。让给那些伤病员们骑。

开国大将的故事

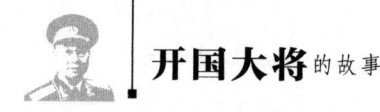

警卫员小李见徐海东疲乏得眼红脸肿，内心焦急，便向他说："师长，这马是你的，不能老让大伙共产！"

徐海东说："我们都是共产党嘛，没有私人的房，没有私人的地，这马也是革命队伍的，谁需要它谁就骑！"

徐海东日夜奔波，加上部队给养困难，只能用南瓜、野菜充饥，累得他吐了血。警卫员小李看在眼里，疼在心里。

一天，小李和司务长商量，一定要给徐海东改善一下生活。可是，这一带老百姓家里都叫白狗子抢劫一空，到哪里去买东西呢？还好，司务长走了好多户，才从一家老百姓家里买来三个鸡蛋，高高兴兴地拿回来，做了一碗鸡蛋汤。

警卫员小李满心欢喜地端着鸡蛋汤，往徐海东的住处走去，心想，这回可以给师长开开胃口了。小李一进门，见徐海东正忙着给各团布置战斗任务，就没有打扰他，把那碗鸡蛋汤放在他身旁的小桌上，说了声"请首长用餐！"就转身走了。

过了一会儿，小李一蹦一跳地转回来，一进门，发现那碗鸡蛋汤原封不动地还放在那儿。徐海东看见小李，将手中的铅笔放在作战草图上，和蔼地问："小李，今天战士们都喝鸡蛋汤吗？"

小李低头不语。他知道，这又是违背了首长的意愿。徐海东无论是平时还是战时，不管是条件多么艰苦或是稍微好一点，他总是和战士们一样，从来不要特殊照顾。

徐海东见小李不回答，瞪起眼睛发了火："为什么要这样做？端回去！端回去！"

小李感到徐海东往日洪亮的嗓子减弱了许多，看到他那越来越消瘦的脸上，两只大眼睛深深地凹下去了，高高的颧骨和鼻梁更显得突出，心里一阵难过，说："首长，您病得这么厉害，还日夜不停地工作，就喝了这碗蛋汤吧，过不了多久，又要行军打仗啦！"

"端走，端走！"徐海东吵着说，"我没病，只是缺觉睡，睡足了觉就好了。把汤倒在锅里，添点水，热一下，送给伤病员喝！"

小李知道徐海东说一不二的脾气，再劝也没有用，他端起那碗鸡蛋汤，忍不住呜呜地哭了起来。

徐海东心里很是感激这位小战士的情谊，用手轻轻地抚摸着小李的头说："怎么？一个革命战士还兴眼泪巴洒的，不怕羞吗？"一边又从衣袋里掏出手帕递给小李，接着说："小李，你的心情我理解；但是，眼前正是艰苦的时候，我们的战士都经常勒紧裤带，饿着肚子打仗。我不是常给你说吗？越是艰苦的环境，指挥员越是要和战士同甘共苦哇！"

徐海东的话，语重心长。小李的心里虽然还是不大痛快，但是觉得无话可说了。他把那碗已经凉透了的鸡蛋汤端到厨房。徐海东满意地点了点头。

副军长和"朱号官"

1933年9月的一个夜晚，红二十五军又从皖西葛藤山出发，向鄂东转移。

这时，徐海东已是红二十五军副军长兼七十四师师长。徐海东从当团长、师长的时候起，有一个姓朱的小号兵一直跟在他身边吹号。小朱当号兵快三年了，后来升任了号长，大家再不叫他司号员，而是尊称他"号官"。朱号官携带的这把黄灿灿的小军号，嘀嘀嗒嗒，声音嘹亮并能吹奏出好多语意，如"紧急集合""防炮""防空""冲锋""开饭""休息"，还能指名道姓，传令哪级指挥员。徐海东能记住很多乐谱，一般的号声，他不用号官翻译，就能听懂是什么意思。

军号响就是命令。徐海东所在的红军队伍，没有电话机，更没有收发报的电台。远路传信靠马跑，近处传令就吹军号。

一阵紧急集合的军号声，把部队"吹"起来，部队开始转移。

天下着雨，满地泥水，路滑难行。徐海东又偏偏病倒了。他高烧未退，是从医院抬出来上路的。以前行军，他都是在队伍的前面；这次他行走困难，军长吴焕先硬让他躺在担架上，跟着伤病员和后方勤杂人员的队伍。这个队伍，有挑着东西的，也有背着物资的，像赶集似的，一拉就是好几里长。

朱号官跟在担架后，一步一拐地走着。他人小却长了一张婆婆嘴，行军中，他一会儿骂天，一会儿骂地。

"他妈的，这是什么鬼天！不行军，不下雨，一行军，它就下……"

有人和他寻开心说："吹号，吹休息号嘛！命令龙王爷休息，雨不就停了！"

朱号官说："我要是有那个本事，把天兵天将都调来，敌人的'围剿'就打破了。"

另一个人说:"不要说调天兵天将,就连杨二郎的天狗你也调不动哟!"

朱号官急眼了,"调不动天狗,我能调得动你!"

一句话逗得大家哈哈大笑。

队伍走走停停,越来越慢。不知前头发生了什么事情。徐海东躺在担架上,头上撑着把伞,身上盖着块雨布。他几次要下来走走,警卫员不让,小号官阻挡。他身体虚弱,迷迷糊糊地就睡着了。

突然,一阵枪声,把徐海东惊醒。他抬起头细听,枪声在前方不远处。队伍停止前进了。接着,枪声越来越紧。徐海东坐起身,打着手电筒,正在看军用地图,侦察员跑到担架前,气喘吁吁地说:"报告副军长,不好了!"

"怎么回事?"

侦察员说:"前面遭到敌人埋伏,队伍被切断了!"

徐海东命令小号官:"吹号,和军长联络!"

朱号官从挎包里拿出来军号,站在路旁的大树下,嘀嘀嗒嗒地吹了一阵子。军长那边没有答号。小号官再吹,号声刚过,就响起了啊啊啊的迫击炮声和达达达的机枪声。原来是敌人发现了目标。

徐海东让警卫员通知特务连,派人到前边去看看。他跃身下了担架。这时,天快亮了,他看路旁有一块高地,想上去观察,刚走了几步,就跌倒了。由于他病了很多天,两腿发软,再加上雨后路滑,他怎能爬得上去。在小号官和警卫员的搀扶下,他才爬上了高地。

徐海东站在高处一望,看明白了这地方是黄土岗一带,前边

就是潢川到麻城的公路。队伍出发前一天得到情报，敌三十一师九十二旅就驻在这一线。想不到我们的队伍趁夜色行军，还是中了敌人的埋伏。

特务连毛头连长到前边侦察后，跑回来向徐海东报告：

"副军长，真的遭了埋伏……"

徐海东冷静地说："不用慌，碰上敌人就打，打不赢就走。"

毛头连长说："不是慌，我的首长！大部队都过了公路，我们掉了队，掉下来的又全是伤病员和后勤人员，打没法打，走也没法走啦！"

徐海东用望远镜向公路上观察，只见黑压压的一片敌人，正向这面运动。他感到情况不妙，随即发出了后撤的命令。

担架队员和挑夫都不是拿枪的人，听说撤退，顿时乱作一团。一群敌兵喊叫着冲了过来。徐海东身边的战斗部队，只有一个特务连。眼下，这个连三个排，有两个排当了挑担的，挑着一批步枪和子弹，根本顾不上打仗。

徐海东命令毛头连长："带一个排守在这里，没有命令不准撤！"

徐海东撤到一座山脚下，天已大亮。他让人搀着爬上山腰，在一座小庙里暂歇一会儿。以前，徐海东常说："打仗能治病。"这一阵紧张，又出了一身汗，他感觉身上比前几天舒服多了。他拿出地图，想看看这是走到了什么地方，正巧，有位红军战士是当地人，他说这山叫猴子山，这庙叫齐天大圣庙。

徐海东拿起望远镜，站在庙门前的台阶上四下瞭望，只见敌人封锁着公路，看不见红军大部队的踪迹。山脚下，全是挑担子的人，慌慌乱乱东奔西走。他隐约发现有一支小队伍在公路旁的一条山沟里运动。徐海东想，部队遭到突然袭击，一定跑散了不少人。

徐海东对小朱说："号官，吹号！"

小朱感到奇怪，忙问："吹……吹什么号？"

徐海东说："紧急集合号，到我这里集合！"

号官对徐海东的命令似懂非懂。他站立在一块石头上，挺起胸脯，鼓足了气，嘀嘀嗒嗒吹了一阵。

号声就是指挥员的命令。一阵集合号，使跑散了的红军战士迅速找到了队伍，纷纷向吹号的地方跑来了。

徐海东看到有人跑来，便命令号官继续吹。

集合号又吹响了。号声回荡在雨后清晨的山谷里，使追击的敌人摸不清虚实，慌了手脚。

号官的军号一响，山下有个地方传来了答号。徐海东听得出，是一个连队发出的号声。他又命令小朱："吹，你就不停地吹，把山下的人都吹上来！"

号官这才明白了副军长的用意，是要他用集合号把山下和山前山后的散兵统统吹拢起来。他爬到庙前一块高高的岩石上，用上浑身的气力，吹着一个调："快向我集合！"俗话说："新兵听哨，老兵听号。"伤病员和后勤人员多是老兵，他们听懂了军号声，知道徐海东就在山上，便从四面八方往山腰上集结。

敌人听到了连续不断的军号声，但弄不清这猴子山上有多少红军，所以他们不敢轻举妄动，只有在远处放冷枪、打冷炮。

随着嘹亮的军号声，走散了的六个连队陆续跑到山上。徐海东

开国大将的故事

估计人到得差不多了，便命令号官吹号，把特务连长和那个排调过来。

守在高地的毛头连长和他带领的一个排，听到号声，立即撤向猴子山。

徐海东把连以上干部召集到大庙里，他看到有些干部神色紧张，便故意开玩笑问大家：

"你们知道这庙叫什么庙？"

徐海东一看没人回答，微笑着说："它叫齐天大圣庙。今天我们都变成孙大圣了！"

几句轻松话，把大家说乐了。虽说队伍被打散了，有副军长在，大家就有了主心骨。

徐海东说："情况嘛，大家都看到了。我们被敌人切断在公路这边了。向前走，等于往老虎嘴里送食。现在只好向后转，回皖西去！那边有红二十八师，有皖西特委，郭述申同志在那里。"

有人说："队伍太乱了！又是伤兵，又是挑夫，走不动啊！"

有人提议："干脆，把担子都扔了！"

毛头连长叫起来："不行，我们挑的都是枪弹啊！"

还有人说："人要紧，现在要那些枪做什么？"

徐海东听完了大家的意见后说："枪弹不能丢。伤病号能走的，每人发给一支枪，扛着；挑夫挑的东西，吃的分一些，其余都扔掉，挑担子的人都变成扛枪的兵！零散人员编一个连队，挑担的和伤病员编一个连，加上特务连编成一个营，归毛头连长指挥！毛头，你代理营长！"

散会后，毛头连长站在徐海东跟前，孩子似的说："副军长，我指挥不了啊！带一个特务连都毛手毛脚，哪能指挥一个营啊！"

徐海东严肃地说："毛手毛脚的毛病，要改一改。我看，改好了，你能指挥一个团！"

"哎呀，我的首长，你可别……"

徐海东两眼一瞪吼道："执行命令！"朱号官听说毛头连长升任代理营长，走到他跟前，拍拍他的肩膀："喂，我说毛头营长，你升了官还不高兴？往后可别忘了我啊！"

毛头连长没好气地说："忘不了，我要封你当司号团团长！"

朱号官耍了个鬼脸，边摆弄着军号边说："我什么官都不想当啊，只愿跟着副军长吹号。"

猴子山前，零散混乱的队伍进行了整编，编成了三个营九个连。徐海东掏出怀表一看再看，此地不能久留，见队伍已经编好，便命令号官："吹出发号！"

山谷里又响起了雄壮的军号声。一支支精神抖擞的队伍，沿着山中的崎岖小路走下了山。

嘀嘀嗒嗒的军号声，响在了皖西的山里和村里。几天之后，在皖西建立了一个红二十八军。徐海东任军长，郭述申任政委。红二十八军和走向鄂东北的红二十五军，并肩战斗在大别山区。

敌人惊叹着："唉，剿共，剿共，越剿越多，一个红二十五军没剿灭，又剿出一个红二十八军！"

红二十八军的号声，响彻在皖西！

红二十五军的号声，响彻在鄂东！

开国大将的故事

活捉敌师长柳树春

1933年大别山区春暖花开之时，徐海东军长和郭述申政委率领红二十八军，游击到皖西的葛藤山一带。他们原计划来到这里后，休整几天，等待战机，再打个胜仗。

可是，部队刚刚落脚，侦察员就送来了情报。两个旅的敌人分两路合击过来，敌五十四师代理师长柳树春带领先头部队打头阵，并扬言要活捉"徐老虎"。

侦察员站在徐海东面前，还有话要说，但不好开口，说了怕徐海东发火。

徐海东见侦察员吞吞吐吐，便说："还有什么情况？快说！"

"他们要……"侦察员还是没说出口。

徐海东把脸一沉，站起身来说："你搞什么鬼名堂，有话赶快说嘛！"

侦察员被逼得不说不行了，才放低了声音说："敌人要活捉你。"

徐海东嘿嘿一笑，对侦察员说："娘的吹牛皮！你呀，人家吹牛皮，就把你吓住了。去去，想个办法，给柳树春传个话，说徐海东要活捉他！"

侦察员笑着跑开了。他想，军长说的是气话，眼下这时候，谁也别想捉着谁。我也没有什么好办法把军长的话传给柳树春。

徐海东大将的故事

夜深了,徐海东毫无睡意。正在动脑筋想办法狠狠咬敌人一口。他点着油灯,弯下身子,两只大眼睛盯着军事地图,手在图上比来画去,分析着敌我态势。

这时,郭述申政委来到徐海东屋里,进门便问:"怎么还不歇着呢?"

徐海东说:"柳树春扬言要活捉我,我要打他这个狗娘养的。不打个胜仗,我们的屁股坐不住呢!"

郭述申说:"是哩!我们若是能打掉它一路,另一路就怯阵了。"

"对!"徐海东赞同政委的意见,决定先吃掉南路五十四师这个旅!

徐海东和郭述申在油灯下,又仔细研究了一番,商定了作战计划,当晚就带领部队出发了。

第二天拂晓,敌人向葛藤山方向迂回过来。徐海东立即命令两个营,沿着一条高高的山梁,抢占了小石家沟附近的山头。

敌指挥官柳树春,正焦急地等待和红军交火的机会,突然发现山梁上冒出一支红军。他想,机会已到,便指令他的部队,向小石家沟山头发起攻击。

这是徐海东的一个计策。当直奔山头的战士,看见远处的敌人跟过来的时候,突然接到传来的命令:"快快上山,再快快下山。"大家对徐海东的计策心领神会,于是,一边攀登,一边相互鼓励:

"快啊,爬上山头有戏看!"

"快点爬啊!"

你追我赶,不一会儿,两个营就登上了山顶,战士们回头往山

开国大将的故事

下一看，只见黑乎乎的一片敌人，正缩头缩脑地往上爬。

指挥员按照徐海东的作战计划，命令留下一个排守住山头，其余的兵力立刻奔下前面的山坡，迅速钻进一条山谷，从敌人的侧翼转到山下。

敌师长柳树春，指挥着他的两个团继续往山上爬。他心里美滋滋地想，这次可是追上红军了。但他没想到，这是徐海东布下的一个"迷魂阵"。

当敌军快要爬到山头的时候，埋伏在山下的红军，和从山上下来的两个营，分别从左右两侧夹击敌人，机枪口一齐对准山头。得意忘形的柳树春，这时才发现他已陷入了三面挨攻的境地，想要调整兵力，但来不及了。

红军战士似出山的猛虎，冲入敌群。山坡上的敌人，成了热锅上的蚂蚁，东奔西跑，你推我搡，乱作一团。徐海东提着马鞭，带着一式驳壳枪的交通队，飞跑过来。他向战士们高声呼喊：

"同志们，不要放走一个敌人！"

战士们看到军长也冲上来了，个个精神倍增，向溃散的敌军压过去。

战斗只进行了一个多小时，敌人一个旅、两个团的人马就被红军消灭了。山沟里集合了1000多个俘虏兵。

在清查俘虏的时候，红军战士听一个俘虏兵说，他们的大官柳树春也没逃脱得了。

战士们细心地在俘虏群里、尸首堆里寻找柳树春，并喊叫着：

"柳树春，你逃不了啦，快出列！"

"当官的，赶快站出来！"

"红军保护你们的生命安全！"

一些被俘的军官，听到红军战士们的喊话后，耷拉着脑袋，从人堆里走出来，供认自己的身份。一个肥头大耳、满脸胡茬的敌兵，被其他敌兵推拥到红军战士面前，只见他穿一件士兵服装，两眼无神，垂头丧气。他先说自己是营长，后来又说是团副。在大伙儿的追问下，实在混不过去了，才支支吾吾地承认他就是五十四师的代师长柳树春。

红军战士们高兴地押着柳树春回军部。他心里慌慌张张地问去什么地方，一位战士打趣地说：

"你不是要活捉徐老虎吗？他请你哩！"

"啊！徐军长真在这里？"

"不用怕，他这只老虎不吃人！"

徐海东听说活捉了柳树春，还俘虏了他1000多官兵，心里暗自高兴。这是红二十八军在皖西反"围剿"作战中的一次大胜利。

傍晚，打扫完战场，处理完大批俘虏，徐海东才抽出空来和柳树春谈话。徐海东头戴八角帽，身穿灰粗布军装，腰扎武装带，一派将军风度。嘴角还挂着一点笑意，看样子心慈面善，柳树春先开了口：

"请问军长，您是黄埔几期？"

徐海东摇摇头，他不明白这家伙问话的意思。

柳树春接着又问："那么，你一定是'保定'的了？"

徐海东说："我没有听过保定的课，也没有进过黄埔的门。"他

开国大将的故事

用手指着远处起伏的山峦说:"我是'青山大学'毕业!"

柳树春一时没有明白过来,然后他又开口问:

"鄙人有一事百思不解,不知当问不当问?"

徐海东说:"你说吧!"

"你们苏区的红军,无房、无粮、缺吃少穿,怎么还能打胜仗,这到底是……"

徐海东唰地站起来,瞪大眼睛,气愤地说:"没有房子,是你们给烧光了!没有粮食,是你们给抢光了!你们天天骂我们'共匪',你们的所作所为,才真是匪呢!"

柳树春颤抖着身子,手足无措,连声说:

"请原谅,请原谅。不过,许多事情不能归罪于鄙人。我是个军人,军人以服从命令为天职。"

"命令?谁给你下的命令?"

"是、是上边,是蒋——介——石……"

柳树春被徐海东问得张口结舌,便弯下身子向徐海东鞠了一躬说:

"徐军长,我向你赔罪了!鄙人只求军长宽大!"

第二天,敌人又以十多个团的兵力,分路从几个方向包围徐海东的部队。不过,这一回,他们吸取了前一次的教训,蹑手蹑脚,谁也不敢盲目前进,怕的是再一次陷入徐海东的圈套。

徐海东指挥红二十八军,又与敌人展开了新的战斗。

徐海东大将的故事

战士的冬装

1933年的冬天到了，大别山上刮来的寒风，使天气变得一天比一天冷。红二十八军的战士们这时还没有棉衣，没有棉裤，从头到脚仍然穿着夏天那一身单衣。战士们被冻得浑身打战。

军长徐海东虽然有一件大衣，但是，眼看着全军战士都在挨冻，他不愿意穿着大衣出现在人前。而他的那件大衣便成了公用的。政委郭述申生病发高烧，徐海东让警卫员送给政委穿上，政委退烧了，又把大衣让给了另外的病号。他的这件大衣，就这样传来传去，为大家御寒暖身。

徐海东带兵懂得爱兵，他常说："要让战士们吃饱穿暖，才有战斗力。"眼下吃的还能凑合，有粮吃粮，没有粮食就用南瓜充饥。可是，棉衣就成了老大难了，一没有布，二没有棉花，1000多人的队伍都在受冻，他和政委郭述申都在发愁。

行军路上，徐海东问战士们："同志们，冷不冷啊？"

战士们回答："不冷！跑路热着哩！"

军长的刚强性格，带出的兵也是硬骨头。如果有谁敢在他面前说声"冷呀！"他会瞪着眼连笑带骂："孬种。"

12月初，部队在石门打了一仗。缴获了敌军一些棉衣。体弱的和伤病员先换了装，但全军大部分人还是夜间盖稻草，白天一身单。供给处长也为战士们没有棉衣穿而着急，因为他手里只有30块大洋，就是用这些钱全部买了棉花和布，也解决不了冬装问题，再说，还要买粮食、买油盐。

正在发愁之时，徐海东派出的侦察员跑回来报告说："驻吴桥、段集的民团，刚刚运到一批棉布！"

徐海东说："好！要的正是这东西，袭击它！"

当夜，他亲自带领一个团奔袭了吴桥和段集，把敌人还没开包的棉布一窝端走了。

过了几天，又得到赤城县委送来的情报说，叶集有两家土豪劣绅开的布行、棉行。

徐海东说："好，攻打叶集！"

叶集是个小镇子，地方不大，只有200多民团兵防守。兵贵神速，这里的敌人白天还没听说附近几十里有红军，但一夜之间徐海东的红军就飞到了面前，没用几颗子弹，就把这一小伙敌人给收拾了。

连续几天，三战三捷，共歼灭民团500多人。搞来了600多匹棉布，1000多斤棉花。

有了棉花和布，供给处长不再愁了，忙活着为全军做棉衣。

徐海东看到了战利品，喜上心头，便问供给处长：

"怎么样，这回问题解决了吧？"

供给处长说："差不多了。"

徐海东又问："几时能把军装做好？"

供给处长说："能再打一仗，再搞些棉花来就好了。现在，每套军装只能絮一斤棉花，这一斤棉花的棉衣顶啥用！"

徐海东笑呵呵地说:"现在没有便宜仗打了。俗话说,看菜吃饭,有一斤棉就絮一斤棉,总比单衣挡风寒好得多。"

供给处长是全军的管家,挺会算计。他拨着算盘珠,算来算去,然后再算给徐海东听。总觉得还缺一些棉花,希望徐海东再搞一些棉花来。

徐海东头脑里也有他的算盘。他盘算了一下,皖东这块地区中能攻打的县镇太少了,一是路程太远,二是敌人的兵力太强,为了搞棉花,去打无把握的仗,因小失大,决不能干。

正说着,军政委和几位师长、师政委都来了。大家七嘴八舌议论着:

有人说:"一斤棉花也行啊,总比单衣暖和。"

"是啊,一层棉顶十层单,薄就薄点吧。"有人附和着。

也有人提出建议:"干脆只絮棉袄,不絮棉裤,布多的话,就每人再发两条单裤。"

供给处长一边听大家的议论,一边琢磨着,他眉头一皱,计上心来:"棉裤还是要的,我看膝盖以上絮薄薄一层棉花,膝盖以下不絮棉花打绑腿……"

徐海东一听,这办法绝好!这样,棉袄、棉裤都有了,每人再发一副绑腿,走路利索,看起来精神,又能保暖,真是个好主意。

"娘的,好办法!"徐海东脸上笑出酒窝,"鬼东西,你怎么不早说呢!"他高兴地一巴掌打到供给处长背上:"好吧,说定了,几天能做好?"

供给处长摇摇头,说不出准确的时间。他想,全军只有三十几

位女同志，其中还有的人不会做针线活；如果找老乡帮忙，一是山区难找人，二是没有统一的样式，做出来五花八门，七长八短。好好的布就太可惜了。

郭政委看供给处长又在犯难，便说："你呀，一会儿聪明，一会儿糊涂。把布和棉花按人分下去，发动大家动手嘛！"

徐海东也说："把女同志也分下去，会的当指导，不会的现学。我不信，只有女人会做衣服，为什么一定要女人做衣服给男人穿！革命、革命，把这个命革掉！"

说得大家一阵笑。大家又议论了一番后，决定办个缝纫训练班，通知各团、各营、各连分批派人来学两天。统一剪裁，分散去缝，再请几位老太太和大嫂当教练。

第二天，徐海东和郭政委专门召开了一个干部会，动员大家做冬装。开始，有的干部思想不通，说：

"好不容易搞的布，要是做瞎了多可惜！"

还有的说："反正冻不死人，就慢慢做吧。"

徐海东说："不行，还是分下去做。我就不信，男人只会穿衣，不会做衣。我看，男子汉除了不能生娃娃，什么事情都会做！那城里的好裁缝是男人，饭馆的好厨子也是男人。你们听着，明天就办训练班，选些心灵手巧的战士们，干部也要参加，谁要做不成棉衣棉裤，就叫他光屁股！"

会场上一片笑声，大家纷纷说：

"行啊！啥事都是人干的，边学边干吧！"

"哪个当兵的不会缝几针！"

徐海东说:"光缝几针不行。做就要做得好看,穿上整齐像个兵样。如果衣服做得太长,像和尚袍似的,那算个啥东西!"他又对供给处长说:"你得动动脑筋,把布染好搭配好,灰布发给一个团,蓝布发给一个团,那样做出的衣服穿起来才会整齐一致呢!"

供给处长按照徐海东的意见,很快就把布匹和棉花发到了各连队。这些战场上的男子汉都盘起腿坐在地上,穿针引线做起棉衣来。会做针线活的女战士像技术指导,穿梭在各班各组,指指点点,真是英雄有了用武之地。

徐海东看到战士们快要穿上棉衣了,他乐在心里,笑在脸上。每天早晨一起床,他就这个连队转,那个连队跑。战士们看见军长

★中国工农红军北上抗日第二先遣队遗址

来检查，一针一线缝得更认真。徐海东在检查中，看到谁的针线好，就当场夸上几句；碰上哪个笨手笨脚的或向他叫苦的，就骂上几句：

"鬼东西，不好好缝，叫你光屁股。"

调皮的战士说："这耍枪杆的手玩不转针呀！谁叫咱不是女人哩！"

徐海东又骂："鬼东西，如今还分什么男人女人，是人都一样，都得会打仗、会缝衣、会做饭！"

说归说，骂归骂，可当军长的还是担心那些"笨家伙"浪费了衣料和棉花。他让供给处长带几个好手，组织"突击队"，专门帮助那些同志。

几天的时间，全军都换上了战士们亲手做的冬装。队伍出发了，徐海东站在路旁，看着换了新装的队伍，个个精神焕发。徐海东自言自语地说："真是人凭衣服马靠鞍啊！"

红军战士身上暖了，肚子饱了，在敌人的大包围中跳出跳进，游击战越打越漂亮。

风雨长征路

1934年冬天，党中央派人来到大别山，向红军传达中央的指示，要红二十五军离开大别山，开辟新的苏区。于是，11月11日，红二十五军打着"中国工农红军北上抗日第二先遣队"的旗帜,开始了长征。

阴冷的冬天,北风呼啸,天寒地冻。路面上结了一层冰,走在上面直打滑。天晴了,路上的冰化成了水,满路泥泞。红军战士每人身背两天干粮和两双草鞋,从一个叫何家冲的地方踏上了征途。战士们听说要远征,内心十分留恋大别山。他们从小生长在这里,当了红军以后也没有离开过大别山。现在要远走高飞,心里不免难过。为了红军的生存和发展,他们默默地向前走。两只脚像是量地的尺子,一步一步地往前量。

行军路上,徐海东总是跑前跑后,哪里危险,他就到哪里。部队刚走出河南,驻朱堂店的敌人一个师,就兵分两路追来。徐海东根据敌情,提出作战方案并亲自带领两个团迂回上去,打垮了敌人。在越过平汉铁路时,敌人一个师在枣阳一带阻击,徐海东又指挥部队,冲破了敌人的防线。

红军从大别山出发,到陕南这两个多月的日子里,徐海东天天率领队伍先头行进,累得眼睛红肿,人也消瘦了许多。政委吴焕先担心他累垮了,一天出发前,硬是下命令似的说:

"海东,今天你要随后走,我们走前头。"

徐海东打趣说:"走前走后,路是一样多哩!先走的先到,好早点休息嘛!"

吴政委说:"压后走,少操心,敌情不用管,路线也不用问,骑在马上,还可以打个盹。今天,你就去压后吧!"

红军队伍又上了路。这一夜的路程,真是难极了。天上浇雨水,

地上是泥水，道路更是崎岖不平，几乎所有的人都摔倒过，一个个成了泥人。走到后半夜，雨更大了。就在这时，突然发现了敌情，一股敌人抄近路追上来了。红军战士冒雨顶风，在泥泞的道路上和敌人展开了"脚力赛"。平时行军20里路一次小休息，如今顾不上了。为了甩掉敌人，总是不停地走，队列里不时传出"跑步前进"的口令。快步加小跑，人们喘息着和风雨抗争，和敌人拼抢。

从大别山区出征以来，红二十五军已经长途跋涉了6000多里路。许多人的脚底板上磨起了血泡，有的人重病在身，走不了路，只能用担架抬着。行军速度越来越慢。

走着走着，徐海东忽然听到凄惨的哭叫："不要丢下我，不要丢下我呀！"徐海东立即跳下马，在黑暗中寻找，只见一个人手拄着棍子，一瘸一拐地往前走。原来是一个掉队的伤病员，徐海东赶快叫警卫员扶他上马。

警卫员小黄喊起来："不行、不行！我的马已经让给伤员了，你的马不能再让出去了。"

"混蛋！"徐海东吼了一声，扬起手上的马鞭要打小黄。

警卫员小黄赶紧把伤员扶上了马，徐海东要来伤员的棍子自己拄着，一步一跌地往前走。他边走边鼓动在风雨中拼搏的战士们：

"同志们，加劲啊！快到目的地啦！……"

战士们听到徐海东的声音，一个个振奋起来，又喊又叫，说："军长上来了！快走！"骑在马上的那个伤员，这才知道自己骑的是军长的马。他一欠身溜下马来，大声叫："军长，你快上马，我能走！"他扔下马一歪一歪地往前跑，没跑几步就摔倒在泥水里。

徐海东急忙跑过去,把他扶起来后,又推上了马。

天快亮了,战士们在风雨交加的路上走了一夜,已筋疲力尽,队伍行进的速度减慢了。这一夜,战士们摔倒爬起,爬起来又摔倒。有的人爬不起来,只好由战友们互相搀扶着走。为了让大家避避风雨,暖暖身子,稍作休息,前边传来命令,部队在一个村庄里停下来。

这一停步,却出了麻烦。由于疲劳过度,许多人躺在房檐下或草垛旁,便进入梦乡。还有的人无处藏身,干脆躺在露天地淋着雨睡着了。

过了一会儿,前边又传来了"继续前进"的口令,可是,人们还是睡着不起。徐海东看着这情景,很想让大家多歇一会儿,但身后有敌人的追兵,不快赶路,就是自取灭亡啊!于是,徐海东冒着雨,一声声地喊,一个个地往起拉。实在叫不醒、拉不起的,就用手里的木棍敲打。他一边敲,一边喊:"起来,起来,快走啊……"

一群干部、战士,听到徐海东的喊声,从老乡的屋里跑出来。有人边跑边叫:"屋里还有人!"

徐海东问:"有多少人?"

"不少呀!团长、政委都在屋里。"有人说。

徐海东一听,火冒三丈。他容不得这样不管队伍而自己睡大觉的干部。迅速跑进屋里,抡起木棍没头没脑地打了过去。团长、政委被打醒后直发愣,还不知道发生了什么事。当听到徐海东的骂声,他们才捂着屁股,提起枪,慌忙往屋外跑去。

徐海东这一阵喊叫和棍棒,把240多名干部和战士撵出了村,赶上了路。这时，隐隐约约传来了敌人追击的枪声。

大家边走边说："幸亏军长一顿棍子呀！要不就当俘虏了。"

有人小声嘀咕："把我的屁股都打麻了！"

"活该！活该！"很多人开心地笑了。

大雨继续下着，部队冒雨行进。徐海东走在队伍末尾，忽见路旁有一人躺在担架上哭泣，徐海东连问也没问，便丢掉手中的木棍，对身边的警卫员说："来！跟我一起抬着。"说完，蹲下身去，等着警卫员。

徐海东的腿多次负伤，带有残疾，警卫员一清二楚。所以，他站在那里愣着不动，眼睛向后面张望着，希望能有人走来。

"给我抬！"徐海东严厉地说，"伤病员一个也不能丢下，快抬着走！"警卫员只好和徐海东把担架放到了肩头。

躺在担架上的伤员顿时哭着叫喊："军长，放下我，放下我……"

徐海东抬着伤员，耐心地说："别动，别喊，躺着，好好躺着。"

伤员还是大声喊着："放下我，快放下我！我不能让军长抬着我……"

徐海东重复着："听话，不要叫，好好躺着。"

警卫员走在前头，不时回头看看伤员，又看看徐海东。他是多么希望后面能有队伍赶来，接替下徐海东。可是后边是空旷的原野，路上没有一个人影。再往前看，只见泥泞的路上踩下了数不清的脚印。

雨渐渐停了，风也小了。徐海东已累得汗流满面。他抬着伤员，一步一步朝前走，一气走了五六里路，还是不肯歇脚，终于赶上了前面的队伍，担架被别人接了过去。

徐海东多年不抬这么重的东西，今天又尝到了当年挑水卖的滋味。他站在路边，擦着汗水，目视着前方，突然，他高兴地放声大叫：

"我们的援兵来了！"

警卫员小黄望了望四周，忙问："援兵？在哪里？我们怎么没看见？"

身旁几个人看到的，是横在前方的三座大山。徐海东笑着说：

"你们看到的那三个山头，就是三个团嘛！"

同志们顿时领会了徐海东的意思。他这"徐老虎"会打山地游击战，真像老虎一样，爱山林、靠山林、离不开山林。这三座大山，能隐蔽，能伏击，又有制高点，对他来说，好比增加了三个团的援兵。

战士们见到了山，信心更足了。他们有说有笑，便加快了步伐，向大山奔去。

迎接党中央！迎接毛主席！

红二十五军在长征途中得到消息说：党中央率领中央红军长征到了四川，和红四方面军会师后，走过草地北上了。红二十五军的300多名勇士为此不断欢呼。徐海东和军部的领导人，日日想，夜夜盼，率领着队伍去迎接党中央，迎接毛主席。

开国大将的故事

1935年9月,徐海东率领红二十五军到达陕甘苏区。没多久,当地的孩子们就编了一首新歌:

一杆杆红旗空中飘,

红二十五军上来了。

长枪短枪马拐拐枪,

对对喇叭对对号。

头号盒子坠着红绳绳,

军号吹得嘀嘀嗒。

徐海东率领的红军到达陕北后,和刘志丹率领的红军合编成红十五军团。徐海东任军团长,程子华任政委,刘志丹任副军团长兼参谋长。此后,徐海东和刘志丹并肩作战,打了一个又一个胜仗。在涝山战斗中,歼灭了敌人一一〇师两个团,活捉敌师长何立忠,俘虏敌军3700多人。接着,红军又攻克榆林桥,歼敌1800多人。

胜利的捷报一个接一个,紧接着又传来了一个振奋人心的喜讯:党中央和毛主席率领的中央红军长征到了陕北吴起镇。徐海东得到这个喜讯,高兴万分。这天,他带领部队,正在张村驿一带打仗,突然,七匹快马飞奔到眼前,原来是通讯员从军团部驻地道佐铺送来了程子华政委写的信。信中说:

"今日下午,毛主席和中央红军的领导同志将来到军团部,望速回……"

徐海东看完了信,便叫小马倌快拉马!

小马倌早已把马喂饱,并备好马鞍,拴在屋外树下了。他一听军团长发话,就把马牵了过来。徐海东手提马鞭,跃身跨上马背,马鞭一扬，大红马一声长鸣，四蹄风生，飞奔起来。

徐海东最喜欢好兵、好马。他常说："战士，要打仗不怕死的；马，要能上火山下火海的。"每次打过胜仗，徐海东就从缴获的战马中，挑出一些好马补充到骑兵排。有人说：徐海东有一双慧眼，能识千里马。只要他看中的马，只有跑死才停蹄。

徐海东在大别山区骑过大红马、大黑马，在长征路上，他换了一匹大白马。警卫员开始不喜欢那白马，因为白马太显眼，战场上不便隐蔽，容易暴露目标。但徐海东却喜欢它，这匹马毛白蹄亮，跑得快，坚持要它。他说："不管白马黑马，跑得快的就是好马！"

一年多来，徐海东和红二十五军的同志们转战在河南、陕南和甘肃地区，像孩子找妈妈似的，到处打听党中央和中央红军在什么地方。当时，部队还没有电台，没法联络。他们只在《大公报》上看到过中央红军继续北上的消息。为了迎接党中央和中央红军，徐海东立下誓言：积极牵制敌人，保证中央红军和四方面军北上，就是我们这3000多人全部牺牲了，那也是光荣的！所以，徐海东带领部队积极作战，一直打到西安城附近。后来，又西进甘肃，北渡渭水，在西安至兰州的公路两侧转战了18天。

徐海东天天盼，夜夜想，终于盼来了党中央和毛主席。他心急火燎，一心想快点赶到驻地迎接党中央和毛主席。

马好像知道徐海东的心思，一会儿猛跑，一会儿小跑。3个多小时，就跑了135里路，回到了军团部。

徐海东进村下了马，已是汗流浃背，湿透了衣衫。他进屋里刚洗了把脸，毛泽东和彭德怀就到了。徐海东不认识毛泽东，也不认

识彭德怀。经程子华介绍后,毛泽东握住徐海东的手,亲切地说:

"海东同志,你们辛苦了!"

徐海东紧紧握住毛泽东的手,连声说:"还是您辛苦!"

毛泽东和中央红军的同志,历尽了千辛万苦。一年多的时间,他们跨越11个省,爬雪山、过草地,忍饥挨饿,冒暑熬寒,战胜敌人无数次围追堵截,走了二万五千里,好不容易,才征战到陕北。眼下已是初冬天气,毛泽东和彭德怀还穿着补丁加补丁的单军装。

徐海东早在大别山区的时候,就听说过井冈山那边有朱德和毛泽东。后来,江西成立了中华苏维埃共和国,毛泽东主席的名字更使他敬仰。在交谈中,徐海东才知道,朱德总司令还在长征路上。

毛泽东和彭德怀关心着当时的战局,他们取出军用地图,一边看,一边听徐海东汇报。汇报中,毛泽东和彭德怀称赞徐海东率领的红军作战好,纪律也好。徐海东向毛泽东说:

"我从小读书少,是个粗人。"

毛泽东笑着说:"革命,不是绣花,粗人会打仗啊!"

彭德怀说:"我们都是粗人嘛!"

毛泽东说话风趣,彭德怀笑声豪放,使徐海东感到亲切。这时,警卫人员端上饭来,大家边吃边聊。饭后,毛泽东和彭德怀起身要回中央驻地,徐海东也急着返回前线。

临行前,毛泽东说:

"海东同志,照你的部署,先把张村驿打下来,我们再考虑下一步行动。"

徐海东说:"党中央来了,一切都好了,我这就回前方去。"

毛泽东问："你那边有电台吗？"

徐海东摇摇头说："没有。我们要有电台，早就和中央联系上了！"

毛泽东说："给你一部电台，我们好随时联络。"

徐海东说："我不会用啊！"

毛泽东和彭德怀听着都笑了。

毛泽东说："电台有报务员，他们会使用，不要你自己动手嘛。"

彭德怀两手比画着补充说："你只要一说，他们就把电报发出去了。"

徐海东高兴地嘿嘿笑了。这个窑匠出身的强人，打了这么多年仗，连部电台都没有。党中央一来，给配备电台了，真是"鸟枪换炮"了。徐海东决心回前方打个胜仗，就用这部电台给党中央发个捷报！

夜幕降临了，徐海东迎着凉风，骑上马往前方飞奔。他这时的心情，要比来时还急。他想快点回到部队，把见到毛主席和彭司令员的事告诉同志们。

奔驰中的马像一颗流星，穿过树林，飞向山岗，把警卫员和通讯员甩在后头了。

第二天拂晓，部队攻占了张村驿。战斗结束后，电台人员到达了指挥所，架起了天线，支起了马达，一切准备就绪。他们向徐海东请示："要发电报吗？"

徐海东问："你那玩意儿可好用？"

"好用，好用。"电台台长命令摇动马达，把耳机递给徐海东，要他亲自听听。

开国大将的故事

徐海东戴上耳机,听到嘀嘀嗒嗒的悦耳声音,感到新鲜,他不明白这玩意儿怎么会通话。

徐海东兴奋地笑着说:"向中央发报:向毛主席、彭司令员报告,张村驿打下来了!"

报务员一阵嘀嘀嗒嗒的声音,发出了战报。

这是徐海东第一次发出的电报!

毛泽东派人来借钱

毛泽东派人找徐海东借钱,听起来好像是一件新鲜事儿,但这并不是传说,也不是哪个人随便编的故事。

那是红军长征到达陕北以后的事儿。

1935年冬天,中央红军翻过雪山,走出草地,到达了陕北。万里征途磨烂了红军战士们脚上的无数双草鞋和身上的衣衫。天寒地冻,他们还赤着脚,许多人生了冻疮,大部分人还穿着破破烂烂的单衣服。就连毛主席和彭司令员也不例外,他们和红军战士们同甘苦、共患难。

★初到陕北的毛泽东同志

徐海东大将的故事

一天傍晚，徐海东刚从连队回到军团部，值班参谋向他报告说："来了一位中央红军的首长，等你好一会儿了。"

徐海东忙问："是哪位？"

"不认识，说是姓杨。"

徐海东问："有什么事吗？"

"没有，只说要见你。"

自从红十五军团与中央红军会师之后，徐海东像游子见到了母亲，他对中央的首长、中央红军的领导特别亲，已经几次派人到中央红军参观、学习。今天听说中央红军的人来了，他急忙走进屋里。

一见面，徐海东立刻认出是中央红军的杨至成。他是红军的一位名将，参加过南昌起义和井冈山斗争。他负责红军的后勤工作，凡是吃、穿、用方面的事儿，都由他操办。

两人握手寒暄，坐到炕上。徐海东招呼站在屋外的警卫员泡茶招待。

杨至成客气地说："不用啦，我马上要回去的。"

他们谈了一会儿，杨至成从衣袋里掏出一张纸条，递到徐海东面前说："我是为这事儿来的。"

徐海东一看纸条，是毛泽东签的名，上面写的是要向红十五军团借 2500 元钱。

徐海东顿时红了脸。"唉，这怎么说呢！"

杨至成看看徐海东的脸色，说："你们转战一年多，一定也是困难的，你不要为难……"

徐海东说："你想到哪里去了，我们有钱……"他心想，我们早

该想到中央的困难，主动送上一些钱去，可现在反倒由毛主席打条子来借钱，徐海东感到有点难为情了。

杨至成没等端来茶水就要走。徐海东送到窑洞外，转身回来时，见警卫员站在那里傻笑，便问：

"笑啥？鬼东西！"

警卫员说："刚才客人来，你老叫'泡茶、泡茶'的。你不知道从陕南带来的那点茶叶，前几天就用完了！今天要不是那位首长走得急，真是端不上茶水来。"

"算了，想办法再买一点嘛。"徐海东说。

"哪里买去，这穷窝窝，山上不长树，不种茶，不像我们的大别山，出产的东西多，有茶买。再说，经理部的'守财奴'一个子儿也不肯给啊！"

"行了，行了，像个老太婆，叨叨个没完。"徐海东说着挥挥手，"去把经理部长找来。"

警卫员找了一圈，也没找到查部长。

徐海东坐在炕上沉思：中央机关若不是缺吃少穿，毛主席绝不会写条子向下级借钱啊。他越想心里越不安，便走出窑洞，直奔经理部办公室。

徐海东边走边想，原来部队有七八千块钱的家底，不知道眼下还剩下多少，决定到经理部问个明白。

徐海东来到经理部办公的窑洞前，听见里面传出来噼噼啪啪的声音。进门一看，有人在油灯下打算盘。徐海东问：

"还存着多少钱？"

那人头也不抬，没好气地说："干吗？"等他打完算盘，抬头一看是徐军团长，赶忙站起来，把徐海东让到炕上，接着说："只剩下7000多块了！"

徐海东高兴地说："呵呵，真是大财主呢！怪不得有人说，经理部是'守财奴'呢！"

那位干部红着脸说："首长啊！这点钱算什么哟！现在还有好些战士没穿上棉衣，医院里还得买药为伤病员治病。要是能'打劫'几家大土豪就好喽！可惜这地方穷得驴身上都不长毛，恐怕连个小土豪也找不到哟！"

徐海东打断他的话说："不要叫穷，等查部长回来后，对他说，我要你们拿5000块钱，送给中央！"

那位干部看徐海东认真的样子，一下愣住了，但他知道徐海东的话不是说着玩的。这7000元钱，是经理部在长征的路上好不容易节省下来的，虽然有人经常骂经理部是"守财奴"，但是，他们也硬着头皮听着。不该花的钱，他们一分都不花。查部长更是一个铜板都要攥出汗来的人。现在，军团长一开口，就要送出去5000块钱，这不是要倾家荡产吗！真比割了身上的肉还难受。

那个干部算计着给徐海东听："今年冬天，药要买，棉衣要做，菜金要补……我们精打细算，要是再有三五千元，这个冬天才好过呢。"

徐海东瞪着大眼睛看着那干部，他说的话一点不错。可是，毛主席来借钱，说明党中央、中央红军比我们更困难。徐海东下定决心，就是我们不吃不穿，挨冻受饿，也要支援中央啊！

夜深人静了，徐海东躺在炕上翻来覆去睡不着。只听得一声"报

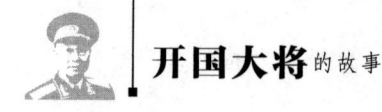

告"，经理部查国桢部长进了窑洞。他还不满30岁，看上去却像个上了一把年纪的人，上身穿一件打了补丁的棉袄，下身穿着十分宽大的单裤，脚上穿着用破布条打成的草鞋。

"首长，听说你找我？"查部长说。

徐海东说："是啊，向你要钱啊！"

查部长说："我听说了。"

徐海东忙说："那好，把那7000块钱留下2000，拿5000块给中央。"又说："我知道你们思想不通。通不通，三分钟。我和程政委、刘副军团长都说了，明天就给中央送钱去。我再说一句，你们对中央不能做'守财奴'！"

查部长平时说话很少，遇上难办的事情，他能默默地思考。这天，他坐在炕沿上，仍没有言语，思考着刚才徐海东说的那番话。他想，干后勤这一行，就是要会"守财"。他在工作的实践中感到，大手大脚不能"理财"，吃了今天不管明天，那是浪荡公子的思想。不过，该用的钱不用，抱着几个钱不放，那不真正成了钱的奴才！所以，别人说他是"守财奴"，他既高兴，又不高兴。眼下，查部长正需要一大笔支付部队伤病员过冬的经费，可是中央红军困难更大，他们更需要钱啊，军团首长决定了的事，他当然不该反对。他是一个共产党员啊！

徐海东躺在被窝里半开玩笑地说："怎么样，你这个'守财奴'，真的舍不得啊？"

查部长急了眼，他委屈地说："首长啊，跟你这些年了，你还不了解我啊！我们在陕南的时候，天天想中央，盼中央。你经常说，

徐海东大将的故事

哪怕我们3000多人都牺牲了，也要迎接中央的到来。现在要给中央送去几千块钱，这算得了什么！今天，我决不当'守财奴'，我这就去办！"

徐海东猛一下从被窝里钻出来，光着上身，嘿嘿地笑着说："嗨嘿，你这守财奴，开明啊！"

"哎呀，不要冻着了！"查部长连忙给徐海东披裹上被子。徐海东接着说：

"不过，你也不用愁！"他们俩又一起商量了怎样使用剩下的2000元钱，使部队过好冬。

第二天，查部长派人把5000块钱送到了中央红军后勤部。杨至成高兴地说："这下可救了急了！"

革命队伍，是个大家庭。谁有困难，送点钱相助，本不算什么大事。但在当时两路红军的钱财都很困难的情况下，能去帮助别人，却使许多同志感动至深。中央领导人毛泽东、张闻天、周恩来、彭德怀等人，都把这5000块钱看作是雪中送炭。

有一天，彭德怀司令员见到徐海东，握着他的手笑着说："多谢你！感谢你这位财神爷……"

徐海东说："彭司令员，不要客气了。中央来了，我们真想多拿出一些东西，可就是穷啊！"

彭德怀说："是啊，我们都是穷光蛋嘛！"

这一个冬天，红十五军团拿出去5000块钱，他们的干部、战士和伤病员过得很清苦。中央红军有了这5000块钱，虽说也是清苦，但总是好多了。

开国大将的故事

毛主席写条子向徐海东借钱的事儿，很多人不知道。有些知道实情的人，由于天长日久，也渐渐地忘却了。但是，毛主席一直记着它，许多年之后，他还说："那时候，多亏了那5000元钱啊！

不做"半个中国人"

红军长征二万五千里，最后落脚在延安。延安，像一盏明灯，照耀着西北高原；又像一颗明亮的星星，在中国的上空闪烁。

延安是革命的圣地，是胜利的摇篮。共产党和毛主席在这里领导了八年抗日战争。徐海东和红军、八路军、新四军的许多将领，都住过延安的窑洞，喝过延河的水。在这里，徐海东留下了一个毛主席和他谈学习的故事。

1938年10月，秋风吹来了寒意。但是，延安还是一片热气腾腾

★延安宝塔山

的景象。抗日救国的歌声，在延河边时起时伏。党中央正在这里召开六届六中全会；徐海东每天早早起床，带上会议文件和笔记本，去参加大会。

这天，毛主席作报告，题目是《中国共产党在民族战争中的地位》。在报告中，毛主席讲了爱国主义、国际主义，讲了共产党员要做模范，还讲了政策、团结、纪律、民主等问题，他的讲话，句句打动人心。

讲到学习时，毛主席说：

"学习的敌人是自己的满足。要认真学习一点东西，必须从不自满开始。对自己学而不厌，对人家诲人不倦……"

会场里，时而寂静无声，时而又爆发出笑声和热烈的掌声。徐海东听了毛主席的报告，觉得他说得真好。只因他耳朵不好使，最后那两句没有听清楚，会议休息时，忙问身边的一位同志："毛主席讲学习时，说对自己怎么的？"

"'学而不厌'，就是不感厌烦地学习的意思。"

徐海东问："还有一句呢？"

"那一句是'诲人不倦'，就是指点别人、帮助同志，不怕麻烦。"

徐海东问明白以后，随着大家走出了会场。他们在会场外面的院子里，三三两两，说说笑笑，谈论着毛主席的讲话。也有的人凑到一起，像小学生下课休息一样，气氛十分欢快，你抢我的烟，我掏他的包，看看有没有钱，好敲竹杠买糖吃。

徐海东看见毛主席正和贺龙站在一起说笑，便凑了过去。听他

们说的，仍是看书学习的事儿。徐海东只爱谈打仗，不爱谈读书。他小时候上学少，参加革命后，除了吃饭、睡觉就是打仗，没有时间读书，所以也就没有多少书本知识好谈的。他正要转身走开，却听得毛主席叫他：

"海东，一块儿走走嘛！"

贺龙也说："走，到外面散会儿步去！"

毛泽东和他们俩肩并肩地走着。他们还是谈论着读书学习的问题。毛泽东说："我国有三部小说，要好好看咧！"

贺龙问："什么小说？"

"《三国演义》《水浒传》《红楼梦》。"毛泽东掰着手指头说，"你们都看过吗？"

贺龙不出声，徐海东也没有答话。

毛泽东看他们俩没有回答，知道他们没看过，便说："谁要不看完这三部书，不算个中国人！"

贺龙一听，急了眼，他跑着跳着说："没看过，没看过！反正我不是外国人！"

贺龙的家庭出身贫寒，小时候种田，赶骡子，没有学文化的机会。参加革命后，书也读得不多，只会带兵打仗。

这时，毛泽东又转过脸去问徐海东：

"海东，你看过那三部小说没有？"

徐海东只好摇摇头。他小时候在私塾里只念过《百家姓》《三字经》。后来当窑工，再就是行军打仗，哪有工夫看小说呢！不过，他听说书的讲过刘关张"桃园三结义"，诸葛亮"火烧曹营"，还有梁山一百零八将——宋江、武松的故事。这些都是《三国演义》和《水浒传》书里的事。只是不知道那《红楼梦》说的啥。在革命队伍里，他也听别人说过《红楼梦》里的贾宝玉、林黛玉，但也没弄清楚到底是怎么回事儿。

徐海东回答毛主席的问话："《三国演义》《水浒传》的书没看过，听过里边的一些故事。"

毛主席又问："那《红楼梦》呢？"

徐海东坦率地回答："就是不知它是个啥。"

毛泽东笑着说："那，你算半个中国人。"

贺龙听了哈哈大笑。他们边说边笑，轻松了一阵，继续进会场开会去了。

毛泽东说的本是玩笑话，徐海东却真记在心里了。

中央红军到达陕北之后，徐海东经常有机会和毛泽东、周恩来、彭德怀等中央领导人见面，一起开会讨论大事，谈天说地，说古论今。他觉得毛主席他们读书真多，知识渊博。他们说到的古今中外许多事情，自己连听都没听说过。真是学识太浅了，许多事情往往一知半解，比起毛主席等中央领导人来，真好似"半个中国人"。他暗自下了决心，要抽出时间读读那三部小说。

当时，徐海东正在延安马列主义学院学习，要读的书多，学院规定必读《共产党宣言》《中国近代史》《政治经济学》《论持久战》等，哪有闲心看小说啊！

但是，毛泽东说他是"半个中国人"的笑话，他已深深地印在脑子里了。他赌气又好奇，总想找《三国演义》《水浒传》来瞧瞧，又想看看那部从来没看过的《红楼梦》。可是，在延安虽说有党校，还有鲁迅艺术学院，读书的人多，买书藏书的人少，要想找到这三部小说，还实在难呢！

一天，徐海东会见一位新华社的干部。这人斯斯文文，是从大后方来的。他久闻徐海东的大名，特地到窑洞拜访。徐海东喜欢和文人交谈，他们在一起谈了好久。也谈到了关于《红楼梦》的问题。

谈论中，徐海东问："你看过《红楼梦》吧？"

"看过。"那人心里好纳闷，一位领兵打仗的虎将，为啥问起这部书。

徐海东坦率地说："我一直没有看过，不知道书里写了些什么。"

那人打开了话匣子，详细地向徐海东介绍《红楼梦》。说这部书有一百二十回，写书的人叫曹雪芹，书中写了两个大户人家，写了几百个人物，有公子老爷，小姐丫鬟。是一部描绘封建社会没落的好书。那人还连口称赞，这书是名著，在中国有名，在世界文学史上也数得着。

徐海东听他介绍后说："我真想看看，请你想法帮我借一部。"

几个月过去了，不知是那位同志忘了，还是这书实在难找，徐海东还没看到书。不久，中央军委的命令下来，要徐海东到华中新四军任职。他在离开延安的前一天晚上，到毛主席的住处辞行。

徐海东说："我在马列学院读了一些书，只是你说的那三部小说还没有看呢！"

"什么三部小说？"毛泽东显然已经不记得了。

徐海东说："就是《三国演义》《水浒传》《红楼梦》嘛！你不

是向贺龙和我说过，谁没有看过这三部小说，就不是一个中国人！"

毛泽东听了，哈哈大笑起来。

徐海东到江北新四军指挥部不久，因操劳过度病倒了。他病得很重，大口吐血，白天黑夜都躺在担架上。当他的病情略有好转，能看书报时，他又想起了《红楼梦》那部书。不知是谁，从什么地方给他弄来了这部书。徐海东躺在担架上，今天看几行，明天看几页，一年过去了，他在病中读完了《红楼梦》。又是一年，他在病中又读完了《三国演义》和《水浒传》。

徐海东在病中，看了不少书。《红楼梦》就看了两遍。他看懂了，知道这是一部好书。他又想起毛泽东对他说的话并非是笑话，作为一个中国人，是应该好好看看这部书。

有一口气就要为党工作

1941年1月，新四军四支队的干部们集合在小学校里，情绪高涨。一不过年，二不过节，高兴什么？原来是不久前四支队在皖东周家岗打了一个胜仗，歼灭日伪军160多人，打死了一名叫毛高十穗的日本指挥官，活捉了日军的分队长，是一个不小的胜利。这天，徐海东司令员作总结报告。

徐海东戎装整齐地来到会场，同志们面带笑容迎接他。往常，徐海东和干部们见面，不是找个碴，笑骂几句，就是找个爱开玩笑

的人说几句开心话。今天，他走进来，不说不笑，径直坐到首长席位上。他脸色发灰，像是几天几夜没有休息，眼皮浮肿着，坐在那里大声地咳嗽。细心人一看便知，他又犯病了。

徐海东从大衣口袋里取出来讲话提纲，开始作周家岗战斗总结报告。讲着讲着，他洪亮的声音渐渐沙哑，越来越小，突然停止了说话，昏倒在讲台上。

会场上传出一片惊叫声："不要乱动，快找医生……"

医生、护士跑来了，担架员也跑来了。徐海东咳着、喘着，接着吐出鲜红的血。担架员抬走了徐海东。

打了胜仗的欢乐气氛，顿时一扫而光。人们心里担惊受怕，纷纷离开了会场。了解情况的人都知道，去年徐海东就吐血病倒过。当时休息了几天就好了。这回也许像上次一样养几天就会好了。

一天、两天……十几天过去了，徐海东的病情不见好转，还是每天咯血。医生们直着急，但又没有什么药物医治。听当地老百姓说，陈咸菜水能止血，找来给他喝了几次，也不见效。

一年过去了，徐海东成了终日卧床的"老病号"。由于部队经常转移，就请木匠给他做了一个专用的大担架，上面搭着一个篷，像一间小房子。行军的时候，一个班的战士轮换抬着走；到了驻地，先找牛棚或大庙，把担架抬进去，找不到就放在树下或露天地里。他吃饭、睡觉、和干部议事都离不开这副担架。

徐海东的日子够难过的。他不能脱离担架，也不能带兵打仗，却要许多人陪着、照顾着。心里烦闷时，他常常敲着担架发急地叫喊：

"医生，你有本事，快把我的病给治好，没有本事，给我滚！"他还让身边的工作人员都上前线去，不要每天陪着他。

徐海东因为不能工作，不能指挥打仗，他苦恼、难过、发脾气。"皖南事变"之后，传来消息说，新四军9000多人被国民党反动派伏击，军长叶挺被扣，副军长项英牺牲。徐海东听到这些消息，一心想报仇雪恨。他在担架上翻滚，叫嚷，几次死去活来，谁的劝说都没有效果，病又一天天加重了。

党中央和毛主席关怀着徐海东的健康。1941年5月的一天，毛主席从延安发来了一份电报，全文200多字，安慰徐海东，要他安心养病。最后8个字是："静心养病，天塌不管。"

秘书把电文念给徐海东听。他让秘书念了两遍，激动得眼睛里流出了热泪。他想起在延安生病的时候，毛泽东亲自派人给他送了几块钱，嘱咐他买些好吃的……

徐海东伤感地说："我怕是再回不到延安，再见不到毛主席了！"

医生安慰他说："不会的，你会好的。"

徐海东的妻子周东屏也安慰他说："你要按毛主席说的'静心养病，天塌不管'。"

徐海东自语着："有党中央，有毛主席，有朱总司令，有八路军、新四军，天是不会塌的。可是，我是共产党员呀！我怎么能整天躺在担架上。"

1946年6月，由蒋介石挑起的大规模的内战爆发了。处在华中前线的徐海东，又开始了战争生活。

敌人从全面进攻转入向山东、陕北重点进攻之后，徐海东日夜苦恼着。他吃不下，睡不着，他为设在延安的党中央机关担心，为毛泽东、朱德、周恩来、彭德怀等人的安全担心，常常自言自语地说："我算一个什么军人！不能打仗，还要人保卫我……"

这年8月，敌人对山东的进攻又步步加紧。徐海东经过多次连续转移，于9月初到达山东诸城西沙沟。天气突然变凉，他吐血量又骤然增加，病情很不稳定。

徐海东正准备在这里过冬，这时，山东兵团转来了党中央的一份急电，命令徐海东和一部分家属撤往东北，走海路，经渤海到大连。9月8日，他怀着依依不舍的心情，从威海卫上了船。几天之后，安全到达大连。大连市委非常关心徐海东的健康，他被安置在文化街75号一座幽静的住宅里，休息养病。

徐海东的病情到底重到什么程度，大家心里没底，因为前几年在前线，医疗条件有限，没有办法诊断清楚。一位留学美国的肺科病专家和苏联红军的一位上校军医，经过详细检查，断定徐海东的肺大部分功能失效。医生们听说，他在前线几年，只靠一些中草药，居然维持了生命，认为这简直是个奇迹。苏联红军上校军医听说他在病中还工作、读书、看文件，摇头叹息着："我不能理解他的生命力为什么这么强！"

徐海东从病倒之后，虽然有时烦躁不安，但从不认为自己的病有多么重，总是满怀信心，像在战场上蔑视敌人一样，蔑视病魔。他始终相信，九次负伤都没有死，病也决不会夺去他为革命继续工作的时间。医生每次会诊后，他总要问一声："我要养多久？"医生们只好说:"你的精神会使你恢复健康。"

他盼望着养好病,重新走向战场。可是,战争在1949年底基本结束了。

新中国成立后,党中央特地派陈毅到大连看望他。1951年5月下旬,周恩来和邓颖超到达大连,一下火车,就来到徐海东的住处。徐海东一见到周恩来,一把抓住他的手说:"周副主席,我没有完成党中央交给我的任务!"

周总理说:"你完成了任务不说,在病中还想着为党工作。中央的同志和毛主席都想念你呀!"

徐海东激动地说:"我的身体不争气,一心想打仗,可战争结束了。"

周总理说:"胜利了,有条件了,你可以彻底把病治好。革命的路程长着呢!毛主席说了,我们才只是万里长征走完了第一步。"

毛主席和党中央其他领导同志也关怀着他,希望他能重新工作。1950年8月20日,毛主席亲笔给他写信说:"七月十五日来信收到。病有起色,甚慰。我们大家都系念你,希望你安心静养,以求痊愈。"他把党中央的关怀记在心里,把毛主席的来信放在枕头边,每天都拿起看一遍。

1955年初,解放军实行军衔制,徐海东被授予大将。为此,他心中十分不安。正巧这时周总理来大连,又到文化街75号看他。他见到周总理就说:"总理,我长期养病,为党工作太少了,授我大将太高,我受之有愧啊!"

周总理一向钟爱这位窑工出身的将领,爱他的军事才能,爱他

坦率的性格，爱他光明磊落，赤胆忠心。周总理握住他的手说："海东同志，授你大将军衔，不高也不低，恰当！"

徐海东期望着能尽快工作，1956年9月，他从大连迁住北京观音寺一号。这时，他身体稍好一些，每天能下床三四个小时，开始做一些力所能及的工作，参加党中央的重要会议，接受中央军委委托他主持编写红二十五军的战史工作。

由于过多劳累，使徐海东的病情又一次加重了，经医务人员紧急抢救了几天，他才脱险。从此以后，他每天都要输氧气。就是这样，党中央的重要会议他照样坚持参加。学习、读书、看文件、找人谈话，从不间断。他刻在心头的一句誓言是："有一口气就要为党工作！"

黄克诚大将的故事

勇于求索的有志青年

盛夏的湘南，是一片绿色的世界。永兴县县立高级小学的师生们已放假避暑去了。校园里除了偶尔听到几声蝉鸣和鸟啼外，周围一片寂静。忽然，竹林深处传来一阵朗朗的读书声：

> 天地有正气，杂然赋流形。
> 下则为河岳，上则为日星。
> 于人曰浩然，沛乎塞苍冥。
> 皇路当清夷，含和吐明庭。
> 时穷节乃见，一一垂丹青。
> ……

一个戴眼镜的少年正在为民族英雄文天祥《正气歌》中所抒发的浩然正气所感染。这位少年就是黄克诚。

此时的黄克诚，听说衡阳第三师范学校

★民族英雄文天祥

要在暑期招生，他考虑到自己家境贫寒，上师范学校可以免缴学杂费和伙食费，所以，暑假就没有回家。他一边帮别人抄写东西，赚点钱糊口，一边补习还没学完的高级小学的课程，准备报考第三师范学校。

黄克诚读着文天祥的《正气歌》，暗暗地下决心要学习文天祥那种淡泊人生、忠诚正直的品格，学习古人那种贫贱不移、富贵不淫、威武不屈的精神，发奋努力学习。但是，父辈们面朝黄土背朝天，艰辛劳作的情景，不时地浮现在他的眼前，令他的心情难以平静……

1902年10月1日，湖南省南部偏僻山区永兴县油麻圩的下青村本来就穷得揭不开锅的贫苦农民黄清主家，又添了一张吃饭的嘴。婴儿的出生，虽然给黄清主增添了负担，同时也给他带来了几分喜悦。他苦笑着看了看新降生的儿子，与妻子邓氏商量，给儿子取名黄克诚。

黄克诚的父母都是勤劳忠厚的农民，生有一个女儿、三个儿子。黄克诚在兄弟三人中排行第二。他的童年是在苦难与饥寒的煎熬中度过的。父亲在劳作之余，常常跑几百里路，到广东乐昌县坪石镇挑些盐巴回来贩卖，往返一趟需要十来天。全家人就靠这每趟赚得的块把钱，买些衣布和日常用品。人口越来越多，生活越来越艰难，只能靠借债过日子。后来实在还不清债，就用家中仅有的三亩水田抵了债。从此，生活就越发困苦了。

黄克诚的姐姐比他大10岁，但从小患有羊角风病，只要一发作，就倒在地上口吐白沫，手脚抽搐，不省人事。为了能在姐姐发病时及时喊救，黄克诚从5岁开始，就伴随姐姐在田间劳动。

由于家中无钱医治，姐姐的病越来越重，便产生了轻生的念头。

一天早上，黄克诚去叫姐姐起床，发现姐姐不在床上，便四处去寻找，结果在房子后面的树上找到了上吊死去的姐姐。黄克诚抱着姐姐僵直而冰冷的腿，拼命地哭喊着："姐姐，姐姐，你快下来啊！"小克诚撕心裂肺的哭喊声，惊动了大人。大家慌忙围了过来，将姐姐放下来，可是姐姐再也没有醒来。

黄克诚跪在姐姐身旁，摸着姐姐脖子上深深的绳子印痕，哭哑了嗓子，哭干了泪水。他两眼直瞪瞪地看着死去的姐姐，心中产生了一个个疑团，可是幼小的他，怎么也无法解开这些疑团。

时光荏苒，日月如梭。幼小的黄克诚，在艰难困苦中度过了八个春秋。九岁那年，他的父亲和叔叔们在一起商量，感到黄家世世代代在贫困的山里头扑腾着，没有一个读书人，处处受人欺负，不如省吃俭用，攒点儿积蓄供养一个孩子上学。一番议论之后，父辈们议定从祭田里每家抽一担谷子作为学费，送聪明忠厚的黄克诚去上学。

在送黄克诚入私塾的头一天晚上，父亲把黄克诚叫到床前，抚摸着他的头，深情地说："孩子，我和你叔叔们商量送你去上私塾，你要用心去学啊，多长些学问，免得什么事都求人。"黄克诚望着父亲过早衰老的面孔，不停地点着头，决心不辜负父辈们的希望。

功夫不负有心人。黄克诚考入了永兴县县立高等小学。他学习刻苦，每次考试都能名列前茅，可以得到几块钱的奖学金。有时还利用课余时间，找点抄抄写写的差事，一年也能挣得几块钱。这样，既补贴了部分学习费用，同时也有机会接触社会，了解社会，增加了不少社会知识。

1922年秋天，黄克诚以优异的成绩考取了衡阳湖南省立第三师

范学校。

衡阳第三师范学校创建于1904年,是当时湘南地区的高等学府。这所学校校风正,校纪严,鼓励学生努力学习,奋发向上。1919年五四运动以来,第三师范学校成了湘南的革命活动中心。著名的共产党人恽代英曾到这里作过社会调查,帮助进步师生成立了新书贩卖部;后来,又成为毛泽东在长沙创办的新文化书社的分社。1921年10月,毛泽东来到这里,作过《中国历史上农民战争问题》的讲演;1922年4月,毛泽东又为这里的师生作了题为《社会主义》的讲演,并亲自指导建立了第三师范学校的第一个共产党支部。

8月底,黄克诚怀着无比激动的心情,告别了家乡的父老乡亲,离开了生他养他的小山村,来到了衡阳。当他走过学校门前的小桥,站在学校高大的门楼下,抬头望着大门上方的"南学津梁"的匾额时,自豪之感顿时涌上心头。

初来乍到的黄克诚十分兴奋。他放下行李,连汗都没来得及擦,便把校园仔细地浏览了一遍。每一排教室,每一棵树木,他都感到十分新鲜。黄克诚深知,像他这样家境贫寒的学生,能考取一所免费就读的学校是何等不容易。所以,他对这里的一切都感到非常满足。

可是,没过多久,在黄克诚平静的心底逐渐起了波澜。随着生活环境和社会环境的变化,黄克诚的眼界开阔了,思想也逐渐活跃起来。他考虑的问题也越来越多了,像社会制度的腐败,国家的四分五裂,家庭的穷困潦倒,姐姐的英年早逝,等等,这一切都无时无刻不在刺痛他的心。他时常想,在这样的社会条件下,读了书又能干什么呢？像他这样的穷人子弟，毕了业又能到哪里去谋个职业？这些问题，像一团团乱麻，塞满了他的脑子。

一个星期天的上午，天阴得黑沉沉的。同学们都高高兴兴地外出游玩去了，黄克诚独自一人来到教室，坐在那里呆呆地望着那黑沉沉的天发愣。望着望着，他仿佛置身于一片黑暗之中。突然，一道闪电划过，雷声大作，紧接着下起了倾盆大雨。雨点打在门窗的玻璃上噼里啪啦直响，黄克诚这才下意识地看了看手中的《几何》课本，又将它猛地甩到桌子上，久久地望着院中地面溅起的一片片水花。然后，信手写道：

人生总共有几何？
何必苦苦学几何？
学了几何能几何？
不学几何又几何？

这一连串的问号把他自己也问住了。他望着苍苍茫茫的天空，更加茫然了。

寒暑相易，冬去春来。春风吹绿了田野和山坡，杜鹃花把山野点缀得更加美丽，整个大地呈现出一片盎然生机。

第三师范学校爆发了学潮，学生们发起驱逐反动校长的斗争，并派代表

★《共产党宣言》书影

到长沙省教育司请愿，请求罢免反动校长。黄克诚目睹了这场斗争，从中受到了感染和熏陶。学潮过后，几位共产党员教师被强行辞退，一些进步学生也被校方开除了。学校又处在沉寂压抑之中。黄克诚对学业已失去了兴趣，潜心于阅读《向导》《新青年》等进步书刊，渐渐明白了一些新的道理。他发现国家正在受到帝国主义列强的宰割和凌辱，军阀混战，民不聊生，整个中华民族正处在水深火热之中，何况自己一个穷学生呢？他渐渐地懂得了，只有打倒反动军阀，推翻黑暗统治，才能有穷苦人的翻身解放，才能有自己的出路。

后来，黄克诚又读了马克思、恩格斯写的《共产党宣言》，开始接受科学社会主义思想，逐步选择了无产阶级的革命道路。他决心去寻找中国共产党。

一个偶然的机会，别人介绍黄克诚认识了一个叫龚际飞的人。龚际飞是湖南湘乡人，1921年就加入了中国共产党，1923年被选为全国学生联合会委员。龚际飞到衡阳工作后，便成了黄克诚等一批进步青年的领路人。1925年10月，龚际飞介绍黄克诚加入中国共产党。

从此，黄克诚在人生道路上出现了重大的转折。他认识到了人生的真正意义，为实现共产主义的伟大理想而奋斗不息，已成为他终生不渝的追求。

1925年，大革命风起云涌，广东成了革命的策源地。"打倒帝国主义！打倒军阀！"等口号在这里首先喊了出来。

年底，黄克诚受湖南共产党组织的派遣，考取了中国共产党和国民党在广州合办的政治讲习班。这个讲习班是为北伐战争培养政治工作干部的。讲习班的负责人主要有程潜、林伯渠、毛泽东、李富春等人。学员在这里，除了学习革命理论外，还要接受军事、政治训练。

由于广东国民革命政府决定北伐，黄克诚所在的政治讲习班于1926年6月下旬就提前结业了。一天，黄克诚填好了政治讲习班结业志愿报表，向党组织提出了参加北伐的请求。

当时，湘军第四师唐生智部正式宣布参加国民革命军，唐生智接受了广东国民革命；政府委任的第八军军长兼北伐军中路前敌总指挥的职务。为了加强唐生智部队的政治工作，国民革命军总政治部决定把黄埔军校第四期政治科的学生和政治讲习班中适合做部队工作的学员，派到唐生智的第八军去。派出之前，先由总政治部组织特别训练班，进行短期训练。

党组织批准了黄克诚参加北伐的申请，并选送他到总政治部的训练班接受部队政治工作的训练。训练结束后，他被分配到北伐军前敌政治部宣传队，不久又被派到唐生智的第八军去做政治工作，先后担任政治助理员、政治教官和团政治指导员，跟随部队转战湖南、湖北、河南、江西、安徽等地。他积极地开展政治工作，鼓励战士冲锋陷阵，英勇杀敌。这一时期的工作实践，使黄克诚得到了锻炼，提高了指挥艺术和政治工作才能，为后来长期从事人民军队的政治工作积累了丰富的经验。

开国大将的故事

湘南暴动举义旗

　　密布的乌云笼罩着湘南山区。黄克诚顺着山间小路，来到了下青村旁的小河边。他弯腰捡起一块石片，顺手撇向河中，激起一串串涟漪。

　　黄克诚熟悉这里的一山一水、一草一木。他来到自己的家门口，伸手轻轻地推开柴门，一只大黄狗汪汪叫着向他跑来。黄克诚连忙大声喊着："妈妈，我回来啦！"大黄狗止住了叫声，好像认出了他，在他腿上闻了闻，又用舌头轻轻地舔着他的手。母亲听到儿子的呼唤，连忙放下手中的活计，走出门来。她拉着儿子的手，仔细地端详起来，两行热泪禁不住滚了下来……

　　1927年5月，继蒋介石发动反革命"四一二"政变以后，驻扎在长沙的许克祥率兵袭击了省工会、省农会和农民运动讲习所，大肆捕杀共产党员和国民党左派人士，制造了骇人听闻的"马日事变"。一时间，反动势力甚嚣尘上。紧接着，汪精卫的武汉政府公开背叛革命，形势急剧恶化。黄克诚愤然离开了唐生智的第八军，到汉口找到了中共中央军委，党组织决定派他回湖南从事秘密革命活动。

　　黄克诚在长沙与湖南省委接上了组织关系，省委派他回衡阳湘南特委去工作。他来到衡阳后，按照预先规定的接头办法，在一家店铺里与特委联络站接头。不料,联络站的同志见黄克诚穿着一身国民党军队的军装,对他的身份产生了怀疑,不肯与他接关系。他几次前去用联络暗语搭话,都无人理睬。接不上组织关系,黄克诚焦急不安,只好先回家乡永兴县再想别的办法。

黄克诚回到家乡,乡亲们纷纷前来问长问短。交谈中,黄克诚得知,大革命失败后,湘南各县的革命力量遭到了严重的摧残,大批共产党员和革命群众被国民党反动派屠杀,党的基层组织也都被破坏了。少数幸免遇害的共产党员和革命积极分子,由于环境所迫,不得不隐蔽起来。

一天下午,黄克诚来到了县城,走在大街上,突然,背后被人猛拍了一下。他警觉地回头一看,不禁叫出声来:"啊,好你个邝振兴!没想到在这儿碰到了你。"

邝振兴是黄克诚在衡阳第三师范的同学,也是一名共产党员,眼下在永兴县县立高级小学当教员。

老同学分别几年,见面时格外亲热。两人在一家茶馆里共叙了离别之情,密商了恢复党组织的事,一直谈到傍晚。

在这以后,黄克诚和邝振兴,很快就联络了李卜成、尹子韶、刘申、何宝成等一批骨干分子。

12月初,湖南省委派向大复来主持永兴县党的工作。向大复在街上开了个照相馆,以掩护自己的身份。黄克诚带着省委的组织介绍信来到向大复处。从此,永兴县党的组织开始恢复,并一天天地壮大起来。

一天深夜,北风凛冽,寒气逼人。黄克诚来到永兴县城附近的白头狮塔内,参加了县特支召开的党员大会。会上,特支书记向大复传达了中共临时中央政治局11月扩大会议的决议。这个决议,号召全党组织武装暴动,夺取政权,实行土地革命,建立工农革命军。到会的党员都兴奋不已,十分赞成。

外面天寒地冻,塔内热火朝天。会议讨论得很热烈。有不少人当即提出要马上举行暴动,攻打县城。在农村做了一段时间调查研究的黄克诚并没有随声附和,而是力排众议,反对盲目蛮干。但是,他的意见马上就遭到一些人的非议和反对,说他是右倾保守。

黄克诚经过一番周密思考后提出:"现在我们党的力量还比较薄弱,还缺乏群众基础,马上举行武装暴动,时机还不成熟。因此,我们必须先做群众工作,积聚革命力量,筹集武器,为举行武装暴动准备条件,伺机暴动。"

最后,特支决定党员都分头下去联络革命积极分子,秘密发动群众,积极做好武装暴动的准备。同时决定以便江为界,东部地区由向大复负责,西部地区由黄克诚负责。

晚风习习,便江水面波光点点。一会儿,从山那边慢慢升起一轮圆圆的月亮,给大地洒下了一片柔和的银辉。派出去侦察情况的李卜成,踏着月光兴冲冲地跑来找黄克诚说:"老同学,有好消息啦!"

黄克诚惊奇地问:"什么好消息?"

"朱德、陈毅带领的工农革命军占领宜章城了!"李卜成兴奋地说。

原来,朱德、陈毅率领南昌起义保存下来的部队,在湘南打出了红旗，首先攻占了宜章。

宜章位于湖南南部、广东北部的交界处，地理位置十分重要。朱德、陈毅率领工农革命军攻占了宜章，就像在湘南地区播下了一颗火种，拉开了湘南暴动的序幕。

黄克诚听到这个消息，异常振奋。他激动地对李卜成说："时候到了，我们盼望的这一天终于来到啦！现在马上联络人员，发起暴动，响应朱德的工农革命军。"

黄克诚立即找到了尹子韶、黄平、刘木等人，商定由在大革命时期担任过永兴县农民自卫军负责人的尹子韶负责发动农民暴动。尹子韶当即带领便江西岸已经组织起来的一百多人，乘夜暗赶到板梁村，缴获了反动民团的30多支枪。

黄克诚和尹子韶打下了板梁村，打开地主的粮仓，将粮食分给了穷苦百姓。整个板梁地区一片欢腾，附近的许多青壮年积极要求参加农民军。黄克诚的队伍一下子就发展到了上千人，打出了"赤

★ "湘南暴动"示意图

色师"的旗帜，尹子韶任师长，黄克诚为党代表。

与此同时，刘木在油榨圩一带也拉起了近千人的农民暴动武装。

朱德、陈毅率领工农革命军第一师主力打下郴县后，在向耒阳挺进的途中，路过永兴县的油榨圩，留下一个排的兵力，协助永兴县农军攻打永兴县城。

永兴县城坐落在湘江岸边，江宽水深，四周筑有高大的城墙。这一天，尹子韶、黄克诚、刘木等带领农民暴动武装和朱德留的主力排，集中在东田村和油榨圩附近。一声令下，直逼县城。一举攻占了永兴县城。

夕阳的余晖洒向重峦叠嶂的山峰，晚风在湘江水面拂起阵阵波浪，永兴县迎来了一个喧闹的夜晚。

永兴县农民武装暴动胜利后，成立了中共永兴县委和县苏维埃政府，全县农民暴动武装统一编为永兴红色警卫团。尹子韶任团长，黄克诚任党代表兼参谋长。

永兴县暴动的胜利，像一阵春风吹遍了永兴的山山水水。黄克诚和县委的其他人一起，乘机深入发动群众，开展打土豪、分田地的斗争，积极扩大群众武装。不久，永兴县的16个区、107个乡都建立了苏维埃政权。永兴的土地上到处飘扬着革命的旗帜。与此同时，永兴红色警卫团主力积极支援邻县的武装暴动，先后援助资兴、安仁等县的农民暴动武装攻占了县城，整个湘南地区燃起熊熊的革命烈火。

湘南暴动的枪声，震惊了敌人。1928年3月下旬，湖南、广东两省军阀调集了7个师的兵力，分南北两路，对湘南地区进行了

"会剿"，妄图夹击朱德、陈毅率领的工农革命军和湘南农民暴动武装。一时间，敌人重兵云集，黑云压城，浊浪翻滚。为了保存革命力量，避免在敌众我寡的情况下同敌人决战，朱德、陈毅率领部队撤出湘南，向井冈山地区转移。湘南各县农民武装也相继向井冈山撤退。

4月初，敌人杀气腾腾地逼到永兴城下。由于尹子韶率领永兴红色警卫团的主力支援邻县的斗争还没有撤回，只好由黄克诚率几百人坚守永兴，掩护县委机关撤退。

敌人开始进攻了，密集的子弹凌空呼啸而过。突然，一颗子弹射中了邝振兴。接着刘木、何宝成等也倒在了血泊之中。一个个战友的牺牲，激起了黄克诚满腔的怒火和仇恨。

黄克诚指挥部队顽强地抗击着敌人的进攻，完成了掩护县委机关撤退的任务后，率领余部乘夜暗冲出了永兴县城南门，向井冈山撤退。部队在酃县（今湖南炎陵）县城整编为永兴独立团，黄克诚任团长。他即率部随朱德、陈毅的工农革命军上了井冈山。

4月中旬，朱德、陈毅和毛泽东先后率领部队到达宁冈砻市，两支革命队伍胜利会师了。

两军会师后，合编为中国工农红军第四军，朱德任军长、毛泽东任党代表。永兴独立团被编为第十二师第三十五团，仍由黄克诚任团长。

井冈山地处罗霄山脉中段，地方不大，要解决红军上万人的给养问题十分困难。为了减轻山上的负担，保证红四军主力的供给，红四军前委决定，将耒阳、永兴、郴县、资兴等四个县的农民暴动

武装分编成四路游击队，返回原籍开展游击战争。黄克诚被任命为第二路游击司令，永兴县委书记李一鼎任党代表，原二营营长刘承高任副司令。

黄克诚奉命率领部队离开了井冈山返回永兴。眼看部队就要进入永兴县界，党代表李一鼎借口去找湘南特委，带着妻子离开了部队。

一天晚上，夜色朦胧，湘南大地已在夜色的重帷下沉寂了。黄克诚率第二路游击队正在宿营。副司令刘承高利用农军战士思家的情绪，背着黄克诚将部队偷偷地拉走了。当刘承高带领部队正准备渡过湘江返回家乡时，与反动民团遭遇。刘承高被打得措手不及，许多同志牺牲了，剩余的人也都各自跑散回家了。

黄克诚与李卜成、黄平、刘申等几名干部只好隐藏在家乡附近的太平山上，准备收拢失散的人员，待机重整队伍。

湘南地区又笼罩在一片白色恐怖之中。从井冈山返回的农军战士，几乎全部被敌人杀害。敌人还到处张贴布告，悬赏捉拿黄克诚等"共匪要犯"，并不断地派兵搜山。黄克诚在家乡已无法藏身，就地开展斗争也不可能了。于是黄克诚同几名干部商量决定，留下黄平、刘申两人到边远的深山里去继续隐藏，等待时机，他和李卜成到上海去找党组织。

黄克诚和李卜成怀着无限的惆怅，乘着夜暗，借着稀疏的星光，再次告别了故乡，踏上了充满艰辛、布满荆棘的漫漫征途。

黄克诚大将的故事

转战在中央革命根据地

1930年初,黄克诚奉中央军委的命令到彭德怀领导的红五军工作。他历经辗转曲折,这一天终于来到了红五军的军部。

彭德怀听说军委派来的干部到了,连忙起身迎到门口。黄克诚边敬礼边报告说:"报告首长,黄克诚奉命前来报到。"

彭德怀仔细打量着这位新来的干部,风趣地说:"噢,不简单啊,是个戴眼镜的知识分子。欢迎,欢迎!"彭德怀握着黄克诚的手,将他拉到屋子里,让过了座,又看了看黄克诚说:"好啊,我老彭这里就是缺少有文化的人。"黄克诚见到彭德怀热情而又豪爽,觉得亲近多了,连忙说:"军长,我没有带兵打仗的经验,就怕工作做不好。"

彭德怀给黄克诚倒了一杯水,说:"其实也没有什么,我老彭也不就是凭着一股闯劲嘛,干起来就会了。正好我这八大队缺个政委,你就到那儿去当政委吧。"

红五军是彭德怀、滕代远、黄公略1928年7月领导的平江起义部队改编的,是全国成立最早的一支正规红军部队。这支部队一直战斗在湖南、湖北、江西边界地区,屡创敌军,战功卓著。黄克诚来到这支英雄的部队,心情格外激动,随即就离开军部来到第五纵队八大队。

开国大将的故事

5月初,黄克诚率部参加了攻打平江、修水的战斗。在攻打修水城时,第五纵队担任主攻。黄克诚身先士卒,率领突击部队,冒着敌人密集的炮火,踏着云梯,登上城头,突破了敌人的城防,为后续部队开辟了通路。

红五军打下修水后,撤到湖北东南部的阳新县境内,将原来的五个纵队整编为三个纵队,黄克诚调任第三纵队第二支队政委。随后,黄克诚率部参加了攻打阳新县城和黄石、大冶等战斗。

6月份,红五军奉命扩编为红三军团。随后,国民党第四路军总指挥兼湖南省政府主席何键,以所部七个团的兵力,向集结在平江一线的红三军团实施"进剿"。彭德怀指挥红三军团隐蔽集结于晋坑一线山区,待机歼敌。

晋坑战斗打响了。烈日当空,骄阳似火,蒸汽和炮火硝烟混杂在一起,使整个战场一片混浊炽热。黄克诚戴着一副厚得像瓶底一样的眼镜,镜片上已沾满了烟尘和汗水,视线更加模糊不清了。他正在指挥部队向敌人冲杀,忽然隐约地发现身后有一股部队在向他靠近,但由于视线不清,他无法辨别那是哪一方的部队。此时,自己的部队正在和敌人激烈混战,谁也没有顾及身后的情况。战场上分秒必争。黄克诚顾不上过多地思索,便沉着地向那支队伍走了过去,试图弄个明白。当双方快要接近时,黄克诚才看清那是敌人。此时,想躲闪已经来不及了。在这紧急关头,黄克诚大喝一声"不准开枪!"随即卧倒,顺着山坡滚了下去。几乎在他卧倒的同时,敌人的枪响了。

黄克诚滚到山脚下,浑身上下摸了一遍,居然没有被打中,可是帽子和眼镜都找不到了。他只好循着枪声，摸索着前进。黄克诚穿过一片树林，发现公路上有许多戴红袖标的红军战士在奔跑，便跟着他们找到了自己的部队。原来敌人已经被打败了，红军正在乘胜追击。黄克诚又率领部队投入了追歼残敌的战斗。

彭德怀指挥部队消灭敌人一个旅的援军，渡过了浏阳河，突破了敌人的外围防线，直逼长沙城下。经过连续多日激战，长沙守敌彻底溃败了，红军乘机攻入城内，占领了长沙。

不久，何键又集重兵向长沙发起反攻。由于敌强我弱，彭德怀率红三军团主动撤出长沙，转移到平江的长寿街，将全军团整编为二个军四个师，黄克诚担任第四师第三团政委。

8月份，红三军团南下浏阳，在浏阳东北与红一军团会合，两个军团合编为红一方面军，朱德任总司令，毛泽东任总政委和总前委书记。

由毛泽东、朱德亲自领导创建的赣南、闽西革命根据地连成了一片，初步形成了当时全国最巩固、范围最大的中央革命根据地。这使国民党反动派大为震惊，蒋介石急忙结束了同冯玉祥、阎锡山的军阀混战，于1930年底纠集了10万兵力，以江西省政府主席、第九路军总司令鲁涤平为"陆海空军总司令南昌行营"主任，以第十八师师长张辉瓒为前线总指挥，开始对中央根据地和红一方面军进行第一次"围剿"。

毛泽东和朱德针对当时敌强我弱的形势，决定采取"诱敌深入"的方针，将敌人引进根据地内，然后集中优势兵力，予以各个歼灭。

在永丰、吉水、兴国、吉安、宁都五县交界的地方有一个龙冈镇。镇后面是一座大山，前边有一条八米多宽的小河，河对岸是一个坡度不大的小山包。毛泽东和朱德见这里地形有利于部队隐蔽集中，决定在这里打一个大歼灭战。于是，命令部队加紧构筑工事，准备迎敌。同时，派出部队去引诱敌人，边打边退，牵着张辉瓒的鼻子，把他一步一步地牵到了龙冈。

张辉瓒一钻到龙冈，看到这里地形险要，又仗着自己的兵力雄厚，便做起消灭红军的美梦来了。他住在镇内一所深宅大院里，吃喝玩乐，尽情享受。

满坡遍野的红叶覆盖着山峦，丝丝缕缕的云和雾缓缓地向四周蔓延着，原野变得迷离了，山岭清晰的轮廓也模糊难辨了。红军趁着浓雾，从四面八方包围了龙冈镇。

此刻，张辉瓒正在师部的大厅里摆下酒宴，宴请他手下的一帮亲信。暗红色的八仙桌上摆满了鸡鸭鱼肉。张辉瓒酒意正酣，忽然一个哨兵慌慌张张地跑进来报告："不好了，红军下山了！"张辉瓒定了定神，抓起一条鸡腿，啃了一口，骂道："混蛋！几个'共匪'有什么大惊小怪的！"接着，端起酒杯，一扬脖子灌了下去。

突然，枪声四起，杀声震天。黄克诚率部与兄弟部队一起奋勇拼杀。一场激战，把敌第十八师全部歼灭了，还活捉了师长张辉瓒。

连续的征战，锻炼提高了黄克诚的带兵艺术和指挥才能。1931年1月，黄克诚调任第四师政治部主任，代理师政委；后来又调到第三师担任政委兼政治部主任。

不久，蒋介石又委派军政部长何应钦兼任"陆海空军总司令南昌行营"主任，调集了20万人马，于3月下旬开始了对中央根据地的第二次"围剿"。黄克诚指挥部队驰骋沙场，连续克敌，乘胜向东挺进，最后进至福建建宁，于6月初攻克建宁县城。

在攻打建宁时，黄克诚和师长彭遨率领师指挥所抵近城下，不料被城墙上的守敌发现了。敌人掉转机枪，对准了他们。黄克诚由于视力差，还没察觉。彭遨眼疾手快，就在敌人扫射的同时，猛地拉住黄克诚向后退了两米迅速卧倒。他俩刚倒地，敌人的子弹就打了过来，激得沙土四溅，落了他们一身。他俩又趁势向旁边一处掩体滚过去，躲过了敌人的扫射。彭遨指着黄克诚的眼镜开玩笑地说："敌人这一梭子弹就是冲你这副眼镜来的。他们知道戴眼镜的必定是个大官，想捡个便宜，差一点儿把我也捎带上了。"黄克诚笑了笑说："要不是你老彭反应得快，我们俩人就一块报销了。真是万幸啊！"

红军攻占建宁后，方面军总部进驻建宁城，红三军团进至江西黎川一线，黄克诚率第三师驻扎在硝石。这时，蒋介石委任红三军军长黄公略的叔父黄汉湘为宣抚使，来到了南昌。黄汉湘奉蒋介石之命，派黄公略的同父异母的兄弟黄枚庄来到红三军团做说客，妄图策反彭德怀。黄枚庄带了一个随从特务，直奔黎川而来，走到硝石被黄克诚部查获。黄克诚当即报告了彭德怀。彭德怀要黄克诚将来人立即押送黎川城。黄枚庄被押至黎川与彭德怀见面后，将其奉蒋介石之命，以高官厚禄收买彭德怀的意图和盘托出，还拿出了蒋介石给彭德怀的委任状。彭德怀在取得赃证之后，派人将黄枚庄押回硝石，命黄克诚将其处死。黄克诚将黄枚庄的脑袋割下，交给其随从特务带回向蒋介石复命去了。

开国大将的故事

国民党反动派对中央革命根据地的第二次"围剿"失败后，紧接着又调集30万人马，由蒋介石亲自担任"围剿"总司令，坐镇南昌行营指挥，对中央革命根据地进行了第三次大规模的"围剿"。黄克诚率部随红三军团离开硝石，绕道1000多里，经建宁、泰宁、将乐、宁化，转移到宁都、瑞金、于都边界的壬田、平安寨一线，准备选择有利时机歼灭"围剿"之敌。他们利用夜幕掩护通过了敌军的间隙地带，在兴国的莲塘抓住了敌第四十七师，迅即发起猛攻。正在两军激战之时，红四军投入了战斗，将敌人全部歼灭。接着，又在良村歼灭敌第五十四师师部及其两个旅，取得了第三次反"围剿"的首战胜利。

黄克诚率部自莲塘向良村追击敌第四十七师的途中，敌机在空中轮番扫射轰炸。一次，黄克诚眼看敌机投下的一颗炸弹在他头顶落下，便拼命向前奔跑躲避。当他跑出十几米远，还没有来得及卧倒，这颗炸弹恰好落在了他的身边。他心想：这一次是定死无疑了。事情也真凑巧，这颗炸弹竟然没有爆炸，实在是太侥幸了。

在第三次反"围剿"作战中，由于连续苦战奔波，黄克诚脚上的草鞋早已磨烂扔掉了。他只好光着双脚，在荆棘丛生的山地丛林中奔跑，两只脚板磨出了一层厚厚的老茧。一直到了枫边地区，部队稍事休息，黄克诚有空才打了一双草鞋穿上。

黄克诚率领第三师在兴国老营盘参加了歼灭敌人第九师独立旅的战斗。随后，又参加了高兴圩之役，歼灭敌第十九路军一部。9月15日，黄克诚的第三师进至崇贤与东固间的方石岭，将敌第五十二师全部歼灭，生俘敌师长韩德勤、旅长张忠颐以下官兵万余人。后来韩德勤化装成伙夫混在俘虏群中，才得以乘隙逃脱。

红一方面军粉碎了国民党军第三次"围剿"后，自兴国向瑞金集中，进行了休整。不久即将部队分散到各地开展群众工作，开辟新的根据地。黄克诚率第三师在于都、会昌、瑞金交界处的西江镇一带活动。黄克诚要求部队以连为单位组成工作队，深入发动群众，打土豪，分田地，建立苏维埃政权，并以西江镇为中心，建立了中共西江县委和西江县苏维埃政府。经过三个多月的积极斗争，巩固和扩大了根据地，为粉碎敌人的第四次"围剿"做了充分的准备。

万里征途历艰辛

夜，苍苍茫茫，天穹挂着几颗星星。一支长长的队伍，顶着瑟瑟秋风，踏着满地的枯叶，在缓缓地行进着。

黄克诚和24岁的师长洪超骑马并行在队伍的最前面。

1934年10月，中央红军和中央机关8万多人实行战略转移，从福建西部和江西瑞金开始长征，踏上了漫漫长路。彭德怀领导的第三军团作为全军的右路先锋，黄克诚率领第四师作为第三军团的先头部队，为后续的大部队开辟通路。

此时，黄克诚望着自己浴血奋战参加创建的根据地的山山水水，凄楚和忧郁不断地袭扰心头。

10月21日，黄克诚和师长指挥部队连续苦战，突破了敌人的第

一道封锁线，占领了固坡。令黄克诚痛心不已的是，刚到任的年轻师长就在通过封锁线时牺牲了。

黄克诚掩埋了这位年轻战友的尸体，率领部队又投入了新的战斗。随后，中央军委任命中央纵队参谋长张宗逊担任第四师师长。黄克诚和张宗逊率部西渡赣江，经南康、鲁义越过五岭山脉，进至湖南汝城，又与湘军何键所部接上了火。黄克诚指挥部队奋勇拼杀，于11月8日突破了敌人的第二道封锁线。接着，又在郴县至宜章中间地段突破了敌人的第三道封锁线，进至临武、蓝山、嘉禾地域。

蒋介石发觉了红军西进的意图后，慌忙调集40万大军，沿湘江两岸构筑了第四道封锁线。妄图利用湘江这一道天然防线作障碍，阻歼红军于湘江东岸。此时，红军的处境更加危险：左右有桂、湘之敌夹击，后有蒋介石的中央军主力尾追。军委决定从兴安、全州之间抢渡湘江。黄克诚和张宗逊率部与一军团的第二师协同作战，强渡湘江，控制了界首渡河点，在光华铺同敌人展开了对峙，为后

★湘江风光

续部队渡江创造了有利条件。

由于后续部队行动迟缓，没有及时渡过湘江，敌人从四面八方聚集过来，在飞机的支援下向湘江两岸的红军发起了全面的进攻，企图夺回渡河点。

黄克诚率部在湘江岸边靠近山麓构筑阵地，与敌人浴血奋战了两天两夜，击退了敌人的轮番攻击。

12月1日深夜，朱德给全军下达了紧急作战命令，命令"三军团应集合自己所有的部队以保持界首地区，主力应在界首西南地区"。同时，要不顾一切牺牲，将"邓永塘至路江圩之道控制在自己手中"。紧接着，中央局、中央军委和总政治部联合下达了新的命令，指令第一、三军团："一日战斗关系到我野战军全部……我一、三军团首长及其政治部，应连夜派遣政工员，分入到各连队去进行战斗鼓动。要动员全体指战员认识今日作战的意义。"

黄克诚和各级指挥员度过了一个紧张的不眠之夜。他深知自己部队的责任重大，一旦让敌人攻占了界首，正在渡河的中央领导机关的队伍将会被拦腰斩断，后果不堪设想。为了保证党中央的安全，为了红军的生存，他冒着敌人密集的炮火，坚持不断地进行鼓动工作，鼓舞指战员顽强战斗。掩护中共中央和中央军委及直属机关全部渡过了湘江。第四师经过连续苦战，伤亡很大，处境非常危险。而敌人的攻势越来越猛，不断向红军的阵地扑来。

黄克诚考虑到掩护大部队和中央领导机关渡江的任务已经完成，果断地命令部队立即撤退，甩掉了敌人，避免了全军覆没的严重后果。

突破敌人第四道封锁线这一仗，是红军离开中央根据地以来打

得最激烈的一仗，也是损失最大的一仗。这时，红军由江西出发时的8.6万多人，经过一路征战，渡过湘江的已不足4万人了。

黄克诚在率领部队经过湘江战役之后，又参加了两渡桥、两河口等战斗，终于摆脱了敌人的尾追，经湖南道县，进入了贵州黎平。

12月18日，中共中央政治局在黎平举行会议，决定红一方面军向以遵义为中心的川黔边地区挺进。遵照中共中央新的决策精神，黄克诚率先头部队第四师很快离开了黎平，向西经过剑河、黄平，于12月底进至瓮安县境内。

斗转星移，1935年的元旦就要到了。黄克诚亲自召集各部队的司务长开会，要求大家想方设法搞点好吃的，让长期征战、疲惫不堪的指战员能在过元旦时改善一下伙食。但是，大家费了九牛二虎之力，却连一点儿豆腐都没能搞到。黄克诚看着战士们一个个消瘦、疲惫的样子，胸中涌起一阵酸楚和不安。

黄克诚率部于1935年1月中旬到达遵义以南的川黔交界地区。中共中央政治局在遵义召开扩大会议，纠正了临时中央负责人及共产国际的军事顾问在指挥第五次反"围剿"作战中的错误军事路线，成立了毛泽东、周恩来、王稼祥三人军事指挥小组，负责全党军事工作的领导，指挥红军作战。

遵义会议的召开，是中国革命史上的一个重大转折，即在最危急的关头，使红一方面军和中共中央领导机关得以转危为安，从而挽救了中国革命。

黄克诚听了遵义会议精神的传达之后，对中央军事路线和军事指挥问题的正确解决，重新确立毛泽东在红军中的领导地位，心情非常激动。他感到红军有了希望，中国革命有了希望，长期以来压抑的心情顿时舒展开来。

遵义会议以后，中央决定中央红军继续北上，准备渡过长江，与红四方面军会合，在四川西北部创建新的革命根据地。为了实现这一意图，红三军团奉命向土城、赤水前进。此时，师长张宗逊身负重伤，黄克诚又一次挑起了军事指挥和政治工作两副担子。他率部参加了土城战斗之后，又挥师西进，渡过赤水河，向叙永、古蔺前进，继续担任前卫，为红军大部队开辟前进的道路。

这时，蒋介石急忙调兵遣将，利用长江设防，堵截红军北渡长江。在强敌面前，中央红军停止向四川进军，转到扎西，进行休整和缩编。

为了有利于进行运动作战，根据中央军委命令，红三军团取消了师级建制，缩编为四个团。黄克诚任第十团政委。在彭德怀的指挥下，红三军团东渡赤水，占领了桐梓城。

从桐梓向南 30 里，就是巍峨险峻的娄山关。娄山关雄踞娄山山脉的最高峰，周围群峰迭起，山峰如剑，直插云霄。中间有一条十步一弯、八步一拐的盘山公路。两边都是高山和深涧，好像两扇大门紧紧关闭了从桐梓去遵义的通道，真是"一夫当关，万夫莫开"之地。攻下娄山关，遵义城就无险可守了。自古以来，这里是兵家必争之地。

★娄山关

开国大将 的故事

中革军委命令第一、三军团夺取娄山关，再占遵义城。贵州军阀王家烈急派部队从遵义出发，向娄山关急进，妄图凭借天险阻击红军。

彭德怀命令部队昼夜兼程，力求抢在敌人之前进至娄山关。可是，娄山关却被敌人抢先占领了。红三军团随即发起了对娄山关之敌的进攻。黄克诚率第十团首先突破了敌人的左翼阵地，与兄弟部队一起，同敌人展开了反复的争夺，敌人伤亡惨重。这支敌军是有名的"双枪兵"，即每人除了一支钢枪外，还有一支大烟枪。他们抽大烟过足了瘾，倚仗天险，还可抵挡一阵。但是，在红军的猛烈攻击下，很快就溃不成军了，急忙夺路逃回了遵义城。黄克诚指挥部队尾敌追击，再次攻进了遵义城。

红军再次占领遵义后，蒋介石即派两个纵队飞驰遵义。黄克诚奉命率第十团在遵义附近的山地同敌人展开了激战。仗打得相当艰苦。由师长改任团长的张宗逊再次负伤，团参谋长壮烈牺牲。黄克诚率部固守在一个山头上，顽强抗击着优势之敌的轮番进攻。正在危急关头，军委干部团赶来增援，红一军团的主力也及时投入了战斗。经过红军的猛烈反击，敌人全线崩溃了。红军乘胜追击，一直追到鸭溪以南的乌江大渡口。由于敌人砍断了浮桥，才免于全军覆灭。这次战斗，共歼灭和击溃敌人 2 个师又 8 个团，俘虏敌人 3000 多人。这是长征以来红军取得的最大的一次胜利。

随后，黄克诚被任命为红三军团司令部侦察科长。他视力差，体质弱，做侦察工作困难很多。但他总是千方百计地克服困难去完成任务，经常冒着危险，带着侦察员摸到敌人的前沿阵地，侦察敌人的兵力部署和火力配置情况，为军团首长指挥作战提供依据。一次，黄克诚误入了敌人的阵地，差一点儿被敌人打死。脱险后，他风趣地说："敌人好几挺机枪一齐向我开火，居然没打中，还是让我活着回来了，看来我还不到该死的时候。"

又过了一段时间，黄克诚被任命为军团教导营政委。黄克诚率领部队越过了水流湍急的大渡河，翻过了常年积雪的大雪山，走过了人迹罕至的大草地，经历了千难万险，艰难跋涉于长征路上。

1935年10月，由军委纵队和红一方面军主力组成的陕甘支队到达了陕甘根据地的吴起镇。

红军长征到达陕北，标志着中国工农红军走上了新的发展道路。随后，黄克诚被任命为军委卫生部部长。黄克诚深感肩头担子的分量和职责的神圣，他以崭新的姿态，投入了新的战斗，迎接着新的考验。

组织部长的职责

冬去春来，冰雪消融，西北的黄土高原露出了本来的面目，延河水又开始奔腾喧闹起来。

1936年初，中国正处在政治形势大变动的前夜。如何使各种抗日革命力量汇集起来，组成一个统一的民族革命战线，是中国共产党和中国工农红军开创新局面的关键。就在这个时候，中央军委命

令军委卫生部部长黄克诚担任红军总政治部组织部部长。

为了适应国内外形势的变化，发展革命力量，中共中央政治局在瓦窑堡召开会议，通过了《中央关于军事战略问题的决议》。《决议》明确地提出党在目前形势下的战略方针是：在以坚决的民族战争反对日本帝国主义进攻中国的总任务之下，党和红军在政治、军事宣传和实际行动上，必须"把国内战争同民族战争结合起来"。

黄克诚深知组织工作的首要任务就是要保证党的路线、方针、政策在军队贯彻执行。中央军委在这样的形势下任命自己为红军总政治部组织部长，自己必须全力以赴地抓好中央瓦窑堡会议决议的落实。

根据中共中央《关于军事战略问题的决议》所确定的渡黄河东征的方针，中央军委下达了东征作战的行动计划。黄克诚深入部队，深入实际，指导准备渡河东征的中央红军，进行了广泛的思想政治动员，帮助广大指战员明确东征作战的任务和意义，树立必胜的信心。

1936年2月18日，红一方面军司令员彭德怀，政治委员毛泽东下达了东征作战的命令。

红军的作战任务就是政治工作的任务，作为红军领率机关的组织部长，就是要保证作战任务的完成。黄克诚安排好机关的工作，做好了随红一方面军总部东征的准备。

2月20日晚，渡河战斗开始了。黄克诚来到黄河岸边，等候着毛泽东、彭德怀等领导人的到来。第一、第五军团的突击队和先头团以勇猛果敢的动作,在预定的渡河点迅速突破了敌军的黄河防线,控制了河东滩头阵地,并积极扩大渡河场,掩护主力渡过黄河,向国民党军发起了勇猛的进攻。

红一方面军东征是一次战略性的进攻战役。在历时 75 天的作战中,黄克诚协助方面军首长做了大量艰苦细致的工作,指导部队总结渡河作战的重要经验,大大地提高了部队的战斗力。并在山西的 20 多个县开展了群众工作,宣传党的抗日主张,扩大我党我军的政治影响,为推动抗日民主统一战线和华北以至全国的抗日救亡运动的发展,做出了积极的努力。

红一方面军东征回师后,黄克诚被任命为红一军团第四师政委。他回到了阔别已久的老部队,心中充满无限的感慨。他想起了从中央根据地出发后,那无数牺牲的战友,想到了长征路上艰难困苦的征战,回顾红四师这支英雄部队光辉的战斗历程,更加激起他对第四师广大指战员的深厚感情,焕发出极大的工作热情。他率领部队参加西征战役和山城堡战役,为巩固和扩大陕甘宁革命根据地,迎接红军第一、第二、第四方面军的胜利会师作出了重大贡献。

1936 年 12 月 12 日,东北军首领张学良和西北军首领杨虎城联合发动了震惊中外的"西安事变",扣留在西安部署"剿共"的蒋介石及其一行军政要员十余人,并发表通电,提出"停止内战、一致抗日"的主张。中共中央为了促成"西安事变"的和平解决,一面命红军南下,准备对付以何应钦为首的国民党亲日派的军事进攻,一面接受张学良、杨虎城的邀请,派周恩来、秦邦宪、叶剑英等人前往西安参加谈判。

开国大将的故事

　　为了争取东北军和西北军更坚定地投入反侵略、反内战的斗争，红军总政治部从各部队抽调了部分干部进行短期训练，准备派到张学良、杨虎城部队担任军政联络员。重新回到红军总政治部担任组织部长的黄克诚，具体负责训练班的工作。黄克诚在训练班给学员作了深刻全面的动员。他认真地分析了国际国内形势，既讲了"西安事变"发生的原因、意义和可能发展的前途，也讲了我党的主张和我军的准备，教育学员既要立足于"西安事变"的和平解决，推动全国抗战形势的好转，也要准备对付何应钦的军事行动，给予坚决的打击。

　　经过中国共产党和全国人民的共同努力，蒋介石被迫接受了抗日条件，许诺不再发动内战，"西安事变"终于和平解决了。训练班培训的学员自然也就没有派出的必要了，黄克诚便把他们送到抗日军政大学学习。

　　1937年7月，卢沟桥事变发生后，在日军进攻上海、威胁南京时，国民党当局同中共中央达成协议，于1937年8月22日，宣布红军主力改编为国民革命军第八路军。8月25日，中共中央军事委员会发出了改编命令，宣布中国工农红军第一、第二、第四方面军的战斗序列改编为国民革命军第八路军。黄克诚被任命为八路军总政治部组织部部长。

　　延河岸边翠绿的草叶上，一颗颗晶莹的露珠，映照着红红的朝霞，撒下了无数缤纷的光环。一天，在八路军总政治部主任的办公室里，任弼时主任和黄克诚正在亲切地交谈。他俩从我军的建军原则谈到八路军的政治建设，从我军的光荣传统谈到当前形势对部队政治工作的挑战,从党的组织路线的贯彻谈到干部政策的执行。这既是两位政治干部在研究工作,又是两位党的工作者在交流经验。

对黄克诚来说,任弼时这位老布尔什维克,是他直接的领导,更是他亲密的导师。黄克诚怀着十分崇敬的心情,聆听着任弼时的教诲。听着任弼时亲切的话语,几年来的风风雨雨、坎坎坷坷,不由得又一幕幕地展现在黄克诚的脑海之中:

——1931年,在红三军团第三师当政委时,因为他怒斥肃反委员会滥杀无辜,干了亲者痛、仇者快的蠢事,被当成"AB团"分子。由于彭德怀出面保护,才没有变成刀下冤鬼,但他被撤销了第三师政委的职务。

——1932年宁都会议后,他被当成右倾机会主义分子受到批判。由于他不服对自己的批判,直言不讳地批评上级的"左"倾冒险主义行为,又一次被撤销了第三师政委的职务。

——1933年,在大坪湖整编时,由于按当时干部政策的规定,他不适合当领导干部,由三军团政治部代理主任被贬为第五师政治部主任。

——1935年,他率领部队再次攻克遵义之后,因反对与敌人打硬仗、拼消耗,给上级提了意见,又被撤销了第四师政委的职务。此时红三军团第四师已缩编为第十团。

——1935年,在长征路上,他连续不断地被降职、调离主力部队,直到撤销干部职务,当一名普通的红军战士……

从自己经历过的这一桩桩、一件件事情,使他切身感受到正确的组织路线和干部政策对于一个干部来说是何等的重要;让他感到了作

为一名组织部长肩上担子的分量。这一切，使他陷入了久久的沉思。

"哎，克诚同志，怎么走神啦？"任弼时关切地问道。

"嗯，噢、噢，我是在想……"任弼时的话打断了黄克诚的沉思，但黄克诚什么也没说，只是淡淡地笑了笑。

任弼时看着黄克诚的神态，好像想起了什么，又停了一会儿，从文件夹里拿出了一份部队送来的报告，看了一眼又放下了，说："克诚同志，自从部队改编以来，在政治工作方面反映出了一些问题，现在一一五师刚打完平型关战役，正在五台山地区休整，你利用这个机会到部队去了解一下情况吧。"

黄克诚听了任弼时的话，脸上露出了喜悦，连连点头说："我也有这个想法，我马上就下去。"

黄克诚带着总部对部队的关怀，带着首长对自己的重托，随即离开了总部机关，很快就来到了五台山下。

五台山坐落在山西省五台县东北方，由五座山峰环抱而成，是我国四大佛教名山之一。五峰高耸，峰顶平坦宽阔，犹如土垒的平台，五台山因此而得名。山中寺庙林立，清泉潺潺，青山绿水，景色迷人。

随行的干事提议，请黄克诚顺便到五台山上去游览一下。而黄克诚感到时间紧迫，没有同意，便一头扎进部队，深入到基层，搞起调查研究来了。

黄克诚在基层的调查中发现，部队由红军改编为八路军以后，由于受国民党的干涉和限制，取消了政治委员制度，削弱了党的领导和政治工作；把部队的政治部改称为政训处，影响了政治机关职能作用的发挥；部队的政治教育有所放松，军阀主义的倾向开始抬头。作为一名长期从事部队政治工作的领导者，黄克诚没有忘记毛泽东起草的古田会议决议，没有忘记红军政治工作的优良传统。自己的亲身经历和部队政治工作的现状，使黄克诚清醒地认识到，必须坚持政治工作的制度，保证党对军队的绝对领导，保证党的政治路线和组织路线在部队的贯彻执行，而自己作为八路军的组织部长，责任更为重大。于是，他迅速返回总部，将调查情况向任弼时作了详细的汇报，并建议在部队恢复政治委员制度和政治机关制度，加强部队的政治工作。

任弼时很赞成黄克诚的看法，指示他要尽快把在部队调查中发现的问题及建议写出报告，上报党中央和毛泽东主席。

黄克诚的报告起草完以后，以八路军总司令朱德、副总司令彭德怀和总政治部主任任弼时三人的名义上报给党中央和毛泽东。10月下旬，中共中央、中央军委回电八路军总部，决定部队恢复政治委员制度和政治机关制度。并撤销各级的政训处，恢复了师、旅政治部和团政治处。随后即任命聂荣臻为第一一五师政委，关向应为第一二〇师政委，张浩为第一二九师政委。

中共中央、中革军委的决定像一阵春风拂去了黄克诚心头的忧郁。在党中央、中央军委的正确领导下，红军在改编中，坚持了中国共产党的绝对领导和独立自主的原则，保持了红军的光荣传统和人民军队的本色，并通过改编对广大指战员进行了一次普遍深入的形势任务教育和统一战线教育，使红军顺利地实现了由国内革命战争向抗日民族解放战争的伟大历史转变。这一切，使黄克诚感到无比欣慰。

开国大将的故事

烽火硝烟太行山

卢沟桥事变以后，日本帝国主义的铁蹄血腥地践踏着中华民族的大地。天津失守！北平沦陷！上海、南京一个接着一个地落入敌人之手。这时候，屈辱和灾难一重压一重地落在了中国人民的头上。风在怒吼，海在呼啸，抗日的烽火燃遍了大江南北，长城内外。

黄克诚、徐海东率八路军第一一五师第三四四旅的英雄健儿，转战晋冀豫根据地，展开了敌后抗日游击战争。

巍巍太行山上，抗日运动风起云涌，到处都成了埋葬日本侵略者的坟墓。

1938年4月，华北日军为摧毁刚刚建立起来的晋冀豫抗日根据地，调集了3万多兵力，以分进合击的战术，分九路对晋东南地区开始了疯狂的"围剿"。

一份军事情报送到了八路军总部：敌人"4月上旬有较大攻击"的企图。4月初，日军纠集了十多个联队，由邯（郸）长（治）大道上的涉县、长治，临（汾）屯（留）公路上的屯留，正太路上的平定，同蒲路上的榆次、太谷、洪洞，平汉路上的邢台，以及元氏、赞皇、昔阳、祁县等地，分九路向晋东南地区发起了大规模的围攻，妄图将我军围歼于辽县、榆北、武乡地区。

八路军朱德总司令和彭德怀副总司令随即在沁县小东岭召开军

事会议，拟定了粉碎敌人九路围攻的作战方针，并进行了具体的作战部署。

黄克诚和旅长徐海东奉命率领第三四四旅主力同第一二九师、决死第一、第二纵队以及友军一部参加了反击敌人九路围攻的战斗。

在朱德、彭德怀的指挥下，各部队迅速进入了预定作战地域。日本侵略军凶狠残暴，所到之处，烧光杀尽，洪水、武乡、蟠龙等镇都被化为灰烬。蟠龙镇是辽县、武乡之间的一个大镇，平时商业较为繁盛，此次被日军一场大火烧个精光。日军对人民群众的屠杀更是惨不忍睹。仅武乡境内的马村就有60多人被杀害。黄克诚及时对部队进行教育，激发了广大指战员的仇恨和杀敌决心。

日军围攻开始阶段，黄克诚、徐海东指挥部队对敌人进行了顽强的抗击和袭扰。进占武乡的敌第一一七联队，企图以其主力北犯榆社，与太谷之敌会合，遭到三四四旅的阻击后退回了武乡。黄克诚、徐海东判断敌人可能退走长治，决心消灭这路敌人。

4月15日黄昏，敌人开始撤退。黄克诚、徐海东立即命令部队同友邻部队沿浊漳河两岸的山地，进行勇猛的追歼。16日凌晨，当敌人路过长乐村时，徐海东、黄克诚指挥部队对敌人进行夹击，将敌人压制在长乐村以西一个狭窄的河滩隘路上。两侧部队奋勇拼杀，打得敌人丧魂落魄，欲战无力，想逃不能，人马尸体和武器遍布河滩。战到中午，已过了长乐村的敌人主力返回解围，被我军击退。为争夺要点，徐海东、黄克诚组织部队反复冲杀，打退了敌人的多次进攻，消灭日军1500多人。

长乐村战斗是我军粉碎日军九路围攻中具有决定意义的一仗。

开国大将的故事

日军遭到了歼灭性的打击后，其他各路纷纷回窜。徐海东、黄克诚率部乘胜追击，与一二九师的部队一起，先后收复了辽县、黎城、潞城等十来个县，使长治之敌陷于孤立。

4月19日凌晨，驻沁县之敌约3000人，仓皇向南撤退。徐海东、黄克诚得到情报后，立即命令主力尾随追击，歼敌200余人。4月下旬，长治之敌经白晋公路和曲（沃）高（平）公路向同蒲路南段撤退，又被徐海东、黄克诚所部和决死第一纵队截击，歼敌近千人。到4月27日，日军的九路围攻被我军彻底粉碎了。

随后，徐海东、黄克诚率部来到了长治一带进行整训和扩编。

长治位于山西省东南部，原为国民党军驻守，后来沦入日军之手。徐海东、黄克诚率第三四四旅的到来，给灾难深重的长治人民带来了希望。黄克诚组织部队，深入群众，进行了广泛的宣传、发动，广大青壮年积极报名参军。整个长治地区呈现"母亲叫儿打东洋，妻子送郎上战场"的动人景象。仅两个多月，第三四四旅就扩充兵员3000多人。广大指战员以更饱满的热情投入到军事训练之中，随时准备惩罚日军，以雪国耻。

一天上午，晴空万里。徐海东、黄克诚正在检查部队的训练情况。突然，一匹战马飞驰而至，师部通信员报告："徐旅长、黄政委，师部命令。"徐海东看完电报说："师部命令我旅到町店附近设伏，打击由晋城开往侯马的敌人。"徐海东、黄克诚商量后，立即下达了作战命令。随后，率领第六八七、六八八团和加强支队经高平向町店开进。

骄阳当空，树梢一动也不动，热得人们透不过气来。汗水湿透了黄克诚的军装，顺着马背一滴一滴向下淌着。快到晌午，乌云遮天蔽日，电闪雷鸣，倾盆大雨哗哗地下了起来。部队顶风冒雨，在泥泞的土路上行走。不少人脱掉鞋子，光着脚在雨地里跑步前进。途中渴了，捧把路边的积水喝几口；饿了采几棵道旁的野菜吃下去。就这样，一昼夜急行军走了200多里，到达了阳城以北的町店北山。

部队刚安顿好，师部就发来了敌情通报：日军一〇八师团的一个联队，将于近日内途经町店，务必迅速做好伏击准备。徐海东、黄克诚进行实地观察后，召开营以上干部会议。徐海东一手掐着腰，一手指着地图说："我和黄政委经过勘察，发现这一带的确是个打伏击的好地方，无论我们占据南边或者北面的哪一个山头，都能居高临下地袭击敌人。只要敌人通过这里，准叫他人仰马翻。"

黄克诚站起身来，用手向上推了推眼镜，强调说："日军自恃装备精良，必然骄横麻痹。我们就是要利用敌人的弱点，把工事构筑在距离大路二百米，甚至一百米处，隐蔽在敌人的鼻子底下，突然发起攻击，打它个措手不及。"接着，徐海东作了具体部署：

——第六八八团一营沿土地庙、西冯庄、薛家岭到王家庄、沁河渡口一带伏击，以切断敌人的退路，阻击敌人的东路援兵；二营在义城、柏山、柳沟一带构筑工事，准备正面伏击；三营往西到山口和晋豫边游击队配合，切断敌人西进的道路；

——新兵营和加强纵队分别驻在窑堂、龙王、后岭、石旺沟、山庄一带，待战斗打响后，迅速到五龙沟西山集结，准备增援六八八团二营伏击敌人；

——六八七团待命增援。

开国大将的故事

　　天气依然很热,烈日当头,烤得人身上火辣辣的。知了爬在树上叫个不停,增添了人们无端的烦躁。

　　7月6日上午,路边的庄稼地里、山城上的树林里,到处都埋伏着人马。战士们趴在潮湿的土地上,目不转睛地盯着前方。讨厌的小虫子不停地骚扰着,不是叮脸就是咬脖子,又疼又痒。可是,谁也不动一动。周围显得格外的宁静。

　　10点钟左右,负责正面观察的人报告:"鬼子露头了。"黄克诚再次提醒部队,"沉住气,等敌人靠近了再打。"又过了一会儿,传来了一阵急骤的马蹄声。紧接着,汽车的喇叭声、马达声相继传来。敌人的骑兵后边,有五十多辆汽车,从晋城方向开了过来。骑兵过去之后,汽车进入了正面伏击路段时,这帮敌人竟停车休息了。鬼子兵纷纷跳下汽车,有的钻到汽车下面睡觉,有的坐到树荫下打盹,有的跳到河里洗起澡来。

　　是时候了。只见二营营长把枪一挥,命令全营利用地形地物隐蔽接近敌人。三百米、二百米、一百米……徐海东和黄克诚在望远镜里看得一清二楚。"打!"徐海东大喊一声。一颗红色的信号弹腾空而起。霎时间,枪声大作,六八七团从后面向敌人开了火。担任正面伏击的六八八团二营的战士们一跃而起,猛虎下山般地扑向了敌群。突如其来的枪声、手榴弹的爆炸声,吓得敌人晕头转向,乱作一团。"冲啊!""杀啊!"战士们边喊边冲,向敌人展开了猛烈的攻击。远的用枪打,近的用手榴弹炸,面前的就用刺刀捅、用梭镖扎,敌人一个个地倒了下去。最令人开心的是,河里洗澡的敌人听见枪声,一个个光着身子往岸上爬。前边的刚接近岸边,就被刺刀捅死。后面的见势不妙,掉过头又向河中间游。一排枪打过去,大多都葬身水底了。

当敌人清醒过来后,便组织了疯狂的反扑。部队边打边撤,很快就撤到町店北边的松树岭上去了。刚进入隐蔽地域不久,敌人又组织残兵,动用各种武器向我军阵地开火。炮弹炸得沙石横飞,烟雾弥漫。徐海东、黄克诚指挥部队进行勇猛的反击,打退了敌人的六次冲锋。

傍晚,太阳落山了,给大地洒下了一片余晖。町店地区仍处在弥漫的硝烟之中。

突然,"咣"的一声巨响,一发炮弹落下,掀起了一股烟尘。接着,敌人的一发发炮弹密集地覆盖过来,鬼子兵哇哇乱叫,冲进

★巍巍太行山

了伏击阵地。我军再一次展开勇猛的反击。一颗颗手榴弹落入敌群，鬼子兵血肉横飞，哭爹叫娘，扔下一片尸体，趁着夜暗连滚带爬地逃窜了。

这次伏击战，共歼灭日军500余人，缴获火炮33门，轻重机枪38挺，步枪900多支，战马130余匹，焚毁汽车20余辆。

8月份，徐海东患病。党中央决定调徐海东回延安治病。指定杨得志代理旅长。不久，杨得志和旅政治部主任率领六八九团前去河南开辟冀鲁豫边区，黄克诚挑起了军事指挥和政治工作两副担子。

随后，黄克诚被任命为太南区军政委员会书记。太南区地处山西、河南两省的交界处，下辖山西东部的六个县和河南北部的11个县，有300万多人口。

10月中旬，刘伯承主持召开了太行根据地党政军主要负责人会议，传达了中共中央和总部领导人关于建立和巩固的抗日根据地的指示。会后，黄克诚立即同太南特委的同志商量，决定了巩固晋东南、加强豫北的工作方针。黄克诚为坚持太行山南段的敌后抗日游击战争，开辟冀鲁豫抗日根据地，作出了重大贡献。

挥师挺进华中

春回大地，冰雪消融，晋东南的黑土地开始裸露在明媚的阳光之下。

深夜，阵风带着寒意又一次撞开了黄克诚的门。警卫员正在给火炕里添柴，连忙转过身将门关紧。然后，从炉子上提起水壶，给黄克诚的杯子里加满了水。对这一切，黄克诚好像毫无察觉，只是埋头疾书。

警卫员再次催促道："首长，该休息啦！"

"嗯，知道了。"黄克诚说完抬起头，看了看警卫员，拉起衣襟，擦了擦眼镜，说："小鬼，你先睡吧，我写完了就睡。"

其实，此刻的黄克诚毫无睡意。他正在给中央军委和八路军总部首长写报告，请求给第二纵队重新派司令员来。

1940年2月，中央军委任命黄克诚为八路军第二纵队司令员兼政委。但黄克诚考虑，自己参加红军到现在，一直是搞政治工作的，从指挥作战和部队建设考虑，只担任政委比较合适。所以，他给中央军委和八路军总部写报告，建议重新派一个司令员来。

黄克诚的建议被采纳了，中央军委随即任命八路军副总参谋长左权兼任第二纵队司令员。

黄克诚接到左权兼任第二纵队司令员的命令后，十分高兴。他对这位新搭档是很了解的。左权早年留学苏联，后来又毕业于苏联的军事院校，回国后一直担任领导工作，指挥作战很有经验。有这样的同志担任司令员，对第二纵队来说无疑是个大好事。所以，黄克诚满心欢喜地投入了第二纵队的组建工作。可是，不久军委又来了新的命令，让左权回总部机关去。

黄克诚根据中共中央关于"巩固华北、发展华中"的战略意图，建议八路军第二纵队留下部分主力坚持冀鲁豫根据地的斗争，另一部分主力越过陇海铁路南下,向华中发展。

一天,黄克诚正与副司令员杨得志商量如何进一步发展巩固冀鲁豫根据地的问题,突然收到中央军委和八路军总部发来的电报,批准了黄克诚派兵南下的建议,并决定由黄克诚率第二纵队队部及第三四四旅、新编第二旅南下华中,同活动于豫皖苏边区的新四军第六支队会合。

黄克诚看过电报递给杨得志。杨得志看完电报,面带难色地说:"政委,你要一走,我可就……"黄克诚理解杨得志的心情,沉思了片刻说:"是的,老杨啊,我这一走,你的担子就更重了。我把三四四旅和新二旅带走,你这边的力量就弱多了。"黄克诚看了看杨得志,接着说:"不过没关系,总部还会派人来的。至于部队嘛,还是那句老话,'人民是爹娘',我们可以发动群众,扩大队伍。只要依靠人民群众,就没有克服不了的困难!"

杨得志点了点头说:"好吧,政委你放心,我会依靠党组织和人民群众来巩固和扩大咱们的冀鲁豫根据地的。"

6月上旬,国民党顽固派由开始要长江以北的新四军统统撤到江南去,一变而要黄河以南的八路军、新四军统统撤到黄河以北去,企图将我军全部挤出华中地区。面对这种情况,中共中央一面彻底揭露顽固派的阴谋,一面命令八路军第二纵队主力迅速南下,协同新四军,发展和巩固华中敌后抗日根据地。

熹微的晨光里,村庄、田野、山梁都渐渐地变得清晰了。山风徐徐吹拂,给人们带来了一阵凉爽。

村边的开阔地上,站着一排排整齐的队伍,十分肃静。黄克诚、杨得志走到了队伍前面。霎时，队伍里爆发出热烈的掌声。黄克诚挥了挥手，操着浓重的湖南口音说："同志们，唱支歌吧。"顿时，歌声四起：

  风在吼，

  马在叫，

  黄河在咆哮。

  河西山岗万丈高，

  河东河北高粱熟了，

  万山丛中，抗日英雄真不少，

  青纱帐里，游击健儿逞英豪……

这歌声，在晋东南大地上久久地回荡着，唤醒了沉寂的原野。

黄克诚作了简短的讲话后，部队就出发了。杨得志望着渐渐远去的队伍，紧紧握着黄克诚的手，眼里噙着泪花说："黄政委，多保重！"又过了好长一会儿，两双手才缓缓地松开。黄克诚向送行的同志频频招手，最后说了声："同志们，再见了！"便率领第三四四旅和新二旅共5个团1.2万多人，踏上了南下的征途。

黄克诚率领部队越过重重艰难险阻，于6月中旬到达了豫皖苏边区的新兴集，与新四军第六支队会合了。

随即，中央军委指示，八路军第二纵队的南下部队与新四军第六支队合编为八路军第四纵队，任命彭雪枫为司令员，黄克诚担任政委。

黄克诚和彭雪枫率领八路军第四纵队活动于津浦铁路以西、陇海铁路以南地区，展开了对日军的作战。

根据中共中央的指示和苏皖斗争的形势，中原局（后改为华中局）

开国大将的故事

书记刘少奇提出"向东发展,向西防御",集中力量发展苏北的方针。为了实现这一方针,刘少奇电令黄克诚,将第三四四旅(欠六八七团)留在豫皖苏边区,由黄克诚亲自率领新二旅和三四四旅的六八七团越过津浦铁路,挺进皖东北,巩固扩大根据地,作好东进苏北的准备。

8月中旬,黄克诚奉命以新编第二旅、第六八七团、苏鲁豫支队、陇海南进支队、新四军第六支队第四总队合编成八路军第五纵队,下辖第一、第二、第三纵队,共9个团2万余人,黄克诚出任司令员兼政委。

8月的洪泽湖,岸边垂柳成行,芳草萋萋。微风轻轻拂过,湖面碧波荡漾,令人心旷神怡。

深夜,在洪泽湖边的盱眙县莲塘镇的刘少奇住处,刘少奇和黄

★洪泽湖景色

克诚已经交谈很久了。小油灯爆起串串灯花,刘少奇凑到灯上,点着了烟,一口呼出,缕缕白烟慢慢地扩散着。刘少奇说:"对于苏北,无论从政治、经济上,还是从军事上说,都是必争之地。粟裕的主力已经到了江北,但是力量还不够。目前,顽固派正在不断地制造摩擦。所以,你必须立即开赴淮海、盐阜地区,协同陈毅、粟裕所部,打击顽固派,建立苏北抗日根据地。"

黄克诚细心地听着,不时地记着。刘少奇掐灭了烟头,又看了看黄克诚,深情地说:"克诚同志,任务十分艰巨啊!但对你来说,一定会干得很出色的。"

听着刘少奇这一番话语,黄克诚陷入了良久的沉思,深感责任重大。

随后,黄克诚遵照中央军委关于"八路军到华中后,坚决争取控制全苏北"的指示,率领第五纵队挺进淮海、盐阜地区,不久就建立了沭阳、泗阳、宿迁、淮阴、涟水、东海等县的抗日民主政权,地方武装发展到400多人,初步开辟了淮海抗日根据地。

当时,盘踞苏北的是国民党苏皖战区副总司令韩德勤所部。韩德勤是一个地地道道的顽固派,放着日本人不打,专和新四军找别扭、闹摩擦。

10月初,韩德勤集中重兵分两路向东进犯,企图与陈毅、粟裕指挥的新四军部队决战。陈毅急忙电告黄克诚率部驰援。提起韩德勤,黄克诚禁不住地笑了。心想,这位败兵之将,几年不见,倒是官运亨通啊。早在蒋介石"围剿"中央根据地时,他就与红军为敌。一仗下来,被活捉了,后来化装成伙夫才得以逃脱。现在他又

动手动脚的，虽然时间不同，地点不同，其结果必定是相同的，照样是我们的手下败将。

黄克诚率领八路军第五纵队兼程南下，突破了顽军的盐河和故黄河防线，先后击溃了顽军保安第二旅、第八旅各一部，进占了阜宁、东沟、益林、东坎、建阳、湖垛、苏家嘴等十几个城镇，直下苏北重镇盐城，威胁着韩德勤的大本营兴化，在战略上对韩德勤部形成了南北夹击之势。

黄克诚率部于 10 月 14 日抵进东台的白驹镇，与新四军苏北指挥部的部队胜利会师。至此，打通了华北、华中联系的通道，打破了国民党顽固派企图将八路军限制在黄河以北的计划，八路军、新四军协同开辟苏北的战略任务已基本完成了。

两军会师后，陈毅特地从海安乘汽艇沿串场河北驶盐城，慰问南下的八路军将士。黄克诚从东沟赶到盐城相迎。两位老战友自 1932 年从井冈山分手至今，已阔别 8 年了，今天在这里相见，分外亲切。陈毅无比激动，诗兴大发，随口吟出：

　　十年征战几人回，
　　又见同侪并马归。
　　江淮河汉今谁属，
　　红旗十月满天飞。

黄克诚听罢连连称赞说："好诗啊，好诗！陈老总真不愧是一员儒将啊！"

陈毅哈哈大笑，谦虚地说："叫啥子诗嘛，信口诌来，见笑，见笑。"接着又一本正经地说："克诚同志，你从太行山区来到苏北，一路风风雨雨,鞍马劳顿,没有得到休息,现在又为了打韩德勤这个龟儿子,大驾亲征,实在是太辛苦你喽。这次,你一定要随我到海安去休息几天。"

随后,黄克诚陪陈毅在盐城阔叙几日后,又随陈毅到达海安,并拜访了当地著名的进步士绅韩紫石等人。

韩紫石是清朝末年的一名翰林,德高望重,原任江苏省政府主席,现隐居在家。陈毅十分重视争取韩紫石先生参加抗日活动。陈毅与韩紫石先生谈得很投机,但是,韩紫石对共产党、新四军能否不计前嫌,与国民党真诚合作还存有疑虑,对陈毅能否与韩德勤联手抗日更是怀疑。随即作出一上联求对:"陈韩陈韩,分二层(陈)含(韩)二心。"

陈毅一听,哈哈大笑道:"紫老过虑了。我陈毅真人不说假话,无论是对你老先生,还是对韩德勤,我都是一心一意的。"随口便对出下联:"国共国共,同一国共一天。"

韩紫石对陈毅的机敏和才华十分钦佩,当即摆开文房四宝,书写了一副对联赠给陈毅:"注述六家胸有甲,立功万里胆包身。"接着,又邀请陈毅对弈起来。

黄克诚在一旁边品茶、边观阵。他不禁暗暗佩服陈毅的才华和做统一战线工作的艺术。

随后,黄克诚率领八路军第五纵队投入了创建苏北根据地的斗争。

开国大将的故事

情系苏北人民

深秋的苏北平原，干枯的蒿草在瑟瑟的秋风中不停地抖动，浑黄的大地一片萧条和空旷，显得是那么的荒芜。

黄克诚伫立在盐河岸边，凝望着这一片凄凉的景象，对人民的赤子之情在他的胸中迸发、燃烧……

苏北平原北依陇海铁路，南接苏中，西靠京杭大运河，东临黄海，地域广阔，是联系华中与华北的交通枢纽。日军占领苏北后，自徐州到扬州沿运河一线、陇海路东段各城镇以及连云港等港口，全部被日军占据，剩下的就是国民党统治区。广大农村则为反动地主武装所把持。苏北地区的人民群众不仅屡遭日伪汉奸的烧杀抢掠，还备受顽军和特务、土匪、反动地主武装的骚扰残害，生活在水深火热之中。

1941年初，"皖南事变"以后，中央军委决定将活动于陇海铁路以南的八路军、新四军部队统一整编为新四军。黄克诚率领的八路军第五纵队改编为新四军第三师兼苏北军区。从此，在苏北这块土地上开始了新的战斗。

黄克诚率领第三师部队的到来，受到了苏北人民的欢迎，也给这块满目疮痍的土地带来了期冀与欢愉。不少人迎候在村口、道边、门前，用他们怯生生的目光注视着，用固有而内向的欢迎方式，给部队让出了房子和生活用具。

黄克诚的师部兼苏北军区司令部设在一个不大的院落里。一天上午，应召前来开会的各旅首长、区委的领导人，陆续跨进了这所农家小院。

会议开始了，参加会议的人，有的坐在矮小而缺腿的板凳上，有的坐在门槛上，有的索性盘腿坐在地上。房东大娘用粗糙的黑碗给每个人倒了一碗水，而后颤巍巍地走了出去。

黄克诚望着房东大娘离去的背影，动情地说："我常讲，人民是母亲，人民是靠山。目前，苏北人民，当然全国人民也一样，正在受苦受难，党派我们到苏北来，我们就要把苏北当作是自己的家园，把人民看成是自己的父母。就要消灭敌人，保护、建设自己的家园，把父老乡亲从水深火热之中解救出来，用实际行动赢得苏北人民的爱戴和拥护。"

黄克诚的一番话语，深深地打动着在座每一位领导人，激励着苏北根据地的广大军民，震撼着整个苏北大地。

海啸是苏北沿海地区常常发生的一种严重的自然灾害。海啸一来，房倒屋塌，人民群众死伤无数。以前，国民党政府曾迫于当地群众及士绅的一再呼吁，勉强拨一点儿经费，修筑海堤。但历来的旧政权只知道欺压百姓，搜刮民财，他们层层克扣，偷工减料，海啸一到来，海堤就被冲垮了。人民群众无计可施，只能望海兴叹。

黄克诚目睹人民群众离乡背井、苦不堪言的凄惨景状，把对人民群众的满腔深情首先倾注到重新修筑海堤的工程上去。他指示新上任的阜宁县长宋乃德立即上报修堤计划。

闪闪的繁星，给夜空中撒下一层黛色。广阔的苏北大地上，晚风不时送来点点幽香。

黄克诚端着一盏小油灯，俯在地图上不停地察看着、计算着，然后又拿起宋县长呈报的修堤计划，认真审视着。蓦然，眼前一亮：纽带——海堤。这将要修筑的海堤，就是新四军和新政府与广大群众联系的纽带。黄克诚推了推眼镜，拿起笔，在修堤计划上郑重地签署："同意。这是一件关系到海边民生的大事，再困难也要修筑。这会使民众了解新政府和他们是一条心，党是为他们办事的。"

当夜，黄克诚辗转反侧，难以入睡。修筑海堤，谈何容易。技术人员、民工、经费、粮食等一大堆的困难，都等待着他和苏北区党委去解决。

阳光洒满无际的海面，热风吹拂着奔涌的波涛，撞击在岸边的礁石上，迸开一片片浪花。黄克诚带领张爱萍、刘彬、曹荻秋、宋乃德等领导人来到海边，进行实地勘察，沙滩上留下了他们坚实的脚印。他们研究决定，发行修堤公债，修堤经费由政府解决。组织以宋县长为主席的"修堤委员会"，负责组织施工。

宋乃德县长按照黄克诚和苏北区党委的指示，夜以继日地奔波着，访请技术人员，深入乡村动员民工，亲自上堤督阵指挥。

上万民工奋战在修堤工地上，吃粮的困难又摆到了黄克诚的面前。黄克诚决定，把新购进的12万斤军粮运送到工地，解决燃眉之急。

土匪乘机捣乱，接二连三地枪杀组织修堤的干部，妄图以此来恫吓民工，破坏修堤。

消息传来，黄克诚非常愤怒。他命令部队频频出击，剿灭了当地的土匪，保证了修堤工程的顺利进行。

1941年7月底，90里长的海堤终于修成了。就在海堤竣工的第二天，海啸又来了，而且水位比前次高出近20厘米，但新修的海堤岿然不动，经受住了考验，保证了千百万人民群众生命财产的安全。

人民群众纷纷涌向海边，近百里的海岸线上一片欢腾。广大群众自发地以领导修堤的宋乃德之名为海堤命名为"宋公堤"，并竖起了高大的"宋公堤"碑。

黄克诚站在海堤上，望着涌动的人流和海潮，心潮随着海潮在起伏。他紧握着宋乃德的手，高兴地说："乃德同志，群众竖起'宋公堤'碑，这不仅是对你个人的褒奖，也是对共产党和人民政府的感谢！"

晚风带着被夕阳烧红了的一团团彩霞飞向大海，慢慢地飘向了天的尽头。黄克诚对人民群众的执着热爱，就像这一团团火红的彩霞在升腾，在飘逸。他向人民群众坦露着赤子的真挚情怀。

苏北在历史上是有名的土匪出没之地。黄克诚率领新四军第三师进驻苏北以后，国民党利用土顽、匪特纷纷作乱。他们互相勾结，猖狂活动，偷袭部队，抢夺枪支，打砸抗日政府，杀害抗日民主政府的干部，抢劫残害群众，为非作歹，无恶不作。为了保护人民群众，保卫刚刚建立起来的抗日民主政权，巩固和发展抗日根据地，黄克诚决定抽调主力及地方部队，大力清剿土匪顽劣，镇压地主武装。

早在年初，黄克诚就曾命令第八旅一部发起对盘踞在季家圩一

带土匪的攻击，一举端掉匪巢，击毙了罪大恶极的匪首顾豹岑，剿灭土匪武装近 600 人。

　　黄克诚在动员人民群众及时报告土匪活动行踪的同时，指示侦察科派出侦察队，加强侦察，摸清匪情。

　　接着，黄克诚抓住时机，指挥各旅主力，分别在盐阜区和淮海区境内，镇压了多股民愤极大的反动地主武装和土匪武装，迅速将横行乡里的股匪全部剿灭，使苏北地区的匪患得以根除。最后，他又把斗争的锋芒指向了淮海、盐阜两区的交界地域。

　　天高云淡，秋风乍起，遍野的稻谷一片金黄。司令部院内的月季花散发出阵阵浓郁的芳香。

　　黄克诚指挥广大军民胜利地粉碎了日军对苏北根据地的大规模"扫荡"后，怀着胜利的喜悦返回了驻地。当地群众听说黄师长回来了，欣喜若狂，纷纷带上红枣、梨子、鸡蛋等慰问品，涌进了司令部的大院。

　　黄克诚笑盈盈地同大家交谈着，并婉转地请大家把慰问品带回去。可是，乡亲们马上拉下脸来，嗔怪地说："你们打日本保卫国家，打土匪为俺老百姓除去祸害，只许你们流血流汗，还不兴我们慰劳一下。"有的还说："你黄师长经常讲，军队和老百姓是一家人，连我们一个枣子都不吃，这分明是见外了嘛。"

　　黄克诚没有办法，只得吩咐警卫员留了一些枣子和梨，乡亲们这才高高兴兴地散去。

　　这时，侦察科长进来，将一份侦察报告递给了黄克诚，随手抓起一个黄澄澄的大梨，在身上蹭了两下，便啃了起来。侦察科长边吃梨边报告说:"郑潭口镇窝踞着一股地主武装,势力还不小。这帮家伙趁我们反'扫荡'之际,大肆活动,骚扰破坏,鱼肉百姓,群众要求消灭这伙坏蛋的呼声很高。"

黄克诚顿时瞪起了眼睛,走向地图,用红铅笔在"郑潭口"处狠狠地画了一个红圈,气愤地说:"残害老百姓,天理不容。那就马上敲掉它!"

指挥员的话,一言九鼎。黄克诚立即召集副师长张爱萍和参谋长彭雄,研究起作战部署来。

郑潭口是涟水县东面的一个小镇,地处一帆河和完蛮河的交汇处。这地方不大,但位置很重要。它是盐阜区和淮海区联系的纽带,是直接控制日伪大新集、新安镇和五港等处据点的咽喉。镇子里驻扎着恶霸地主孙礼清把持的反动武装800多人。

打掉敌人这个窝点,将是一场硬仗。据侦察报告:孙礼清一伙在镇上圈起了南北500多米、东西300多米,高达6米的围墙。墙内筑有暗堡、地堡90多处,还有六座炮楼。东面凭借一帆河作屏障,南、北、西三面筑有2米多厚的夹皮墙,还有几道外围工事。

师首长研究确定了作战部署后,黄克诚又看了看地图说:"为了拔掉这颗钉子,替老百姓除害,哪怕它是个乌龟壳,也要把它砸烂。"然后,他又对彭雄说:"赶快通知八旅二十八团作好战斗准备,命令师特务营和涟水县大队配属行动。具体作战指挥由你负责。"

天边的最后一抹晚霞消失了,夜幕已降临苏北平原,奔腾的一帆河发出片片粼光。

开国大将的故事

彭雄指挥部队按计划进入预定位置，完成了对郑潭口的包围。时针刚指八点，师指挥部下达了攻击命令。顿时，师特务营炮火齐发，炮弹织成的火网，覆盖了敌人的据点，爆炸声振聋发聩。突击队随即发起了猛烈的攻击，摧毁了鹿寨，突破了敌人的外围防御工事，向纵深发起了全面攻击。敌人凭借坚固的工事负隅顽抗，攻击部队的攻势一阵猛似一阵，终于拿下了四角的炮楼，摧毁了敌人的外围支撑点。

群星渐渐隐去，晨曦送走了夜暗。二十八团集中兵力攻击敌人的中心炮楼，敌人拼命地顽抗。二十八团组织了几次冲锋都未能奏效，战斗进入了对峙状态。彭雄临机决定，组织人员从东北角地下挖洞，直插中心炮楼底层，一举拿下了中心炮楼，彻底消灭了这股残害百姓、危害根据地建设的土顽势力。

一轮红日冉冉升起，光芒照耀在一帆河上，照耀在苏北大平原上。指战员们迎着朝阳，唱起了嘹亮的歌声：

光荣北伐武昌城下，
血染了我们的姓名；
孤军奋斗罗霄山上，
继承了先烈的殊勋。
千百次抗争，风雪饥寒，
千万里转战，穷山野营……

黄克诚望着这支凯旋的队伍，听着那雄壮的歌声，心中感到无比快慰。

黄克诚大将的故事

浴血奋战斗敌寇

春寒料峭，晚风萧瑟，星光暗淡，大运河静静地流淌着。早春的淮海平原一片肃穆沉寂。

黄克诚刚刚收到八路军第一一五师独立团发来的电报，得知三师赴延安学习的干部团在海上与敌人遭遇，经过一天的激战，师参谋长彭雄、第八旅旅长田守尧等人壮烈牺牲。

噩耗传来，黄克诚极为震惊，手中的茶杯陡然坠地。他缓缓地低下了头，禁不住潸然泪下。为表达对两位战友的哀悼之情，他随即书写了一副挽联：

十余年甘苦共尝，患难相处，破浪失忠贞，遥望云天哭战友；

数万里河山犹碎，水火益深，卧薪期素志，誓破贼寇慰英魂。

黄克诚正处在痛失战友的悲愤之中，电话又骤然响起。警卫员接了电话后，极不情愿地告诉黄克诚："司令员，您的电话。"

第七旅报告：我十九团四连82名指战员3月18日在淮阴刘老庄遭日军3000人围攻，毙伤敌400余人后，全部壮烈牺牲。

一股怒火又在黄克诚胸中陡然升了起来。他沉默了良久才迸出一句话："哼，法西斯！在淮海区没有占到便宜，在这里同样也休想得到。"他猛然站起身来，对作战科长大声说道："命令各旅，抓住机会，发起全面反击，向日寇讨还血债，为殉难的烈士们报仇！"

开国大将的故事

　　1942年11月底，日本华北派遣军调集第十七师团一部、伪军第三十六师及各县保安队，一共7000余人，由淮阴、涟水、泗阳、宿迁等地出动，分八路合击苏北淮海区党政机关所在的小胡庄、张圩子等地。

　　黄克诚决定淮海区党政机关迅速跳出日伪的合击圈，转移到泗沭地区；第七旅第十九团坚持在淮涟地区反"扫荡"；三师主力部队和地方武装分散活动，选择有利时机，打击敌人。

　　当敌人发现黄克诚的主力在边区活动，而要寻找他们决战时，黄克诚指挥部队从敌人合围的间隙中回到了根据地。就这样反复周旋，使敌人处处扑空。在地方武装的配合下，第十九团还伏击、袭击了马庄、岔路口、古寨、朱集子、小刘集等据点的日伪军，毙伤敌人好几百人。敌人被拖得筋疲力尽，不得不停止对淮海区的"扫荡"。

　　敌人在"扫荡"淮海区之后，紧接着，又对盐阜区实行了更大规模的"扫荡"。敌人的这次"扫荡"，由日本中国派遣军总司令部拟订了战役计划，调集日军和伪军共2万余人，由第十七师团长酒井康统一指挥，向盐阜区展开"大扫荡"，企图消灭苏北军区的主力。

　　敌人大兵压境。陈毅已率领新四军军部和华中局离开了盐阜区，转移到淮南路东去了，留下黄克诚率第三师兼苏北军区部队与敌人周旋。

　　黄克诚召集盐阜区、淮海区及两个军分区的领导人，研究确定了反"扫荡"的作战部署。决定以第八旅主力和第七旅第二十一团及盐阜军分区部队坚持就地斗争；以第七旅主力和第八旅第二十二团在反"扫荡"开始时，转移到淮海区，与驻在淮海区的第十旅配合行动，积极策应盐阜区的反"扫荡"作战。黄克诚率师部和区党委机关，于敌人"扫荡"临近前，分散转移至盐城以东与苏中交界的地区指挥反"扫荡"作战。

敌人从1943年2月中旬开始对盐阜区进行分进合击。自北至南构成了一个弧形大包围圈，以舰艇封锁沿海港口，在飞机的掩护下，开始实行"梳篦式"的反复"扫荡"。

黄克诚指挥部队首先避开敌人的锋芒，以一部兵力沿途阻击、袭扰、消耗、疲惫敌人，大部主力转移到敌人的侧后，寻机反击。敌人合击扑空后，以一部兵力安设据点，以另一部兵力对阜宁、阜东、滨海、淮安等地实行分区"扫荡"。

黄克诚指挥各部队同敌人进行了英勇的斗争。坚持在内线斗争的第八旅及地方武装，不断地袭扰敌人，先后袭击了敌人的陈集、东沟等据点和阜宁县城。处在外线的第七旅与地方武装，先后在涟水、湖垛、伍佑和沙沟等地打击敌人。敌人顾此失彼，不得不收缩兵力，准备撤退。

黄克诚指示各部队，密切注视敌人的动向，随时准备集中兵力，尾追侧击撤退之敌。

3月11日，各路敌人开始向新浦、淮阴、盐城等地撤退。黄克诚命令第八旅立即集中兵力，实施内线反击。第八旅以伏击、袭击等手段，先后在阜宁以西和以北地区进行了七套、黄营子、单家港、陈家集等重要战斗，歼灭日伪军500余人。

向淮阴撤退之敌,对我军进行了反扑。日军集中步兵、骑兵3000多人,在师团长川岛的率领下,向淮海区党政机关所在地六塘河合击。第七旅第十九团四连的82名勇士,浴血奋战,谱写了一曲最惨烈的壮歌。

3月18日拂晓,突然传来稀疏的枪声,空旷的田野上到处是逃难的群众。四连决定抓住战机,设伏杀敌。敌人肆无忌惮地闯进了四连的伏击圈,连长白思才一声令下,全连火力一起向敌人扫去。敌人的尖兵应声倒地,指挥官人仰马翻,部队仓皇散开后撤。当敌人清醒过来后,立即从四面八方向四连阵地迂回过来,形成了包围圈。四连随即撤到刘老庄后边的"抗日沟"里去固守。打退了敌人的多次冲锋后,四连受到了严重伤亡。

晚霞满天,战火熊熊。四连余下的指战员,向敌人射出最后一颗子弹。

敌人又冲上来了,连长白思才、指导员李云鹏齐声呐喊:"同志们,杀啊!"带着战士们冲向了敌群,刀光闪处,只听得敌人的号叫声。

四连的勇士们战斗到最后一个人,最后一分钟,打死打伤敌人400余人。

黄克诚怀着无比悲愤的心情,下达了全面反击的命令。这命令像一声惊雷,震荡着苏北平原,震荡盐阜大地。新四军第三师的将士和根据地的人民向日本侵略者开展了英勇的反击。

第八旅在局部反击不断胜利的基础上,又对敌人坚固的中心据点陈集子实施攻击。以一部兵力担任主攻,一部兵力打击阜宁增援之敌。经过英勇冲击、白刃格斗，激战到第二天上午，敌人仍在负隅顽抗，妄图等待援兵的到来。师指挥部命令师侦察队及时投入了战斗。战斗更加激烈，敌人伤亡惨重，终于支持不住了，丢下一片尸体，开始向阜宁城逃窜。途中又遭到打援部队的迎头痛击，被全部歼灭。

陈集子之战是盐阜区全面反"扫荡"胜利的关键，瓦解了敌人的士气，扭转了战局。为了扩大反击战果，黄克诚又指示师参谋长洪学智，亲自率领师特务营，配合第八旅，向八滩之敌展开了反击。

八滩位于东坎东北60里处。这里盛产鱼虾，又是海盐集散地，商业比较发达。当地人民群众常用"金东坎、银八滩"来比喻这两个地方的富庶。

日军占领了东坎之后，就迫不及待地派出山本中队和200多名伪军在八滩安上了据点，企图在军事上和经济上控制和扼死根据地军民。为了粉碎敌人的企图，在日伪军占领八滩的当天，黄克诚就指示第八旅准备消灭敌人，夺回八滩。

3月29日，黄克诚命令第八旅第二十四团乘敌人立足未稳，先下手为强，坚决拿下敌人的据点。

黄克诚批准了第八旅的作战计划，并特别强调要速战速决，一定要在第二天早晨结束战斗。

部队在苍茫的夜色掩护下，沿着田间小路，从各个集结地迅速扑向八滩，悄悄地完成了对敌人的包围。四周一片沉寂，广大指战员耐心地等待着攻击命令。

突然，一颗红色信号弹划破了黑暗的夜空，枪声、手榴弹的爆

炸声和战士们的喊杀声，响彻八滩的四面八方。突击队像一把尖刀，以迅雷不及掩耳之势，直逼日军的山本中队部，砸烂了敌人的电台和报话机，切断了敌人的对外联系。敌人没有办法，接连放出三只信鸽向外救援。镇上的伪军很快就被消灭了，攻击部队的锋芒直指日军驻地。

日军分别住在三个大院子里。当夜，鏖战就在这三座院落周围展开。战士们冒着枪林弹雨，不断地向敌人发起了猛烈的攻击。日军借着照明弹的亮光，接连向攻击部队实施反击。仗打得十分艰苦、激烈。最后，指挥部命令部队实施火攻。战士们将蘸着煤油的棉花球绑在马尾手榴弹上，或者捆在长竹竿上，抛到院子里和房顶上。顿时，烈火熊熊，敌人在火堆里狼狈地打着滚。战士们用机枪封锁着院门，敌人被烧得没有办法，就向外面冲，可刚一露头就被击毙，尸体很快就把院门堵住了。里面烈火烧，外面机枪扫，真叫人痛快至极。

拂晓时，东南方向传来了阵阵低沉的马达声，几架大肚皮的日本飞机嘶叫着从头顶掠过，可只能是望火哀叹了。

天亮了，日军驻扎的大院只剩下了一片灰烬，几条暗红色的火苗还在悠悠地抖动着。剩下的十多名残敌推倒围墙，夺路而逃。但很快就被收拾了。增援八滩的敌人，遭到阻击后，狼狈逃窜。

盐阜区的反"扫荡"斗争胜利结束了。这次反"扫荡"的胜利，使苏北军民度过了抗日战争最为艰难困苦的阶段，改变了苏北地区的战略态势，鼓舞了根据地人民的斗争热情，坚定了抗战的胜利信心。

在盐阜区慰问大会上，广大进步士绅称颂黄克诚指挥部队"运用游击战术，不断打击敌人，时分时合，神出鬼没，或攻或守，将卒用命，民族精神，发挥无余，民气鼓励，收效甚宏"。就连国民党阜宁县党部书记也得承认："敌寇以泰山压顶之兵力，'扫荡'新四军，新四军能保全主力，实属难能可贵，不料又大举反攻，恢复阵地，足见抗战必胜之前途。"

然而，黄克诚却忘不了那些为抗战流尽鲜血、壮烈殉国的将士们。他建议新四军第三师、盐阜区党委和盐阜参议会建立一座"抗日阵亡将士纪念塔"，纪念牺牲在抗日战场上的英灵。

1943年9月25日，纪念塔在阜宁县芦蒲落成了。秋高气爽，阳光明媚，陈毅书写的"国民革命军新编第四军盐阜区抗日阵亡将士纪念塔"20多个大字，在阳光下熠熠发光。黄克诚题写了"为国为民，奋不顾身，精神不死，浩气长存"的挽词，深深地寄托着自己及三师全体将士对先烈的无限哀思与怀念。

新四军第三师党委决定，重建在淮阴刘老庄战役中全部壮烈牺牲的第七旅第十九团第四连，并命名为"刘老庄连"。淮海人民含着悲愤的热泪，满怀着对子弟兵的无限深情，送来了自己的优秀子弟——涟水独立九团四连，补入了第十九团四连。

黄克诚指挥第三师全体将士又投入了新的战斗，为彻底打败日本侵略者，夺取抗日战争的最后胜利而英勇奋斗。

英勇攻坚夺阜宁

1944年的严冬悄然逝去。进入新的一年，苏北大地到处是一片明媚的春光。绿油油的麦苗在微风中漾起层层波浪，金黄色的油菜花散发出阵阵的清香。

南窑，新四军第三师师部。战马一声长啸，师参谋长洪学智带住缰绳，纵身跳下马来，还没等进门就大声喊了起来："师长，我们打一仗吧！"

黄克诚拿着文件夹，迎出门来问道："你这个参谋长，风风火火的，你又想打哪里呀？"

"打阜宁！"洪学智挥了挥拳头，劲头十足地说。

"打阜宁？"黄克诚反问了一句。随即拿起铅笔在脑门轻轻地敲着，沉思了起来。

"是的，打阜宁。"洪学智连忙说，"在盐阜区参议会上，大家一致要求我们三师尽快拿下阜宁城。"洪学智稍停顿一下，又说："回来的路上我反复琢磨，也是到该打的时候了。"

"看你这个铁匠！"黄克诚眉梢上挂着喜悦说，"你呀你，就知道打、打、打！"

洪学智知道，只要黄克诚喜上眉梢，这就说明他俩想到一起去了，打阜宁的事准有戏。

黄克诚大将的故事

阜宁，地处苏北平原，在射阳河与串场河的汇流处，是南通至赣榆公路的交叉点，南毗盐城，西邻两淮（淮阴、淮安），北与连云港接壤，是盐阜区的经济、军事要津。日伪军长期盘踞在这里，成为突进盐阜抗日根据中心腹地的一颗钉子，并作为敌人加强南京外围防卫的前哨。

驻守阜宁之敌是伪军孙良诚部的第五军，共7个团，加上地方军警共5600余人。阜宁城防体系较为完备，挖有护城河，筑有外壕、铁丝网和巷战掩体工事。在城内外设大小据点20多个，每个据点都筑有围墙、水圩和炮楼。各据点之间步枪都可以打到，能够互相支援，策应封锁，构成阜宁城南北约90里、东西约30里的狭长坚固的设防地带。

黄克诚素以稳重著称，作出决断必须要有充分的根据和很大的把握。此刻，他在室内来回踱着步子，深思着攻打阜宁的有关问

★串场河

题。最后，他终于在方桌边停了下来，把目光投向洪学智，突然问道："打阜宁，你有把握吗？"

洪学智一听黄克诚问起这个问题，便把在返回途中早已考虑好的敌我双方的情况、布置和打算等，掰着手指头如数家珍地说了出来。

黄克诚边听边点头。看得出，他是在作缜密的分析。

黄克诚听完洪学智的汇报后，笑了起来，满意地说："你真是个铁匠，火红锤子硬。"然后站起身来，又说："那好吧，开个作战会议，我们再好好研究研究。"

师作战会议正在进行着。洪学智说："从目前的情况看，打阜宁既是广大人民群众的愿望，又符合形势的要求，也是我们三师发展壮大的需要。七旅、八旅都还各缺一个团，装备这两团的武器，也只有从敌人的手中夺取。"

黄克诚强调说："这次战役是我们在苏北地区发起的第一次攻坚战，意义不凡，千万不能轻敌。我们一定要集中优势兵力，搞好协同。同时，还要动员大量的民兵、民工参战，动员广大人民群众给予全力支持。"

为了做好战役的准备工作，黄克诚派人叫来了供给部长和卫生部长，就后勤保障和战场救护等问题作了具体的布置。黄克诚很严肃地对供给部长说："给你五天时间准备，一定要筹足粮食，否则就开你的'公审会'。"

最后，黄克诚对洪学智说："老洪啊，这一次战役由你担任前线总指挥。"

洪学智对整个战役作了具体的部署：各部队的作战以通榆公路和射阳河为界。射阳河以北、通榆公路以东，由第十旅负责；通榆公路以西由第八旅负责；射阳河以南由师特务团及阜宁、射阳独立团负责。师前线指挥所设在南九灶。

作战科长将起草好的作战命令递给了参谋长洪学智，洪学智审核完后，亲自送给黄克诚审批。黄克诚仔细看完了作战命令后，在"攻占阜宁"的前边，加上了"相机"两个字，然后签上了名字。

4月22日，命令下达后，第三师主力和地方兵团共十一个团的兵力，隐蔽地向苏北重镇阜宁城及其外围据点的侧翼运动，迅速集结。

与此同时，侦察科长收集了敌人的兵力布置情况，连夜绘制出阜宁城内敌人城防工事要图。敌工部还控制了日伪在城内的四个情报组，使敌人在战役发起前变成了瞎子和聋子。直到外围战斗打响时，伪军第三十三师师长还在大摆酒宴，美滋滋地举行婚礼呢。

皓月当空，给大地洒下了一片银辉，苏北平原一片肃穆宁静。部队从南窑、板湖、单家港等地抵达阜宁城边缘，完成了对敌人外围头灶、七灶、掌庄及大小顾庄等据点的包围，迅速构筑了工事和炮兵阵地。

夜间10点，红色信号弹在明亮的月光里显得格外的耀眼。"轰隆"一声炮响，打破了夜空的寂静。第八旅特务营的迫击炮首发命中，炮弹在六米多高的炮楼半腰开了花。攻击部队随即迅速发起冲锋，突破了敌人头灶据点的外围防线，激战不到10分钟，就全歼了伪三十三师的一个中队。

战斗在不断地向纵深发展,战场的厮杀一阵紧似一阵。

作战室里,黄克诚正在密切地注视着战场动态。作战科长在1∶5000阜宁城防地图上标示着战斗的进展情况。首战告捷的喜讯传到指挥部,使黄克诚紧皱的眉头舒展了一下。

25日凌晨5时,前线指挥所报告:二十四团拿下了敌人的七灶据点,全歼守敌230余人。

不知从何时起乌云掩住了月亮。拂晓,天上下起了蒙蒙细雨,雨点打在脸上,颇有几分凉意。

夜幕还没有完全褪去,十旅四支队一阵猛烈的炮击,连续摧毁了大顾庄敌人7座炮楼,使守敌失去了依托。伪军大队长刚伸出脑袋从围墙上偷偷地向外观望,就被一枪击中,嗷叫一声倒下去了。上午10时,大顾庄据点残敌200多人缴械投降。

雨还在不停地下着。阜宁城内的敌军指挥官,失去了往日的悠闲,一大早起来就爬上北门的大炮楼,用望远镜观察着城外的动静。

阜宁城北有一片荆棘丛生的乱葬岗子,阴雨天里显得格外的阴森可怖。负责打援的部队就埋伏在这里。前线总指挥洪学智下达一道命令,"敌人如果出来增援,就把他消灭在城外!"

"城里的敌人出来了!"突然有人喊了一声。只见北门已经打开,黑压压的人群涌了出来。早已等待在那里的二十二团、盐阜独立团,还有十旅的一支队,一起向敌人开火。敌人发现中了埋伏,惊恐万状,乱作一团,聪明的扭头就往城里跑。顿时,敌人在乱葬岗边扔下了一片尸体。

下午3时,掌庄据点被二十四团拿下了。至此,攻打外围的作战任务已经完成，阜宁城内的敌人已成了瓮中之鳖。

兵临城下。前线指挥所也前移到了阜宁城下的窑桥。

洪学智等师首长和各旅的领导人，登上了北门的大炮楼，居高临下，借助望远镜观察着城内的情况。

阜宁城是一座古城，东西长3里，南北宽约1里。北面属老城，南面是新城。从北门的大炮楼到新城的小南门相距半里多地。城内贯通着一条南北大街，射阳河从城南蜿蜒而过。敌第五军军部就驻在城东南的天主教堂内。

城区已部分被占领，敌人的防御体系已被分割，守敌受到了巨大的震撼。为了不给敌人喘息的机会，洪学智接通了师指挥部的电话，向黄克诚请示：可否立即发起攻城战斗？黄克诚询问了具体情况以后，果断地说："同意攻城！"

洪学智立即调整了部署。

雨停了，天气仍然是阴沉阴沉的。下午3时，攻城战斗打响了。第八旅、第十旅和盐阜独立团先后从北门冲进城内，按照各自的攻击方向，以排山倒海之势向守敌发起了全面进攻。整个阜宁城淹没在炮火硝烟之中。

第二天凌晨3时，伪第五军军长王清翰及第三十三师长孙建言见大势已去，在水龙局据点及射阳河南岸两个营援兵的掩护下，乘着茫茫大雾，率残部1000余人渡过射阳河向南逃去。

最后就剩下大浦桥据点了。洪学智率前线指挥所人员赶到大浦桥。洪学智到前沿工事察看了一番，见圩子确实高大坚固，命令部队进行一阵猛烈攻击后，再向敌人喊话。政治攻势开始了："你们城

里的部队被消灭的消灭了,投降的投降了,逃跑的逃跑了,你们还打个什么呀?赶快缴械投降吧,我们新四军优待俘虏。"有些战士还唱起了河南家乡小调:

> 黄河水,黄又黄,
>
> 黄河两岸大麦香。
>
> 别人都在打日本,
>
> 你们怎么反把伪军当!

守敌营长见身陷重围,四面楚歌,固守待援已经没有指望,便下令缴械投降。

伪第五军军长王清翰率残部仓皇出逃,遭到沿途伏击部队的连续截击,身负重伤,仅带领几十人逃到盐城去了。

整个阜宁战役历时 36 小时,胜利结束了,全歼伪第五军军部、两个师部、七个团及大批地方反动武装。俘伪副师长以下官兵近 3000 人,解放村镇 580 多个。

阜宁是新四军在苏北战场上从日伪军手里解放的一座城市。阜宁战役的胜利,像惊雷强烈地震撼着苏北大地。一周后,又从欧洲战场上传来了苏联红军攻克柏林的喜讯,苏北大地到处是一派欢乐的景象。

晴空万里,风和日丽。盐阜区五万多军民从四面八方汇集到了东沟。"苏联红军解放柏林,我军光复阜宁祝捷大会"在一片欢呼声中开始了。黄克诚、洪学智等人在雷鸣般的掌声中走上了主席台。黄克诚激昂地说:"阜宁的解放,是我们广大军民团结战斗的结果……我们一定要更加英勇作战,迎接更加伟大的胜利!"

回师苏北战两淮

天刚拂晓，几匹战马沿着宽阔的洪泽湖大堤向北疾驰。嗒嗒的马蹄声随着战士们整齐有力的脚步声，像一阵阵催征的战鼓，令人激昂，使人亢奋。

新四军第三师第十旅旅长刘震奉师长兼政委黄克诚的命令，正率部回师苏北，准备参加两淮（淮阴、淮安）战役。

1945年8月，中国人民的伟大抗日战争胜利了。但是，苏北根据地内的伪军，在接受国民党的改编后，仍然盘踞在淮阴、淮安、盐城等城市，拒绝向抗日军民缴械投降，并抓紧构筑工事，妄图进行顽抗。

黄克诚率领第三师奉命担负机动作战任务。针对敌伪的动态，黄克诚准备集中全师主力攻取淮阴、淮安县城，逐个扫清苏北境内的残敌，解放全苏北。

正在黄克诚所部秣马厉兵，锋芒直逼两淮之时，上级命令第三师主力部队向淮南津浦路以西出动，与第二师会合，准备阻击国民党白崇禧部顽军东犯。

黄克诚决定自己带第七、第八旅分别开赴津浦路两侧的定远、盱眙、涧溪等地区，与二师的部队会合；第十旅进驻高良涧、蒋坝等地区。这样既可以西进作战，也可以回师东返，相机歼灭两淮

之敌。

　　明月当空，如同白昼，晚风吹来阵阵凉爽。黄克诚、洪学智率三师部队兼程西进。但是黄克诚始终不忘苏北对敌伪作战的事，在西进途中派洪学智返回苏北，准备相机组织两淮战役。

　　黄克诚部和第二师部队集结于津浦路两侧等待了半个多月，未见国民党军队东犯的动向。黄克诚分析，国民党军队正忙于夺取大城市和交通要道，一时还不可能向苏北根据地发起进攻。如果将主力部队较长时间集结在此，无疑是一种守株待兔之势，将会失去肃清苏北根据地内残敌的有利时机。于是，黄克诚和二师政委谭震林研究后，联名向华中局、军部和中央建议，回师肃清根据地内负隅顽抗的残余敌伪，创造连成一片的大块根据地，为今后长期作战准备战场。

　　9月5日，刘少奇从中央回电同意黄克诚和谭震林的意见。

　　黄克诚决定马上率部回师苏北，发动两淮战役。并发报通知洪学智，立即准备组织两淮战役。命令驻在洪泽湖畔的第十旅火速东返，攻取淮阴，再由从路西赶回的第七、第八旅攻打淮安。

　　淮阴城是一座历史古城，是苏北的政治、经济、文化中心，水陆交通枢纽和军事战略要地。1937年底，上海、南京被日军占领后，国民党江苏省政府曾迁移在此。1939年2月，国民党又一枪不发地把它拱手让给了日本人。6年来，日军以淮阴为屯兵要地和疏集中心，对苏北、苏中、淮南、淮北进行了多次大规模的"扫荡"。日本投降后，淮阴由伪军第二十八师驻守。伪军头子潘干臣接受蒋介石加委"国民革命军第六军第二十八师"的番号后，迅速进行了整编，并将主力收拢到城内，加强了防御。在城墙外修筑了大量的工事和堡垒，城四周和城门上筑有炮楼，城内主要路口筑有地堡。护城河宽10米，深达2米，在护城河外设有铁丝网和鹿寨，还构筑了大批外围据点，形成了纵横十多里的城垣防御体系。

第十旅旅长兼政委刘震接到黄克诚的命令后，在挥师东返的同时，拟定了初步的作战方案，并将方案报告黄克诚。黄克诚指示，一定要集中优势兵力，分割包围，各个歼灭敌人。

与此同时，师参谋长洪学智根据黄克诚的指示，已命令射阳独立团和淮阴、涟水警卫团，从东、北两面向淮阴逼近；命令淮安、涟东独立团担负对淮安的警戒和包围。

27日凌晨6时，第十旅部队正在急速前进中。突然，从东北方向传来密集的枪声。侦察员报告：前卫部队已进至淮阴城南的高升桥，与守敌交火了。刘震命令部队乘着茫茫大雾火速前进。

下午1时，第二十八团报告，高升桥守敌已被消灭，并打退城内守敌两个营的反冲击，部队正在向傅家庄、金家坪、刘家庄、王家祠堂一线急进。

到31日晚，全部扫清了敌人杨庄、王营、西坝、码头等外围据点，完成了对淮阴城的包围，并逐步紧缩包围圈，陷敌于孤城之中。担任打援的淮安、涟东独立团，消灭了板闸的敌人，卡断了增援淮安守敌的通路。

午夜，洪学智根据敌人的防御情况，经请示黄克诚同意，调整了攻城部署。决定以第十旅集结于城东和城南担任主攻；以师特务团、射阳独立团、新二团等从城南、西、北三面实施包围，担任助攻。

为了给潘干臣一个悔悟的机会,发起总攻前,师指挥部以黄克诚的名义向潘干臣发出了最后的通牒,令其缴械投降。但是潘干臣毫无悔悟之意,凭借坚固的城防,狂妄地叫嚣:"淮阴城固若金汤,任凭你新四军长出三头六臂也休想飞进城来。"敌人的顽固嚣张,更激起了广大指战员的义愤。"打开淮阴城,活捉潘干臣,为苏北人民除害"的呼声一浪高过一浪,激荡在苏北平原上。

9月6日凌晨,天气阴沉沉的,不时地洒下几滴雨点。拂晓时,已是细雨淋漓。

上午8时,战斗开始了。攻城部队的大炮一起怒吼起来,猛烈地轰击着城门及其两侧高高竖起的炮楼。突然,"轰隆"一声巨响,担任主攻的二十八团在城东北角爆破成功。各路突击部队即刻发起了猛烈的攻击。师指挥部里捷报频频传来:

——第二十八团全部突入城内,正向纵深突击;

——第二十九团突破东南面城墙,正向城西部发动进攻;

——第三十团和射阳独立团攻入西门,全歼了号称"老虎营"的敌师教导营;

——淮阴警卫团突破北门,正配合主力围歼城西的敌人。

战斗不断向纵深发展。第二十八团二连张连长带领全连战士冲进了敌师指挥部。敌师长潘干臣正在对着电话训斥丢失阵地的部属。张连长举枪厉声喝道:"举起手来!"潘干臣扔掉耳机,正要掏枪抵抗,张连长猛扣扳机,"砰"的一枪,将这个双手沾满苏北人民鲜血的狗汉奸当场击毙。同一时刻,四连副连长带兵活捉了敌师参谋长刘绍坤。至此，全歼了淮阴守敌8600多人。

胜利的红旗插上了城头，古城淮阴又回到了人民的怀抱。城内城外，欢呼声响彻云霄。一道电波跨越千山万水飞到淮阴，新四军代军长陈毅从延安给第三师发来了嘉奖电："淮阴之战我指战员奋勇用命，于短促时间突入敌伪坚固城防。击毙敌酋，解放淮阴城，为使我苏北、苏中、淮南、淮北打成一片创造了条件。殊堪嘉奖。"

淮阴战役胜利后，刘震指挥第十旅部队迅速进抵淮安城下，实施了对淮安之敌的包围。

淮安城距淮阴34里，面对运河，城墙高达12米。有日军经营多年的防御工事，城四周在运河和护城河等屏障的基础上，增设了外围据点，构成了以城墙为骨干的防御体系。

黄克诚率第七、第八旅日夜兼程，从淮南迅速东返，先后进至淮安城下，接替第十旅完成了对淮安的包围。

黄克诚刚跳下马，洪学智、刘震等人就迎了上去。洪学智说："师长辛苦了！"黄克诚连忙说："哎，你们劳苦功高啊！你们打下了淮阴城，消灭了潘干臣，为人民立了大功啦，谢谢你们。"黄克诚和洪学智等人一一握了手，然后对洪学智说："老洪啊，先说说攻打淮安的具体打算吧。"洪学智笑着说："师长，淮安城已被我们包围了，拿下它就好比囊中取物。你先休息一下，我再给你汇报。"

洪学智把黄克诚让到了室内，简要地汇报了攻城的部署。洪学智说："据侦察，淮安守敌吴漱泉的淮安独立旅及地方武装共4000多人。敌人根据我们在城北集结兵力，城北地形便于接近等情况，

判断我们将要从北面进攻，吴漱泉将主力主要部署在北面一线。因此，我想将主攻方向选在城南敌人防御薄弱的地方。"黄克诚看了看淮安城防要图和敌人兵力配置的情况后，果断地说："我看可以。"

各部队按照师的作战部署，针对守敌依托运河及高大城墙，采用一线设防的特点，制作了各种攻城器材，构筑了十多个高于城墙的制高火力点，挖掘了直通城墙底部的长达150米的地下坑道，并在抓紧进行临战训练的同时，对敌人展开了政治攻势。守敌拒不投降，并于9月21日拂晓，组织了100多人的敢死队，由西城墙缒下，妄图突围逃跑，被第八旅全部歼灭了。

天高云淡，秋风阵阵，京杭大运河清澈的河水滚滚东流。

9月22日上午，师指挥部下达了攻城命令。顿时，炮火齐发，炮弹落在古老的城墙上，炸得烟尘四溅。第八旅第二十二团通过地道，隐蔽抵近城根，用500磅炸药，在城西南面炸开了一个大缺口，敌人的炮楼被炸上了天。突击部队随即发起了猛烈的攻击。第七旅第十九、第二十团和淮安独立团，先后从东南和东北方面突破了城墙防御，向纵深突击。第八旅第二十二团一部，仅用9分钟就登上了城头。其他各部队也相继突破敌人的城防，夺取了南门和西门。经过短时间的激战，敌人依托高大城墙精心设置的防线，全部被摧毁。各攻击部队迅速向纵深穿插，对敌实施分割包围。

12时，守敌大部分已被歼灭。伪旅长吴漱泉带领残部200余人，依托钟鼓楼和楚王殿工事继续顽抗。黄克诚命令各部队集中火力向残敌发起猛烈攻击。经过30分钟激战，将残敌全部歼灭，吴漱泉被击毙，号称"铁打的淮安"宣告解放。

与此同时，第十旅及地方武装相继攻克了响水镇、陈家港、大伊山、新安镇等城镇，控制了灌河两岸，解放了苏北盐场。

两淮战役及以后的胜利，为华中人民解放战争打下了坚实的基础。

挺进东北再显身手

弯弯的六塘河在默默地流淌着，晚风吹来阵阵稻谷的清香，苏北平原显得格外的恬静而安宁。

洁白的月光下，黄克诚吮吸着温馨的空气，望着远处一个个清晰可见的村落，他为亲手创建的苏北根据地而感到无比自豪与欣慰。但当想到即将和自己休戚与共5年之久的苏北父老乡亲离别之时，眷恋之情油然而生……

两淮战役的炮火还在隆隆轰响，黄克诚就在思索着一个更大范围的战略性问题。他认为，抗战胜利后，蒋介石一方面积极准备发动内战，一方面以和平谈判来欺骗人民，麻痹我军。国民党反动派在时机成熟之后，发动一场大规模内战已不可避免。为了应付国民党军队的大规模进攻，我党必须尽快地创建连成一片的总战略根据地。而东北是中国最大的工业基地，与苏联、朝鲜、蒙古等国接壤，是创建总战略根据地的理想地区。

军事家的雄才大略，总是以非凡的气度和过人的胆魄为基础的。黄克诚经过缜密的酝酿后，于1945年9月14日向中央军委提出了对当前局势及军事方针的意见，建议中央速派大部队进军东北，"至少应有5万人，能去10万人最好。并派有威望的军队领导人去主持工作。迅速创造根据地，支援关内斗争"。"以晋、绥、察三地为关内第一战略根据地"，"以山东为关内第二战略根据地"，"其他各地区则成为两大战略根据地之卫星"，以作长期斗争的准备。

9月23日，两淮战役的硝烟还未散去，黄克诚就接到中央军委电令，命他率领新四军第三师主力向东北挺进。

次日上午，黄克诚主持召开了师党委会，传达了中央军委的命令，专门研究了进军东北的有关问题。师党委全体成员在共同思考着一个新的课题，即首先要解决的是行动路线、行进序列、武器装备携带、紧急情况处置等问题。对这一切，黄克诚都已作了认真的分析和周密的思考，在大家讨论的基础上，他都予以明确，并提出了具体的要求。针对有些人提出不带武器的问题，黄克诚指出："目前战争还在继续，情况复杂多变，我们必须把不利因素考虑得多一些。不错，上级的通报中是说过，东北各地武器堆积甚多，部队到达后就可取得新的武器。但到时万一拿不到武器，部队将如何投入战斗？再说，大兵团长途行军，一旦发生意外情况，将无法应付。所以，我们必须把武器带上。"

最后，黄克诚强调："我们三师在苏北这块土地上战斗了5年，指战员中苏北籍的占大多数，现在我们要离开苏北，向东北开进，动员教育和思想工作一定要搞扎实。"

黄克诚带着师机关的干部对部队的准备情况进行了细致的检查。当发现有相当一部分人不愿带棉衣时，黄克诚考虑到部队到达东北以后就将进入严冬季节，必须把棉衣备齐再出发。他随即命令师后勤部一定要抓紧把棉衣配发齐全。

9月28日，苏北大地旌旗猎猎，锣鼓喧天，十里八乡的父老乡亲潮水般地涌向村头路边，早早地等候在那里，为子弟兵送行。黄克诚率领新四军第三师4个旅3个特务团共3.5万余人，告别了并肩战斗5年、建立了鱼水深情的苏北人民，浩浩荡荡地踏上了进军东北的征程。

部队在飞速地行进。黄克诚率部即将离开苏北，进入山东境内时，上级命令第三师在山东停留一段时间，担负山东地区的作战任务。黄克诚认为，历来强调兵贵神速，如果在山东停留过久，必将贻误战机。因此，必须争分夺秒向北开进。他于10月4日将自己的意见报告了中央军委。两日后，中央军委电示："为了迅速达成战略任务，三师部队在到达山东后，应兼程北进，不能在山东担负作战任务。"于是，黄克诚率部继续向北开进。越过沂蒙山区，跨过胶济铁路，渡过黄河，于11月上旬进入冀东平原。当部队抵达河北三河、玉田一线时，敌情突然传来。敌汤恩伯部5万余人逼近山海关，与我山海关守卫部队接火。

黄克诚立即召集师领导成员商量对策。黄克诚坚定地说："敌5万余众威逼山海关，我部从山海关出关的计划已难以实现，当务之急是避免在山海关一带同敌人纠缠，迅速出关抢占东北。"黄克诚

与副师长刘震和副师长兼参谋长洪学智面对地图，开始思考和寻找新的行军路线。最后，拟定并报军委批准：部队绕道冷口出关。中央军委还指示黄克诚所部出关后迅速向锦州集中。

黄克诚按照中央军委的指示，命令部队继续向北开进，经丰润、迁安，由冷口出关，过青龙、建昌，于 11 月 25 日到达锦州附近的江家屯。黄克诚率部经过长途跋涉，途经江苏、山东、河北、热河、辽宁 5 个省，历时两个月，终于完成了进军东北的战略任务。

脚下是松辽平原的一隅，是到处盛产玉米、大豆和高粱的黑土地。然而，这块黑土地饱经忧患。1931 年"九一八"事变以后，这里沦入日本侵略者之手。这块黑土地上的人民饱受了日本帝国主义的践踏之苦，渴望着早日获得新生。此时此刻，黄克诚倾心地感应着人民的心声和呼唤，品味着这块黑土地的沧桑，掂量着自己肩头上的分量。

与此同时，国民党军队正借助美帝国主义的飞机和军舰，向东北大量调兵遣将。就在黄克诚率部进入辽宁之后，刚刚解放的山海关和锦州已相继失守，国民党军主力部队正沿着北宁线向沈阳推进。人民和平美好的愿望又将变成泡影，战争的灾难将再次降临这块黑土地。

面对这种情况，黄克诚于 11 月 26 日向中央军委建议，进军东北的八路军和新四军部队暂不在大城市和交通干线上作战，而以一部主力占领中小城市和广大农村，建立根据地，逐步积蓄力量，作长期斗争的准备。

1946 年初，黄克诚被任命为中共西满分局副书记兼西满军区副政委，随后便担任了西满军区司令员。他领导广大军民创建西满根据地，组织剿匪反霸，发动群众，建立人民政权，实行土地改革，组建扩大地方武装，发展生产，支援前线作战。整个西满分局管辖的辽宁、辽北两省的工作轰轰烈烈地开展起来了。

就在这时，苏联红军奉命撤出东北。黄克诚认为蒋介石一时无力接管东北所有的大城市，只能由国民党收编的伪军和地主、土匪武装去代劳。这是我军夺取大城市，发展壮大我党我军力量，扩大政治影响的极好时机。随即命令所属部队做好夺取大城市的准备。乘苏联红军撤离东北之际，黄克诚命令部队先后攻占了四平、长春、齐齐哈尔等城市，歼灭敌人几万人。黄克诚指挥部队连续发动攻势作战，缴获了大量武器和战略物资，充实和改善了部队的装备，推动了部队的发展壮大。

为了加强部队的统一指挥，自1946年春，所有进驻东北的八路军和新四军进行了整编，统编成东北民主联军。黄克诚率领的新四军第三师第八、第十旅和独立旅合编为东北民主联军第二纵队（后改称东北野战军第三十九军）；第七旅与山东八路军第七师合编为东北民主联军第五纵队（后改称东北野战军第四十三军）；以新四军第三师的三个独立团为基础，加上地方武装一部，合编为东北民主联军第七纵队（后改称东北野战军第四十四军）。

1947年3月，西满分局书记李富春调到东北局工作，黄克诚代理分局书记的职务。

当时，西满地区匪患猖獗。土匪凶残狡猾，为非作歹，糟蹋百姓，成为影响根据地巩固和发展的严重障碍。黄克诚和西满分局、

开国大将的故事

军区的负责人一起，发动广大军民出点子、想办法，逐步摸索出了运用骑兵部队剿匪的经验，并抓住时机，坚决围剿，一直将残匪追逼到中苏边境的黑河、漠河一带，予以彻底剿灭。

黄克诚在领导完成建立西满根据地的任务后，调任东北民主联军副司令员兼后勤司令员、政委，统管整个东北地区我军的战勤工作。

黄克诚随即来到哈尔滨，主持召开了东北民主联军后勤党委扩大会，对后勤工作的任务、方针、政策、组织机构等问题进行了深入的研究，制定了一整套后勤保障工作的规章制度，规范了后勤的管理，使后勤保障工作有章可循，有力地保证了战勤工作的需要。

为了加强东北战场南线支援作战的工作，黄克诚于1948年4月被任命为中共冀察热辽分局书记兼冀察热辽军区政委，并兼任东北野战军第二兵团政委。黄克诚到任后，积极领导冀察热辽地区军民自力更生，恢复发展经济，有力地支援了东北战场的南线作战。

解放战争进入第三年，全国的军事、政治、经济形势发生了巨大变化，敌强我弱的悬殊情况已经有了很大的改变，人民解放军同国民党军队进行战略决战的条件已经成熟。1948年9月，东北野战军发动了辽沈战役。从9月中旬到11月初，历时52天，除营口之敌万余人和葫芦岛之敌从海上逃跑外，东北境内之敌47万余人全部被歼，东北全境解放。

辽沈战役胜利结束后，中共中央任命黄克诚为天津市军事管制委员会主任兼中共天津市委书记，准备接管天津。1949年1月15日，黄克诚带领一批干部随攻城部队，顶着硝烟进入天津市区，开始对天津实行军管。在黄克诚的领导下，经过紧张而艰苦的工作，使一片狼藉混乱的天津迅速安定了下来，工厂、企业很快恢复了生产。5月份，毛泽东在北平亲自听取了黄克诚关于天津接管和城市民主改革情况的汇报，给予了高度的评价。

1949年9月，黄克诚出席了中国人民政治协商会议，参加了创建中华人民共和国的活动。10月1日，黄克诚登上金碧辉煌、鲜花簇拥的天安门城楼，参加了中华人民共和国的开国大典，倾听着毛泽东庄严地宣布：

"中华人民共和国成立了！"

"中国人民从此站起来了！"

五星红旗在天安门广场冉冉升起……

黄克诚在血雨腥风的岁月里，在炮火连天的沙场上，在荆棘坎坷的征途上，锻炼成长为忠诚的共产主义战士，党和军队卓越的领导人，杰出的无产阶级革命家、军事家。他为我们党、军队和人中华民共和国的创立与建设贡献了毕生的精力。

开国大将的故事

的故事

陈登才　冯世平　编著

（下册）

红旗出版社

陈赓大将的故事

弃读从戎　投身黄埔

俗话说："子承祖业。"陈赓的祖父曾投身军伍，他的英武之气一直影响着陈赓，这最终造就出了一位叱咤风云的共和国大将军。

1903年2月27日，陈赓出生在湖南省湘乡县城北二都柳树铺的羊吉安村。他是次子，家里给他取的乳名叫福哥，学名庶康，字传瑾。陈赓出生后不久，他的哥哥就夭折了。

陈赓的祖父陈益怀曾做过湘军将领。他膂力超人，而且还能站在三张叠起的桌子上，用牙齿提起四只装满水的木桶。他用一把80多斤的大刀，每次作战都一马当先，威猛之气逼人。但他最终看清了清王朝的腐败和战争对老百姓的残害，解甲归田，回到羊吉安这个小山村，买了一些田地和房产，过起乡居生活。

陈益怀格外疼爱小孙子，经常把陈赓抱在膝上，给他讲述自己打仗的故事。那绘声绘色的讲述，使陈赓入迷，在他心目中，祖父是个英雄。陈赓的父亲陈绍纯教子极严。陈赓从六岁起就开始读

《三字经》《百家姓》。刚满9岁，又被送到私塾中去读《四书》《五经》。私塾先生经常用打手心、打屁股、罚跪等方法体罚学生。这使陈赓幼小的心灵中萌发了反抗的心理。

有一次受罚后，陈赓悄悄溜进厕所，把茅坑上的踏脚板锯开一半，然后躲藏起来，先生来上厕所，一只脚刚踏上去，木板就断了，先生差点掉进茅坑。为此，陈赓又受到先生和父亲严厉的责罚。父亲大声呵斥他说："看！到了你16岁的时候，一定把你从这个家赶出去！"

直到13岁，陈赓才结束了令人窒息的私塾学习，到一所新式小学——湘乡县东山高等小学堂读书。这里的教学方式与私塾截然不同。课程除学经书外，还有自然科学、英文、音乐等。学校里有很浓的自由空气，陈赓在这里接触到许多进步的思想。他逐步懂得了"列国富强、我国贫弱"的现实，决心要做一个救国救民的民族英雄。

在东山小学堂读书一年多，父亲就强迫陈赓同一个不认识的女子结了婚。不久，他最崇敬的祖父去世了。这些打击使他再也无法安心读书了。他决定离开这个封建家庭，于是报名入了湘军。

军阀的腐败和反动使他失望。1921年，陈赓离开湘军到长沙铁路局当了个办事员。这时，他有了读书的渴望，便利用业余时间进各种补习学校学习。

自从进入毛泽东创办的自修大学后，他同中国共产党人有了接触。1922年12月，在共产党人何叔衡、郭亮、姜梦周的帮助下，19岁的陈赓加入了中国共产党，从此走上了为祖国、为人民解放而奋斗的道路。

陈赓大将的故事

1924年，孙中山确定了联俄、联共、扶助农工的三大政策，在中国共产党人的帮助下，改组国民党，成立了广东革命政府。

5月，中国共产党抽调了大批干部帮助筹办中国国民党陆军军官学校。当时选定以黄埔岛上原有的广东陆军军官学校和海军学校的校舍作为军校校舍。所以，后来这所学校被称为"黄埔军校"。

这所学校按照苏联红军的建军原则和作战经验来训练干部，实行党代表制度，以确保革命党的主义和政策能贯彻执行。列宁领导的苏维埃政府为这所学校提供了一些经费、枪械和教官。中国共产党人周恩来、叶剑英、聂荣臻、恽代英、萧楚女等相继在黄埔军校任课并担任领导职务。

一时间，"到黄埔去！"成为广大先进青年中最流行的口号。

陈赓这时正在一所陆军讲武学校学习。根据党的指示，他率先退出讲武学校，考入黄埔军校。在他的带动下，许多同学相继离

★黄埔军校

校。最后，这所陆军讲武学校全校并入了黄埔军校。

1924年5月5日，黄埔军校第一期新生入伍。6月16日，孙中山亲自主持隆重的开学典礼。

孙中山说："中国革命之所以迟迟不能成功的原因，就是没有真正的革命武装队伍，没有广大民众的基础。现在无论哪一个部队，都是假革命之名，行割据之实，克扣军饷，剥削人民，贪图私利，贻害苍生，使我的革命主张不能实现。我做了骄兵悍将的傀儡，成为民众的罪人。过去如此，现在还是如此。为得完成我们的革命使命，所以我才下决心改组国民党，建立党军，实行工农政策。第一步使革命的武力与民众相结合，第二步使革命的武力成为民众的武力。这就是创办黄埔军官学校的主旨，也就是黄埔陆军军官学校的使命。"

"怒潮澎湃，党旗飞舞，这是革命的黄埔！……"嘹亮的黄埔军校校歌在会场上空回响，唱出了这些正义的革命党人和热血青年的心声。

黄埔军校第一期新生的录取标准是很严格的。开始只录取了470人，后来又录取了从四川远道来投考的20名学生。全体学生被编为四个队，陈赓在第三队。

军校条件比较艰苦，一间寝室住几十人，睡的是木制双层床。

每天天刚亮，学生们就得起床，整理内务，盥洗、早操。除上课外，每天还要接受战斗训练，生活相当紧张。由于陈赓在军阀部队中经受过磨炼，所以，他很快就适应了军校的生活。

当时，国民党内部产生了严重的分化，一帮反动分子联合起来反对孙中山的"赤化"。这场斗争也反映到了黄埔军校中。黄埔军校形成了阵线分明的两大营垒：一方是共产党领导的左派学生（后组成"青年军人联合会"）；另一方是国民党右派控制的反动学生（后组成"孙文主义学会"）。

在周恩来领导下，黄埔军校内成立了第一个中国共产党党支部，陈赓任候补干事，他和同志们一起，在校内外同国民党右派分子展开了激烈的斗争。

陈赓等共产党员学生还组织了"血花剧社"，自编自演一些话剧，主题都是反帝反封建的。陈赓是剧社的主要负责人之一，而且常常登台演出。由于他们的演出非常成功，在黄埔军校内影响很大。

为了消除共产党的影响，同"血花剧社"相对抗，国民党右派分子也组织了一个"白花剧社"。

面对这种明目张胆的挑战，周恩来指示有关部门，一定要在政治上揭露国民党右派的罪行，在经济上支持"血花剧社"。反动分子总是不得人心的，"白花剧社"同"血花剧社"唱对台戏，每次"白花剧社"的观众都寥寥无几，只能灰溜溜地收场。

1924年10月，买办商人陈廉伯勾结广东军阀陈炯明，从香港购买大批军火运到广州，企图操纵商团阴谋暴动。

孙中山得知这一消息后，立即命令黄埔军校学生乘军舰赶到沙面，在白鹅潭拦截住一艘运载军火的丹麦轮船。

根据党的指示，陈赓参加了这次行动。他同进步同学一起，经过一场激烈的斗争，终于把这批军火全部截获，并运往黄埔学校。

1924年11月底，陈赓以优异的成绩成为黄埔军校第一期毕业生。随后他在党的领导下，勇敢地投入激烈的革命斗争之中。

开国大将的故事

孤胆英雄东征救蒋

陈赓勇猛善战，关于他的传奇故事很多。其中在广东革命军第二次东征中，他救了蒋介石一命的故事流传最广。

那是在 1925 年。10 月 1 日，广东革命军为了彻底消灭盘踞在东江的反动军阀陈炯明，举行了第二次东征。蒋介石担任东征军总指挥兼第一军军长，周恩来任东征军总政治部主任兼第一军第一师党代表。陈赓当时是第二师第四团的一个连长。在从惠州东进途中，陈赓率领的连队被调到总指挥部担任护卫。

10 月下旬，周恩来率第一师攻打海丰，第三师进攻华阳。由于敌军力量大大超过革命军，第三师陷入困境。

蒋介石得到消息后赶到华阳督战，并派陈赓到前线传达"不准退却"的命令。还带信给第三师师长：凡临阵逃跑的人，不论是谁，统统枪毙。

无奈第三师是刚收编的旧军队，部队士气不高，战斗力极差。陈赓带着命令赶到前线时，部队已经全线败退。见到蒋介石的命令后，师长带领少数部队据守一高地奋力抵抗，等到蒋介石赶到那里，敌军发动了一次侧击，第三师就全线崩溃了。

气急败坏的蒋介石命令陈赓："你代理第三师师长，集合队伍，组织抵抗。"

但此时大势已去，敌军杀声震耳，步步逼近，第三师的士兵却恨爹娘没有给自己多生两条腿，逃跑都唯恐来不及，哪里还组织得起来呢？整个部队像炸了窝的蜂，四处奔逃，连总指挥部的人马也顾不得长官，脚底抹油——开溜了。

成了孤家寡人的蒋介石，回想着不久前攻克惠州，在一片欢呼声中的那种自豪场景，再看看眼前的残破局面，不禁潸然泪下。他正要自寻短见，"总指挥！"一个急迫的声音传来，阻止了他的行动。蒋介石抬头一看，原来是陈赓赶到了。

想自杀只是一念之间的事，好死不如歹活着。这时的蒋介石已不再准备"舍生取义"了，但他觉得面子上过不去，就又在那儿闹死闹活的。

陈赓看出了这一点，尽管周围环境危急，他还是耐心地劝慰说："你是总指挥，你的行动会对这次整个的战事发生影响。这终究只不过是一个师，它毕竟不是黄埔训练出来的部队。赶快离开这里吧！我们回头把部队整顿一下，还是可以再打过来的。"

陈赓的话入情入理，冠冕堂皇，蒋介石有了台阶可下，也就不再闹着自杀了。

这一闹拖延了时间，敌人的追兵逼近了。蒋介石心里发慌，吓得腿都软了，走不动路。陈赓扶起蒋介石，连拖带背地往后撤。

子弹在他们耳边呼啸而过，敌军穷追不舍。就这样跑了几里路，他们来到一条河边。

河边正好有一条渡船，陈赓扶蒋介石上船后，持枪坐在船尾，随时准备向追来的敌军开枪。

开国大将的故事

过了河就算脱离了险境。高度紧张和极度疲惫的陈赓，累得上气不接下气。刚才还没了魂似的蒋介石却来了精神，脚底生风似的跑得飞快，陈赓却跟不上他了。

等蒋介石安顿好住处，陈赓又聚集起一部分打散的人马，等待周恩来派兵援救。

由于这场战斗失败惨重，总指挥部的东西丢得精光，与周恩来率领的一师又失去了联系，蒋介石气得暴跳如雷，见人就骂。

★陈赓大将

他急于与周恩来联络，但当时没有电台，只能派人去送信。让谁去呢？蒋介石踌躇了。他把几个军官召集到一间屋子里，在屋子里踱来踱去。突然，他停住脚步，猛一转身，对着军官们说："我要同周党代表联系，谁愿意去送信？"说完，他的眼睛直盯着几个军官的脸。

当时四处都是敌军，好容易脱离险境的军官们个个都像惊弓之鸟，怕还来不及呢，谁愿意冒那个险，独自去送信呀！所以，几个人的眼睛都躲避着蒋介石的目光，谁也不吭声，屋里顿时冷了场。

一见这种情况，蒋介石火冒三丈。他正要破口大骂，一个沉稳而坚定的声音响起了："我去！"大家抬头一看，说话的是陈赓。

震怒中的蒋介石一下愣住了。他刚被陈赓从绝境中救出，陈赓可以说是他的救命恩人，他身上仿佛还能感受到陈赓背他时身上散出的体温，于情来讲，他不应该再让陈赓去冒险；于理呢，别人都只顾自己逃命，陈赓却是背着个大活人撤退，体力消耗太大，应当让他好好休息几天。可是，几个亲信是那么不争气。自己在敌军的包围中多待一刻，就多一分危险，还是保命要紧。

想到这儿，蒋介石一边有点不好意思地对陈赓说："你太辛苦了！"一边拿出一封亲笔信，交给陈赓。这封信是写给何应钦和周恩来的。他嘱咐陈赓："你们化装成农民，到海陆丰的后埔去找何应钦、周恩来。明天早晨十点以前一定要把信送到。"

从所在地到后埔，有一百几十里路。过了河就是敌军占领的区域。还要翻过一座啸聚着许多股土匪的莲花山。对这一带，陈赓也不熟悉，这条路他根本就没走过。路途遥远，时间紧迫，这任务够艰巨的。嫉妒陈赓的军官等着在旁边看笑话，明理点儿的为陈赓捏一把汗。陈赓自己却信心百倍地上路了。

本来，蒋介石派了一个军官随同陈赓一起去。但第一次遇上"土匪"，那人就悄悄地溜走了。陈赓孤掌难鸣，掏出身上带的100块银圆，全部交给"土匪"头目，做了"买路钱"。

"土匪"头目见他英气勃勃、举止豪爽，知道他是个军人，就直截了当地问："你老实讲吧，你干的那个行当是陈炯明的军队，还是广州来的革命军？"

陈赓扫视了这帮"土匪"一眼，见他们大部分衣衫不整，没有惯匪的那种流气和霸气，猜想他们一定是被战乱和军阀祸害得活不下去的农民，便微微一笑，坦率地回答："是革命军，你们打算怎样呢？"

一听陈赓说是革命军,那些"土匪"原来板着的脸都挂上了微笑。他们告诉陈赓,因为军阀和地主压迫剥削太重,他们饥寒交迫,实在过不下去才被"逼上梁山"的。他们还给陈赓50块银圆,告诉陈赓,深山里有老虎,前面还会遇到土匪,要陈赓多加小心。"土匪"头目拿出一张纸,在上面画一个圆圈,又点上几点,交给陈赓,说:"再遇到我们的弟兄,把这个符号拿出来给他们看,他们就不会找麻烦了。"

陈赓继续往前走,又遇到两次"土匪",每次他都拿出那张符号。"土匪"们一见符号,就放陈赓过路,既不为难,也不加害。

大山里古木参天,顺着崎岖的小道,陈赓连夜赶路。为防老虎,他手提一根木棒,大步流星地往前走,颇有梁山好汉武松独闯景阳冈的豪气。

月光下树影摇动,远处不时传来几声凄厉的鸟兽鸣叫。此情此景,不管多大胆的人,心里也难免有些紧张。陈赓攥紧木棒,随时准备与猛兽搏斗。

山道坎坷,夜路难辨,陈赓深一脚浅一脚,磕磕绊绊,脚都走肿了。他强忍疼痛往前走,终于在次日下午一点赶到后埔。

周恩来等人见信后,立刻派一支部队接回了蒋介石。由于陈赓舍生忘死地营救,蒋介石才保住了一条命。

起初,蒋介石不知道陈赓是共产党员,想拉拢他,就送给他许多礼物,还把他调到自己身边做侍从参谋。

后来蒋介石发现了陈赓的身份,就开始防范他了。有一天,陈赓见蒋介石的书桌上摆着一本黄埔学生和各级负责人的名册。打开一看，每个共产党员的名字上都画了一个红圈；在陈赓的名字旁，蒋介石批注道："此人是共产党员，不可带兵。"

陈赓向周恩来汇报了这一情况。经过商议，周恩来说："你给他写个条子，辞职不干，看他如何处置。"第二天，陈赓写了一个请假条，托词是母亲病重，要求回家。

阴险狡诈的蒋介石，看了请假条后，阴沉沉地问："不是吧？你看了我的什么东西了吧？"陈赓没有回答。

第二天，蒋介石就派人送来了船票、路费和一纸委任状。委任状上写道："委任陈赓为中央军事政治学校中校队长"。

陈赓随即离开蒋介石，来到了广州。

机智果敢斗敌特

陈赓不仅勇敢，也十分机警。为此，党中央安排他在中央特科情报科主持工作。他巧取敌人情报、打击敌特、惩办叛徒，留下了许多具有传奇色彩的故事。

大革命失败以后，革命形势转入低潮。国民党特务活动猖獗。一些软弱分子经不起敌人的威逼利诱，叛变了革命，有些人还出卖同志，给党组织造成极大的损失。为了加强对敌人侦探机关的打击，及时掌握敌情，中央特科成立了情报科。陈赓化名王庸，担任中央特科的情报科长。主持特科日常工作的顾顺章（后叛变）外出

时，由陈赓代理他的职务。

特科有名的传奇人物"老宋"（宋再生）是陈赓主持情报科工作以后，派进国民党淞沪警备司令部的第一个重要情报员。

宋再生原名宋启荣，1928年调到中央特科，在陈赓领导下工作。

由于陈赓的安排，宋再生很快同国民党高层官员拉上了关系，并被委派为淞沪警备司令部的政治密查员。

按照陈赓的指示，宋再生利用政治密查员的身份同英、法巡捕房和上海市公安局的督察处、侦缉处都取得了联系，名气越来越大。

1928年腊月底的一天，有个叫王铁静的人带着个姓黄的年轻人来找宋再生。姓黄的操一口浓重的湖南乡音，张口就对宋再生说："我可以帮助你们捕到共产党的重要人物罗迈。"

"什么？"宋再生大吃一惊。罗迈是李维汉的化名。李维汉当时担任江苏省委书记，当时住在上海，是国民党反动派缉捕的重点对象。敌人早已发出通缉令，悬赏五万元要李维汉的人头。

姓黄的自以为成竹在胸，一脸贪婪相地问宋再生："你晓不晓得，捕罗赏格5万元有回扣？"

宋再生这时已稳住了神，淡淡一笑，十分肯定地说："十足照付，不折不扣。不过，事要实在、稳当。"

那家伙胸脯一挺，神气十足地说："以命担保！"

"那好！"宋再生说。

谁知姓黄的财迷心窍，又提出要求："好不好先付我30元现钞，我过年急用。"

宋再生毫不犹豫地答应了他，并约定：农历正月初五在长乐茶社碰头。

打发走姓黄的以后，宋再生立即把这件事报告给了陈赓。

听到这个情况，陈赓沉思了一会儿，果断地说："好吧！到时候你把姓黄的带到大东旅社去，我自有安排。"

正月初五的上午，蒙在鼓里的黄某人果真来到长乐茶社与宋再生碰头。

按原订计划，宋再生把这家伙带到了大东旅社。陈赓身着黄呢军服，装扮成国民党高级官员，在一间豪华的客房里大模大样地坐等。

宋再生把姓黄的引进屋，毕恭毕敬地介绍说："这位是我们司令部的王参谋长，你快随他去见司令！"

陈赓带着这人坐上汽车，来到威海路805号一幢石库房前。顾顺章领着三个同志正在那里等候。

顾顺章一见二人进门，便急忙迎上来打招呼："王参谋长好！这位就是黄君吧？"

"不错。"陈赓点点头。

顾顺章一边让他们进屋，一边说："来来来，我们先来商量一下，再去见司令官。"忙又吩咐人摆上一桌酒菜待客。

酒名"千里香"，主人尽情豪饮，没有丝毫醉意，而客人一杯都没喝完，就烂醉如泥了。原来那把酒壶是个变魔术的道具。主人喝的都是白水，客人喝的却是加了"料"的真酒。

特科工作人员顺利地处理了这个奸细，保护了党的领导人。

1929年8月24日，彭湃等五个人在上海沪西区新闸路径远里白鑫（中央军委秘书，这次开会是由他通知的）家开中央军委会议。

下午4点多，几辆红皮钢甲车载着一些巡捕和侦探包围了这座房子。他们直接跑到楼上会场，拿出一份名单一一核对，逮捕了参加会议的五个人。过了一会儿，又来了一帮人，带走了白鑫夫妇。

敌人怎么会得到如此准确的情报呢？

当晚，周恩来就召开中央特科负责人的紧急会议，了解原因和组织营救。

陈赓立即派人去打听。很快得知，白鑫在一个月前就向国民党市党部自首了。为了捞取赏金，也为了表功，他把这次开会的消息告诉了敌人。参加这次会议的都是中央和江苏省委员会的负责人。本来周恩来也要参加这次会议的，临时因为有事没能参加。敌人后来带走白鑫夫妇实际上是为了保护他们。

陈赓迅速把情况报告给周恩来。周恩来马上派人侦察白鑫的去向。

与此同时，在周恩来领导下，陈赓等人积极组织了营救工作。

由于彭湃名气很大，蒋介石对他恨之入骨，下令立即杀害。

8月28日早晨，敌人把彭湃等人从拘留所送往龙华警备司令部。特科所有会打枪的人一起出动，埋伏在囚车经过的途中，准备截车。一部分人化装成拍电影外景的摄影队，指定专人运送武器，还准备了装满大米的卡车，到时可用它拦住囚车。但是送武器的人迟到了，加上枪里的润滑油没有清除，不能立即使用，营救失败。彭湃等人随即被杀害。

彭湃等遇难的消息传出，更激起了大家对白鑫这个叛徒的憎恨。特科更加紧侦察白鑫的行踪。

打入国民党中央组织部调查科任上海特派员的同志终于找到了白鑫的住处。一天，他到白鑫家去找他谈话。因为他的身份隐蔽，白鑫没有起疑。

那同志单刀直入地说："这次行动你立了大功。现在你手头还有什么线索，最近还有什么行动计划？"

白鑫满心以为找他谈话的是国民党官员，便讨好地说："我最近要到南京去，把掌握的共产党机密情报汇报一下，回来组织一次大的行动，一举破坏共产党的领导机关。"

陈赓得知了这一险恶的阴谋，连忙布置人严密监视白鑫的行动。白鑫每天上午干什么，下午做什么，连晚上有什么活动都要及时汇报，坚决制止白鑫离开上海。

我们有一个同志叫柯麟，化名柯达文，以医生的身份作掩护，同另一个同志贺诚（化名贺雨生），共同在上海威海卫路开设了一所"达生医院"，以掩护党中央机关的活动。（当时党中央每月在这个医院开一次会。）

白鑫与柯麟认识多年，很佩服他的医术，常到这所医院来看病。他不知道柯麟的真实身份，也不知这个医院的底细。

就在彭湃被捕的第二天早晨，有位同志来到柯麟家，告诉他白鑫已叛变，并出卖了彭湃等人，并叮嘱他："白鑫这两天正患疟疾，可能会来找你看病，你要有所准备。"

不久，陈赓又来通知柯麟：一定要设法除去这个叛徒。为了这

一行动，在五洲药房附近设置了联络点，有事要及时联络。陈赓还给柯麟留下了自己在新世界饭店的房间号码，让柯麟无论有没有情况，每晚都要去饭店汇报。

网已经撒下了，白鑫却一直没有动静。

过了十几天，白鑫突然带着两个保镖，来找柯麟看病。

柯麟一边慢吞吞地给白鑫看着病，一边焦急地想，怎样尽快去通知联络员。看完病，柯麟装着下楼找药，出后门去找联络员。谁知白鑫也很鬼，一见柯麟出了门，连忙带着两个保镖溜走了。

这天晚上，柯麟懊丧地去饭店向陈赓汇报。陈赓详细地问了柯麟看病的经过，经过分析，断定白鑫并没有识破柯麟的真实身份，只不过是他心虚，不敢在外面多逗留。于是告诉柯麟："明天你照常营业，如果白鑫来了，你听到枪声，就马上离开。"

陈赓派了几个人埋伏在柯麟的医院附近，并且周密地部署了捕捉白鑫的计划。哪知等了整整一个星期，白鑫都没有露面。

陈赓想，很可能是白鑫心里害怕，他也许会请柯麟到家里去出诊。

果不其然，两个星期后，白鑫打来电话，请柯麟出诊，地点是法租界的白宫饭店。

柯麟如约去了。看病时在场的有白鑫的老婆、保镖和保护人，防备很严。

看完病，白鑫留住柯麟闲聊，让他开一间大医院，还送给柯麟500块银圆。柯麟明白这是白鑫在拉拢他。当晚汇报时，柯麟就把这些钱如数交给了党。

根据一系列的情况，陈赓判断，白鑫还会来请柯麟看病。他嘱咐柯麟一定要牢牢地抓住这条线索，把握叛徒的动向。

两个星期后，白鑫又打电话请柯麟出诊，这次地点是在法租界霞飞路（今淮海路）的一个公馆。

柯麟出诊回来后，告诉陈赓：这所公馆在和合坊第四弄43号。二层有人保护，白鑫住在三层。

陈赓立刻在那条弄堂的最末一家租了间房子给柯麟住。他自己在紧靠白鑫住处的27号三楼租了间房子。27号后门斜对着白鑫住的43号，三层又居高临下，可以清楚地看清43号的一举一动。

白鑫素来知道特科惩办叛徒十拿九稳。他就像惊弓之鸟，日夜为自己的狗命担忧。他一再恳求主子让他去意大利避避风，这个请求终于被批准了，定于11月11日动身。

陈赓得知这一情况后，立即报告给周恩来，经研究，决定在白鑫动身那天处决他。

周恩来和陈赓等人认真研究了行动计划。周恩来还亲自到白鑫住的和合坊弄堂里观察现场，只见和合坊前门临霞飞路，后门通蒲石路，两门都有巡捕看守。针对这些情况，他们制订出周密的行动计划，由特科负责执行。

陈赓非常细心，不仅掌握了白鑫乘坐的轮船、动身的时间，连敌人派什么车送白鑫去码头都了如指掌。

这天，白鑫的住处加强了警卫，在和合坊两个入口处加派了武装巡捕巡逻。白鑫家里的人进进出出非常紧张。用人还买回了许多水果，显然是准备路上吃的。

尽管掌握了这么多情况，陈赓还是不放心。他又派人去43号证实一下:"白鑫是否还在家中?"派去的人回来汇报说:"白鑫晚上动身。"陈赓决定按预定计划行动。

下午,由顾顺章、陈赓指挥的特科工作人员进入43号周围的弄堂里面埋伏下来。

晚上10点多钟,来接叛徒的汽车驶进弄堂,白鑫的保镖还雇来一辆号码为6730号的汽车。两辆汽车都停在蒲石路和合坊后门口。过了一会儿,保镖和用人忙忙碌碌地把行李搬上车。

晚11点,白鑫终于露面了,他披着一件灰哔叽的衬绒袍子,穿一条藏青色的西装裤,脚上的黑皮鞋油光锃亮。十几个保镖簇拥着他走向汽车。

他们刚走到东五弄口,早已埋伏在那儿的特科人员从黑暗中冲出来,大喝着:"不许动!"对准白鑫就是一枪。可惜,在黑暗中人杂,准头偏了一些,没有打中。子弹擦着白鑫的身子呼啸而过,吓得他抱着脑袋撒腿就跑。

一个保镖立即举枪还击,子弹还没出膛,他自己倒被特科人员打中了,子弹从他的右太阳穴射入,穿过大脑,他当场毙命。其余的保镖见势不妙,早已顾不上任务,自己逃命要紧。在一阵乱枪中,四五个保镖丧了命。剩下的抱头鼠窜而去。

此时,白鑫拼命向北逃命,边跑还边向追赶的人打枪。特科早已作了周密部署,岂能容这个罪大恶极的叛徒逃掉!一阵激烈的点射之后,终于把这个叛徒击毙在71号门前。经过检查,只见子弹从前额穿入后脑,脑浆迸裂,确实已经毙命。

这场战斗历时不短,我方共射出90多发子弹。完成任务后,陈赓等马上撤离了现场。事后约一个小时，巡捕房才派了一些巡捕、包探到现场查勘。我们的同志早已无影无踪了。

这件事震动了整个上海。镇压这个罪大恶极的叛徒，大长了共产党的威风，使租界当局和国民党反动派闻风丧胆。由于旷日持久未能破案，国民党政府和租界当局还互相埋怨，演出了一场狗咬狗的闹剧。

铁窗铮骨

陈赓不仅打仗轰轰烈烈，即使身陷囹圄也绝不畏缩，毫无虎落平阳之态。

那是1933年3月，党中央决定派陈赓去江西中央红色区域工作。当时陈赓住在上海，就在出发的前一天（3月24日），陈赓去贵州路的"北京大戏院"（后改名为"丽都大戏院"）看电影，不巧同一个名叫陈连生的叛徒坐在一起。

陈连生原是上海先施公司的学徒，后来参加了革命，先在武汉我军委特务工作处工作，继而转到上海，在我党中央特科工作。就在那时，他认识了陈赓。

见到陈赓，陈连生双眼放光：升官发财的机会终于来了，把陈赓捉住，那可是大功一件啊！但陈连生也早有耳闻：陈赓十分机警，身手也很敏捷强健，不好对付。他双眼一转，赔着笑脸，作出一副若无其事的样子跟陈赓搭讪。

陈赓知道陈连生已叛变，立即起身走出电影院。陈连生紧紧跟在他身后，死缠住不放。陈赓快步疾走，想甩开叛徒，但他腿伤初愈，跑不快，陈连生赶上来拖住了他。于是两个人在马路上打了起来。陈赓狠狠地打出一拳，把叛徒打倒在地。叛徒急了，从身上掏出哨子，躺在地上使劲地吹。尖厉的哨音召来了四周的巡捕，终因寡不敌众，陈赓当场被逮捕了。

陈赓被捕后，关押在老闸巡捕房。在陈赓被捕的当天，化名陈赓妹妹陈藻英的女共产党员谭国辅来陈赓住处找他，也被捕了。

从1928年至1931年，陈赓一直在上海做秘密工作，经常与租界巡捕和国民党的特务、密探打交道。巡捕们见到陈赓后，大吃一惊，惶惑地问："怎么，你是陈赓？你不是王先生吗？"

老闸巡捕房中有个同情革命的探长，同我党中央特科有关系，以前见过陈赓。他找机会向陈赓问清了被捕的经过，并把消息通知了中共党组织。

巡捕房的西牢是专门向犯人施刑的地方，又叫"挞犯间"。陈赓被押进巡捕房后，接连几天遭到敌人残酷的鞭打。陈赓咬紧牙根挺了过去。敌人见鞭打不起作用，就灭绝人性地施用电刑，逼陈赓供出党的机密和其他共产党员的姓名住址。陈赓非常了解敌人的残酷和丧心病狂，他考虑到了各种可能，而且预先做了一些准备，他收买几个看守去给他买了一些香烟，在受刑的时候，把香烟嚼碎吞下肚去，这样多少可以起到一点麻醉作用，以帮助他抵御电刑的痛苦。

尽管敌人施用了各种酷刑，陈赓却没有供出一点党的机密。这时，中国民权保障同盟的负责人宋庆龄带着许多新闻记者来探视关在这里的共产党人，敌人才被迫停止施用酷刑。

陈赓不仅严守机密，还抓住一切机会向同房的难友和看守们进行宣传，向他们讲述革命道理和红军的战斗故事。陈赓口才很好，讲的故事又都是亲身经历，听的人无不为之动容、感叹。连一些老牌特务头子也会听得津津有味，并向陈赓表示"友好"。

1933年3月31日，上海第二特区法院举行了一次"审判"，同时受审的除陈赓"兄妹"外，还有廖承志等三人。

当时上海的《中国论坛》，曾派记者记述了这次审判的情景：

"法庭中挤满了工人，警察守卫四周；高大的英国人站在一旁，用他那蓝色、蔑视的眼，看着这些中国人头；中国粗汉穿着S.M.D的制服，其余官员们在帽子上都有国民党青天白日的徽章。两个法警站在门口，阻止外面通道里数十（名）往里涌进来的工人。

"在木凳上，脏的工作服中的瘦瘦的身体都瞪起了愤恨的憎恶的眼，有几个老的黄色的脸该在30以上了吧。在高坛上，五位肥胖的法官穿着黑色的袍子。在他们后面站着两个高大的英国包探，证人台旁也有一个漂亮的英国人伏着。"

首先受审的是廖承志等人，接着审理的是陈赓"兄妹"一案。记者这样写道：

"等了一下，陈赓及陈藻英案开庭的时候，法官、党部代表，捕房律师又各坐原位，谁也不响。陈赓说他从东三省回来不久，正在找职业。于是另一个有名的告密专家，名叫张珂林，被传到证人台前，他说他认识陈赓并且于1926年曾与陈赓在共党共事。毫无书面证据，就由这奸细指了陈赓为江西红军的军长。

"辩护律师指出陈藻英与陈赓毫无有关系的证据，而陈赓本人亦没有丝毫证据。法官、党部代表及捕房律师死死地静听着。又一休息，又一宣告，公安局又载牺牲者而去。"

在审判庭上，陈赓等引吭高唱《国际歌》，申明中国共产党主张及从事的事业是正义的，痛斥国民党反动派丧权辱国的种种罪行。他们充分表现了共产党人大无畏的革命英雄气概。

帝国主义分子与蒋介石政府相勾结，判决由上海公共租界工部局巡捕房将陈赓等五人引渡给南京政府。

"审判"第二天，宋庆龄怀着满腔愤怒，指斥蒋介石政府：

"这个事件正是中国政府与帝国主义分子狼狈为奸，压迫中国人民的反帝抗日战士的鲜明例证。

"这些爱国罪犯的被捕事件，只是蒋介石政府所奉行的政策的另一个例证而已；这种政策已使今日中国濒于全部分裂，沦为帝国主义属国的境地。国家的情势是如此的危急，我感觉到我有责任再一次号召中国广大人民起来斗争。"

宋庆龄毫不留情地指出：这次"审判"，"赤裸裸地显示出中国和外国的当局事先就已安排好了，只是为了用审判的形式欺骗群众，才把被捕者带出来受审；而被告方面即使提出证据和理由，引证法律条文，也决不能改变法庭的决定。其实，关于被捕者的判决，早已在这审判丑剧前预先确定，这是十分明白的。当审问时，并没有对他们起诉。法官只是容忍着律师们的辩护，而工部局的律师却静悄悄地坐在他的位子上一语不发。被告们完全驳斥了巡捕房眼线的诬告。而法庭上的国民党代表却全副武装，宣布他也代表公安局，并且据说在开庭之前他还对人说：'全部事情已经安排好了'。当这幕丑恶的滑稽剧告终时，法官为了做做样子，离开法庭数分钟，然后回来诵读了引渡命令。"

宋庆龄赞扬陈赓等人"理直气壮的论点和英勇不屈的态度，充分表现了他们是中国的反帝战士。他们全都是中国人民应该为之骄傲的典型"。

"审判"后，陈赓等人被"引渡"到国民党上海市公安局，被关在警厅路公安总局拘留所。

被陈赓的英名震慑住的敌人，怕他逃跑，一度把他铐在狱中的一个铁柱子上。

已成为叛徒的顾顺章，多次带着水果和礼品来劝降。他告诉陈赓，蒋介石从江西发来了许多电报，要给陈赓"特殊待遇"。他满心以为陈赓会受宠若惊。哪知陈赓不等他的话落音，就指着他的鼻子痛斥道："你是叛徒，我绝不会像你那样无耻！"

4月1日，陈赓被押解到南京去。敌人用铁锁链把陈赓同谭国辅锁在一起，押送上一节有铁格子窗的铁甲囚车。一路上，两人同声高唱《国际歌》。豪迈的歌声穿过囚车的车窗，使押解他们的特务干瞪眼没办法。

囚车到达南京时，国民党宪兵司令谷正伦手持一封蒋介石的电报，亲自到火车站来"接"陈赓。电报上写着：由于陈赓在广东和北伐期间的历史，要尽量给他"舒适"和"鼓励"，以便使他"悔过"并且加入国民党。如果陈赓愿意"起誓归顺"国民党，将给他高级的军职和美好的前程。

开国大将的故事

当时国民党南京宪兵司令部在夫子庙，陈赓被关押进去。先让他住在最好的房间里，试图软化他，但陈赓坚定不移，没有吐出一句敌人想听的话。敌人恼羞成怒，又把陈赓押进牢房囚禁起来。

在牢房里，敌人又开始严刑审讯。逼陈赓供出共产党在国民党内部和国民党军队中活动的情况。主审人是叛徒顾顺章。

顾顺章无耻地大放厥词，说"中国革命已经失败了"，"共产主义不适合中国国情"，又把几个叛徒的口供给陈赓看，让陈赓向他们学。气得陈赓把这些东西扔在地上，痛骂顾顺章无耻。顾顺章只得夹着尾巴溜走了。

敌人仍不死心，又耍开了新花招。他们派了几个在黄埔军校时与陈赓同班的同学来"看望"陈赓，这几个"同学"故意穿着镶金边的制服和闪亮的皮靴，在陈赓面前炫耀他们的身份、地位。

一阵虚伪的寒暄之后，他们亮明了来意。一位老同学貌似推心置腹地告诉陈赓："校长（指蒋介石）是舍不得杀害黄埔军官的，他尤其盼望你能回心转意。"

还没等陈赓做什么表示，另一个同学又极其愚蠢地问："红军中生活那么艰苦，你怎么能忍受下去？你图的又是什么呢？"

看着这些庸俗之辈，陈赓无比憎恶。他历数了国民党反动派祸国殃民的罪行后，又无比自豪地说："就是你们看不起的工农红军，不费吹灰之力把你们的军队打得落花流水。我带领的部队捉住了你们六十九师师长赵冠英。鄂豫皖红军活捉三十四师师长岳维峻，痛歼了汤恩伯第二师。你们的军装再漂亮、武器再精良，也挽救不了失败的下场。"

面对大义凛然、侃侃而谈的陈赓，这班家伙哑口无言、面面相觑。在这种场面中，陈赓丝毫不像阶下之囚，却像一个义正词严的执法官。

愣了好半天，有一个家伙才回过味来，虚张声势地大声吼道："你、你还敢在这进行宣传？"

陈赓轻蔑地冷笑了一下，说："问题是你们提出来的，我只不过是真实地回答这些问题而已。"

这伙人一见陈赓的态度，知道无缝可钻，只好灰溜溜地退出了牢房。

4月4日，陈赓他们又一次受到"优待"，被送进了条件较好的单身牢房，并且给每个人换了一套新的囚衣。

陈赓不知道敌人又在耍什么花招，但他坚信，这绝不是对囚禁在狱中共产党人的仁慈。第二天，宋庆龄、杨铨等中国民权保障同盟的人带着一些外国朋友来探望他们，陈赓才恍然大悟：这一切都是做给外人看的，是欺骗伎俩。

在此之前，中国民权保障同盟一直在积极组织营救陈赓等人。4月2日，同盟的全国执行委员会和上海分会在上海亚尔培路331号召开联席会议，组织了营救政治犯委员会，推举宋庆龄、杨铨、沈钧儒、尹罗生四人为代表，去南京开展营救活动。当天，宋庆龄和蔡元培便联名致电南京国民党政府行政院院长汪精卫、司法部长罗文干，强烈要求释放陈赓等政治犯。

4月5日，宋庆龄到南京后，又亲自去找蒋介石，愤怒地斥责他："陈赓是黄埔军校的学生，东江之役一直跟着你。不是他从枪炮

下把你背出来，哪有你的今天！现在你要杀他，你天天说的礼义廉耻哪里去了？"蒋介石被骂得面红耳赤、哑口无言。他不敢杀害陈赓，但又绝不甘心释放陈赓。

宋庆龄又去找汪精卫、罗文干，要求立刻释放陈赓等人，并写了一份书面要求：（1）立即释放一切政治犯；（2）废止滥刑；（3）给予政治犯阅报读书的自由，禁用镣铐、改良狱中待遇；（4）严惩狱吏敲诈犯人和受贿行为。

5日晚，宋庆龄等来到监狱。只见每一个院子的入口处都有几十名卫兵，端着上着刺刀的长枪，分两排把守着。到处都有戴着国民党党徽的便衣和穿着笔挺制服、扎着闪亮的黄皮带的军官。

五名军官率一队武装士兵，领着宋庆龄等走过了一段漫长而又曲折的甬道。当他们走过时，路旁的门被急忙关上，有时透过门缝可以看见里面有人在走动。

最后，他们来到一处封闭着的牢房。在两尺宽、四十尺长的甬道两旁各有七间监房。甬道不见天日，只靠两盏昏暗的电灯照明。监房的门紧锁着，每扇门上有一个七寸见方的小口子。由于光线不足，从洞口望进去，最初只是一片昏暗。等眼睛适应了那黑暗之后，才可以看清，房间有五尺宽、七尺长、八尺高，墙上没有窗户，天花板是铁格子的，唯一的光束来自走廊中那两盏昏暗的灯。房中靠墙摆着一排铁制的床、柜，它们占据了房中大部分面积。剩下的地方，仅够两个人站立。屋角有个不加盖的马桶，房中的空气又潮又臭。

为了应付这次探望，陈赓被"优待"到一个单间牢房中。宋庆龄走到陈赓的门前。从洞口望去，见陈赓满脸胡茬，只有两只炯炯有神的眼睛在一片昏暗中闪着光。

陈赓向宋庆龄揭露了监狱里的残暴黑暗,讲述了他身受的严刑拷打和恶劣待遇。他说:"我们刚来的时候,并不在这儿。而是七八个人挤在一个小而潮湿的洞里,因为你们要来,昨天我们才被搬到这里来。"

陈赓的揭露,使国民党统治者在公众面前出了丑。他们恼羞成怒,宋庆龄一走,陈赓又被送去了一间条件更恶劣的牢房。屋里地上堆着白花花的人骨,国民党特务挥舞手枪,指着陈赓的鼻子,声嘶力竭地吼着:"招供!招供!"

但陈赓毫不屈服,仍然坚持狱中斗争……

威武不屈　利诱不移

陈赓是个优秀的共产党员,敌人的严刑没有使他退缩,蒋介石的利诱也没使他动摇。

陈赓被捕入狱后,蒋介石一直想拉拢他。蒋介石这样做有两个目的:第一,当时蒋介石坐镇南昌在指挥对中央红色区域的第四次"围剿"。如果诱逼陈赓"自首",就可以通过陈赓来"招降"红军中的黄埔军校毕业生。第二,蒋介石想通过陈赓这件事笼络人心。很多人都知道,陈赓在第二次东征中救过蒋介石的命。而这个满口仁义的伪君子却把救命恩人弄得家破人亡;陈赓的父亲两次以"教子不严""赤匪家属"的罪名入狱;陈赓的五弟因受株连也被

抓了起来；陈赓老家被地方上的反动势力讹诈得食不果腹，难以生存。现在，狡诈的蒋介石做出一副"报恩"的面孔，命令把陈赓押到南昌，他要亲自处理此案。

陈赓早已横下一条心，与国民党反动派斗到底。在去南昌的途中，不论是在旅馆中，还是在轮船上，只要有机会，陈赓就向群众宣传共产党救国救民的革命主张。陈赓素来口才很好，听众无不为之动容。押解他的人一看形势不对，以后就把他关在旅馆的房间或船舱里，不让他出来和群众接触，免得他再讲演。

到南昌后，陈赓被软禁在南昌市中心洗马池的江西大旅社（这儿是当年南昌起义总指挥部所在地），旅社成了蒋介石特务的据点。

两天后，蒋介石派了一个人带着礼物来见陈赓。这个人是谁？蒋介石为什么派他来呢？

这个人叫邓文仪，是黄埔军校第一期毕业生。在黄埔军校学习时，他就是个右派人物。1927年"四一二"以后，他曾当过黄埔军校"清党检举审查委员会"的领导人。后来担任蒋介石侍从秘书多年，深得蒋介石的信任。

1932年，蒋介石仿效希特勒"国社党"的法西斯独裁统治，以黄埔军校毕业生为核心，在南京成立了"中华复兴社"（简称"复兴社"，又称"蓝衣社"），邓文仪是这个特务组织的中央干事会干事，还当过中央干事会书记。

陈赓被押解到南昌时，邓文仪是蒋介石侍从秘书兼南昌行营调查课课长。

邓文仪也是湖南人，同陈赓既是同窗又是同乡，所以蒋介石先派他来见陈赓。但蒋介石失算了，他没想到陈赓对邓文仪的政治立场和为人品格十分清楚，从心底鄙视和憎恶这个人。派他来"劝降"无异于火上浇油，除了斥责之外，他什么也得不到。

邓文仪先胡说了一通什么"中国革命失败了，中国还需要团结和强有力的领导，民主在中国是不实际的"，接着又觍着脸吹嘘蒋介石的"德政"，说蒋介石正在着手"改革"，还举例说，某高级将领因为嫖妓受了处分，某高级官员因为腐化被枪毙。然后，他得意扬扬地说，在蒋介石的关心下，国内已经建成了许多公路，一些铁路工程也正在修建中。

陈赓见邓文仪这样为蒋吹嘘，实在无法忍受，便直截了当地指出："蒋介石修建公路、铁路，不过是为了打共产党。"

邓文仪口若悬河地说了一大番话，见陈赓没吭声，满心以为陈赓被说动了心，正在暗自得意。陈赓这几句话就像当头一棒，把他打蒙了，他半天没说出话来。

过了一阵，邓文仪才找出几句话，强自辩解说："蒋先生的确是抗日的，准备在1936年对日作战。蒋先生的愿望就是把所有的黄埔军官争取回来……"

不等邓文仪胡扯完，陈赓就厉声打断他的鬼话："蒋介石既然抗日，为什么对日本帝国主义侵略东北、进攻上海视而不见？为什么不遗余力地打内战，镇压人民革命？"

邓文仪吭哧了半天，才强词夺理地说："不抗日是养精蓄锐。列宁也订过布列斯特和约。你好好想想。咱们明天再谈。"说完，他就垂头丧气地溜走了。

接连两天，邓文仪都来跟陈赓胡搅蛮缠。第二天临走时，邓文仪告诉陈赓："明天蒋先生要召见你。"

早晨，邓文仪又来了，他劝陈赓自首，还拿出一份蒋介石亲笔签发的命令的副本。命令的内容是送给一个叛徒家属一笔巨款。那叛徒也是黄埔军校毕业生，加入过共产党，后来背叛革命，在国民党第四次围攻中央红色区域时被红军击毙。

给陈赓看过这个命令后，邓文仪又拿出一份事先写好的"悔过书"，对陈赓说："只要你在上面签个字，也可以不公开，你就可以得到任何一个师的指挥权。要不，你也可以成为眼下围攻鄂豫皖的王均第三军的参谋长。"

面对如此卑鄙无耻的伎俩，陈赓懒得再答话，就像根本没听见一样，不置一词。

邓文仪黔驴技穷，蒋介石只好亲自出马了。

当天下午，陈赓被押解到南昌百花洲科学仪器馆，这里现在已是蒋介石指挥国民党军队围攻中央红色区域的"行营"。

陈赓的胡子本来就长得快，在牢里关了这么久，脸上胡子长了老长，经过无数次酷刑折磨，身上穿的衣服也已破烂不堪。

邓文仪看着陈赓的样子，皱了皱眉头，派人送来了绸子衬衣、哔叽长衫、礼帽和鞋子。他让陈赓先去洗澡、刮胡子、换衣服，并且说："你去见校长，穿这样的衣服多没礼貌。"

陈赓冷冷一笑，反问邓文仪："你还懂礼貌？你们把我关起来，整成这个样子，这是讲的什么礼貌？"

邓文仪奈何不了陈赓，只好把他带进一个宽敞的客厅。

落座不久,陈赓就听见楼梯上响起了一阵咔咔的皮鞋声,接着是一阵高声大嗓的浙江话:"陈赓哪里?陈赓哪里?"蒋介石这一番做作是为了维护面子,他以为陈赓听见叫声,就会赶快站起来去迎接他。谁知陈赓根本不买他的账。听到这声音,陈赓反而拿起一张报纸遮住脸,来了个听而不闻,视而不见。

蒋介石自觉无趣,但又不能回头。只好"屈尊"走到陈赓面前,装腔作势地说:"你是陈赓,你是陈赓,你是校长的好学生。虽然政治上犯了错误,我可以原谅你。"

陈赓放下报纸,冷冷地说:"我根本就不需要你的原谅。"

蒋介石更觉尴尬了,连连说:"嗯,不谈这些,不谈这些。"接着,没话找话地说:"你这两年都到过哪里?是怎么来到这里的?喜欢此地吗?"

"我不是被你抓到这里来的吗?"陈赓毫不留情地讥讽蒋介石。

"怎么能这样说呢,大家都是黄埔的老同志了。"蒋介石还想为自己开脱,辩解说:"黄埔人都应当团结救国,黄埔的校长决不杀黄埔的人。"

陈赓见蒋介石这么虚伪,懒得跟他废话,干脆闭目养起神来。

屋里一时冷场了,蒋介石只好又搭讪着问:"听说你到鄂豫皖去了,那里近来怎样?"

"马马虎虎。"陈赓不上他的当。

蒋介石在屋里踱过来踱过去,好久才憋出一句话:"你不要那样想不开,只要你过来,愿意带兵,可以随意挑选任何一个师。"

陈赓斩钉截铁地说:"我不会做你的官,共产党员更不会像你,不会靠榨取人民的血汗来供自己享受，更不会去给帝国主义当走狗。今天我落在你们手里，要打就打，要杀就杀，对我不要有任何幻想！"

蒋介石假惺惺地说："现在国家弄得这样糟，'剿匪'当中死亡30万人多，中国不能这样牺牲……"

不等蒋介石说完，陈赓忽地站了起来："国家弄得这样糟，都应当由你自己来负责。是你背叛革命，发动了反革命内战，我们共产党人根本不负这个责任！"

陈赓理直气壮、义正词严，他的话震动了院子里的卫兵。蒋介石大失面子，气得脸色铁青，指着陈赓语无伦次地叫："你这个态度，这个态度！你应该悔过，你应该悔过！"

谈话陷入了僵局。陈赓旁若无人地又闭目养起神来。蒋介石难以下台。正好有人来找，蒋介石托词有事，对在场的邓文仪说："你好好劝劝他，这个不行，这个不行！"

陈赓带着凛然不可侵犯的英雄气概，再一次重申："我决不会出卖我们的党，而来向你投降的。"

临走时，蒋介石说："以后邓文仪代表我同你谈。"

蒋介石走后，邓文仪对陈赓说："如果放了你，请你回到红军告诉黄埔学生，只要他们回头，校长是不会杀他们的，这样好吗？"

陈赓坚决回绝了他。

于是，敌人又把陈赓押回南京。先在一间窄小的牢房里受了一个月的折磨。以后被关押到另一个地方。这里虽有卫兵看守，但却有了一点"自由"，允许他在看守的"陪伴"下，到街上走一走。

利用这个宽松的机会，陈赓同党组织取得了联系。不久，在同志的协助下，陈赓终于逃脱出了敌人的魔掌。

长征路上建奇功

1934年10月，由于"左"倾机会主义在党中央占据了统治地位，中央红军没有取得第五次反"围剿"的胜利，被迫开始了二万五千里长征。

陈赓率领的干部团除培训干部外，主要任务是做好警卫工作，保障中央机关的安全，必要时还要配合主力军团作战。

1935年元旦，中央红军来到乌江。在蒋介石军队的围追堵截下，红军要想保存有生力量，只有强渡乌江一条路。

乌江自古以来被称为天险。江深流急，江宽200多米，靠摆渡

★乌江天险

过江是不可能的，必须在江面上架桥。这个艰巨的任务落到了陈赓的肩上。

陈赓指挥特科营的工兵连急行60里赶到乌江江界渡口。经过测量，渡口处江面宽200多米，江水最深处20米左右，流速每秒1.8~2米。

根据这个情况，陈赓他们决定扎竹排、搭浮桥。工兵们把三层竹排叠在一起做桥脚，每对桥脚中间铺上两根枕木，枕木上连接三四个桥桁，桥桁上铺门板，门板上系横木，组成一节一节的门桥。

门桥做成后，工兵连的英雄们跳进冰冷刺骨的江水中，冒着敌人的炮火，把门桥送到江中。但因为水流太急，一节节门桥刚送到江中就像脱了缰的野马，怎么也固定不住。

怎么才能把门桥固定住呢？干部们召开了诸葛亮会，发动大家出主意想办法。有人提议可以用大石头做锚拖住门桥，但经过试验，发现，三四百斤重的大石头放到水里仍然拖不住门桥。于是工兵们改用竹篓装满石头，在竹篓四周插上粗大的竹杠，好像船锚的爪，在竹篓顶端系上一条粗绳，再把两个大竹篓绑在一起，中间插上十字交叉的粗木棍，做成了三四千斤重的锚。这种石锚必须在竹排上做，做成后用竹排运到适合的地点抛进水中。石锚慢慢下沉，那些木棍和竹杠插入江底，就把门桥固定住了。

工兵们赶制着门桥，江岸上敌人的炮火始终也没有停息。有的同志为架门桥牺牲在敌人的炮火下。但英勇的红军战士终于用生命、鲜血和汗水架起了一座浮桥，使中央红军迅速地摆脱敌军的追袭，渡过了乌江。

1935年4月30日，陈赓又接到一个命令：要在"五一"国际劳动节夺取金沙江皎平渡。这次战斗由宋任穷率领第三营作为先遣营；陈赓率领干部团主力，两个步兵营，一个特科营和上千队为后梯队。刘伯承与第三营走在部队最前面，直接指挥渡江。

这是长征以来陈赓领导的干部团第一次独立作战，即使先遣队抢占了渡口，后梯队跟不上，渡口仍有可能被敌人夺去。后梯队必须保证大部队安全渡江，责任重大。

先遣队渡江后果然发生了意外情况，一是找遍了江边，只搜集到七条木船；二是四川军阀从会理开来两个团，想要"剿灭"红军。

情况万分危急。为保障部队安全渡江，陈赓果断地命令干部团："即刻出发，向北前进，占领通安州，以巩固渡口。"

在陈赓的直接指挥下，干部团直扑通安州。

从江边到通安州有40里，其中有十多里崎岖的山路，路宽仅半尺多，下面是望不到底的深谷。

时值正午，烈日当头。陈赓率队艰难地攀登，好不容易要到山顶的时候，突然发现左翼有两个营的敌人在向我军运动，右翼山上有敌军防守。陈赓马上指挥前卫连在山顶隘口向敌人开了火。

听到枪声，刘伯承立即命令宋任穷率先遣营赶来，投入战斗。刘伯承指示说："这是一次关系重大的战斗，必须不惜一切牺牲，坚决消灭来犯之敌。"

但敌人兵力超过我军一倍，敌军以密集的火力封锁狭窄的山路，并不时从山头推下一些大石块，形势于我军非常不利。

这时，宋任穷站出来说："同志们，前面是敌人，后面有追兵，

我们全军都在这里渡江,毛主席已过江到了厘金局,大家说怎么办呀?"

战士们齐声呐喊道:"我们死也要守住通安州,决不能再返回去喝金沙江的水!"

陈赓决定,调集所有的迫击炮、重机枪造成强大的火力网,掩护部队突进。他向干部团交代了任务,并且说:"打垮敌人以后,乘胜追击,没有命令,不准停止。"

于是,我军在猛烈火力的掩护下勇猛地往山顶冲去。一部分战士从敌人后面包抄过去。这时,司号员吹起了冲锋号,战士们上好刺刀,经过一场激烈搏斗,终于冲上山顶,占领了阵地。

部队的安全有了保障,七只小船日夜不停地摆渡。经过九天九夜,中央红军终于全部安全地过了金沙江,甩掉了追敌。

1935年6月13日,中央红军第二师的先头部队第四团与红四方面军第二十五师七十四团,在四川懋功地区的夹金山下胜利会师。

因为陈赓曾在四方面军工作过,中央让他对会师多做一些工作。其实,陈赓和张国焘之间始终有矛盾。

早在鄂豫皖红色区域时,陈赓就反对过张国焘的错误路线。对此,张国焘一直耿耿于怀。陈赓在上海疗伤期间,又向中央反映过张国焘的错误,张国焘对此更是恨之入骨。

这次陈赓为工作来到四方面军驻地,一见张国焘的面,张国焘就故意问:"你在一、四方面军都干过,你觉得哪一个部队好?"

陈赓心中光明磊落,坦率地说:"一方面军打仗勇敢,群众纪律好,政治工作好;四方面军打仗勇敢,政治工作、群众纪律较差。"

陈赓说的是实际情况，张国焘听了却勃然大怒，拍着桌子破口大骂陈赓。

此后，张国焘就密谋杀害陈赓。毛泽东、周恩来发现了张国焘的阴谋后，为保护陈赓，中革军委让他离开了四方面军。

持枪跃马战太行

抗日战争时期，陈赓曾率领一二九师所属的三八六旅驰骋在太行山区，立下了卓著战功。

1938年3月5日，刘伯承、邓小平和徐向前来到三八六旅，与陈赓商议，准备在邯（郸）长（治）公路的黎城、东阳关、涉县之间，寻找敌人的弱点，伺机予以痛击。

当时，邯长公路是敌人的运输要道。黎城有200多人守备，是敌人的兵站集结要地。黎城东面的涉县有400多敌人。黎城西南的潞城有2000多骑兵，装备精良。

刘伯承综合分析了敌人的情况，决定采用《孙子兵法》中"攻其所必救，歼其救者"的战法。3月14日，制订了作战方案：袭击黎城，吸引潞城与涉县两方面的敌人来援，伏击援敌；再派一支部队佯攻黎城并阻击涉县的敌人，引诱潞城的敌人来援，以三八六旅三个团在潞城浊漳河畔的潞河村地区埋伏，歼灭敌人。

作战方案一公布，三八六旅的旅部就开始投入紧张的战备工作。

整整一天，陈赓都在紧张地思考着。旅部的地图上画着红、蓝两色的各种符号，陈赓注视着地图，心里在反复斟酌，究竟把伏击战场设在哪里比较有利。

下午，作战股长来到旅部，汇报最新的侦察情况。原来，潞城的敌人已增加到了3000多。

听了汇报，陈赓点点头，语气沉重地说："嗯，馒头大了，我们兵力不足，要没有个好地方，就更不好吃呀。"说完，他的目光又转向了地图。

第二天上午，陈赓召开了团以上领导干部参加的第一次战前准备会。

陈赓传达了师首长的作战方案，又介绍了山西战场的形势和敌我双方的情况，最后，他说："现在的中心问题是要选择一个最佳的伏击场地。"

听到要担任这么重要的伏击任务，大家都很兴奋，不约而同地围到地图前，你一言，我一语，议论纷纷。最后，大家的目光都集中到了神头岭上。

仅看地图，神头岭确实是一个设伏的好地方。地图标示出那里有一条深沟，公路从沟底通过，公路两旁山势陡险，既便于隐蔽，也便于出击。整个邯长线上，这里是最理想的设伏地了。大家取得了一致的意见，目光都集中在陈赓身上，等待他决定。

不想，陈赓并没有说出大家期待的话，却反问道："神头岭的地形谁去实地看过？"

大家你看我，我看你，说不出一句话，因为谁也没有顾得上去看。

看着大家的窘相，陈赓笑了。他说："我们这不是在纸上谈兵吗？刘师长（指刘伯承，当时任一二九师师长）常讲：'五行不定，输得干干净净。'靠国民党的老地图吃饭，要饿肚子啊！我看，会暂时开到这里，先去看看地形好不好？"

十几个人立刻骑着马，离开驻地，驰向神头岭。陈赓骑在马上，仍然精神饱满，容光焕发，只是他不像平时那么爱说爱笑。一路上，他都在沉思，只是偶尔回过头来提醒大家注意途中值得注意的地形。

快要到达敌人占据的潞河村时，大家下了马，沿着公路北面的山路隐蔽前行。

只见邯长大道跨过浊漳河，蜿蜒向前伸展，一段爬上山腰，一段又跌入深谷。公路上，不时有敌人的汽车开过，扬起一阵黄土。这里尽管有几处险要的地形，却无法开展大规模的伏击战。大家都把期望寄托在神头岭了。

但翻过山头，望到神头岭时，大家不禁大失所望。

这一段公路不是在山沟里，而是在一段长达几公里的光秃秃的山梁上，山梁的宽度仅一二百米。路两边的地势尽管比公路略高些，但没有任何隐蔽物。路边残留着国民党部队以前挖的工事。山梁北边是一条大山沟，沟对面是申家山。山梁西边有个十来户人家的小山村，名叫神头村。再往西，就是微子镇和潞城。

这样的地形，既不利于部队隐蔽，也不利于展开大规模的歼灭战。北面是深沟，预备队行动不便，搞不好，首尾难顾，就会使伏击部队陷入绝境。

好险呀！大家都不禁捏了一把冷汗。陈赓指了指神头岭说："怎么样？这一趟算没有白跑吧？粗枝大叶要害死人哪！"

大家七嘴八舌地骂起那张国民党的军事地图来。有的说："差点没上国民党那张地图的当！"有的说："那些家伙，只吃饭不办好事，打仗要靠那些地图，不打败仗才怪呢！"

骂是骂了，但原来的希望落了空，伏击地点还是没有选定，怎么办呢？

陈赓好像没有听到大家的议论，仍然继续观察着，只见他盯着那些废弃的工事，好像在想什么。过了好一会儿，他才转过身来，挥挥手，笑呵呵地说："走！回去讨论好啦！地形是死的，人是活的，想吃肉，还怕找不到杀猪的地方吗？"

一行人回到旅部时，夜幕已笼罩了山顶。

急忙吃完饭后，会议继续举行。由于预想的方案落空，又实地看过了地形，会场更热闹了。各种主张纷纷提出，每个人都为自己的主张作了分析，听来都有些道理。因为各执一端，讨论了很久，也没有取得一致的意见。陈赓仍然那么沉着。他耐心地听着大家的意见。等讨论告一段落，大家安静下来后，他扫视了在场的每一个人，然后坚定地说："我看，这一仗还是在神头岭好。"

一石激起千层浪。"神头岭？"大家都惊愕地喊起来。

"是的，神头岭。"陈赓先肯定地重复了一句，接着好像在启发大家："看问题要从全面看，不要只看一面，对不对？"

这种大起大落，大家一时很难承受，很难跟上陈赓的思路，会场又沉默了。

陈赓又看了看在场的人，走到地图前说："不要一说伏击就只想到深沟陡崖。天下哪有那么多深沟陡崖？没有它，仗还是要打的。"

停顿了一下，好像要给大家留一点思考的时间，陈赓又继续说："一般讲，神头岭打伏击的确不太理想。但是，现在却正是我们出其不意地打击敌人的好地方。正因为地形不险要，敌人必然麻痹，而且那些工事离公路最远的不过百来米，最近的只有二十来米，敌人早已司空见惯。如果我们把部队拉到工事里，隐蔽到敌人鼻子底下，切实伪装好，敌人是很难发觉的。山梁狭窄，兵力确实不易展开，但也使敌人没有掉屁股的余地。"

说到过儿，陈赓拿根手杖在两张桌子之间一搭，问："独木桥上打架，对谁有利呢？"

一个团长马上回答："我看是谁先下手谁占便宜。"

陈赓点点头，有力地说："对呀，只要我们打得突然、勇猛，这不利条件就是敌人的了。"

还有预备队的运动问题，陈赓问负责预备队的团长："如果把二营放在申家山，能不能在40分钟内冲上公路？"

团长信心十足地回答："半小时保证冲到！我觉得预备队运动问题不大。"因为二营在全旅是以行动迅速闻名的。

这一方案，陈赓说得很快也很清楚，显然，是经过深思熟虑了。

有人心里不太踏实，问："这样是不是有点冒险？"

"打仗就是有几分冒险的事嘛！"陈赓又开始说笑了，"有的险冒不得，有的险却非冒不可。诸葛亮空城计不也是冒险吗？如果一点险也不冒，他只好当司马懿的俘虏，还有什么好戏看？"这几

开国大将的故事

句话，把一屋子人都逗乐了。

最后，会议决定：伏击战就在神头岭打。一个团在左，一个团在右，埋伏在公路北边。补充团则埋伏在对面的方向。同时抽一小支部队向潞河村方向游击警戒，伺机炸毁浊漳河上的大桥，切断两岸敌人的联系。另派一个营在潞城方向警戒，切断敌人的退路。

一切部署就绪后，陈赓又沉思了一会儿，突然说："潞城有3000多敌人，我们的兵力是有点不足，再抽一个连出来，绕到潞城背后打游击去！"

这个战斗计划得到了师首长的批准。

3月15日傍晚，部队出发了。

凌晨4点半钟，部队进入埋伏地点。对黎城的佯攻也打响了。

天渐渐大亮了，四周不见人迹。陈赓打电话给补充团："敌人来的时候，一定要等七七二团先打响，你们再下手。"

★神头岭之战遗址

陈赓大将的故事

9点左右，从潞城出动了1500多敌人，已经到了微子镇。得到这个消息，大家都很高兴。因为敌人来少了，不够打；来得多了，力量又不足，来1500人最合适。

潞城敌人为什么没有全部出动呢？原来是打游击的那个连在潞城后面一打，敌人不摸虚实，怕丢了老巢，不敢全部出动。

敌人大摇大摆地走进了我军的伏击地。"准备战斗！"伏击部队传来了命令。

敌人的步兵、骑兵、大车队都过来了，连后卫也紧随着走进了伏击圈。

立时，伏击部队发出了攻击信号。一瞬间，本来平静的山梁，变成了一座火山，吞食着侵略者的队伍。

战士们从掩蔽处冲出来，英勇地与敌人展开了搏斗。毫无防备的敌人，在一时的慌乱之后，仗着精良的武器又展开了反扑，双方杀得难分难解。

正在这时，担任预备队的二营冲上来了，敌人被打得丧了胆，大部被我军杀伤。

这时，残余的敌人分别向东西两头逃窜。东头有伏击队防守，河上的大桥也被炸毁了，敌人插翅也难逃。但西头有300多敌人占领了神头村，妄图倚据房屋、窑洞顽抗待援。我部队正在着急，忽听村里枪声大作，敌人又狼狈地从村里逃了出来。

这是怎么回事呢？原来，就在敌人冲进神头村时，陈赓来到七七二团指挥所。他问团长："守村边的是哪个排？"团长回答："七连一排。"陈赓果断地下令："命令一排，不惜一切代价，把村子给

我拿回来！"

　　一排用机枪火力和一个班在正面掩护，两个步兵班从侧面攻击敌人，一个猛攻，连续攻占房屋，把敌人赶出了村外。但敌人不甘失败，用机枪、小炮，向村里猛烈扫射。

　　战斗正紧张，陈赓拄着拐杖率补充部队来到村中，他挥着手杖高喊："快上，把敌人赶到山梁上去！"话音未落，一颗炮弹落在附近，陈赓的手杖被爆炸的气浪震落了。警卫员急得扯着嗓子喊："旅长，这里危险！"陈赓抖了抖身上的泥土，训警卫员："你老跟着我干什么？快上去告诉大家，决不能再让敌人占领一个窑洞、一间房子！"

　　榜样的力量是无穷的。旅长的大无畏精神感染了全体指战员，大家不顾一切地扑向敌人。残敌很快被消灭了。

　　这场战斗持续了两个小时，共毙伤俘敌1500余人，缴获长短枪500余支、子弹万余发。

　　潞城和黎城的援敌由于陈赓布置的伏兵阻击，无法前来支援。

　　这次闪电式的围歼战，打得敌人失魂落魄。他们不得不承认，这次战斗是"典型的游击战"。知情人都知道，这次战斗的胜利取决于陈赓的周密部署和神机妙算。

上党战役擒敌酋

上党战役是我军历史上著名的战役。上党战役的胜利为逼迫蒋介石坐到停止内战的谈判桌上来增加了砝码。陈赓在这次战役中立下了汗马功劳。

1945年，中国人民经过14年的奋战，终于取得了抗日战争的最后胜利。这时，蒋介石开始发动内战。

8月，蒋介石一面邀请毛泽东到重庆进行谈判，一面派遣部队经

★上党战役形势图

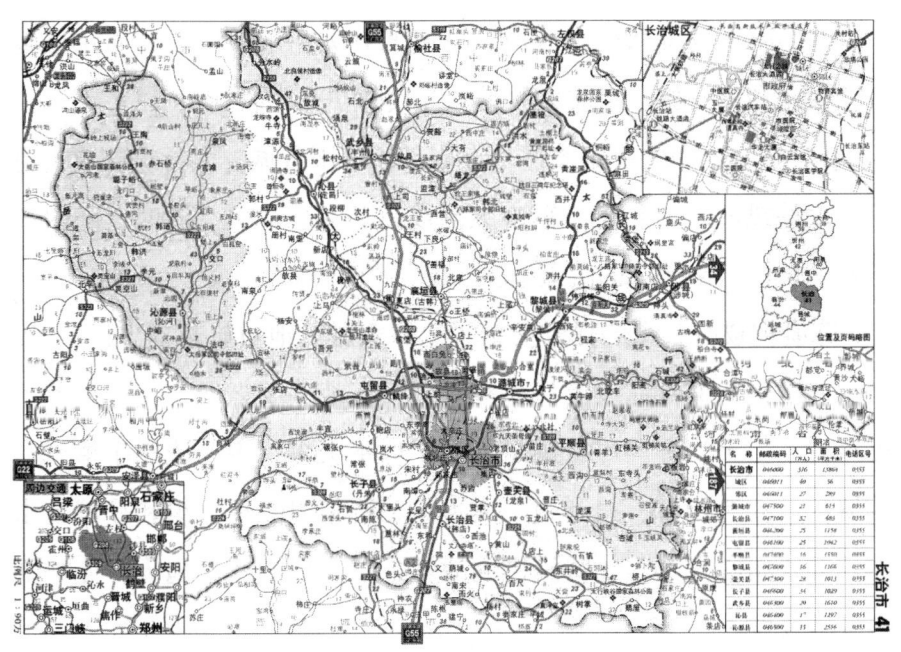

同蒲、平汉、津浦三条铁路向解放区大举进攻。

国民党第十九军军长史泽波率 1.7 万多兵力，向我晋冀鲁豫腹心地带上党大举进攻。从 8 月 19 日起，连续侵占长子、长治、屯留、壶关、潞城、襄垣等县，妄图摧毁我太岳、太行根据地。

毛泽东识破了蒋介石的阴谋，在赴重庆谈判之前，他命令晋冀鲁豫军区首先消灭在上党的敌人。只有这样，蒋介石才有可能被迫进行和平谈判。

晋冀鲁豫军区刘伯承司令员、邓小平政委接受任务后，决定集中太行、太岳、冀南三区的主力和一部分地方兵团共 3 万余人，在上党痛击敌人。

8 月 25 日，陈赓随同刘、邓从延安乘飞机回到太行山区，部署执行上党战役。

由于原来的部队已经分散，陈赓回到太岳解放区后，着手恢复三八六旅和决一旅，组成太岳纵队，兵力 7000 人左右。

9 月 7 日，军区决定先逐个夺取长治外围各城。太行纵队攻占屯留，太岳纵队攻占长子，冀南纵队攻占潞城、壶关。同时，随时准备歼灭长治出来援助的敌人。

陈赓把攻打长子的任务交给了三八六旅。他对旅长刘忠说："攻坚、登城，我们部队没有好多经验，组织战斗要老老实实，千万不可疏忽、蛮干！弹药尽量满足你们，但不会多，主要依靠手榴弹。攻城部队要组织好，投弹组、火力组、跳板组、梯子组和登城突击组，都要精心挑选，要特别讲究战术，以短促的密集炮火，掩护部队一举登城。"

陈赓的指示具体明确，刘忠的心里顿时有了底。

长子位于长治西南方，距长治50里。这是个小城，但城内外工事坚固、碉堡林立，敌人防守非常严密。

我军从以游击战为主转到攻坚战，缺乏经验，弹药又少：一门山炮只有20发炮弹，一挺重机枪才有1000余发子弹，攻城困难重重。

担任主攻的二十团团长楚大明细致地研究了敌我双方的情况后说："我们炮弹少不要紧，可以用坑道接近敌人，用炸药把城门下的地堡和暗碉炸掉，然后集中所有的炮火，来个十分钟的火力急袭，像一瓢开水浇到敌人头上，使他无法招架！"

9月13日下午1:30，战斗打响了。各团分别从东、西、北门发起进攻，但敌人凭借坚固的工事顽抗，几次进攻都没有突进城去。

担任主攻的二十团开始了紧张的攻城准备。针对敌人防御坚固，我军弹药不足的特点，战士们开动了脑筋。他们巧妙地把观察所设在老乡家的屋脊上。在屋脊上挖一个小洞，既隐蔽，视线又开阔。站在那里，透过小洞，就可以看到城墙上敌人的活动。

战士们又在一些房屋和围墙上，挖了一些直径一米的洞，造成一条隐蔽地接近敌人的进攻道路。愚蠢的敌人只知道监视那些一目了然的道路、开阔地和桥头，却没料到，我军已通过这些墙洞秘密地运动攻城部队到城下了。

陈赓始终在指挥所通过电话了解各部队的进展情况。

18日，房脊上的观察所和秘密通道完成后，刘忠向陈赓作了汇报。

陈赓听了非常高兴，立刻来到二十团，并亲自到阵地上观察敌情，检查攻城准备。看到一切准备就绪后，便下令19日开始攻城。

因为弹药有限，楚大明说："炮火准备只能持续十分钟。"刘忠坚决地说："一次成功，不许失败。"这就是说，攻城部队必须在十分钟内攻进城去，否则，全部战役就会失败。为了弥补火力不足，工兵连分别向西门、北门挖了坑道，准备在坑道内抵近爆破，打开攻城的通道。

18日19时总攻开始了。地下通道早已挖掘到城西门外的暗碉之下。一声轰鸣，埋藏在地下的炸药把暗碉送上了天，整个大地都在这种震荡中摇晃。西门的城墙被炸开了一个缺口。几乎与此同时，我军的山炮、迫击炮和轻重机枪同时开火，密集的火力一下子震慑住了敌人。敌人不摸虚实，陷入惊慌之中。我攻城部队顺势突入，西、北、南三方互相配合，19日凌晨2时，就结束了战斗。

9月20日，陈赓又率领部队，与友邻部队联合围攻上党地区国民党首府长治。

为解长治之围，阎锡山派两万多兵力前去增援。援兵迅速占领了关上村、老爷岭、磨盘垴，构筑阵地，准备围歼我围城部队。

刘伯承、邓小平得知这一消息后，急令围城打援。只留一部分兵力继续包围和佯攻长治，主力部队则分东西两路隐蔽北进。经过急行军，于10月3日拂晓前到达磨盘垴、老爷岭。

9月28日，陈赓率三八六旅冒着大雨，昼夜急行军，于10月1日提前抵达预定地点。

2日早晨，敌人先头部队四十七师抵达老爷岭附近。为了诱敌深入，刘邓首长决定放弃地形险要的老爷岭阵地，命令三八六旅经走马岭向敌军左翼迂回，友邻部队向敌军右翼迂回，以便包抄消灭敌军。

中午，敌军占据了老爷岭，准备扼守老爷岭与我军决战。

老爷岭由四道山梁组成。主峰上有一座老君庙，居高临下，可以控制白晋公路。它与公路东面的磨盘瑙相呼应，是一处据险扼守的要地。

为挫败敌军，刘邓首长决心趁敌人立足未稳之机，立即向老爷岭发动攻击。

陈赓率领的三八六旅的任务是：七七二团攻西面，二十团和士敏独立团攻东面，太行纵队十四团攻南面。由于敌军火力很强，又占据了有利的地势，当日，虽进行了激烈的战斗，陈赓却没能攻占老爷岭。

3日，二十团团长楚大明在观察地形时，突然发现一道被山水冲击的壕沟，一直通向敌军主阵地的后面。他灵机一动，马上想到：如果出其不意地顺着这道壕沟攻到敌人背后，一定能取得胜利。他立即向陈赓报告："通向老爷岭胜利的道路找到了。"

接到楚大明的报告，陈赓马上指示："你要从右翼攻占敌人占据的小山梁，同时注意切断敌人的水源和后方联络。"

当夜，楚大明率一个营趁着夜色的掩护，顺着壕沟摸到敌人背后，等敌人发觉时，我军已连续攻下了几个山头，切断了敌四十七师与其他部队的联系，使阵地上的敌人水粮断绝、孤立无援。

连续激战两天，我方部队已十分疲劳。5日早晨，陈赓打电话指

示刘忠："三八六旅无论如何要迅速攻下老爷岭，以便进而协同兄弟部队总攻第二制高点磨盘瑙。"

这时，被围的敌人狼狈不堪，再也坚守不下去了。他们放弃阵地向北逃跑，于是我军占领了老爷岭。

5日下午3点，陈赓来到老爷岭山顶三八六旅指挥所观察，布置总攻磨盘瑙的行动。

一见到楚大明，陈赓就拍拍他的肩膀，说："祝贺你！"楚大明实事求是地说："迂回右翼，切断敌人水源和联络是司令员想出来的。"陈赓摆摆手说："唉，大明同志，你太谦虚了，是你们打得好嘛！"

接着，话题转到了总攻磨盘瑙的战斗。楚大明向陈赓介绍了敌我情况和进攻的方案。他拿起望远镜。准备调好焦距，向陈赓介绍这处的地形。但他看了一下，突然不说话了。再看了一会儿，他忽然说："真怪！怎么敌人的牲口，头都朝北？人也向北在运动。"刘忠接过望远镜一看，敌人确实在向北移动。

原来，敌军连续受挫，再也支持不下去了，准备逃跑，但为了迷惑我军，他们佯装向南而实际却在向北逃窜。

听了刘忠和楚大明的话，陈赓接过望远镜说："我来看看。"

"敌人可能要跑！"

"司令员你看是不是？"

楚大明和刘忠都有点着急，一边说一边紧盯着正在观察的陈赓。

这时，侦察员也回来报告："北面发现部分敌人向北移动。"

陈赓不为所动，仍然举着望远镜，一言不发地在观察。

这是突然出现的新情况，是总部的作战部署上没有预料到的。要应付这一紧急情况，就要改变原有的部署，在下决心时一定要慎重再慎重。

几分钟在沉默中过去了。陈赓终于放下望远镜，急促地说："敌人确实开始向北逃跑，大部队已经在运动了。磨盘瑙的守敌未动，是在麻痹我们。"

旁边的同志说："司令员，你下决心吧，时间太紧急了。"

陈赓点了点头，毅然决然地说："刘忠同志的部队，改变总攻任务，立刻向北追击。楚大明同志的团为先锋，在敌人行进的公路左侧北进，插入敌后，追上敌人！沿途不许打敌人、捉俘虏、发洋财。你们的任务，就是赶到敌人前头，切断敌人退路，迫使敌人停滞在亭以南地区，以便围歼！"

副司令员补充说："对，快带部队追击，敌人走大路，它的先头部队可能已走有20多里了。我们走山路，要在明天拂晓前赶在敌人前面，必须抓紧时间，别搞层层动员了，赶快带部队追！"

"对，立刻行动。只对战士说，敌人逃跑了，我们只要跑到敌人前面就是胜利！"陈赓的命令素来简洁、明确。

刘忠、楚大明随即率部队去追击敌人。陈赓腿脚有伤残，他对几个参谋说："我的脚不争气，这种追击小道也不能骑牲口，只好落伍了。我就给战士做动员工作吧！"

部队开始行动后，陈赓又派人去指挥所向刘邓首长报告突变的敌情和自己临时作出的部署，并请求兄弟部队援助追击。

楚大明率二十团急行军前进。忽然，一条河挡住了前进的道路。

河中水流湍急，河两岸是悬崖，部队在河边停了下来。楚大明上前一看，二话没说，第一个涉水过河。用不着动员，整个部队立即争先恐后地跟了过去。就这样，部队用了不到3个小时，赶了40多里山路。当晚10点就到了漳河西岸的土落村。部队稍事休息后，立即依山构筑工事，切断公路，严密控制漳河渡口。楚大明说："现在敌人已被装进口袋。我们这里是口袋底，千万斤的重量，都要压在这里。要把工事修得牢牢的，口袋里装得再重，也不能漏掉一粒沙子！"

6日天刚亮，两万多敌人就冲向二十团的阵地，企图突围。但二十团就像钢铁铸成的口袋底，与几十倍于自己的敌人打了8个小时，为大部队的行动赢得了时间。

随后，我太行、太岳、冀南纵队联合歼灭了这8个师2万余援敌。

困守长治等待援军的敌十九军军长史泽波，见大势已去，于10月8日弃城西逃。

陈赓接到追歼的命令后，率太岳纵队克服一切困难，在几百里的大山中急行军。二十团和七七二团以令人难以置信的速度，赶到了逃敌的前面，堵住敌人的去路。决一旅在沁水东西域地区围住敌人，一场激战后，活捉了敌十九军军长史泽波。

10月12日，历时30余天的上党战役以我军大获全胜而告结束。我军歼敌13个师，3.8万多人。阎锡山苦心经营多年的"精锐"部队损失大半。连蒋介石也不得不收敛锋芒，暂时坐到重庆的谈判桌上谈判了。

陈赓大将的故事

勇歼"天下第一旅"

1946年，蒋介石挑起了全面内战。8月中旬，胡宗南把他属下的第三十师（辖三个旅）和精锐主力第一旅（原为第一师，整编后改为旅）调到晋南，企图与山西军阀阎锡山夹击、消灭我太岳纵队（当时称第四纵队）。

根据敌人这一动向，中央军委指示陈赓，乘胡宗南军队调动之机，在运动中寻机歼灭一部分敌军。

接到命令后，陈赓分析了敌情，认为敌人的攻击目标将是浮山县城。如果我军打击逼近浮山的敌人，来支援的必定是集结于临汾的第一师主力第一旅。

这个旅被胡宗南吹嘘为"天下第一旅"。中将旅长黄正诚曾经留学德国，在希特勒的军事学校学习过，被国民党军队吹嘘为"百战百胜的将军"。这支部队可以算是蒋介石的御林军，全副美式装备，战斗力较强。士兵全部是七八年的老兵，受反革命宣传的毒害很深。也正因为这样，这支部队非常骄横，如果在路上与其他国民党部队相遇，别人都要退避三舍，给第一旅让路。俗话说，骄兵必败，它的骄横正是一个致命弱点。同时，这次，它刚被调到一个新地方，地形生疏。

研究了这些情况，陈赓得出结论：这是一个最适合的歼击目标。

如果集中兵力，攻其不备，完全有可能一举歼灭它。

在作战室，陈赓思考了很久，待考虑成熟后，立即召开作战会议。

陈赓讲述了敌情之后对大家说："我们决心歼灭第一旅，这是蒋介石的王牌部队，胡宗南的发家老本。"接着，他将自己考虑成熟的方案向大家作了交代。

这是一个很大胆的作战计划。驻在临汾的敌人有两个多师，我军只能抽一个团去迫近活动。而陈康一个旅要顶住浮山两个旅敌军的增援。以周希汉、李成芳两个旅歼灭第一旅，是毛泽东所提出的集中绝对优势兵力打歼灭战要求的最低基数。弄不好，我军就会受到敌人的夹击，反而处于被动。陈赓就是在这样的情况下，勇敢地发动了临浮战役。

9月22日，敌军侵占浮山县城，落入我军设下的网袋。临汾守敌果然派第一旅去支援。这个旅的第二团杀气腾腾地进到官雀地区，就被我们的部队紧紧地围住了。

李成芳的第十一旅刚在官雀同敌军打响，陈赓就同参谋长刘忠带着一部报话机来到十一旅指挥所驻地陈村。

报话机刚一架好，就听到敌师长正用电码命令黄正诚："进攻官雀！"

黄正诚急得抓着电话大声嚷："司令官，别再搞电码子了，老实讲话算了！"

敌师长说："你进攻是手段，撤退是目的。"

22日晚8点多，陈赓通知第十旅旅长周希汉速到纵队指挥部接受任务。

周希汉到指挥所时,陈赓正拿着红蓝铅笔在地图前踱来踱去。

一见周希汉,陈赓就举着蜡烛,指着地图对他说:"陈康在浮山西佐岭一带扭住了敌人,李成芳正在围歼官雀敌第一旅第二团,临汾敌人焦急万分,其第一团准备东援官雀。你旅应于23日2时前,进至陈村、老姆村、王村一线占领阵地,构筑工事,坚决阻击敌人,保证李成芳侧翼安全,并积极创造条件,彻底消灭东援之敌。"

回到旅部,周希汉立即作了战斗部署。

23日凌晨,东援的敌人出现了。周希汉派游动小组边打边退,把敌军引诱到我军预设的阵地前。

敌军占领了一个高地,在四门山炮和数门迫击炮、轻重机枪的掩护下,以一个加强连的兵力,向我军阵地发动了猛烈攻击。

当敌人冲到我军阵地前30~50米时,我军猛烈还击,一时阵地上甩出100多颗手榴弹,直炸得敌人血肉横飞,伤亡过半。趁敌人被打得晕头转向之时,战士们跳出战壕,一个冲锋,将敌人打退。

陈赓时刻与作战部队保持着联系。当他得知敌人被击退时,对周希汉说:"打得好!不要麻痹,还要准备他再来10次、20次……"

果然,敌人不断加强兵力,不断进攻。从凌晨5:00到下午5:30,连续发动十几次进攻,但一次也没有成功。

拉锯战持续到23日下午,坐镇临汾的敌军长董钊也坐不住了,准备亲自前来督战。

陈赓马上通知我军二十九团政委:"吴效闵同志,你知道吧!敌军长正骂黄正诚是草包,连个小山头都拿不下来,他这个大草包亲自出马了。你们团立即插到临汾至陈堰的公路上去，活捉董钊，动作要快！"

吴效闵放下报话机，带着部队跑步出发了。他们一口气跑了十几里地，离临汾只有五六里路了，仍没有碰见敌人。

侦察员向群众一打听，原来中午从临汾出动了很多汽车，但没走多远又返回临汾去了。显然敌军长觉得还是保命要紧，又缩回去了。

战士们听了这消息都有点泄气。这时副政委喊道："同志们，跑了军长跑不掉旅长，快捉黄正诚去！"

这一鼓动，战士们都来了情绪，立即转到黄正诚龟缩的陈堰村。二十九团一方面作了攻击的部署，一方面向上级请示报告。

陈赓批准了二十九团的请示。陈赓指示周希汉："部队从四面八方攻入村中，要防止发生误会。一定要活捉黄正诚！"

周希汉派了山炮连和工兵部队赶去支援二十九团。

这时，天已黑下来了。二十九团从西、北两面冲进村里，顺手就抓了200多个俘虏。由于他们出现得太突然了，俘虏摸不着头脑，直冲我们的部队叫："不要误会！"

与此同时，二十八团也从东面开始攻击，陈堰村中一片火光，到处是激烈的枪炮声。

敌人还想凭借美械装备顽抗，在屋顶架起大量机枪，并一间房一堵墙地同我军争夺。一个土匪出身的少将团长，双手持枪，在房顶上大喊大叫地督战，最后被我军打得无路可逃从房上摔了下来。他死到临头了还不服输，咬牙切齿地喊着："你们快把我毙了吧！"

我是国民党,你们是共产党,我们不共戴天!你们抓住我,算我倒霉。想消灭'天下第一旅',凭你们这几条烂杆子枪,那是妄想!"战士们气得一拥上前,把这只疯狗捆了起来。

24日凌晨,黄正诚的旅部和残余的兵力已被压缩到村西南角的四个院子里面,等待援兵。

这时,敌人还在用报话机告诉黄正诚要坚守到明天。陈赓轻轻一笑说:"只怕黄正诚等不到明天就完蛋了!"

陈赓在报话机监听室听到黄正诚在向敌军长保证:"一定能坚持到天亮。"他说:"马上把这个情况告诉部队,黄正诚说他'一定能坚持到天亮',我们一定要在天亮前解决他!"

官雀的敌人这时已全部被歼灭,主力部队都集中到陈堰村来了。

我军战士闯进黄正诚躲藏的大院,一阵狂风暴雨般的猛烈扫射,一个战士向一座窑洞甩了一颗手榴弹,手榴弹在窗口爆炸了。窑洞里的敌人高叫饶命,乖乖地举手投降了。

陈赓在报话机监听室里,听到黄正诚绝望的惊叫:"敌人已经进屋了!"随之传来一声巨响,一切声响戛然而止。

连日没有休息的陈赓,两眼已布满血丝。这时,他转过头来对大家说:"这个部队的指挥官并不是草包、饭桶,他们叫'天下第一旅',对国民党军队来说,也还不是瞎吹。但对我军来说,它就不行喽!"

这时,临汾的敌人还在报话机中不断呼叫着黄正诚。陈赓乐呵呵地站起身说:"别叫了,已经落在我们手里了,过两天我去叫他。"一句话把大家都逗乐了。

临汾战役，全歼敌人主力第一旅，重创敌二十七旅、一六七旅，共歼敌 2000 余人，俘虏敌人 2500 余人。

战斗结束后，没有发现黄正诚，陈赓命令一定要找到他。部队又认真地在俘虏中寻找。二十九团政委吴效闵忽然发现俘虏中有一个人上身穿士兵服，下身着军呢裤，脚登皮靴，鼻梁上还架着一副金丝眼镜。这人低着头，偷偷地往其他俘虏身后躲。

吴效闵问："你是做什么的？"

那人慌忙回答："书记官，我是书记官。"

因为吴效闵盯着他穿的呢裤和皮靴，他就结结巴巴地解释说："我确实是书记官。这裤子、皮靴是去年在西安结婚时朋友送的……"

这人正是黄正诚。大概他自己也觉得这解释混不过去了，就干脆推了推鼻梁上的金丝眼镜，说："我要见你们的陈赓将军。"

吴效闵冷冷地问："有什么要紧的事要谈吗？"

黄正诚憋了半天，莫名其妙地说："你们打仗不按规矩。"

"规矩？什么叫规矩？"

"你们不按操典，偷偷摸摸，乱冲乱打。摆开阵势，凭我们的武器装备，你们是打不赢的……"黄正诚振振有词地还想往下说。

我们的干部打断他说："黄正诚，收起你那套规矩的操典吧！你们打的是反革命战争，不得人心，不管按什么规矩打，使用多好的武器，你们注定是要失败的。"

听说找到了黄正诚，陈赓命令："把他带到纵队指挥所来！"

一见黄正诚，陈赓就问："你是黄正诚？"黄正诚嗫嚅着说："您是……"

"我是陈赓。你们胡先生（指胡宗南）在黄埔跟我同期。"陈赓与黄正诚相反，说话豪爽、干脆。

黄正诚连忙谦恭地说："久仰，久仰！"

陈赓问他："你们本来是想消灭我们，现在被消灭的不是我们而是你们，不知你对此作何感想？"

黄正诚好像还很委屈似的说："自从进入解放区，我军就像瞎子一样，不了解贵军情况。贵军对我军的行动却了解得很清楚，又善近战，我们的火力还没展开，就遭到贵军的猛烈攻击……"

不等黄正诚说完，陈赓就问："是不是还有点不服气？"

黄正诚还想为自己的失败辩解："我的部队还没有摆开就被歼灭，不能说明贵军高明。"

"我就是不许你将部队展开！"陈赓义正词严地说，"你们发动这场战争，是不得人心的。你们的装备再好，火力再强，也一定要失败……"

黄正诚只有洗耳恭听的份儿，再也没有吭一声，大概是他终于想起了"败军之将不言勇"这句老话了吧。

陈赓知道他那脑子一时半会儿是转不过弯来的，于是便转换了话题，说明了我军宽待俘虏的政策后，就让人把他带走了。

就这样，陈赓灵活运用战略战术，巧妙地歼灭了强敌。

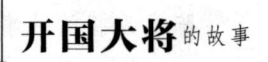

与毛泽东在陕北

1947年6月下旬,中央要陈赓去陕北参加军事会议,研究部队下一步的行动。

7月19日,陈赓渡过黄河,冒着暑热,到达党中央当时的驻地定边县小河村。

听说陈赓到了,毛泽东走出窑洞上前迎接。陈赓恭敬地向毛泽东行礼致敬。毛泽东却快走两步,紧紧握住了陈赓的手。

陈赓关切地说:"主席,你可经过不少艰险呢!你带的警卫部队太少了,武器又不好,我们实在担心,旅长们都要求过黄河来保护呢!"

当时,党中央是准备调陈赓这支部队到陕北的。听了陈赓的话,毛泽东笑了笑说:"这次就是叫你们过黄河来的呀!不过,不是来保护我,而是来保护陕甘宁边区的人民。好武器应该给你们用,我这里你不用担心。"

陈赓心里真高兴,急切地说:"同志们都等待着新任务呢!"

望着陈赓兴奋的样子,毛泽东亲切地笑了笑,赞扬说:"你们在晋南打得很好,给了敌人致命的一击,把蒋介石吓坏了。现在要你们再吓吓蒋介石,这一次要把他吓疯。"

陈赓一边听着毛泽东的话,一边随着毛泽东走进窑洞。

小河村是个依山傍水的小山村，村边有一片苍翠的树林。

7月21日，毛泽东在这里主持召开了军事会议。

会上讨论了许多重大问题，会议持续了七八天。会上确定了我军转入战略反攻，把战争引向国民党统治区的战略方针；讨论了土地改革问题，纠正了土改中发生的右的和"左"的偏向；最后确定我军战略进攻的主要突击方向是中原。

对于中原战场，毛泽东已考虑很久了。他曾经非常形象地比喻说："蒋介石伸出两个拳头打我们，一个在山东，一个在陕北。好得很啊！两个拳头这么一伸，他的胸膛就露出来了。我们的战略方针，就是要紧紧地拖住这两个拳头，让刘邓（指刘伯承、邓小平）进军中原，对准他的胸膛插上一刀！"

这时，毛泽东在反复思量一个问题：要不要陈赓兵团来陕北作战？

本来中央已经决定调陈赓兵团渡过黄河，配合彭德怀消灭胡宗南。由于听到了不同意见，毛泽东便把这个问题提交会议讨论。

经过热烈的讨论，会议对中原战场作出了新的部署：刘邓大军挺进大别山，在江淮河汉地区作战；陈（毅）粟（裕）大军进入鲁西南、豫东地区；陈赓兵团不来陕北，南渡黄河，挺进豫西。

当时兼任军委总参谋长的周恩来，忍不住站起身，豪情激动地说："刘邓直插大别山，朝蒋介石的胸膛砍上一刀！陈赓南渡黄河，挺进豫西，再砍他一刀！陈毅、粟裕大军，进入鲁西南，挺进豫东，再扎他一刀！这三路大军，在战略上就布成了'品'字阵势，互为犄角，协力配合，在南起长江、北至黄河、西从汉水、东到黄

开国大将的故事

海的中原大地上,向敌人展开大规模的进攻!"

会议期间,陈赓与毛泽东、周恩来同住在一个院子里。

会后毛泽东对挺进豫西的行动作了具体指示。他对陈赓说:"刘邓率晋冀鲁豫野战军主力挺进大别山,一定搞得敌人手忙脚乱,到处调兵去堵。胡宗南被牵在陕北,陷入绝境。豫西敌军不多,是个空子。师出豫西是有战略意义的。进去以后应当放手发展,东向配合刘邓、陈粟,西向配合陕北,东西机动作战,大量歼灭敌人,开辟豫陕鄂根据地。"

毛泽东鼓励陈赓以最大的决心和勇气打出去。

毛泽东还讲了破釜沉舟的故事,他说:"'破釜沉舟'的故事你知道吧?项羽跟秦兵打仗,过河以后就把锅砸了,把船沉了,激励战士不打胜仗决不生还!说来很巧,这个故事就发生在你们将要渡河的地方。"

陈赓马上表态:"主席,那我更要以'破釜沉舟'的决心,打到

★破釜沉舟

豫西去！"

"只是锅别砸了，船也别沉了。"毛泽东开起了玩笑。

一句话引得在场的人一起哈哈大笑。

接着，毛泽东问陈赓："有什么困难吗？"

陈赓说："现在部队士气很高，在晋南反攻中又搞到了敌人大量的装备，兵强马壮，在主席和中央军委的领导下，一定可以师出报捷。出师以后，部队迅速展开，弹药的运送补给可能有时跟不上；到了新区，伤员的安顿也可能有困难，但这些困难都是可以克服的。"

毛泽东笑着赞许道："对嘛！弹药不足，由蒋介石来'补充'。伤员安顿，靠群众嘛！我们从来都是这样办的。根据地是创建起来的，不是一切搞好了再去革命。蒋管区的人民遭受封建势力和国民党的残酷统治，你们去了要好好地发动群众，依靠群众，把人民革命的高潮推动起来，这样就一定能胜利。"

7月下旬，会议结束了。参加会议的同志分别赶回自己的部队。

毛泽东把陈赓送到小河村外。

陈赓依依不舍地说："主席，我看你还是过河吧！河东毕竟要安全些。"

毛泽东看了看陈赓，爽朗地笑了。他说："不要担心，你们打得越厉害，打的胜仗越多，陕北人民的安全就越有保障，我的安全也就越没有问题。"

8月初，陈赓返回晋南，传达了中央的决定。12日，陈赓兵团开始挺进豫西。

运筹策划　为国扬威

正值人民解放军百万雄师南下之际,越南人民抗法战争也正处于相持阶段的最艰苦时期。为取得中国共产党的全面援助,1950年1月,越南共产党总书记、越南民主共和国主席胡志明秘密访问了中国,与毛泽东、周恩来等人进行了会晤。

陈赓此时正率领着第四兵团进军滇南,一路上追歼残敌,捷报频传。

7月7日,陈赓受命,率领一高级工作组及警卫人员,从昆明出发,穿越了滇东南和越北的高山密林,跋涉了20余天,来到越共中央所在地——太原的小平坝。

早在中国大革命时期,胡志明与陈赓就在广州结下了生死与共的战斗友谊,胡志明亦深知陈赓的人品和指挥才能。此番故友重逢,大家都非常兴奋。

陈赓一行在太原住了5天。5天来,胡志明和陈赓每天都在一起,研究边界战役的作战方针。有人提出,先攻占敌军重要据点高平。胡志明征求陈赓的意见。陈赓认为,战役的指导方针,主要应着眼于消灭敌人的有生力量,以改变越北战场敌强我弱的形势,争取主动权。现在越南人民军还缺乏攻坚经验,最好先打小据点东溪,拦腰切断连接高平、凉山的四号公路,再顺路南下围攻七溪、迫使高平、凉山守敌出援，在运动中歼灭敌人。这样，拿下高平、凉山等敌人较大的据点就容易多了。胡志明听罢，连连称赞。越共中央常委会讨论通过，决定采纳陈赓提出的作战方案。

作战方案确定后，陈赓前往高平附近的广渊，同越军总部和韦国清率领的中国军事顾问团会合，一同制订具体的作战计划。

当时，在北自高平南至凉山四号公路一线上，敌军共有13个营约1.1万人。越南人民军则集结了2万多兵力，另外，还有地方部队3个营和游击队配合作战。陈赓审时度势、胸有成竹，与其他同志共同研究制定了具体的作战部署：用两个主力团首先进攻四号公路上的东溪据点；三个主力团准备打援；派两个营到七溪以南阻击凉山方面的援兵，留少量地方部队围困和监视高平之敌；如果七溪守敌增援东溪据点，就在有利地形处歼灭之，乘势攻占七溪；如果七溪守敌不出援，就在攻占东溪后，乘胜全力聚歼之；最后以全部主力进攻高平，也力求诱敌出援，在野战中歼灭之。整个战役预计30到40天可结束。

作战计划下达了，还有很多事情要做，除需要民工把粮食、弹药送往前线，进行部队政治动员和后勤准备工作外，更重要的是解决越南人民军各级干部的许多思想疑问和顾虑。陈赓通过个别谈话和作报告的形式，解答了越南人民军团以上干部所提出的问题。

有人说："我军的力量有限，应集中兵力消灭高平之敌。如果先打东溪、七溪，再打高平，那时兵员已经消耗不少，恐怕拿不下高平，完成不了突破法军边界封锁线的任务。"

陈赓说："若想解放高平，首先要消灭敌人的有生力量，否则即

使拿下高平，也巩固不了。进攻东溪比进攻高平容易得多，胜利比较有把握，而首战的胜利，对整个战役影响很大。我军在东溪把敌人打痛，七溪、凉山之敌可能前来增援，这就给我们提供了在野战中歼敌的好机会。至于在作战过程中我军消耗的兵员，要有计划地进行补充。这样，我军不是越打越弱，而将是越打越强。"

……

陈赓精通毛泽东军事思想，身经百战，不仅有敏锐的观察力、判断力，不仅善于调查研究，而且有强烈的感染力和说服力。自受命赴越后，他对越北战场地形，敌我双方的虚实，仗怎么个打法又如何确保胜利，已了然于胸。以至越南人民军总司令武元甲在听了陈赓的报告后说道："报告给我的教育意义很大。希望陈赓留在越南到战役结束后再走。"胡志明也要求陈赓"包下这个战役的胜利"。

9月16日，进攻东溪的战斗打响了。陈赓两天两夜没有睡觉，一直同前线指挥部保持密切联系，及时了解战况，提出建议，协助指挥战斗。经过近3天的浴血奋战，终于全歼东溪守敌300多人，活捉东溪敌军指挥官。尽管这一仗暴露了越南人民军的许多弱点，使陈赓陷入深思和不得不考虑调整作战计划，但是东溪战斗的胜利，意义是很大的。它震慑了敌人，吹响了边界战役胜利的号角。

东溪拿下了，然而边界战场敌军主力尚未出动。18日，陈赓仍未休息，正在考虑下一仗怎么打时，胡志明主席忽然到来，兴致勃勃地赠给他一首中文诗：

携杖登高观阵地，
万里山拥万里云。

陈赓大将的故事

义兵壮气吞牛斗，

誓灭豺狼侵略军。

陈赓看了诗，兴奋地说："胡主席下这么大决心，敌人肯定一个也跑不了了！"

在这段时间里，河内法军指挥部已预感到了危险迫在眉睫。它一方面命北部的预备队骚扰越共中央所在地太原地区，企图迫使越南人民军回师救援，减轻边界战场所受压力；另一方面，命高平指挥官沙东上校，率部千余，弃高平城南逃，又命七溪指挥官勒巴上校，带领两千多人北上接应。

这是一个关键的时刻，也是在野战中歼灭敌人的好机会！

陈赓建议在东溪附近布置袋形伏击圈，先吃掉北上接应的勒巴兵团，再歼灭南逃的沙东兵团，并告诉胡志明主席，务必要鼓舞士气，使军队上下有连续战斗和打歼灭战的思想准备。

这是一场十分艰苦的山地战斗。越南战士连续战斗9昼夜，紧紧咬住敌人，不让他们会合，终歼勒巴、沙东两兵团3000余人，俘虏了法军三个上校和许多中下级军官。这是越南人民军打的头一次大运动战和歼灭战。河内法军指挥部惊慌失措，命令七溪、那岑、同登、凉山、陆平、安州、老街守敌全部撤退，越北边境的法军防御体系全线崩溃了。

★胡志明同志

开国大将的故事

胡志明在一次干部集会上说："边界战役的胜利，是无产阶级国际主义的胜利"，它的战果，远远超出了我们原来预定的计划。

胡志明多次说过，越中关系是"同志加兄弟"。胡志明是这样说这样做的，陈赓也是这样看这样做的。他们推心置腹，密切合作，互相关怀。胡志明还特别喜欢陈赓的坦率直言。事实上，陈赓在越南工作期间，不仅帮助越军总部组织和指挥了边界战役，而且也认真考虑了怎样帮助越南建军的问题。胡志明深深知道，这位帅才和战友会给越南人民军带来新的面貌。

在工作组离越前夕——10月27~30日，陈赓应越军总部的请求，给营以上干部200多人作了四天的战役总结报告。他谈得很多，讲述了毛泽东军事思想的主要内容，介绍了中国革命战争中的宝贵经验，也针对越南人民军在战斗中所暴露出来的弱点，提出了一些问题和建议，诸如军民关系问题、官兵关系问题、部队纪律问题等等。这个总结，与其说是总结，不如说是一堂拓展眼界、开悟思想的人民军队建军思想课和军事艺术课，对越军作战和建设，具有极大的意义。

这个报告在越军干部中引起了强烈反响。他们说："这样全面分析越军的优缺点，把问题和盘托出，在越南还是第一次，听了很受教育。"这次临别赠言，是陈赓留给越南党和军民的一份珍贵礼物。陈赓磊落坦率，也善于循循诱导，使对方心悦诚服。他的才智、经验、性格和作风，赢得了越军干部发自内心的敬佩。他们说："陈将军不仅能指挥自己的军队，还能调动敌人；不仅能指挥打仗，还善于建军；不仅有丰富的战斗经验，而且还很会团结人教育人。"胡志明把陈赓的风格，称之为"老布尔什维克风格""伟大的国际主义精神"。

陈赓受命赴越，历时近半年。这期间，他兢兢业业，全力以赴，谦虚谨慎，严于律己，宽以待人，为了越南人民的解放事业，不遗余力地作出了自己的贡献。这位使敌人闻风丧胆的一代名将，确实没有辜负胡志明主席和中国共产党、中国人民对他的信托！

最后的日子

1957年，由于积劳成疾，陈赓患了心肌梗死。以后又连续严重发作。党中央考虑到他的身体情况，决定让他退居二线养病。

1961年，他到上海居住。

这时，中央军委发了一个通知，要求人民解放军中将以上的高级将领，都要根据自己在革命战争中的经历，写一篇作战经验总结。

本来，中央军委和总参谋部考虑到陈赓身体状况不好，决定暂时不通知他。但上海警备司令部的同志不知道这个决定，就按程序把军委的通知送到了陈赓家。

陈赓一向重视总结作战经验，这也是他经常打胜仗的原因之一。接到军委的通知，他很兴奋，不顾严重的病情，他决定立刻着手写总结。

3月7日上午，他开始口述，秘书笔录，然后整理出一份纪要。陈赓看后，不太满意，觉得没有准确地表达出他的本意。

夫人傅涯见他有点着急，就说："你这个总结，谈的都是自己亲

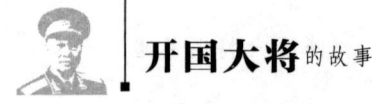

身作战经验,要秘书写,只怕他们体会不了你的思想,这些经验的精髓所在可能写不出来。"

陈赓觉得她说得对,便决定自己动手来写。不动笔则已,一动起笔来就收不住了。

陈赓夜以继日地写提纲、看材料,苦思冥想。为了提神,他喝咖啡,喝浓茶。由于过度劳累,3月14日,他的心肌梗死病又一次发作。

他的总结原准备写六章:《序言》《作战准备》《进攻》《防御》《追击》《转移》。结果只完成了《序言》就无法再进行下去了。

3月15日早晨,傅涯去上班。下午,警卫员打电话告诉她:"首长不舒服,请你早点回来。"往日傅涯回家很晚,通常9点到家,这天她5点就从单位动身回家了。

这天,陈赓还在忙着写《作战经验总结》,往事如潮涌入脑际,直到黄昏,他才放下笔。

傅涯到家时,陈赓正坐在沙发上等她。一见她进门,陈赓开玩笑说:"欢迎,欢迎!"

傅涯惦记着他的身体,忙问:"好些了吗?"陈赓点点头,开玩笑说:"托你的福呀。"接着,又请求说:"傅涯,今天是我的生日,你给擀点面条吃吧!"

这一提醒,傅涯才猛然想起,不禁心里责备自己:怎么把他的生日都给忘了。她忙放下提包,洗洗手,走到厨房和面。一会儿就给陈赓端来一碗热腾腾的雪里蕻肉丝汤面。陈赓吃得很香,傅涯看着心里也很高兴。

这天夜里,躺在床上,陈赓就感到胸闷,同时还有些隐隐作痛。

他无法入睡，看着对面床上的傅涯，深情地说："傅涯，你怎么不看看我？"傅涯转过头来看看陈赓，以为他还在想写总结的事睡不着，就劝他说："不舒服就好好地睡一觉，暂时别想写文章的事情了。"但这几天因为写总结，勾起了陈赓的无限回忆，他的心情始终处于激动和紧张之中，难以平静。3月16日黎明，陈赓心肌梗死又一次发作。傅涯赶紧给医院打电话。

医生赶到时，陈赓还是清醒的，他问医生："今天是不是应该打肝素（防止血栓的药）啦？"

疼痛没有缓解，陈赓这天没能起床。

傅涯见陈赓面色苍白，头上直冒冷汗，急忙拿起一片硝酸甘油喂到他嘴里。药片送到口中，又掉了出来。由于人们都在紧张忙乱，没有发觉。

这时陈赓心脏已有大量瘀血，事后发现淤了大约10毫米厚。望着陈赓痛苦的神情，傅涯干着急，一点办法也没有，她站在床前握着陈赓的手，焦灼地盯着他的眼睛。她感觉到，陈赓的手心渐渐凉了，瞳孔也在逐渐扩散……

医院的大夫、院长都赶来了，立即开始抢救：打强心针、按摩、做人工呼吸、穿刺……但全部无效。

在一片抽泣声中，陈赓，这位共和国元戎，威震敌胆的大将军闭上了双眼，走完了他极富传奇色彩的一生。

1961年3月16日上午8点45分，为革命征战一生的陈赓将军永远离开了人世。他留给后人的是无以计数的英雄战绩和动人心魄的无限怀念。

开国大将的故事

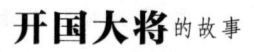

谭政大将的故事

书香门第的后生

湖南省有一条著名的河流叫湘江。自古以来，湘江水滋养、培育了中华民族无数的英雄豪杰、伟人将帅。中华人民共和国的十员大将中有六位都诞生在这块秀丽而富饶的土地上。

在湘江支流的涟水河畔，有一个山清水秀、交通发达，又具有悠久历史的县城——湘乡。1906 年 6 月 13 日，在湘乡楠竹山村一个封建绅士家里，一个婴儿呱呱坠地。他，就是后来成为共和国第五位大将的谭政。

谭政，原名谭世名，号举安。就在谭政出生的那一年，祖父去世。他给家里留下 30 多亩田地和一些房产和绅士兼商人的名声。谭政的父亲叫谭润区，是家里的长子。出身大家闺秀的母亲谭文氏，是一位温柔善良的贤妻良母。祖父临死前曾交代家人："长孙出世后，要好好抚养，愿他早读诗修身。"老爷子还为未出世的长孙起好了学名和字号。

在楠竹山村前不远，有一处风景胜地——七星桥，谭氏家族祠堂就建在那里。祠堂不仅举行家族集会，也开设蒙馆，聘请有学问的先生教本族子弟念书。谭世名的父亲谭润区本是教私塾的先生，祖父去世后，他就不再教书，作为长子而继承掌管家业，并担任谭氏家族祠堂的族长。

作为长孙，同时也是谭氏家族传宗接位、支撑门第的后代，世名刚到六岁，就被父亲送入蒙馆念私塾。谭润区期望儿子好好读书，将来继承家业，光宗耀祖。

世名当时虽然还不明白读书为了什么，但他很高兴去蒙馆，因为他在那里认识了许多同学，其中就有日后成为共和国十员大将中的另一位大将——陈赓。可以说，两位大将从少年时期就结下了深

★七星桥

厚的友谊。陈赓与世名是同乡，他们的祖父在世时，两家关系就很好。陈赓比世名大三岁，他头脑机智、性格活泼，两人同在一个私塾读书，课后又常在一起玩耍。由于世名小时性格比较懦弱，因此陈赓总像大哥哥一样关心照顾世名。

由于父亲对世名寄予很大期望，因而对他总是疼爱有加，同时也管教甚严。世名似乎理解父亲的心意，总是很懂事地用功读书，背诗诵文，埋头练字，不做完功课就不出去玩耍。爸爸忙完一天，走进家门的第一句话往往总是关切地问："世名儿回来没有？"这时总会听到一个稚嫩而清脆的声音回答道："爸爸，我正在做功课呢！等会儿给你背书。"父亲这时就会满意地捋着嘴边的八字胡，脸上浮起欣慰的笑容。

就在世名进入私塾读书的同一年，辛亥革命爆发了！在此之前，即1898年，以康有为、梁启超、谭嗣同等为代表的中国资产阶级维新派曾发动了一场被称之为"戊戌变法"的改良主义政治运动，提出变君主制为君主立宪制，要求废除封建的八股文、科举制，提倡自由、平等、民权。由此，坐落在湘江东岸的湖南最早的书院——"东山书院"变成了"东山学堂"，开始学西方、闹学潮。而辛亥革命更是波及全国，大清王朝在一片隆隆号角声中轰然坍塌。1912年1月1日，中国历史上的第一个资产阶级政权——中华民国临时政府在南京成立，孙中山就任临时大总统。

新政府颁布了一系列法令，宣布中国的教育制度转为国民教育，学校中一律废除《大清会典》《大清律例》《四书》《五经》以及"其他有碍国民精神"的科目，废除清朝及以前一切不合理的法规习俗。

在这场新兴资产阶级革命运动的洪流中,谭氏家族的七星桥蒙馆也不得不遵照新政府关于教育制度的改革法令,于1914年改办成设有自然、历史、地理、体育等课程,并改古文为白话文的初级小学校。

新的学校来了一名新的老师,名叫黄笃植。黄先生曾与毛泽东一同在东山学堂读书,他是资产阶级维新派的支持者。在学校,他积极推行国民教育,并给学生们讲解中国古老的文化和悠久的历史,讲中国历史上那些可歌可泣的民族英雄的故事,描述世界革命和俄国十月革命的盛况。他讲得栩栩如生,学生们听得津津有味。

从黄先生那里,小世名第一次知道了鸦片战争是怎么回事,义和团的勇士们是如何抗击敌寇的,知道了帝国主义侵略中国、屠杀中国人民的罪行。他开始明白,正是清王朝的专制、压迫和腐败无能,才使它不可避免地要垮台,被起来反抗的千千万万的劳苦大众所摧毁。

他没有想到,在过去所念的《千字文》《三字经》后面竟然还有那么多有趣和动听的故事,还有那么多丰富而新鲜的知识。他被这些故事和知识深深地吸引住了,以至废寝忘食。回家后,还兴致勃勃地讲给弟弟妹妹们听。

父亲却为此伤透了脑筋。这也难怪,谭世名的父亲一生所受的都是封建文化教育,又是曾教私塾的先生。当新政府宣布男子一律剪掉长辫子时,像谭润区这一类乡绅,觉得简直比割掉自己的肉还心痛。对新的教育制度改革,他更是无法理解,也想不通。对儿子

世名的思想变化，他恼在脸上，急在心里。他不相信初级小学校之类的"洋学堂"能对儿子的发展有什么好处，特别是儿子正处在人生的启蒙时期，头脑里没有装上诗、书、义、礼这些"正宗"文化，却装入了什么"政治""革命"，照此下去，读书的学生，不都成了"乱世英雄"了吗？

结果，世名小学毕业本来可以报考东山高等小学堂，但父亲不允许，他怕世名被新的事物搞得心野而不走正途。于是，他四处查询，最后把儿子送到还没有被查禁的二都柳树铺私塾读书，寄居在他的世交，也就是陈赓的父亲陈绍纯家中。此时，陈赓已离家到湘乡县立东山高等小学堂念书，那是一所云集了许多有抱负的爱国青年的著名学堂。

二都柳树铺距湘乡县城北15里，位于湘乡通往湘潭及宁乡的大路旁。虽然当时还没有汽车，但往来的大车、马车和骑马、乘轿的人络绎不绝。这里虽然不是集镇，店铺却很多，不但经济繁荣，而且消息灵通，人们的思想比起偏僻的乡村来也要开放一些。对于出生在偏僻的楠竹山村封建绅士家庭，又受到封建文化启蒙的谭世名来说，这一时期是他的思想转变的重要时期。他接触和了解到了在大变革年代中的许多新生事物。特别是常听陈赓的祖父陈益怀爷爷和陈绍纯伯父讲许多动人的故事，更丰富了他那渐已开启的思想之门。因此，世名虽然念的是私塾，却逐渐地开始受到民主革命思想的影响。

戎马半生、生活阅历坎坷艰辛的陈爷爷，曾是一名湘军骑士。他经常给孩子们讲那些清朝廷无能，湘军腐败，农民起义军英勇善战的故事。而陈伯父则见多识广，思想开放。尤其是他那为人豪爽、乐善好施的品性，对世名产生了不小的影响，使他在人生的道路上渐渐懂得了什么叫真理、什么叫正义、什么叫善良、什么叫丑恶，他的思想开始随着时代的脉搏跳动。

一次，在东山高等小学堂读书的陈赓回到家来，两个在少年时期就结为兄弟的好友促膝交谈。世名说出了想报考东山高等小学堂的愿望以及父亲不允的苦恼。陈赓很了解少年朋友心中的哀与乐，他也愿意帮助他冲破封建家庭的枷锁和束缚。他鼓励世名："一定要争取考上东山高等小学堂。这是一所传播爱国思想的先进学府。在这里读书，能跟上社会前进的潮流，对我们这个时代的青年来说，是很有教育和启迪意义的。"

转眼三年私塾期满，世名也已 14 岁，但父亲仍不准他投考东山高等小学堂。他亲自施教，让世名继续啃读古文。每当世名恳求父亲恩准他投考东山学堂时，父亲总是说："你还看不见吗？家境一天

★东山学堂

天衰落,哪有钱再送你上学堂?"然而世名已长大,他的内心深处已烙上了爱中华、求进步、挽救危亡中华民族思想的影响。他已不能把自己关在家里,而是一有空就跑出去探听消息,翻阅报纸,热心关注革命形势的变化。

对儿子的变化,谭润区虽然着急但却无可奈何。此时,陈益怀老先生去世,在遗言中要求儿子陈绍纯支持世名升学。面对现实,同时也经过一番新旧思想的斗争,谭润区让步了。

世名终于如愿以偿地进入了东山高等小学堂,开始了他学习科学知识、了解历史、探索追寻救国救民真理的历程。这年他16岁。

一介书生投笔从戎

谭世名进入东山学堂所学的第一课,就是平生第一次知道了五一国际劳动节,这是全世界工人阶级检阅自己力量的日子,标志着工人阶级以其大无畏的精神英勇斗争而取得的伟大胜利。

世名还从学堂老师的介绍中得知,自清朝末年书院改革为学堂,这里培养出了许多爱国志士、"烽火少年",成为新文化运动的尖兵,是一个传播文化知识和先进思想、爱国思想的阵地。世名从所读的古书里摘录了许多关于治国、爱国、"富国强兵"以及做人的至理名言作为座右铭,诸如:"为国者当务实。"(苏辙:《民赋叙》)"用武则先威,用文则先德。"(罗贯中:《三国演义》）"利于国者复之，害于国者恶之。"（《春秋》）"赤心事上，忧国如泉。"（韩愈：《上李尚书书》）"鞠躬尽瘁，死而后已。"（诸葛亮：《出师表》）"小来思报国，不是爱封侯。"（岑参：《送人赴安西》）"身既死兮神以灵，子魂魄兮为鬼雄。"（屈原：《九歌》）。

在东山学堂，学生们既学习西方先进的科学，也学习欧洲革命斗争的历史。老师在讲世界革命史时，突出地讲了俄国的十月革命，正是"十月革命一声炮响，给中国送来了马克思列宁主义"。对世名来说，东山一堂课，可谓胜读三年私塾。在这里，他听到和学习到许多革命理论，还能读到像《新青年》那样的进步书报杂志。《新青年》上所登载的李大钊的《我的马克思主义观》《布尔什维主义的胜利》以及陈独秀的《谈政治》等文章，对世名的启迪很大。他如饥似渴地阅读，思想越来越激进。他把所接触的革命理论和当时中国的现实状况相联系，脑子里开始思索这样一个问题：中国革命到底应该走什么样的道路呢？

有了思想就会有所行动，世名开始自觉地把自己的行动同进步和正义联系在一起。进入东山小学堂不久，他就成为学生自治会的领导人之一，直接加入到学生运动的行列中去。他的思想变了，人变了，性格也变了，不但成了学生运动的领头人，更成为革命运动中的勇士。

一天，在湘乡县城的一条繁华街道上，已担任学生自治会主席的谭世名率领着一支浩浩荡荡的学生队伍，雄赳赳、气昂昂地举行游行示威；他们一路上张贴标语，高呼口号：

开国大将的故事

"打倒军阀！"

"打倒镇压工人运动的刽子手！"

"打倒列强！"

"禁止洋货！"

此次游行既是为了支持上海、武汉以及长沙等地举行的工人大罢工，同时也是为了抵制日货。东洋鬼子肆意掠杀中国人民，由东洋运进中国的货物便当抵制。

在街头的一个高台阶上，素来文质彬彬、有"白面书生"之称的谭世名，此时却挥舞双臂，慷慨激昂地向过往群众进行演讲：

"袁世凯同日本签订了卖国条约；东洋鬼子利用经济文化掠夺中国；北洋军阀吴佩孚不但不抵制东洋鬼子的侵略，反而镇压起来反抗的工人群众，中华儿女血流成河。同胞们，起来吧！用我们的双手来保卫我们的国家！"

他义愤填膺，举起拳头带头高呼口号："打倒卖国贼！""还我国土！"

学生自治会还组织了查禁"仇货"小组，领头人就是谭世名。他们号召全校学生不购买、不使用日货。学生们的宣传和行动也教育了一些商铺老板，他们把摆在摊上的"洋货"悄悄地收了起来。

东山学堂的革命斗争传统，把一个个像谭世名这样的"书生"，培养锻炼成一个个勇敢的爱国志士。世名不但身体一年比一年健壮，革命斗争意志更是一年比一年坚强！

1921年秋天，也就是谭世名进入东山小学堂的前一年，他少年时的好友陈赓脱离湘军，到长沙铁路局当了一名办事员。在长沙，他积极参加进步的青年运动和蓬勃开展的工人运动，不久就加入了中国共产党。后来孙中山在广州创办黄埔军校，党组织派陈赓前去投考并被录取。从此，他投身于波澜壮阔的中国革命洪流，开始了他从事中国革命武装斗争的戎马生涯。

世名在读书期间，与陈赓一直有着书信来往。陈赓经常写信鼓励当时还书生气十足的世名，要他积极投入到火热的革命斗争中去经受锻炼和考验。他在信中还一针见血地指出：

"救中国，不能光靠政治斗争，因为我们的敌人是有枪杆子的。要想革命成功，革命的人民还必须有自己的武装力量！"

世名在东山学堂的三年学习期满毕业了。此时他正站在十字路口，要寻找和选择自己应该走一条什么样的道路。

去长沙吗？没人引导。再说，他只参加过县城的学生运动，连工厂的门还没有进过。

报考黄埔军校？对！他一直想学军事，希望像陈赓大哥一样，投身到革命的队伍中去。

此时，世名已和陈赓的四妹子、从小就青梅竹马的秋葵结为夫妻。小两口立刻给陈赓大哥写信，陈述世名从军的心愿。

但此时，陈赓已从出师北伐的国民革命军中调出，奉共产党中央通知赴苏联学习去了。陈赓在苏联学习半年后，又回到炮火纷飞、敌我双方生死较量的中国战场上。

自1926年7月国民政府发表《北伐宣言》到1927年2月，北伐军接连打垮了吴佩孚、孙传芳的几十万反革命武装，进至长江流域，攻占武昌，控制了武汉三镇。国民政府由广州迁都武汉。共产

党中央也由上海转移到武汉。国共合作的新局面开始形成。武汉成了中国革命的中心,也是中国共产党举行武装斗争的中心。陈赓回国后,即被派到国民革命军第八军担任特务营营长。

陈赓到任不久,即修家书一封。正急迫不安、关注革命形势发展的谭世名,接到陈赓的信后,真是喜出望外。他立即复信,重申了参加革命队伍的迫切心情。

很快,谭世名接到陈赓的回信,信上说:

"不几天将有两军人前去家乡招募,顺便接世名妹夫来汉投笔从戎。望候!"

得知世名要参军,家里炸开了锅。父亲大发雷霆,但妻子秋葵却勇敢地支持丈夫的行动。世名也早拿定主意:"就是和家里闹翻,也要走出家门去闹革命!"

1927年3月,谭世名告别父母,惜别爱妻,毅然踏上革命的征程。

一介书生从此投笔从戎!

当谭世名跟随前去接他的邹军官来到中国革命的中心——汉口,抵达第四方面军特务营时,在营部等候的正是他少年时的同学、也是他的妻兄——陈赓。在派人去湖南接妹夫的时候,他早已把谭世名想改的名字——谭政,写进了二连的花名册。

见面以后,陈赓亲切而又半开玩笑地对谭政说:"你这个绅士家庭的书呆子,能摆脱家庭的束缚走出家门,本身就是一大革命!"

"不管怎样,我总算冲出来了,冲破了封建家庭这一关,同时也战胜了我自己。"

"你以前是个书生,现在当兵成了武士,首先要磨炼自己,不怕吃苦。先去二连,当个文书,怎么样?"

"好,我一定会成为一个名副其实的战士!"

从此,谭政穿上一身灰色的国民革命军服装,每日下连队刻苦操练。他终于实现了他报效祖国的心愿,成为一名为受欺侮、受压迫和贫穷落后的中国而战斗的军人。

逃离军营试锋芒

谭政入伍后,在紧张的操练之余,分别给父母和妻子写了两封家书。他在给父母的信中说:"儿不孝远离父母。但又得先卫国不受倭寇欺侮,而后才能报效父母,此乃国民之责矣!"在给妻子的信中说:"我的名字将改为'谭政',不再叫那个封建主义的'谭世名'。……这里书报刊物齐全,有《向导》《中国青年》《共产主义ABC》等等,这些从来没见过的书刊,让我如多日不食,狼吞虎咽地阅读起来。"

谭政来到汉口,一进兵营,就有一种不寻常的感觉,还没有开战,就先闻到了火药味。

果然,就在他入伍后仅一个多月,战争的烟云就铺天盖地而来。国民党反动派蒋介石挥舞屠刀,杀向共产党人和进步的革命力量。他先在上海发动了反革命的"四一二"大屠杀,血腥镇压手无寸铁

的工人群众运动，300多人死在蒋介石的屠刀下。

与此同时，南北军阀遥相呼应，开始露出他们本来的狰狞面目。在北京，军阀张作霖大打出手，残酷杀害了中国共产党的领导人李大钊。在武汉，汪精卫也发出叛变革命的信号，共产党派入国民革命军的干部受到监视。陈赓被撤了营长职务，随时有被逮捕的可能。身为书记官的谭政也处在危难中。

在这种严峻的形势下，谭政克制住自己的感情冲动，非常理智地静观时局的发展变化。他随时注意翻阅报纸，认真分析研究形势。记得下连队前，已有了一定革命斗争经验的陈赓告诉过他：

"谭政弟，在这个地方可不像在学校读书啊！也不像你在小学校当教师照管一群娃娃。斗争在即，而且尖锐复杂，说不定哪个时辰脑袋就会搬家！你下连队，可不能再像从前那样书呆子气。这个部队基本上还是军阀的部队，我们党往这个部队只派来少数军官，力量很少；原来的军官，大部分都很反动。所以你要特别提高警惕性。"

反革命的血腥屠杀，在谭政心里燃起了团团怒火。他开始认识到，蒋介石在上海公然挥舞屠刀杀人的举动，只不过是镇压工农革命运动的开始。而武汉的汪精卫不也在蠢蠢欲动吗？看来，武汉已处在"山雨欲来风满楼"的前夕了。

这些天来，国民革命军中的反动军官不断四处活动，找这个谈话，找那个做说客，威逼利诱，软硬兼施，企图扩大他们的势力。

一天，有个叫张之为的团长突然派人来叫谭政。

谭政平时虽少言寡语，但文武方面却很有才干，加上他给人以一种"白面书生"的印象，且又刚入营盘，因此很自然地被作为拉拢对象。

一见面，张团长先是装腔作势地寒暄一番，然后打着官腔问道："听说书记官很有文才，为何不当地方官，远来从军，与我军人专职共事？"

"中国封建专制两千余年，没落贫穷。封建皇帝荒淫无耻，不顾百姓死活，丧权辱国。孙中山先生领导革命，实行三民主义，联俄联共扶助农工，打倒军阀封建割据，以使中国统一，经济繁荣富强，中华民族兴旺。学生前来从军，即为实现孙中山先生的革命宗旨。"谭政不卑不亢地回答道。

"谭书记官忠实于孙中山的三民主义，可敬，可敬！至于'联共'嘛，当须深思。共产党煽动工人、农民起来造反，实与党国对立，制造内乱，故蒋委员长下令镇压骚乱！"

不出谭政所料，老奸巨猾的张团长开始步入正题。

"你听说了吧？汉口的共产党正在动员工人起来造反呢，在国民革命军里的共产党也在策划政变。听说你很喜欢看共产党散发的传单，你可不要上共产党的当，中了共产主义的毒。"

谭政已有思想准备，听了他的话，虽然心里火冒三丈，但脸上并没有表现出来。他想看看这位张团长葫芦里到底卖的是什么药，同时也想探探底细，于是便问：

"张团长，我刚来不久，对形势看得还不太清楚，你说武汉会发生像上海那样的流血事件吗？"

"看在你还年轻，又是乡亲的面上，我可以拉你一把，如果国共战争发生，你愿意跟我走吗？"他以为谭政心动上钩了，立刻假

惺惺地说出真实意图。

"我考虑一下。"谭政周旋着回答。

"我可以明着告诉你,谭书记官,不几日,国民革命军里的共产党将被清洗干净。你如与共产党同谋,也将一并被铲除。"张团长咬牙切齿地做了一个砍头的手势,又威胁似的加了一句。

谭政心里一震,敌人要开始反革命行动了!

从张团长那儿出来以后,谭政急忙把这一情况设法通报给陈赓。

国共合作,共产党派入国民革命军部队里的共产党军官,都是以合法的身份出现,因此被"清洗"的目标也就比较明显。汪精卫已作出实施反革命行动的统一计划。第一步是先撤掉共产党员和"嫌疑分子"军官的职务,换上他们的人。第二步就是当众宣布"罪行",并立即逮捕,以达到"灭共"的目的。

此时已被软禁的陈赓想:绝不能坐以待毙!如果不设法逃出军营,那就意味着坐等反动派逮捕枪杀。他知道,由于谭政没有接受张团长的"规劝",也被视为共产党的嫌疑分子受到监视而失去自由。

"逃!"陈赓下了决心,并悄悄地通知谭政,告诉他:

"敌人要动刀了!三十六计,走为上。做好准备,同我一起逃走!"

两人确定了统一行动的时间和地点。

漆黑的夜,伸手不见五指。依照预定的时间,陈赓和谭政会合到一起。

陈赓悄声地对谭政说:"我已经安置好了,四更时分我们的人站这班岗,按照事先定好的联络信号,放我们出营门。"

就这样，在反革命武装势力即将对共产党员进行大"清洗"的前夕，与反动派斗争具有丰富经验的陈赓带着机智的谭政逃离了唐生智部队的军营。

逃离汉口军营后，他们的目的是直奔中国革命的中心城市之一——武昌。而汉口和武昌之间隔着一条汹涌澎湃的长江。摆渡是不行的，因为有人盘查。于是陈赓带着谭政穿过汉口的一条条大街小巷，最后来到长江边上的一个船坞。这是一个党的联络站，谭政是不知道的。如果没有陈赓带领，他即使逃出军营，也难以找到再逃往他途的路径。在党的联络站的帮助下，陈赓和谭政终于脱险来到武昌。

谭政从出生到来汉口从军，大部分时间都在读书，像今天这种经风雨、见世面的经历，只有投身到轰轰烈烈的、革命与反革命你死我活的武装斗争中，才会有深刻的体验。他很兴奋，手指着滚滚的长江激流对陈赓说：

"陈兄，你看我们现在就像历史上的探险家一样，漂洋过海，寻找新大陆。"

"是的，为了挽救中华民族的危亡，我们这一代人不但要敢于探险，还要勇于牺牲，去做历史上的探险家没有也不可能做到的事——取得中国革命武装斗争的经验，找到一条中国革命的出路。"陈赓深沉地说。

谭政若有所思地点点头，内心也豁然开朗许多。

来到武昌以后，他们落脚在叶挺第二十四师司令部的留守处。陈赓说："咱先在这里歇个脚，明天我去联络一下，看看下一步'探险'的路子怎么走。你先在这里等候我。"

开国大将的故事

国共合作破裂后，武汉局势恶化。国民党反动派的大屠杀使共产党人认识到"枪杆子里面出政权"的重要性。此时，毛泽东等人在湖南组建农民武装，周恩来、贺龙、叶挺、朱德、刘伯承等人则在南昌组织武装起义，以武装的革命反对武装的反革命这一具有历史意义的战斗即将在中国大地打响！

陈赓与组织上联络后，被派赴南昌，协助周恩来等人组织武装暴动。他对谭政说："我将赴南昌执行新的战斗任务。我已和卢德铭团长说好，把你安排在武昌警卫团，跟警卫团随后赶来南昌。"

临走，他又殷切嘱咐谭政道："南昌暴动，将是中国革命走向武装夺取政权道路的开始。记住，谭政弟，在这条革命的道路上，无

★秋收起义

论怎样坎坷崎岖、艰难险阻，都要坚定意志，勇敢地走下去！"

"陈赓兄，我一定牢记你的话。"望着面前这位让他始终敬佩的兄长，谭政深深地点了点头。

在武昌警卫团，谭政被安排在九连担任文书。

就在武昌警卫团奉命开赴南昌参加武装起义时，汉口汪精卫的部队发现了武昌警卫团的军事行动，于是敌张发奎部封锁了九江口，并把警卫团准备乘坐的船只打沉在长江里。

由于情况的突然变化，敌人已堵住了长江水路。同时，南昌起义已于8月1日打响，警卫团再赴南昌已无必要，而湖南的毛泽东等人领导的秋收起义这时正在计划中。于是，警卫团随机应变，及时而灵活地改变作战方向，疾速开赴湖南，支援秋收起义。

早就渴望在革命斗争第一线锻炼的谭政跟随部队一起参加了中国革命历史上著名的秋收起义。

披荆斩棘上井冈

1927年9月的秋收起义，是中国共产党继八一南昌起义之后，在湘赣边界领导的又一场革命武装起义。谭政是第一次参加如此规模、如此惊心动魄的革命暴动。他在战斗中经受了考验、磨炼了意志，迅速地成长起来。

谭政所在的警卫团从黄石港登陆后，立刻改为急行军，日行百

里路。为了摆脱敌人的围追堵截，警卫团全体人员向敌人力量薄弱的湖北、江西两省交界进发。

行军途中，有人生病，更有许多人脚底磨起了一个个大血泡。为了鼓舞士气，坚定士兵的意志，谭政边走边向大家宣传革命的道理和目的，还给战士们讲故事，活跃部队的气氛。

警卫团部队转道九岭山进驻修水后，为了合法地开展斗争，编入省防军暂编第一师，谭政任师部的书记（秘书）。

一天，通城、崇阳农民自卫军党代表罗荣桓来修水接头，联络组织当地游击队，准备适时举行秋收暴动的事，在师部接待罗荣桓的就是谭政。从此，谭政在革命的征途上又认识了一位志同道合的战友。他们两人不但都参加了秋收起义，部队"三湾改编"时，两人又同时编入工农革命军第一师第一团。井冈山斗争时期，两人在红军部队中都做政治工作。解放战争时期，他们都在东北野战军，罗荣桓任政治委员，谭政任政治部主任。全国解放后，人民解放军总政治部第一任主任是罗荣桓，第二任主任是谭政。在风风雨雨几十年的革命斗争中，两个战友结下了深厚的革命友谊。

革命的道路是艰难曲折的。由于当时党中央战略指导思想上的错误，秋收起义最终失败了。在部队转移过程中，谭政冒着枪林弹雨，一面做部队的思想政治工作，一面组织救护伤员，含泪掩埋牺牲的同志。就是在指挥部队转移的这场战斗中，谭政非常崇敬的卢德铭团长英勇牺牲了。他永远忘不了卢团长对战士们常说的一句话："弟兄们，你们的生命就是我的生命。"这种与战士同甘苦、共患难，身先士卒的高贵品质对谭政有着深刻的影响。对卢团长的牺牲，他很悲痛，但同时他更知道要化悲痛为力量！

秋收起义失败后，1927年9月29日，毛泽东率起义的剩余部队到达江西省永新县的三湾村。为适应革命斗争需要，在此部队进行整顿和改编，取消了原来三个团的番号，将工农革命军第一师缩编为工农革命军第一师第一团；在部队中建立了党的各级组织，并成立了党的前敌委员会，毛泽东任书记；在军队内部实行民主制度，建立崭新的官兵关系。从此确立了党对军队的绝对领导，奠定了新型人民军队的基础。这就是中国革命历史上著名的"三湾改编"。

经过"三湾改编"的工农革命军，在毛泽东率领下，沿罗霄山脉向南转移，准备进入井冈山，建立革命根据地。

当时的井冈山，一片荒凉。刚刚驻扎下来的红军部队缺衣少粮，顿顿南瓜汤；深秋时节，红军战士们穿的仍然是单军装，打着赤脚，困难可想而知。

在这种艰苦的斗争环境中，谭政对革命的前途却充满了信心。他意识到自己在军事知识和技能上的欠缺。因此，一上井冈山，他便到军官连接受专门的军事训练。他每日刻苦地操练，与战士们一起摸爬滚打，练长跑，练射击，练投掷手榴弹。几个月下来，身体消瘦了，但却更加结实，精神也格外的振奋。

军官连在集训中，不但学军事，也学政治。在军官连举办的政治课演讲会上，谭政演讲的《"马日事变"和它的历史意义》，以深刻的分析和雄辩的口才获得了第一。

从秋收起义到上井冈山，对于知识分子出身的谭政来说，是一次严峻的考验。在军官连集训时，经军官连党代表宛希先和廖春芳

介绍，谭政光荣地加入了中国共产党。

那是他一生中最难忘的时刻！在鲜红的党旗下，谭政举起右手，庄严地向党宣誓：

"……努力革命，牺牲个人，服从党纪，永不叛党。"

从此，谭政成为一名共产主义战士。他决心在残酷的火热的革命武装斗争中锻炼自己，经受考验。

军官连的军事集训结束后，谭政又被调回红一团，担任宣传队队长。

为了使井冈山的革命根据地得到巩固并不断发展壮大，红军决定集中主力，攻打遂川。

这天正是大年三十，把守遂川县城的敌人毫无防备，他们做梦都没有想到红军会来攻打遂川，遂在一片哭爹喊娘的混乱声中狼狈逃窜。红军胜利占领遂川。遂川的老百姓敲锣打鼓欢迎红军。身为宣传队长的谭政，身着军装，腰挎盒子枪，精神抖擞、斗志昂扬地带领宣传队员们沿街贴标语、搞宣传，和群众一起欢庆胜利。

为了进一步开展斗争，地方政府和红军部队组织一、二、三路行动委员会，开赴草林圩、左安等地区开辟新区工作。

由谭政带队的一路行动委员会来到草林圩，分散到各乡发动群众。谭政深知，发动农民群众起来闹革命，最重要的任务就是必须做好宣传工作。因此，他带领工作队一进村，便深入各家各户，了解百姓的疾苦，并组织刷写标语，编排打倒土豪劣绅的生动剧目，以启发群众的觉悟。

群众发动起来后，纷纷起来揭发地主恶霸的罪行。地主的粮仓被打开了，匿藏的财宝也被搜出来。贫苦的农民分得了粮食和衣物。对于所缴获的银圆，在来不及请示上级的情况下，谭政当即决定没收，作为红军部队的薪饷。

谭政在草林圩举行的庆祝苏维埃政权成立和欢送工作队的万人集会上讲了话。他宣传了井冈山革命斗争的意义和成果，阐述了中国共产党的主张。

遂川失守后，国民党江西省主席朱培德恼羞成怒，调集重兵，向遂川反扑。鉴于敌强我弱，红军撤出遂川。

军阀朱培德收复遂川以后，又派一个营的兵力加强了井冈山北面新城的防备，企图把红军围困于井冈山。毛泽东识破了敌人的阴谋，运用"各个击破"的战略战术，决定集中兵力拔除敌人的新城据点。

战斗打响了！

由于我军指挥灵活，采用声东击西的战术，打得敌人晕头转向。敌人只有招架之功而无还手之力，最后只好打开城西门，纷纷向城外逃窜，溃不成军。

这一仗从早晨直打到傍晚。谭政带领宣传队员们冒着敌火，在红军战士的掩护下，对新城敌军喊话："你们已经被红军包围，逃不了啦！弟兄们，快反正投诚吧！投诚过来才是活路，红军优待俘虏！"

开始，城墙上的敌人还在作垂死挣扎，以后便不再作声。到中午时分，开始有人跑向我方阵地。谭政让投诚者再去做守城敌军的工作，于是投诚的敌军越来越多。

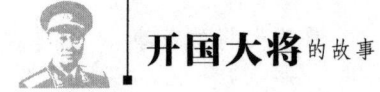

经过新城战斗，谭政不但学到了作战的指挥艺术，也深刻地体会到宣传鼓动工作的重要。在他以后担任政治工作的领导职务中，他始终非常重视瓦解敌军的工作，把它作为一项军队政治工作的原则。

毛泽东的首任秘书

还是在东山学堂读书时，一次谭政去探望岳父岳母。

老岳父陈绍纯在交谈中兴致勃勃地向他提起一个叫毛泽东的人，说这个也曾经在东山学堂读过书的学生很了不起，在学校时经常和思想守旧的先生"斗"。现在他正在从事一项大事业，是一个有勇有谋的人。言语之中流露出钦佩之意。他还告诉谭政，毛泽东还曾来过他们家。

当时谭政就想："毛泽东，一定是个不平凡的人物，不知是否能有幸见到他。"

他做梦也没想到，当他参加秋收起义，成为一名红军战士，走上革命道路时，他真的亲眼见到了毛泽东。三湾改编时，他第一次聆听了毛泽东那鼓舞人心的讲话："……失败怕什么！没有挫折失败，就不会有成功！"毛泽东的确与众不同，他有钢铁般的意志，坚韧不拔的毅力，超人的宽阔胸怀。秋收起义失败后，他毅然率领部队向井冈山进军，保存和发展革命力量，开辟农村革命根据地。

谭政大将的故事

他更没有想到，在井冈山革命斗争时期，他当了前委书记毛泽东的秘书。

1928年三四月间，井冈山斗争已坚持了一年半。红军主力又一次攻占遂川。从此，井冈山革命根据地打开了局面。翠冈红旗迎风招展，胜利的消息频传。

经历了革命斗争考验的谭政此时已23岁，组织上选定他去担任毛泽东的秘书。

这天，天刚蒙蒙亮，在砻市的一幢大房子里，仍燃着整夜未熄的灯火。

房子的主人，年龄30开外，身材高大魁梧，两眼炯炯有神，眉宇间透露着一股英俊之气。由于过度操劳，瘦削的脸上显得有些憔悴。他面前的桌子上摆着一沓厚厚的文稿，此刻，他正抽着纸烟，伏案沉思。他，就是毛泽东。

警卫部队的战士们都知道，自攻打茶陵，第二次解放遂川以来，毛泽东经常通宵不眠。他脑子里时刻都在思考着部队的下一步作战部署。

"嘭嘭嘭！"有人在敲门。

"请进！"屋里传出浓重的湖南口音。

一个军装整洁的年轻人走进门来。

"噢，谭政同志，你来了！"毛泽东和蔼地打量着谭政。

"是，毛泽东同志。"尽管谭政对毛泽东已不陌生，但站在这位他非常仰慕的伟人面前，他仍然有些拘谨。毛泽东亲切地和他拉起了家常。

"你的老岳父陈绍纯先生还好吗?"

谭政有些发愣。过去虽听岳父讲过他认识毛泽东,可是毛泽东怎么会知道我是他的女婿呢,况且自己又改了名字?

看到谭政惊讶的神态,毛泽东微微一笑,接着解释说:"你原来的名字不是叫谭世名吗? 这是调你到前委来,从你的入党志愿书上看到的。去年上半年,我在湖南家乡搞农民运动考察的时候,也到湘乡去了,见到了陈绍纯先生。他说得很痛快,这个世道得乱透了才能分出高低,分出好坏来。他说,我把大儿子陈赓打发出去了,二儿子、三儿子也去闹革命了,女婿谭世名近日也到汉口投奔革命军了。你那老岳父可是个对社会、对革命有贡献的人喽!"

"这一次,我要宛希先推选个前委秘书,"毛泽东接着讲,"宛希先说,前不久入党的那个谭政,是个知识分子,湖南湘乡东山学堂毕业的。从军以后参加秋收起义上井冈山来了,表现很不错。不但古文基础好,字也写得工整,很适合协助我做前委工作。我让他把你的入党志愿书拿来看过,看到你的现名和原名,哈哈……这就对拢了。"

看到毛泽东平易近人的作风,听着他那随和风趣的谈吐,谭政渐渐消除了紧张的心理。他急于想知道工作的任务,于是便问:

"毛泽东同志,我今天是来向您和前委报到的,前委在哪里呢?"

"前委在哪里?"毛泽东重复一句,"前委就在这儿! 我一个书记,加上你一个秘书,就咱两个。"

毛泽东并没有马上向谭政介绍有关前委工作的任务,而是继续问他:"听说你们在草林圩开辟新区,发动群众的工作搞得很不错,情况怎么样?"

谭政简略地作了汇报,毛泽东听后满意地笑着称赞说:"搞得好!搞得好!"

"工作队的事完结了没有?"毛泽东又继续问。

"我带的那路工作队已归建了。这是我写的工作报告,请毛泽东同志指正。"谭政把复写的一份工作报告递给毛泽东。

毛泽东一边接过来一边说:"那你就把行李搬过来吧,住在外面这间屋里。我正需要人来帮忙,你看,有关湘赣边区党的第二次代表大会的决议我已写好了草稿,正待抄写,你就先做这件事吧。"毛泽东指着桌子上的一摞文稿说。

由于谭政对把在打土豪中缴获的银圆作为罚款带回一事的处置是否妥当没有把握,于是他又进一步详细地向毛泽东作了汇报。毛泽东听后哈哈大笑:"好,好!这样我们每人都可发两元钱的军饷了!"

从毛泽东的住处出来后,谭政的心里非常激动和兴奋。他知道,在毛泽东身边工作,他将学到许多在书本上学不到的知识。同时他心里也觉得很踏实,毛泽东在处理问题上的冷静、沉着,极具魄力的风度,以及高度的原则性和灵活的工作方法,对他一生是受益无穷的。跟这样的人在一起工作,他将不断得到锻炼提高,不断进步。

在担任前委秘书期间,谭政一边工作,一边自觉地向毛泽东学习,尤其是学习毛泽东的建党建军思想,学习毛泽东如何进行部队的政治工作。毛泽东同志关于军队必须是在党的绝对领导之下,

"支部建在连上",努力克服部队中各种非无产阶级思想等理论和实践,对谭政有着深刻的启迪。

作为毛泽东的秘书,谭政曾直接参与了处置陈伯钧因枪走火打死教导队长一案。

1929年的一天,谭政正坐在桌前办公,突然一个五花大绑的青年军官被人带进来。啊!是陈伯钧。谭政吃惊地站起身,没来得及细问,立刻进里屋报告了毛泽东。

毛泽东神态平静、不慌不忙地走出来,先让人松了绑,然后命谭政通知前委委员到他的住处开会。

在前委会上,对如何处置陈伯钧一事,委员们纷纷发表意见,都主张从严处置。认为打死人就得偿命,应该枪毙。

列席会议作记录的谭政,暗暗为陈伯钧捏了一把汗:"唉!陈伯钧,你怎么会这么粗心,这不是在'自杀'吗?"他写字的手也由于紧张而发抖。

这时,一直没有发言的毛泽东,听完了大家的意见后,不紧不慢地开了口:"……大家说的都有一定道理,可是已经死了一个,还要死第二个呀?"

毛泽东的一番话很有说服力,最后大家一致同意从轻处理。不过有的委员提出:"可以不枪毙,但要打屁股!"毛泽东笑了笑,风趣地说:"屁股也不要打了吧?要打,打个手板就可以了。"

陈伯钧走出房间,含着眼泪向在场的人深深鞠了一躬,痛心地说:"我对不起同志!"他又把手伸向毛泽东,诚恳地说:"毛泽东同志,打我的手板吧!"

毛泽东拍拍陈伯钧的肩膀："伯钧同志，要接受这个血的教训。手板也免了！"

陈伯钧紧紧地握住毛泽东的手，激动而愧疚地哭起来。这悔恨的泪水既表达了他对组织上予以他信任的感激之情，也代表了他对自己错误的认识。

关禁闭是少不了的，不过"死罪"却免了。谭政松了一口气。毛泽东对陈伯钧事件妥善而圆满的处理，使谭政对毛泽东更加敬佩，同时也从中受到很大教育。

井冈山的冬天非常寒冷，红军指战员的生活极其艰苦，穿的是单衣，吃的是只有5分大洋的伙食。在这种艰难困苦的岁月，毛泽东一边带领部队打仗，一边还在写作，还要随时转移阵地。毛泽东写好一部分后，谭政就用工整的字体进行誊抄。这个时期，他们一直战斗在一起，生活在一起。有时毛泽东写累了，就停下笔，和谭政一起聊天，两人无拘无束地对着吸烟，畅所欲言地商讨问题，诸如有关红军的政治工作，对红军成分的认识，对红军士兵的政治教育，对俘虏来的敌军官兵的改造使用，在红军内部实行民主主义，等等。谭政经常把一些不理解、想不通的问题提出来向毛泽东请教，毛泽东则总是耐心而又有兴致地向他讲解。毛泽东那精辟而透彻的分析，活跃而超前的思维，给谭政以极深刻的印象，这些对革命运动的思考和经验，正是谭政非常渴望知道的。

在毛泽东身边工作一年多，谭政感到既幸福又充实，增长了不少见识。这一年多的光阴是谭政一生中最宝贵且又最值得怀念的。

开国大将的故事

名副其实的谭政——"谈政"

1928年冬天,红五军军长彭德怀、党代表滕代远率领平江起义部队来到井冈山,与红四军会合,红军的力量得到加强;但同时,红军的供给也更困难了。蒋介石为了"剿灭"共产党,又纠集湖南、江西两省的反动军队两三万人向井冈山压来,准备分五路围攻井冈山革命根据地,发动第三次"会剿"。

敌众我寡,形势险恶。既然敌人要从外面打进来,我们何不将计就计,从这里打出去呢!于是前委决定,彭德怀指挥红五军和红四军的一个团留守井冈山,坚持斗争;朱德、毛泽东率领红军主力转战赣南和闽西。

1929年新年刚过,红四军部队吹响了进军的号角。

这次行动不同于往常,红军部队作了组织调整。谭政又被调回三十一团,受命任团党代表,成为一名年轻的红军政治工作领导干部,开始了独当一面的工作。

23岁的谭政已少了许多当兵前的书生气,在革命斗争的磨炼中成熟了。他深知这次红军部队打出去的艰苦性和危险性。因此,他抓紧时间对部队指战员进行了一次又一次深入的政治动员,根据当前形势阐述这次执行"远征"战略行动计划的意义和目的。他那铿锵有力的语言,富有感染力和号召力的宣传,使战士们个个摩拳擦掌，士气振奋。

从井冈山下来的红军主力部队，开始了在赣南敌后的军事行动。部队每天爬山越岭急行军，前有地方反动武装的阻截，后有敌人大部队的追击，双方不时展开一场你死我活的战斗。

作为团党代表，谭政不但要做全团的政治工作，处处以身作则，还几次带领部队奋力阻击敌人，掩护军部和大部队转移。在激烈的战斗中，许多将士英勇地牺牲了。但英雄的鲜血没有白流。红军指战员与前堵尾追的敌人进行了艰苦卓绝的拼杀后，终于突破重围，占领了赣南。

部队打到赣南以后，本想在这里立足，开辟新的革命根据地。可是，由于当地的国民党地方势力相当强大，同时敌人的大部队很快追赶过来，于是草鞋也没来得及换一双，又绕道广东，转到江西的会昌、瑞金地区，紧接着又向东进抵赣闽边界的大柏地。在这里，毛泽东、朱德指挥红军诱歼了敌军刘士毅部两个团。随后，部队乘胜前进，转战闽西，占领龙岩和上杭。

福建省的上杭县内有个地方叫古田，红四军的领导机关就驻扎在这里。此时谭政已担任红四军的秘书长和宣传部长。

红四军部队接连打胜仗，发展了革命根据地，扩大了武装力量。然而，在这种大好形势面前，部队中却暴露出

★ "古田会议"决议

不注重农村根据地建设、热衷于打城市、"走州过府"以及不讲政策、不守纪律、虐待俘虏、自由主义、排斥政治工作干部，以至严重的军阀主义等错误思想倾向。

正当谭政为部队的这种涣散状况深感忧虑时，正在永定县苏家坡养病的毛泽东又重新回到红四军前委主持工作，在部队生死存亡的关键时刻来扭转乾坤。

战友重逢，分外亲切。谭政心里也感到踏实了许多。他立刻根据早已准备好的材料，把部队目前的状况向毛泽东作了详细汇报。

毛泽东听后，沉思良久，然后命谭政分别在各纵队组织召开有各类干部、战士参加的座谈会，分析情况，查找根源，提出解决问题的办法。

此时，红四军第九次党代表大会正在加紧筹备。毛泽东对谭政说：

"谭政同志，这段时间到部队做调查，召集各级干部座谈，你都参加了。你看是不是把揭露出来的问题，大家提出来的那些解决的办法，加上你的意见，把所有材料一类一类地归纳一下，争取九次党代会形成个决议案，部队才能更好地贯彻。"

由谭政协助毛泽东起草的《中国共产党红军第四军第九次代表大会决议案》，亦即"古田会议"决议，解决了以农民为主要成分的革命军队如何建成一支无产阶级性质的新型人民军队的问题。这是党和红军指战员集体智慧的结晶，是红军建设的纲领性文件。

谭政作为正式代表出席了这次大会，并举手赞成通过决议案。

古田会议具有伟大的历史意义，而谭政为古田会议决议所做的贡献也将永远铭刻在历史的丰碑上！

古田会议决议，教育和鼓舞了广大红军指战员。在由闽西再转战赣南，发展红军革命根据地的斗争中，哪里困难、哪个地区需要发展革命武装力量，谭政就被派赴到哪个地区去战斗，去做军队的政治工作。

此时，谭政已受命担任二十二军政治部主任，这个部队担负着吉安的城防任务，负责保卫江西省的党政机关。

在以瑞金为中心的江西革命根据地不断发展壮大之时，以蒋介石为代表的反革命武装力量不甘心失败，一次又一次地派兵对根据地进行"围剿"。我军广大指战员与敌人开展了一次次反"围剿"的英勇斗争。

在反击敌人第五次"围剿"的战斗中，由李聚奎师长和政治委员谭政率领的红一师部队担负着兴国外围坚守高兴圩阵地的作战任务。战前，谭政对部队作了深入的政治动员，并亲自了解和解决战士的思想问题。

高兴圩阵地防御战，是红军战争史上坚守时间比较长的一次，也是保卫兴国防守战中打得最艰苦的一次。战士们个个英勇顽强，许多同志光荣牺牲。在与敌人誓死拼杀了一个月以后，敌人丢下了数不清的尸体，而红军却没有丢失一寸土地！

红一师部队30多天的高兴圩阵地防御战，之所以能够坚守下来，寸土不丢地将阵地移交给兄弟部队，是和政治工作的有力保证、战地的管理以及苏区人民的支援分不开的。红一师部队撤离高兴圩以北阵地后，谭政在频繁的战斗间隙，写了一篇《高兴圩以北战斗的政治报告》，为红军部队政治工作留下了一份生动的宝贵史料，并作为红军战时政治经验文件存放于革命历史博物馆。

1934年10月，由于第五次反"围剿"斗争的失败，红军开始了闻名中外的二万五千里长征。

"我的脚板有时痛苦难忍，但是，一痛，倒使我想起了艰苦年代的长征路。"这是新中国成立后，谭政大将曾感慨万分地所说的一句话。

是啊！曲折的路，艰难的路！爬雪山、过草地、渡激流、穿过枪林弹雨，长征是宣言书，长征是宣传队，长征是播种机！长征创造了史无前例的人间奇迹，也在无数红军战士身上留下了不可磨灭的纪念。谭政脚板上的伤，就无言地记录着那段长征岁月的艰辛。

就在谭政将要带领红一师部队离别苏区的时候，他落泪了。这泪是为在这里牺牲的无数的亲密战友，为这块用战士们的鲜血换来却又即将被豺狼霸占的革命根据地，也为和红军部队血肉相连的广大苏区人民分别而洒。

但是他必须克服这种伤感情绪，部队就要出征，战士们的士气需要振奋起来。他擦干眼泪，镇静地走向会场，他要做离别苏区的政治动员。

会场里，只见一个个干部都低垂着头。"营级以上的干部都这般模样，战士们的情绪不是更糟吗？这种精神状态的部队怎么能打仗？"谭政焦急地想。于是他大声说道：

"怎么搞的？都霜打啦？抬起头来！"

谭政委从没有发过这么大的火！在座的人都吃惊地抬起头来。

这时一个人站起来说：

"谭政委，请允许我先提个问题。我不明白，为什么敌人炮火连天攻击我们，咱红一师却不到前线反击敌军，而是准备出发？"

"对，为什么？"其他人也纷纷提问。

"好，我也向大家提个问题，"谭政平静地扫视着会场，开门见山地说："我们是保存红军的火种呢，还是让敌人步步压境，把我们的部队一口口吃掉？"

问题提出来了，会场的气氛开始活跃。是啊，问题的关键就在这里！敌人正在紧缩包围圈，如果照目前这样硬拼下去，结局不堪设想。思想统一后，干部们的精神振作起来了，战士们也重新焕发了斗志。

红一师是一支战斗力很强的部队，经常在关键时候担负决定全军命运的战斗任务。出征后，红一师即担任左路纵队的前锋，第一个攻击目标就是敌人的新田据点。这是红军实施战略转移的第一步棋。新田战斗打得好，整个中央红军就能突破敌人的第一道封锁，迈出胜利的第一步。如果打输了，就会暴露红军的战略意图。

红一师师长李聚奎、政治委员谭政深感肩上担子的沉重。经过研究，他们决定采取夜袭，给敌人一个猝不及防的突然打击。

夜袭新田成功了！紧接着，红军又占领金鸡，打破了敌人的第一道封锁线。随后部队又乘胜前进，突破了敌人的第二道封锁线……

战斗中，谭政带领政治部的干部们亲临阵地，指挥动员，鼓舞士气，与红军战士同生死、共患难，并记录下战士们许多可歌可泣的英雄事迹。这些以饱满的深情写成的英雄事迹的报告及文章，和

战士们的功勋一样，成为中国工农红军英勇无畏、浴血奋战的历史见证，成为红军建设的历史文献。

红一师部队之所以有坚强的战斗力，与平时强有力的政治思想教育、战前和战时有效的鼓动宣传工作是分不开的。正是因为有了像谭政这样优秀的政治工作领导干部，才保证了党对军队的绝对领导，使党的组织真正起到堡垒作用，使全体官兵团结一心英勇杀敌。

正像谭政在一次战前动员中所号召的："我们的红色战士同志们！举起刀枪，勇敢战斗，以战斗胜利的实际行动，……为保卫苏维埃政权流最后一滴血！"

"谭政——'谈政'，名副其实喽！"这是毛泽东在谭政受命任三十一团党代表后同他开的一句玩笑。事实上，这也成为谭政一生为之奋斗的事业和使命。

从戎不投笔的政治大将

如果说罗荣桓元帅是我军的"政治"元帅，那谭政大将可称得上是我军的"政治"大将。

红军时期，他就曾协助毛泽东同志起草了著名的"古田会议"决议，并为我军政治工作的开展做出了杰出贡献。在其后漫长的战争岁月里，他更是以他那洞若观火的敏锐眼光和高瞻远瞩的雄才谋略，为我军的政治工作建设立下了不朽的功勋。

1936年"西安事变"和平解决后,国共第二次合作的新局面开始形成,国内革命战争由此转向抗日战争。在这一新的历史转变时期,谭政已担任红一军团的组织部长。

黄土高原上阳光明媚,春色宜人,1937年,谭政在陕北度过了第一个春节。此刻,他正伏案疾书。

自学习了中共中央政治局瓦窑堡会议通过的《关于目前政治形势和党的任务》的决议,听了毛泽东所作的《论反对日本帝国主义的策略》的报告后,他感触很深,一直在研究思考有关新时期红军政治工作的问题,准备起草一个"万言书",向党中央、中央军委提出改进政治工作的意见。

白天,他足不出户,闭门写作;晚上,在昏暗的油灯下,他继续笔耕不辍。3月26日,一份洋洋万字的《关于红军中新的政治工作的意见》提交到党中央。

谭政在意见书中提出,鉴于党在新的历史条件下,随着路线、策略的转变,确立了抗日民族统一战线政策,使红军的政治工作也发生了重大变化。红军的政治工作即应由阶级矛盾跟上民族矛盾这一新的形势,加紧对部队进行党的抗日民族统一战线政治路线的教育,保证党在组织上、思想上的绝对领导;政治工作仍然要以保证提高部队的军事技术和战术素养为前提,使红军部队走上近代军队的地位;红军的政治工作,必须在一定的战略任务之下,确立政治工作的方针,并始终以党的工作为基础。

……

谭政对新时期红军政治工作提出的改进意见,得到上级领导人

的基本肯定,并作为文件转发。

延安时期,谭政还曾就有关八路军的干部政策问题撰写文章说:

"八路军正确的干部政策应当是:无论对待干部,团结干部,培养干部,一律不许有任何私人路线和狭隘的宗派思想。具体说:第一,不存私见。无论提拔干部和使用干部,都是从党的原则出发,不是从私人路线出发的;第二,党员干部与非党干部,都一视同仁。党与非党干部之间只有不同的要求和不同的义务;第三,既不姑息干部,也不糟蹋干部,在干部中高度发展自我批评,依靠自我批评去团结干部、锻炼干部和提拔干部;第四,奖励先进,反对后退,拿先进的标准,作为鉴定和信赖干部的主要尺度。"

这也是谭政为自己写下的座右铭,是他自己本身思想作风的一个写照。正因为这样,大家都觉得他可亲可敬,愿意和他谈心,说心里话,交流思想;即使有人向他提出批评意见,他也总是虚心听取。他这个看起来显得严肃有余、活泼不足的领导干部,实际上却是个严于律己、宽以待人的人。

谭政在中国抗日红军大学第一期受训毕业后,即任八路军后方政治部组织部长、政治部主任。在一段较长的时间内,毛泽东兼任中央军委总政治部主任,谭政任总政治部副主任,又成为毛泽东指导八路军政治工作的得力助手。

在这一段时期,谭政除了做好工作,还写了许多政策性很强、有益于军队政治工作建设的文章。毛泽东的军事、哲学思想等在抗日战争时期有了大发展,而在毛泽东直接领导下的中央军委总政治部,在军队所进行的政治工作也取得了新的进展。

谭政曾谦虚地说："如果说我在抗战期间为总政治部、留守兵团起草的文稿、撰写的文章，对军队政治工作建设有些指导作用的话，那也应归功于毛泽东等人的指导，以及总政治部等各级机关干部的帮助，它是集体智慧的结晶。"这种决不把功劳据为已有的谦虚作风，从另一个方面展示了一个共产党员的高贵品质。

1942年，针对党内出现的各种"左"倾错误思想，中国共产党在全党范围内开展了一场整顿党的作风的运动，这就是著名的延安整风运动。

一天，毛泽东把谭政请来，研究抗日战争进入反攻前夕这一关键历史转折时期，如何加强军队建设的问题。

两人围坐在炭火盆旁，畅所欲言。突然，毛泽东问谭政：

"你今年有多大岁数？"

"38了。"谭政回答，但有点儿莫名其妙，不知主席问这话何意。

"孔夫子说过'三十而立'，你已快40，那早就该'立'了！"

"嗯！……"谭政嘴里答应着，但还是不太明白。

这时只见毛泽东用右手指在左手心里比画着："我知道你原来的名字叫谭世名，不过你注没注意过你现在的名字？你数一数，'谭政'这两个字一共有多少笔画？"

谭政也开始用手指比画着："28画。"

"那你再数一数我'毛泽东'三个字有多少笔画。"

"也是28画！"谭政抬头望着毛泽东。

"这就对喽！不过，这28画可不寻常噢！你看，共产党、共产

主义的'共'字，不就是廿八吗？"毛泽东微笑着看着谭政。

谭政恍然大悟，也随即会心地笑了。

毛泽东又继续说："咱俩从井冈山到长征又到延安，共事十五年有余了。我们都是姓'共'嘛，既是共产党的人，又在为实现共产主义而奋斗！你说，这个数字是不是不简单啊？"毛泽东的话既风趣，又富有很深的哲理和内涵。这也正是谭政的心声。

最后，毛泽东郑重地对谭政说："你回去做些准备，把整风运动中和陕甘宁边区高干会上提出的意见整理一下，再深入部队做些调查研究，写成报告，提出改进的办法来。"

由谭政起草并于1944年4月11日在西北局高干会议上所作的《关于军队政治工作问题的报告》，引起很大轰动。4月20日，中央宣传部、总政治部为此而发出的通知指出：这一报告"是八路军、新四军政治工作问题的全面总结"。"这一文件，不但特殊地解决了军队政治工作问题，而且也一般地解决了我党历史经验、领导方法与工作作风上的许多问题。"通知要求全军以及全党干部都要认真研究此文件，并作为教材进行普遍教育。

后来，在1978年5月29日，叶剑英元帅于全军政治工作会议上的讲话中，曾高度评价谭政所作的这一报告"是继古田会议决议之后我军政治工作的又一历史性文献"。

由此可见，这一报告在我国军队建设上的重大历史意义。

1946年1月，谭政受命担任东北民主联军（后改称东北野战军）政治部主任。1947年11月，他改任东北人民解放军兼东北军区政治部主任，配合政委罗荣桓开展大决战前的东北人民解放军的政治工作。

在我军著名的三大战役之一的辽沈战役中,由罗荣桓指示、谭政组织起草的《全歼东北敌人的政治动员令》,是一篇凝聚着对国民党反动军队的仇恨,洋溢着对中国共产党胜利前程的憧憬,意义重大的战斗"檄文"。它鼓舞着我军成千上万指战员勇猛果敢、前仆后继,与敌人展开了一场空前规模的殊死鏖战,取得了歼敌47.2万余人的伟大胜利,解放了全东北。

谭政的一生,叱咤风云,功勋卓著。他是中华人民共和国十员大将之一,是一级八一勋章、一级独立自由勋章、一级解放勋章的获得者。新中国成立后,他曾担任中国人民解放军总政治部主任。他受过迫害,被撤过职,蹲过狱,但他对革命的信念始终如一。他把自己的一生都献给了中国人民的解放事业和社会主义建设事业。

人民不会忘记他!

共和国的丰碑上永远铭记他的功勋!

开国大将的故事

肖劲光大将的故事

穷人的孩子早立志

肖劲光是中华人民共和国的十大将之一,曾被授予一级八一勋章、一级独立自由勋章、一级解放勋章。

肖劲光原名肖玉成,1903年1月4日出生于湖南长沙天马山赵洲港一个贫苦人家。

★天马山

肖劲光大将的故事

天马山是岳麓山的群峦之一，风景独秀。有人曾云："天马山飞出天马，此去处风水好。"这一天钟地秀的风水宝地，确实培育出了使长沙的父老乡亲为之自豪、中华民族为之荣耀的一代强将。然而，在黑暗的旧中国，这一好去处布满的是灾难和贫穷。

在肖玉成两岁时，父亲便去世了。父亲死后，36岁的母亲便挑起了一家人的生活重担，含辛茹苦地拉扯着6个未成年的孩子。

在童年的肖玉成的记忆中，印象最深的是茅屋角落里那台称为"传家之宝"的旧式织布机。听母亲说，他们的祖籍在乡下，祖父和父亲都以纺织为生。他记不清父亲的面容，也不知道父亲叫什么名字，只是后来听到长辈们提起父亲时叫他"肖十二"。长大以后他才明白，旧中国无数老百姓像父亲这样以数字来作名字的，其中包含了多少难以言状的苦涩和辛酸！

为了生活，坚强的母亲在乡亲们的帮助下，租了一块荒芜的土地，种下几棵橘子树，开出几畦菜地。三个哥哥每天上山砍柴，把卖得的钱用来换米。两个姐姐帮人家绣花赚几个钱补贴家用。就是这样，一家人辛辛苦苦仍难以维持半温半饱的生活。

从懂事起，年幼的肖玉成就深深体会到了日子的艰难。

一天，哥哥们像往常一样进山砍柴。傍晚，妈妈把水烧开，等着用哥哥们换回的米下锅。可是左等右等，天渐渐黑下来，却始终不见哥哥们回来。母亲急得坐立不安，拉着小玉成到门前的大树下向通往渡口的小路张望……等啊！看啊！直到掌灯时分，哥哥们的身影才出现。母亲和玉成急忙迎上去。

"伢子，怎么才回来？出了啥子事？"看着哥哥们手中空空的

米袋，母亲心里咯噔一下。

"我们砍的柴被人抢走了！那人可凶了，捏得我手腕子现在还疼呢！"三哥抢先回答。

"娘，没事儿，明天我们再去，一定小心！"大哥很懂事，他怕母亲着急，所以赶快安慰母亲。

母亲心疼地看着饿了一天的孩子们，心如刀绞。她默默地回屋拿起一个米钵，到邻居家借米。

日子就是这样在艰难困苦中勉强度过，肖玉成也在无数次这种伤感的记忆中一天天长大。

直到后来大哥肖玉林在一家饭馆学徒出师当了厨师，一家人的生活才有了好转。

"万般皆下品，唯有读书高"的观念在当时人们的心脑中根深蒂固，许多人认为，只有读书，才是改变社会地位、升官发财的唯一途径。何况长沙又是中国历史上一个比较古老的文化之乡，在南宋时期，岳麓山上就已建有著名的岳麓书院。文化发达的地方，人们对读书、文化的看重也就更加强烈。

肖玉成渐渐长大，母亲开始考虑他将来的前途，她希望儿子将来能有点出息。

一天吃过晚饭后，母亲和大哥商量着说："老大，满伢子已不小了，我想是不是送他去读点书？"肖玉成的乳名叫满哥，母亲唤他满伢子。

"是该让他念念书，我们兄弟四人总应有一个读书的，现在家里条件已比原来好了些，满伢子也挺机灵，读点书，长些见识，日后或许能有点用。"大哥同意母亲的看法。

"那就这样定了。我们多辛苦点儿，送他读书学些本事。"母亲的声音里充满着通达、希望和深深的母爱。

听说要送自己去读书，肖玉成兴奋得一夜没睡着觉。看着有钱人家的孩子每天背着书包去上学，他是多么羡慕和渴望啊！现在他终于也能进学校了，能不欣喜若狂吗？

就这样，肖玉成进了天马山西麓的一家私塾。尽管每天要翻山越岭，课余时间还要上山砍柴，但他总是抓紧一切时间用功读书。他深知穷人家的孩子读书不容易，而且在他的身上还寄托着全家人的希望，他不能让母亲和哥哥们失望！

两年以后，肖玉成又进了镇上一家洋学堂。他更加珍惜时间，刻苦攻读。小伙伴们戏称他为"书憨子"。但这个"书憨子"心中却有着自己的理想和奋斗目标。

1917年，肖玉成终于不负全家人的重望，以优异成绩，如愿以偿地考上了长沙很有名气的长郡中学，成了肖家的第一个中学生。

这就是童年时代的肖劲光。贫寒的家庭出身和阶级地位，从小就锻造了他勇敢、顽强、深沉、坚毅的性格和奋发进取的精神。

为了供他读书，全家人更加辛勤地劳作，母亲当掉了全家唯一值钱的东西——当年陪嫁她的一枚金戒指。尽管长郡中学离肖玉成的家乡只有一江之隔，不过十几里路，但他在校一住就是一个学期，只为省下几枚渡江的铜板。

在学校，肖玉成除了认真学习，还很喜欢体育。他是一个好奇心强、活泼好动的孩子，尤其喜爱踢足球。他是所在二十五班足球

队的主力队员，还被封为学校的几大"球王"之一。

20世纪初的中国，一系列革命运动风起云涌，一浪高过一浪。义和团运动、辛亥革命、护国战争、新文化运动等等，像一块块巨石，对被封建势力统治了几千年的旧中国形成了经久不息的强大冲击。"时势造英雄"，在这些革命运动中涌现出来的一代领袖人物中，有许多就是湖南人民的儿女。他们所提倡的实业救国、教育救国等主张，在湖南的进步人士、知识分子以及学生中产生着深刻而积极的影响。

学校是宣传各种主张、思想活跃的地方。若干年后，肖劲光曾回忆说：

"在那个时候，学校的教育是反对俄国革命的，他们把俄国无产阶级描绘成共产共妻的强盗。那时我们这些学生的脑子像一张白纸，听什么都觉得新鲜，还不懂什么是十月革命，什么是共产主义。"

不过，有一点他懂，就是这个社会极不公平，极不平等，他痛恨不人道的、丑恶的社会现象。

在肖玉成的同班同学中，有一个叫任培国的学生，也就是后来成为我党卓越领导人的任弼时同志。他出身于一个贫苦教师的家庭，从小跟着父亲读书。由于相同的家境和共同的志向，肖玉成和任培国成为非常要好的朋友。他们经常在一起交流思想，探讨国家大事，并传看一些介绍俄国十月革命和社会主义的进步报刊与书籍。

"国家兴亡，匹夫有责。"在时代的召唤下，肖玉成和任培国像许多进步的爱国学生一样，积极投身于学生们自发组织的反对帝国主义瓜分中国，抨击军阀政府腐败无能的爱国宣传活动，并亲自参加了著名的五四运动。平时一向沉静寡言、性格内向的肖玉成，此时像换了一个人，他的热血伴随着中国在巴黎和会上外交失败的国耻和中华民族的危亡在沸腾！

也就是从这时起，青年肖玉成的心中开始深深扎下救国救民的种子。为苦难的中华民族、为备受压迫的千千万万中国劳苦大众的生存和解放，去探索，去拼搏，去奋斗。这成为他一生追求的目标。

初出茅庐闯世界

1920年夏季，肖玉成在长郡中学度过了最后一个暑假。他和同窗好友任培国都没有回家，他们正在为毕业后的出路而四处奔波。

虽然肖玉成极渴望报考大学，但家里的境况已无法继续供他读书。他希望找个理想的职业，自立谋生。然而几天下来，谋职一事却毫无结果。

两人正为此事烦恼，任培国忽然想道："我们何不到法国去勤工俭学？"

对呀！1919年3月，环球中国学生会组织的第一批赴法勤工俭学的89名学生中，湖南籍的就有43名。这确是一个好主意，两人的精神也为之振奋起来。他们立刻赶到湖南华法教育分会询问，然而得到的答复却令他们失望：由于在法的留学生中有些人找不到工作,因此赴法勤工俭学停办了。

这时任培国又想到,是否能去那些外国人办的、不收学费的大学就读,但肖玉成断然否决了这一想法。在此之前,由于学校驻扎兵营,被迫停课,失学在家的肖玉成为了学点儿英文而投考了一所美国人办的湖滨大学,然而每天的课程除了读《圣经》就是背《圣经》,使他深感乏味。尤其让他受不了的是,他无法忍受那道貌岸然的牧师的训斥和挖苦,在与那牧师针锋相对地大吵了一架后,他愤然退学。"我宁愿去当一个学徒工,也不再进这种学校!"他恨恨地对任培国说。

工作找不到,求学也不成,肖玉成的心中就像长沙夏季那闷热难耐的气候一样,烦躁不安。一切都没有结果,他不能不着急。

一天,性格开朗活跃,善于交际的任培国去其他学校看望同乡,同时也为他们今后的出路想想办法。晌午时分,肖玉成正躺在宿舍的床上翻着书。突然,任培国满头大汗地冲进宿舍,一连声地冲肖玉成喊道:"有办法了,有办法了!"

肖玉成一骨碌从床上爬起来,急迫地问道:"什么办法?快说!"

"我们到俄国去!"

"俄国?"

"对!"气喘吁吁的任培国端起桌上的一杯冷水一饮而尽,又回过头来肯定地点着头说。

他告诉肖玉成,他在船山中学读书的同乡任岳对他说,船山中学组织了一个俄罗斯研究会,正要送一批学生赴上海专修俄文,然

肖劲光大将的故事

后准备送到俄国去学习。任岳答应去和负责此事的贺明范校长说说，给他们俩也报上名。

这真是太好了！肖玉成激动得和任培国一样手舞足蹈起来。两个人你一言我一语喋喋不休地说着，连日来的奔波劳累和失望烦恼在极度的兴奋中都烟消云散了。

是啊！在五四运动的影响下，他们已产生了探索和寻求救国救民真理的强烈愿望，他们不愿在内忧外患的国度里做任人宰割的牛马，也不愿做仅仅为了谋生而活着的人，他们有志于改造这不平等的社会。而俄国，那是列宁的故乡，马克思主义的传播地，是一个多么令人向往的地方啊！

这时，任培国忽然想起什么似的说："还有几个月就要毕业了，如果去俄国，也许很快就会走，那样文凭可就拿不到了。"

"要是能去俄国学习，我宁愿不要这张文凭了。"肖玉成很坚决。

"好！那我们就横下一条心，文凭不要了。去！"任培国也拿定主意。

两个有志青年，为了寻求光明，毅然决定舍弃在当时那个社会被看成是谋生手段，代表一个人价值的宝贵文凭，这是需要很大勇气和决心的。

在同等条件，同等机遇下，一个人能否成功，取决于他的信仰是否坚定，意志是否坚强，取决于他对理想、对事业的追求是否执着。肖玉成和任培国的这一抉择，是他们一生中的一个重要转折点。

在任岳的帮助下，他们面见了人称"贺胡子"的贺明范校长，

当即得到允许,正式参加了俄罗斯研究会。

后来他们才知道,他们所参加的俄罗斯研究会,实际上是长沙的革命团体新民学会组织的,其负责人就是他们久闻大名的毛泽东和蔡和森。俄罗斯研究会遵照上海共产主义小组的指示,招收一批进步学生赴俄学习,以培养中国革命的骨干。而肖玉成和任培国所做的这个看似偶然的决定中,使他们必然地踏上了中国革命的政治历史舞台。

不久,俄罗斯研究会确定了首批赴上海专修俄文的人员名单,肖玉成和任培国都荣幸地被列在其中,另外还有任岳、周昭秋、胡士廉和陈启沃,共6个人。

当肖玉成接到俄罗斯研究会准备启程赴上海的通知后,带着兴奋而又忐忑不安的心情回到家里。他知道,母亲一定很舍不得他离开。

"满伢子,俄国有多远?太平不?"果然,母亲不无担心地问。

"不远,太平。娘,俄国是世界上最好的地方。"他把从俄罗斯研究会举办的演讲中所听到的毛泽东、何叔衡等人介绍的俄国革命的情况,眉飞色舞、滔滔不绝地讲给母亲听,以此宽慰母亲。

母亲是坚强的,也是识大体的。她不能也不会阻挡儿子去闯世界。她抑制住眼泪,默默地为儿子打点行装,想尽一切办法为儿子凑路费。

十几年后,肖劲光大将曾深情地回忆说,他永远忘不了母亲送他走时那饱含慈爱的满脸泪水,忘不了母亲那伫立在渡口的单薄身影和被江风吹乱的花白头发;也忘不了临行前他突然感受到的对家乡那种深深的眷恋心情。

肖玉成就这样离开了家，那一年他17岁。这时，肖玉成和任培国都改了名字，肖玉成改名为肖劲光，任培国改名为任弼时。

他和任弼时一行6人，从岳阳登上江轮，在滔滔的江水中，驶向他们人生中的又一个新起点。

在上海培训期间，他们除了学俄文，还上政治课。1920年10月，印有大胡子马克思像的首批《共产党宣言》中文译本在上海问世，他们便是中国的第一批读者。在这里，肖劲光第一次知道了什么是"阶级斗争"，什么是"社会主义""共产主义"。在这里，他第一次受到了无产阶级革命理论的启蒙，明白了要改变这个封建的不平等的旧中国，就必须砸烂旧社会，像俄国那样，走社会主义的道路。

"人生原出谋幸福，冒险奋勇男儿事。况现今社会存亡生死，全赖我辈青年。将来造成大福家世界，同天共乐，此乃我辈青年人的希望和责任，达此便算成功。"

这是任弼时赴俄国前给家里写的辞行信中的一段话，也是他们接受革命启蒙教育所发出的共同心声。

8个月的学习过去了。作为中国第一批社会主义青年团员，肖劲光、任弼时，还有刘少奇、彭述之等一行十几人，乘上一艘日本邮船，远离祖国，奔赴十月革命的摇篮。在经受了难挨的大海的颠簸和西伯利亚的寒流，闯过数道关卡后，历时数月，他们终于在1921年6月底到达莫斯科，来到了这个他们向往已久的劳动者的世界。

肖劲光梦寐以求的大学生活终于如愿以偿了。他成了以斯大林为名誉校长的东方劳动者共产主义大学第一批中国学生中的一员。他的俄文名字叫查戈洛斯基。

那天,当肖劲光从苏联教官手中领来一套黄军衣、一件灰呢大衣、一条皮带和一顶缀着红五星的船形士兵帽,全副武装起来时,他感到自己俨然是一个红军士兵了。那一刻,他突然对做一个军人产生了极大的兴趣。

年轻的党代表

莫斯科的冬天是寒冷的,冷得让人难以忍受。

而在革命刚刚胜利,百废待举的苏联,生活又是极其艰苦的,苦得只有留学生中的意志坚强者才能毫不动摇地坚持下来。

就在肖劲光一行人来到苏联不久,他们中就有人因为生活过于艰苦而打退堂鼓。每天只有一两块面包,对于一个十七八岁的小伙子来说,几口就吃下去了,身材魁梧的肖劲光经常饿得浑身发软,两眼直冒金花,连上楼梯的劲儿都没有。但他内心的信念却十分坚定。

肖劲光认为,在苏联,再苦再难,但有一条是任何地方都无法比拟的,这就是主人翁的地位。他们不就是为了这个目标才来的吗?不就是为了学好本领,使自己的国家也走上这样一条道路吗?他早已下定决心,绝不能半途而废!

在东方大学，他们过着红军士兵一样的生活。每天出过早操，吃过饭，就走进课堂，学俄文，学马克思和列宁等人有关无产阶级革命理论的著作。当时以《晨报》记者的身份来莫斯科，后受十月革命的影响而留下来的瞿秋白是他们的俄文翻译。

这年冬天，东方大学中国班建立了党支部。刘少奇、彭述之、罗觉、卜士奇成为他们留苏学生中的第一批党员。1922年底，由彭述之、罗觉介绍，党支部批准肖劲光转党。从此，他的一切就与社会主义的伟大事业和共产主义的伟大理想紧紧地联系在一起。

刚进东大时，出于一种朦胧的意识和羡慕的心情，肖劲光对做一个军人产生了浓厚兴趣，现在，他的理想越来越明确：苏联的十月革命是枪杆子打出来的，中国的革命也只能依靠枪杆子才能获得成功。他希望自己将来能成为一名军事家，为自己的祖国做些什么。于是，在学校的志向调查登记表上，他富有激情而郑重地填上了"军事"二字。

一年以后，肖劲光和任岳等四人真的被派送到莫斯科一所初级红军军官学校学习，成为我党最早涉足军事领域的人，这也是肖劲光所得到的第一次学军事的机会。遗憾的是，这第一次军事学习只持续了一年。由于国内对党的军事干部培训有不同看法和争议，他们的军事学习中止了，又回到了东方大学。

在苏联的三年中，奠定了肖劲光一生为党、为革命而奋斗的基石。他经受了艰苦的考验，体验了充实的新生活的喜悦和追求的快乐，同时也和苏联人民一道经历了一个最悲痛的日子。1924年1月21日，全世界无产阶级的伟大导师和领袖列宁不幸逝世。肖劲光怀

着悲痛和崇敬的心情瞻仰了列宁的遗容，并荣幸地作为东方民族的代表为列宁守灵。

这一悲壮的历史时刻使肖劲光铭记终身。他曾说："为什么人民对自己的领袖有这样深厚的感情？因为他们代表人民的利益，为人民的事业献出了毕生的精力，因而博得了人民无限深厚的热爱。此情此景，在我心中打上了永不磨灭的烙印。我感到，自己所信仰的共产主义事业之所以战无不胜，就是因为她深深扎根于占人口大多数的无产阶级、被压迫人民、被压迫民族的深厚土壤里。为这一事业去流血、牺牲，是何等有意义的事情。回想自己在以后漫长的革命生涯中，无论遇到什么样的艰难曲折，不论是在失败面前，在死亡面前，还是在错误路线的打击面前，自己都丝毫不动摇革命的信仰，坚定不移地为共产主义事业去奋斗，首先是得益于这十月革命的故乡。"

1923年，中国共产党召开第三次代表大会，确立了国共两党合作的方针。孙中山改组国民党，邀请共产党人加入国民党。在"以俄为师"的口号下，国民革命军建立了党代表和政治工作制度。国内革命斗争形势的发展迫切需要干部。因此，1924年春，肖劲光和任弼时等人应召回国。

回国以后，肖劲光受党组织委派到湖南安源路矿工会做宣传工作。1925年秋天，党组织又派肖劲光去广东工作。在广州码头，前来迎接他的是身着一身威武戎装的陈赓，这不禁又引发了肖劲光立志从戎的"军事瘾"。陈赓似乎也看出了肖劲光的心思，他鼓励说："来军队干吧，大有用武之地的。"30年后的1955年，当陈赓和肖劲光站在一起接受大将军衔的时候，两人都情不自禁地回想起他们初次相识的这一幕。

也许是命中注定吧，当担任黄埔军校政治部主任的周恩来与肖劲光谈话，说准备派他去革命军中工作时，他掩饰不住内心的喜悦，开心地笑了，他终于实现了久怀的夙愿。

1925年年底，肖劲光加入了国民党，被正式任命为国民革命军第二军第六师党代表，中将军衔。从这一天起，肖劲光开始了他一生中真正的军事生涯。那时，他还不满23岁。

"初生牛犊不怕虎。"担任师党代表后，肖劲光开始还有些担心，军党代表李富春鼓励他"大家都是学着做的"。于是，他信心百倍地走马上任了。

此时的肖劲光，棱角分明的脸上戴着一副白边眼镜，高大魁梧的身材，身着一套整齐合体的军装，一副标准的军人仪态，年轻英俊而又风度潇洒。到职后，他遵照党的指示，向部队官兵宣传三民主义，孙中山的遗嘱，阐述打倒列强、铲除军阀的道理，灌输联俄、联共、扶助农工的三大政策，倡导官兵平等，自觉遵守革命纪律。他还给士兵们讲苏联的见闻，描述社会主义、共产主义的美好前景。这个娃娃党代表颇有鼓动性的宣传使士兵们耳目一新，并为之振奋，部队的政治面貌有了很大改变。

1926年7月，革命军出师北伐。肖劲光同师长戴岳一起，指挥第二军第六师，参加了江西战场对军阀孙传芳作战的最关键一仗——南昌战役。

拂晓，以年轻的共产党员和共青团员为骨干的爬城奋勇队，冒

着枪林弹雨攻城。敌人负隅顽抗，几次爬城都失败了。接着又传来十七团团长牺牲、一营在惠民门被火力围困的坏消息。肖劲光和戴岳急了，立刻赶到惠民门机关枪阵地。

"机关枪，压住敌人！"戴岳大声命令。

这时，城内城外突然火光冲天，伴以一片哭喊声。凶恶的敌人为了能够发挥火力，竟残暴地将南昌城内外的民房付之一炬。

"畜生！"肖劲光激愤地骂着，随即跳上高台，向全体官兵喊话：

"军阀为了阻止我们前进，放火焚烧民房。我们的责任是什么？我们是救民于水火的革命军，我们要向敌人讨还血债！"

全师官兵个个义愤填膺。经过一个月的浴血奋战，11月8日，南昌城终于被北伐军攻下。在战斗中，肖劲光、戴岳始终在第一线指挥。炮弹多次在他们身边爆炸，幸运的是，他们都安然无恙。南昌战役尽管三战大捷，但代价很大，仅二军官兵就伤亡2000余人。此役没有人临阵逃脱，这也许就是军队政治工作的巨大威力吧！

在战斗中，还有这样一段插曲。

当南昌守敌在孤立无援中弃城而逃时，六师奉命昼夜兼程追击逃敌。

担任前锋的十八团团长刘风报告："逃敌已在涂槎追上，经接洽敌表示愿意缴械。"

师长戴岳皱着眉头不满地命令说："对逃敌还接洽什么，赶紧缴械！"

然而，晚了！此时，由国民革命军总参谋长白崇禧所率的七军也赶到涂槎，鬼精的白崇禧立即下令七军对逃敌缴械。

这一夺人之功的不义之举，使六师官兵愤愤不平，戴岳闻讯更是大怒："这个刘风，贻误战机，我要撤了他的职！白崇禧竟然做出这种不道德的事，简直不知羞耻二字。"

"算了，师长。事已至此，我们还是向军里报告一下，以后多加提防就是了。"肖劲光心里也很感不平，但仍理智地劝慰戴岳。

"无巧不成书"，20年以后，当肖劲光率领解放大军跨越长江，进军华南，再次与白崇禧遭遇的时候，尽管号称"小诸葛"的白崇禧甚是狡黠，但最终还是败在叱咤风云、用兵如神的肖劲光手下。

出征前的婚礼

1927年5月。武汉。

一天傍晚，在武昌担负卫戍任务的国民革命军第二军第六师党代表肖劲光匆匆前往汉口昌年里二军军部，向李富春汇报工作。

在李富春的下榻处，肖劲光意外地遇到了湖南著名教育家朱剑凡。早在广州时，他们就已相识，肖劲光对朱老先生毁家兴学，主张教育救国，创办周南女校的思想和举动一直非常敬慕。因此，这次偶然相逢，他感到非常高兴。

"这不是朱先生吗？真没想到会遇见您。您身体可好？什么时候来的？"肖劲光热情而亲切地问候着这位长者。

"哦嗬，是劲光呀！这身戎装老夫可真不敢认了。听说你当了师党代表，真是后生可畏，后生可畏！哈哈……"朱老先生也高兴地放声大笑起来，他一直很喜欢这个有为的年轻人。

"剑凡先生原在湖南国民党长沙党部任职，后遭许克祥的通缉，我们刚刚将他一家人接来汉口。"李富春在一旁介绍说，又指着旁边的两个小伙子："这是朱先生的长子朱伯深，早就在咱们军部里，你们认识吧！这是二儿子朱学伊，还有一个女儿叫朱慕慈……"

这时正在屋里交谈的蔡畅大姐和一个年轻姑娘走出来。她们听到外面的说笑声，知道一定是有客人来了。

"哦，是劲光来了！我说怎么这么热闹。"蔡大姐爽朗地说，"来，我给你们介绍一下，这是剑凡先生的女儿，也是他的掌上明珠，金陵女大的毕业生，共产党员，我们的小同志。"

朱慕慈微笑着礼貌地向肖劲光轻轻点了一下头。她个子不高，身着一件宽袖白绸短衣和一条黑色布裙，乌黑的短发下，白里透红的脸上带着迷人的笑容，显得温文尔雅，落落大方，一副典型的知识女性的形象。此刻她正静静地站在父亲的身边。

"这就是肖劲光，"蔡大姐又转身向朱慕慈介绍，"咱们二军最年轻的师党代表，莫斯科东方大学的毕业生，一个年轻有为的同志。"

"你好！"肖劲光热情地走上前去，与朱慕慈握了握手。

这就是他们的第一次相识。这第一面，两人都给对方留下了比较深刻的印象。

尤其是肖劲光，他被朱慕慈的言行举止和文静的仪表深深迷住了。从蔡大姐那里，他得知，慕慈比他小两岁，从小在父亲办的周南女校上学，中学毕业后考取美国人在南京办的金陵女子大学，英文水平很高。1926年11月参加共青团，在长沙湖南省党部担任宣传部训练委员。1927年1月转党，在湖南省党校指导科负责培训妇女干部，工作十分出色，是个既能干又很有志向的姑娘。肖劲光暗暗爱慕上了这位姑娘。

其实，早在他们第一次见面之前，朱老先生就有意要这个24岁的有志青年做自己的乘龙快婿，并向蔡大姐透露过这一想法。蔡大姐非常赞同，并热心地当起他们的红娘。

不过，俗话说，好事多磨。朱慕慈对此事当时却并不很热心。尽管她对肖劲光也留下了比较好的印象，知道他是个难得的、才干和人品都上佳的好青年，但她并不想这么早就决定自己的终身大事。一来因为她是个有志向的姑娘，还想多干一番事业；二来她也需要进一步去了解和认识肖劲光。因此，尽管有父命和蔡大姐的媒言，姑娘仍然有自己的主见。

一厢情愿的肖劲光当时对此一无所知。自第一次见面后，他就经常到李富春这里来，一是汇报、请示工作，二是也想多看姑娘几眼。李富春看出了他的心思，便把朱老先生的意思和蔡大姐主动做媒以及朱慕慈的想法一一告诉了他。肖劲光很感激大家的关心与帮助，同时也觉得不能光为自己考虑，自己是个军人，万一在战斗中……他应对她负责。

不久，北伐军开始了征战鄂西的军事行动，肖劲光随部队出征了……

7月的一天，为了向党组织反映由于蒋介石排斥非嫡系部队而在第二军官兵中引起的强烈不满和反蒋情绪，肖劲光又一次从宜昌风尘仆仆地赶到汉口昌年里。

7月的武汉，天气很热，肖劲光的一身衣服都被汗水浸透了。但他心急如焚，不等坐下，就急切地把部队中的情况向李富春作了详细汇报。

李富春也向他讲了一下目前的时局，然后说："现在中央还没有明确指示，军委正在研究对策。你先回去，要注意继续做工作，掌握好部队。"

"好吧，我马上就回去。"

"不必那么着急，住两天吧，还有一件重要事呢！"李富春诡秘地眨眨眼睛。

"还有什么事？"肖劲光有些不解地望着李富春的神态。

"看看慕慈嘛！"李富春意味深长地笑着说，"慕慈一直和蔡大姐住在一起。蔡大姐不时说起你们的事，这回可要靠你自己去努力了！"

肖劲光有些不好意思，但一提到朱慕慈的名字，他的心不由得怦怦直跳，他多么想看见她呀！自北伐征战鄂西，他心里一直难以抑制地思念她。

"哟，是劲光，怎么变得又黑又瘦？几乎都认不出来了。快坐下。"看到几个月未见的肖劲光，蔡大姐非常高兴，热情地招呼他。

"我是来向组织汇报工作的……"肖劲光亲切地望着蔡大姐,同时又有点儿难为情地说:"本想马上回去。但富春同志让我……"

"让你来看慕慈吧?"大姐笑着把话接过来。

"我……"肖劲光的脸有些发热。

"你是该跟慕慈好好谈谈,不能总让我们从中说来说去,慕慈是个好姑娘,很开通,你尽管大胆地邀请她去玩。"

肖劲光会意地点点头。

第二天,他兴奋而又有点紧张地邀请朱慕慈出去游玩。果然,朱慕慈没有拒绝,很爽快地答应了。

两个青年人漫步在公园的林荫道上。

肖劲光本来有一肚子话要对姑娘说,可此时却不知说什么好。倒是姑娘大方地打破了沉默。

"革命苦吗?"朱慕慈有意无意地问道,手中摆弄着一枝香艳的茉莉花。

"苦是苦,"肖劲光很实在地回答,"但如果不革命更要吃苦。与其受压迫、奴役之苦,不如为自由解放去吃苦,这种苦吃得有价值。"

"那你说革命会成功吗?"

"一定会成功的!"肖劲光斩钉截铁地回答,"俄国无产阶级革命不是成功了吗?"肖劲光的话匣子一下子打开了,兴致勃勃地把他在苏联的所见所闻讲给姑娘听。

那时候的革命青年,往往是通过考察对方对革命的理解和忠诚来决定是否可做一个志同道合的终身伴侣。眼前这位雄心壮志溢于

言表的青年那颇有见地的谈吐，使姑娘听得着了迷，也深深地被打动了。

这个美好的上午，他们谈得越来越投机。也就是在这一天，姑娘被征服了，他们正式确立了恋爱关系。

由于汪精卫叛变革命，武汉形势日益恶化，肖劲光接到汉口来信，让他马上离开部队到汉口接受新的任务。

临行前，他和朱慕慈决定马上结婚。婚礼是在帅孟奇大姐家的楼上举行的，简单、朴素，而又热烈、诚挚……

新郎送给新娘一条内镶他的一张小照的心形镀金项链。"让我们像这条项链一样紧紧连在一起吧！"肖劲光动情地说。朱慕慈眼中闪着幸福的泪花。谁说军人不懂感情，眼前这个威武的军人有何等真挚、细腻的感情啊！

蔡大姐、李富春和邓大姐来了，他们带来了一个象征美好生活的大花篮。那洁白的茉莉、火红的月季、金黄的玫瑰，令新郎和新娘陶醉。帅大姐、许之桢夫妇亲手为他们做了一桌丰盛的饭菜，并腾出最好的房子给他们做新房。

天黑以后，去临时中央开会、时任军委书记的周恩来也匆匆赶到婚礼现场。

"来晚了，来晚了！……"周恩来一边上楼，一边大声地说着。

"劲光这杯喜酒我是一定要吃的喽！"周恩来高兴地举起新娘斟的一杯红酒，"来，让我们为劲光、慕慈同志的美满婚姻干杯！祝你们白头偕老！"

就这样，志同道合的一对年轻人，由对革命的忠诚而促使了他们爱情的升华,在革命处于危急的时刻,结成了终身伴侣,决心为他们共同的理想和事业,患难与共,同心奋战!这是他们终生难忘的时刻!一个在硝烟弥漫前的革命婚礼!

十几天后,肖劲光就应革命的需要,告别祖国,告别同志们,也告别了新婚宴尔的妻子,再次去苏联学习。

几个月后,朱慕慈也受党组织的委派去苏联学习,一对新婚不久的小夫妻又在异国的土地上重逢了。

1928年12月30日,他们的第一个女儿在异国降生了。初做父母的肖劲光和朱慕慈沉浸在巨大的喜悦中,他们无比疼爱这个小宝贝,希望能给予她最多的父爱和母爱。然而由于革命的需要,孩子只能寄放在莫斯科郊外的保育院里。

1930年夏天,肖劲光和朱慕慈动身回国,孩子则留在了苏联。临行前,他们去向女儿告别,此时一岁半的小女儿已牙牙学语,那一声声"爸爸""妈妈"的稚嫩童音,深深地刺痛着父母的心。肖劲光抱起孩子亲了又亲,妈妈则把女儿紧紧地抱在怀里。

当乌云密布时

在建宁中央红军总部,一间暂作禁闭室的破旧草房里,肖劲光手里拿着一张油印报纸,呆呆地坐着。

几天前,他还是闽赣军区司令员、红七军团政治委员,现在他

不但受到批判，而且被撤了职，隔离审查。其罪名大得吓人："罗明路线在军队中的代表"。

闽北的12月，寒风习习，给人一种阴冷、凄凉的感觉。但此刻的肖劲光似乎并没有感到冷，他的心中在翻腾、疑虑、委屈、痛苦……他手中拿着的，是一份刚出版的《红色中华》报的副刊《铁拳》，醒目的通栏标题上印着《反肖劲光机会主义专号》，下边有三篇署名文章，很明显地给他的问题定了性。

他是在不久前结束的浒湾战斗后被撤职的。所谓"罗明路线"，是指1933年，中共福建省委代理书记罗明，根据当时形势主张把战场布置在苏区内地，坚持诱敌深入，打游击战。但这一正确意见却被王明"左"倾教条主义者说成是"对革命悲观失望，是机会主义，取消主义的逃跑退却路线"。而定肖劲光右倾逃跑主义错误的根据是黎川失守和浒湾战斗的失利。

1933年，蒋介石发动第五次"围剿"之后，战争形势非常严峻。可是，以王明为代表的"左"倾冒险主义领导人，却不顾敌强我弱这一基本事实，提出"御敌于国门之外"的错误方针，采取"两个拳头打人"、四面出击的战略。9月中旬，肖劲光奉命从东方战线上久攻不下的将乐回调黎川。此时，中共闽赣省委和省政府已奉命撤出黎川，唯一的一支武装力量是一个70人的教导队。回黎川时，红一方面军负责人与肖劲光谈话，肖劲光根据敌人进攻的态势，建议红军主力应及早集结于黎川东北的光泽、资溪一带，从侧面打击进攻黎川的敌人，不要死守黎川，但这一建议被否定了。

9月25日，敌周浑元部的三个师由南城、硝石向黎川发起猛攻。9月28日，其先头部队占领了黎川外围阵地，又派别动队插到黎川后面。怎么办？在敌我力量悬殊，敌人即将形成合围，而我军退路即将被切断的情况下，肖劲光权衡再三，部署了紧急撤退。黎川就是在这样的情况下失守的。

11月11日，肖劲光又奉命率领刚组建的红七军团参加为收复黎川而进行的浒湾战斗。由于在敌强我弱的形势下，采取冒险主义的进攻和单纯防御的战略战术，加之各军团配合不力，浒湾战斗又告失利。

战斗的连续失利使"左"倾领导者震怒了。他们不但不从失败中吸取教训，改变冒险主义的进攻路线，相反，却对提出过不同意见的人进行残酷斗争、无情打击。肖劲光因为对黎川防守提出过不同意见，竟被以两次战斗失利为名，当场撤职，调回建宁总部审查。

肖劲光又是一夜没合眼。反省是痛苦的，更痛苦的是没有结果的反省。手中的报纸他已不知看了多少遍。他感到其中有许多提法与事实不符，曾向总部一位负责同志进行申辩。这位负责人说："虽然事实有出入，但是党已经决定在军队中开展反对以你为代表的右倾机会主义路线的斗争，以教育全党，你应该服从党的决定。"

"如果不讲事实，如果是这样的说法，我还有什么话可讲！"他没有据理力争的机会。

此后再没有人找他谈话。

在此期间，总部曾派彭德怀同志调查战斗失利的经过，彭德怀调查的结果认为，责任不在肖劲光。但"左"倾路线的执行者们说肖劲光带部队撤出黎川是"退却逃跑"。在建宁审查后，肖劲光即被送往瑞金。

在瑞金，肖劲光受到严厉的批判。他听到了"打倒蒋介石的走狗肖劲光"的口号，看着以报刊、漫画、演戏等各种形式丑化他的"活报剧"。他沉默着，心中却震痛得要滴血。

1934年1月6日，中华苏维埃中央政府最高法庭组织的最高临时军事裁判法庭对肖劲光进行公审，控告他黎川失守有责。

肖劲光站到了被告席上，站到了大庭广众面前。而台上台下都是他昔日的战友和同志们。此时的肖劲光，面孔苍白，眼窝深陷，没理的胡子乱蓬蓬的。他比以前瘦多了，但他那高大的身材依然魁梧，一身灰布军衣依然那样整洁，紧闭的嘴角依然是那样刚毅。他问心无愧。既然是党的需要，让他站在这里，他就把事实和自己的观点再一次向党、向同志们说明。

在宣读控告书后，肖劲光进行答辩。他说："我手上的兵都被调走了，敌人是一个军三个师，我只有70人的教导队，怎么能守住黎川呢？再说也没有任何人让我死守黎川。我守到差不多被敌人包围的情况下才带部队撤出，这有什么错呢？"

"为什么不发动群众？"原告问。

"省委、省政府都撤走了，我靠什么发动群众？即使群众发动起来，赤手空拳又怎么对付得了那么多的武装敌人……"肖劲光答。

然而，在当时"左"倾冒险主义占统治地位的形势下，辩解和说明都是无益的。公审结果是，开除肖劲光的党籍和军籍，判5年徒刑，无上诉权。审判后，肖劲光被关押起来。

在肖劲光被关押期间，毛泽东同志派贺子珍前来探视。贺子珍转达了毛泽东的话：黎川失守是"左"倾军事路线的错误造成的。你应该撤退，做得对！

事实上，在肖劲光所犯"罪行"宣判之前，"左"倾机会主义的领导者提出要判肖劲光死刑，拉出去枪毙。毛泽东闻讯愤怒地拍案而起：打击肖劲光就是打击我，是杀鸡给猴看。在毛泽东的坚持下，当时任总政治部主任的王稼祥几次拒绝签字。在"刀下留人"的力争中，终于救出了肖劲光。

一个月后，肖劲光获"大赦"。他只深沉地说了一句"感谢党对我的信任"，便打起背包到瑞金城外的红军大学去做军事教员。

黄沙淘尽始见金。尽管党曾错怪了他；尽管当"左"倾领导人通知他说"党决定公审你"时，他也曾感到精神难以支撑，然而他最终经受住了这种特殊的严峻考验，忍受了不公正的批判和处罚，以巨大的勇气和毅力，以无比坚定的信念和执着，始终虔诚地对待自己最热爱的母亲——党。肖劲光将军说过一句肺腑之言："一个人离开了党，则将一事无成。"他的一切是党给的，他也就把自己完完全全地交给了党。

十万兵马大对峙

"我跟你一样，也是所长了。"

这是肖劲光在太阳岛沐浴时对卫生所长秦承恩开的一句玩笑话，

口气是那样轻松。然而，此时他的内心并不轻松。

在不久前召开的东北局新的作战部署军事会议上，东北民主联军副总司令肖劲光又被任命为南满前方指挥所司令员，肖华任政治委员。

1948年年初，随着东北人民解放军发起的冬季攻势的胜利，国民党军队被迫由全面防御转入"重点防御"，收缩到沈阳、锦州、长春等几个孤立的战略支点上，而我军则由战略防御转入战略进攻。东北的整个战局发生了根本的改变。按照当时东北主帅林彪的想法，是准备先攻打长春，而后向关内压缩。肖劲光率10万人马组成城外之城，给长春箍上了一道"铁箍"。

然而，长春是一个具有现代化防御体系的大城市，城内是敌东北"剿总"副司令兼第一兵团司令郑洞国统率的10万人马。双方实力相当，敌守我攻，如果打起来，无疑将是一场恶战。在围城期间，毛泽东和党中央、中央军委作出英明部署，决定在东北战场采取关门打狗，先打锦州，而后解放东北全境。肖劲光所率部队的任务，也就相应地改变为长围久困长春城，牵制住敌人，支援锦州战役。

此时，他们已围困长春3个月了。不知是有意还是无意，肖劲光的第一围城指挥所改称第一兵团后，一个戏剧性的场面出现了：国内两党东北战场的副主官，统率各自的第一兵团，各率10万大军，对峙于长春城内外。

肖劲光的兵团指挥所设在长春城外西南20里的四家子村。此时已是1948年的9月，习习的秋风送走了蚊虫遍野的难耐酷夏。东北的战略决战已拉开了序幕。肖劲光望着蓝蓝的天空上飘浮的朵朵白云,心里正在思忖何时会进行解放长春的战斗。这样大规模且旷日持久的围城战役,他是第一次经历,而在我军战史上也是首开先河。

"最新统计数字",从前沿阵地上回来的政治委员肖华看到肖劲光后兴奋地说,"投诚敌人已达13700人,政治攻势成效显著。"

"哦,你的'心战为上'确实高明!"肖劲光由衷地赞赏说。他们一起从通化到哈尔滨又到长春,算是老搭档了。这位只有31岁的年轻政治委员,圆圆的脸上总是显现出一副天塌下来也无所谓的样子。他的文韬武略常常被他脸上的稚气所掩盖,不但才思敏捷,而且在工作上富有创造性。两人一直配合得很默契。8月份以来,肖华连续领导了两次强大的政治攻势,到前沿阵地喊话,打宣传弹,送慰问品,等等,这种心战的作用是不可低估的,尤其是在敌官兵厌战思乡,精神开始趋于崩溃的时候。

"新七军中投诚的也开始多起来,这个顽固的堡垒总算给敲开了!"肖华继续说。新七军是敌人的王牌军,一贯骄横。"我们还有计划地派遣了一部分投诚官兵回去做工作。六十军起义的策动工作也有新进展。"

"太好了?"肖劲光高兴地挥舞了一下拳头。现在他们是军事、政治、经济攻势三管齐下,解放长春的日子已经指日可待了。

而此刻,他们的对手郑洞国正在长春城内中央银行大楼的一间办公室内,步履沉重地踱着步子。他的情绪坏透了。20多年的戎马生涯,南征北战,尽管他对国民党的腐败十分不满乃至失去信心,但他总是用"军人以服从为天职"而告诫自己。自接了这个任职

后,他就感到凶多吉少。此时的长春已成了一座死城,军营内外怨声载道,军队的供给尤其成问题。他感到山穷水尽,束手无策了。

"报告!总参谋部来电。"参谋长小心翼翼地递给面色灰白的司令官一份电报。

"突围?"郑洞国悲哀的目光在电报上停留了一会儿,然后缓缓地走向门口:"去三十八师。"那是他的最后一张王牌。

情报很快送到了肖劲光的办公桌上。"看来敌人在准备突围,要孤注一掷了。我们必须准备全力反击!"肖劲光仔细查看着地形图,并迅速召集各级指挥官分析敌情,研究作战方案。

郑洞国的最后一次突围努力,在我军的精心部署面前彻底失败了,全副美式武装的新七军三十八师,在战斗中遭到了惨败。

正在双方对峙的紧要关头,肖劲光所在的兵团司令部又接到情报:敌六十军派了两名代表前来接洽起义,并带有其军长曾泽生的亲笔信函。

这正是我军所期待的,但这消息毕竟来得有些突然。为了防止敌人以假起义为掩护而组织突围,肖劲光立刻命令兵团主要领导速到兵团部开会,紧急部署周密方案,做好两手准备。

10月17日,曾泽生率六十军起义成功!肖劲光的第一兵团迅速占领长春城东半部六十军防地的制高点,居高临下,有效地控制了整个长春城,随后便开始有条不紊地接收城市。肖劲光高兴地舒了一口气。几个月的围城之战终于打开了缺口,取得了重大进展,长春城的一半已重新回到了人民手中。

"墓地,这将是我的墓地。"此时的郑洞国又一次失神地陷在沙发中。六十军起义了，他非常恼怒却又无可奈何。现在已是军心不稳，而桌上那张蒋介石昨天空投的突围手令"如再贻误战机……应受最严厉之军法制裁"，更使他烦乱的心情火上浇油。

就在这一天，新七军也和解放军取得了联系，次日便放下武器投降了。

时时体察上司心理的参谋长杨友梅绞尽脑汁想了一个方案，私下暗自派人与解放军联络，他想为已成孤家寡人的上司安排一个体面的投降。得到郑洞国要体面投降的消息后，肖劲光立即决定接受郑洞国的条件，商约两日后接收中央银行大楼。随后，肖劲光便一一安排布置整个长春城的卫戍工作以及最后的接收工作。

21日凌晨4时，中央银行大楼突然响起一阵激烈的枪声。

"怎么回事，郑洞国又要什么花招？"作战科长岳天培紧张地看了看司令员。

此时肖劲光正一动不动地站在离中央银行大楼几十米处的临时指挥所门口。"派通讯员到一线部队了解一下情况。"他一边观察判断，一边冷静地说。

"打不打？"岳天培又问。肖劲光说："沉住气，情况不明，再等一等。"通讯员从前线回来报告说："枪打得很高，不像是对解放军的。"

"是打给蒋介石看的。"肖劲光的心里更有了底。

果然，半小时后，枪声戛然停止，再也没响。"走，去看看。"肖劲光对岳天培说，返身跳上吉普车。

当他们驱车赶到中央银行时，楼上已摇挂出白旗，郑洞国正率

他的部下鱼贯而出。郑的脸上挂着失败的沮丧，身后则是一群狼狈不堪的败将……

两位敌对双方的战场主帅就这样碰面了。一个在车上，一个在车下，在目光相碰的一瞬间，两人谁都没有说话。一个是胜利者，一个是败将。

长春和平解放了，中国人民解放军取得了胜利，而这场战役的优秀指挥员肖劲光功不可没！

硝烟弥漫后的黎明

就在长春和平解放后的第三天，肖劲光将军又接到上级命令，率部队昼夜兼程赶赴沈阳，参加辽沈战役的最后一战。接着，又率部火速入关，解放平津。随即，他又被任命为解放军第四野战军先遣队司令，率十二兵团挥师南下，跨越长江，解放武汉，进而直驱长沙。

长沙，是将军的故乡，从他第一次离开家乡走上革命的道路，至今已整整29年了。记得他第一次从苏联学习回来，第一件事就是回家看望母亲。然而他那饱经沧桑的慈爱母亲已在一个月前不幸去世，他伏在母亲还未入葬的棺柩上失声痛哭。他没能报答母亲的养育之恩，也没能为母亲尽孝送终，这是他作为一个儿子终生遗憾的事。

今天,他又回来了。他将在故乡的土地上,指挥一场新的战斗。

1949年10月1日,当新中国的礼炮在东方大地震响之际,湖南的衡(阳)宝(庆)线上,一场决战也拉开了序幕。

肖劲光司令员刚刚签署了战斗动员令,此刻他正闭目沉思。中华人民共和国成立了,他们浴血奋战所追求的理想实现了。他想象着天安门前开国大典的盛况,想象着从此站立起来的中国广大劳动人民扬眉吐气、欢欣鼓舞的场景。同时,他也在思考着目前正面临的这场决战。

他的对手是现任国民党华中军政长官,指挥着5个兵团20余万军队的白崇禧。这是个老奸巨猾的家伙,尽管已是苟延残喘,却以攻为守,企图组成华南、西南防线,阻止我军进攻,并伺机反扑。

北伐时在涂槎的那次"相会",肖劲光至今还记忆犹新。此后,肖劲光又与白崇禧在信阳、武汉、长沙交手三次,但三次他都不战而逃,一见形势不妙就脚底抹油——溜了。"这条泥鳅!"肖劲光心里说。

"司令员,"作战科长侯向之走进来报告,"命令已发到各部队,2日下午4时行动。"

"好!这次一定要砍掉这条泥鳅的尾巴。"肖劲光站起身,戴上军帽,"我们到部队看看。"他爱他的部队,爱那些可爱而勇敢的战士,他是这千军万马的指挥员,而这千军万马正在为新中国而战!

部队正在整装待发,即将出征的战士们个个摩拳擦掌,斗志昂扬。"记住!大胆穿插,迂回包围,灵活、果敢,一定要越过衡宝公路，插到湘桂铁路上去，切断敌人向广西的退路。祝你们成功！"肖劲光最后叮嘱每一位师长、师政委。

部队出发了。各路大军冒着瓢泼大雨，像一把把尖刀迅速而隐秘地向横卧在衡宝公路和粤汉铁路衡山——郴州一线的敌躯体插去。

4日，敌情突变。由于敌七十一军的防御阵地被突破，白崇禧急调其主力四个军的兵力分别从西、北两路插进衡宝公路。全长不过200公里的衡宝公路突然压上如此众多的兵力，看来敌人是要与我军在衡宝线上决战了。

此时已是深夜，肖劲光手中拿着野战军司令部的电报，正站在地图前紧张地思考着。

"给部队发报，做好两手准备：一、拟定好反击敌人突袭的战斗方案；二、制订敌人撤退时的追击方案。等待上级统一命令与敌决战。"司令员当机立断，一字一句地下达了指示。

这时，与司令部一度中断联系的我四十五军一三五师，经过一天一夜的强行军，已于5日夜间越过衡宝公路，揳入敌后。待与总部恢复联系时，他们已进到灵宫殿地区，在敌人的心脏插上了一把尖刀。

"好！这把刀子插得好！"肖劲光得报后高兴地大声说。随即他又果断地发出命令："立即发报，要一三五师顶住，调前锋线上的几个师火速增援。报告野司，建议两翼加速迂回。"

6日，敌集中兵力与一三五师进行了一场激战，结果损失惨重。随后又发现我军左翼兵团已迂回上来。7日凌晨，狐狸一样狡猾的白崇禧立即下令全线撤退。

想跑？没那么容易！野战军司令部立即部署全线出击，追歼逃

肖劲光大将的故事

敌。前线指挥所里，将军调兵遣将，作战科长、机要科长穿梭往来，一切都是那样的紧张而又有序。

"一一九师在铁塘桥、杨家岭一线截住向西逃敌。""敌七军副军长凌云上、参谋长邓达兰被俘。""敌一七一师被全歼。"……一份份胜利的捷报不断送到司令员的桌上。"拉上去，咬住敌人，给我彻底全歼！"肖劲光亲自来到电台前发布命令。

战斗胜利结束了。敌七军所属的桂系四个主力师，除一三八师师部带一个团逃跑外，其余全部被歼。

这是肖劲光大将指挥的最后一场大战役。平时一贯严肃的将军，此刻脸上露出了胜利的微笑。

1949年10月中旬，衡宝战役的硝烟还未散尽，正在长沙的肖劲

★肖劲光大将

光司令员突然接到中央军委的急电：速来北京，毛泽东召见。

北京，中南海。毛泽东办公室。

清晨，带着疑问、连夜启程赶到北京的肖劲光立刻来面见主席。从这位老乡、兄长兼救命恩人那熟悉的眼神中，肖劲光似乎感到毛泽东要点他的将。

果然，习惯通宵工作的毛泽东，用他那略带疲倦但却深邃而充满智慧的目光，打量着这位风尘仆仆的战将。毛泽东开门见山地说："解放全国的作战任务虽然还相当繁重，但是，组建一支空军和一支海军的任务已提上议事日程。空军的筹建工作已经差不多了，中央决定让刘亚楼去当司令员。现在要着手筹建海军，我们想让你来当司令员。今天先跟你打个招呼，并听听你的意见。"

"主席，我是个'旱鸭子'，又不懂得海军，哪能当海军司令员。再说，我还晕船……"肖劲光坦率地说。对搞海军工作，他既无准备，也无基础。

"我就是看上了你这个'旱鸭子'，"毛泽东像兄长似的笑着说，"是让你去组织指挥，又不是让你成天出海……"

就这样，在众多的人民解放军将领中，毛泽东一锤定音，选中了肖劲光做海军司令。

1950年1月12日，中央军委正式发布命令，任命肖劲光为海军司令员。

自此，久经沙场的肖劲光将军又开始了组建新中国年轻的军种——海军的工作，继续为人民军队的建设和国家的强大而栉风沐雨、奋斗拼搏。

张云逸大将的故事

邓、张谋面

1928年上半年,中共中央准备派张云逸和一批共产党员到苏联学习,就在他将要动身的时候,国内局势发生了新的变化,一场新的军阀混战即将开始。

一天,中共中央政治局候补委员、中央军事部部长杨殷找张云逸谈话:

"云逸同志,党决定派你到另一所大学去学习。"

"哪所大学?"

"南方——广西。"

张云逸的脸色唰地变了。他摘下眼镜,掏出手帕擦了又擦,以此来镇定自己的情绪。

"你不能出国很惋惜,但目前根据我们党掌握的情况,蒋桂两派的战争正在酝酿,且有一触即发之势,党中央决定抓住这一有利时机,派一批同志去广西开展革命工作。现在广西省府正在聘请军事人才，地下党的负责人向俞作柏（省主席）和李明瑞（省军事领导人）推荐了你。聘书来了，组织决定派你去。"

组织决定，绝对服从。不过，张云逸心中的余波还没有平息："请问，是哪位同志推荐我去广西的？"

"这个人我得保密了。"杨殷拍拍张云逸的肩头，笑出声来，"免得今后你找他算账！"

1929年5月，张云逸从上海到达香港，由中共广东省委办妥了去广西的组织关系介绍信。他在广州找到了过去的好朋友、辛亥革命时曾同任炸弹队队长的广东省海军总司令陈策，陈策不知道张已是共产党员，为他写了到广西去向俞作柏找事做的信件。张云逸遂于7月间顺利到达南宁。

这一时期，先后到达广西的共产党员还有叶季壮、袁任远、李干辉、袁振武、李谦、冯达飞等。他们会合广西后，统一在中共中央代表邓小平（化名邓斌）的领导之下。同原来在广西工作的共产党人雷经天、韦拔群等一起，共同进行革命活动，开展对俞作柏、李明瑞的统战工作。

张云逸到达南宁后，担任了南宁军官教导总队的负责人。这个教导总队是在中共建议下开办的，由李明瑞部队三个师抽调的班排长所组成，下设3个营9个连，共1000余人。不久，张云逸兼任了广西警备第四大队大队长。在邓小平和中共广西前敌委员会的领导下，张云逸为把这两支旧式部队改造成新型的人民武装，采取了一系列坚定而果断的措施，做了大量的工作，使这两支旧军队的面貌在短时间内发生了根本变化。

张云逸大将的故事

1929年10月初，正当广西革命形势迅速发展之时，俞作柏、李明瑞不顾敌我双方力量的悬殊，不听中共的劝告，贸然决定与张发奎联合反蒋，结果失败了。

形势发生了变化，张云逸根据党的指示、趁南宁政局混乱之时，组织部队和民工，把军械库里储存的五六千支步枪以及山炮、迫击炮、机关枪、电台和堆积如山的弹药，统统搬上了汽船，由邓小平率领党委和在地方做秘密工作的同志及警卫部队，溯右江而上。张云逸率领教导总队和第四大队，从两岸陆路掩护前进。几天之内，几千人的武装在共产党的领导下，胜利撤出了南宁，到左右江去开辟革命根据地。

10月18日，张云逸率领的部队，到达坐落在右江之滨的恩隆县平马镇，准备在这里作短期逗留。

张云逸大队长穿着国民党旧军服，戴着高沿帽。他在自己的住处多铺一张床，换上干净的被单。卫兵进来了，他摸出一块光洋：

"给我买一只活鸡，两条活鱼，养起来。"

卫兵多时不见他开小灶，笑着问："大队长，今天来了贵客啦？"

"有贵客，今天到。"张云逸望着窗外的江边，心潮像滚滚的浪涛那样起伏……

他在思念一位可亲可敬的战友。他想到，在南宁的三四个月当中，他们近在咫尺，却如相隔天涯；经常得到他的指示，久闻其大名，却看不见他的笑貌，聆听不到他的声音。

张云逸多么希望尽早见到这位出色的领导人啊！但党的秘密工

作的纪律不允许。在南宁工作期间，张云逸只跟陈豪人联系。陈当时的公开身份是俞作柏的机要秘书。党对张云逸的工作指示，张云逸向上级的请示、汇报工作，都通过陈豪人联系。

张云逸几番通过陈豪人约请与邓小平见面，回答是：部队的同志手握重兵，地下党员的身份切莫暴露，望善自珍重，后会自有佳期。

那天张云逸带兵演习，不慎落马摔伤，脚背肿得像大粽粑一般。到医院看了，仍不见效，使他疼痛难忍。

一日，一位白发老者——号称"二华佗"的民间名医来到营房。他摸捏摸捏张云逸的肿脚，突然用力一扭，张云逸禁不住"啊"地叫了一声，待他明白是怎么一回事时，错位已经复原。"二华佗"继而捶打草药，给他敷上。

张云逸心想，听人们讲"二华佗"自恃身怀绝技、傲慢得很，就是省主席派专车接他诊病，也不一定能叫得动。而今天不请自来，营房门口受阻仍不拂手而去，不知是何缘故？云逸问道："张某有何德能，得到神医圣手如此厚爱？"

"只不过看在我儿子朋友的面上。""二华佗"淡淡地说。

"啊！是哪一位朋友？老先生，我张某不明不白受人好处，心里着实不安。请告诉我吧！"张云逸诚心请求。

"二华佗"默想片刻，终于说了："是省府那位邓秘书（即当时邓小平的公开身份）。我儿子再三关照过。你可莫乱说出去。"

"是他！"张云逸长长地吁了一口气。心想，我和他未曾有过一面之交，可他连自己的伤痛小事，也牵挂在心上，多么难得啊……

"呜——"从远处传来一声笛鸣。这位已近而立之年的将军，竟然像即将过年的娃仔那样，抑制不住心中的激动。他在住室内外走来走去，时而摸摸新床铺，时而擦擦眼镜，目视着通往江边的路。

远处，两个人影越来越清晰。叶季壮正陪着一位年轻人向张云逸的住处走来。"哎，怎么邓小平同志没有上船！"张云逸的眉头皱了一皱。

年轻人微微一笑，伸出手："张大队长！你好。"

"这位就是邓斌同志。"叶季壮指指那位年轻人。

"哦，你就是邓秘书哇！我们行动的最高领导人。"张云逸紧紧握住对方的手，使劲地摇动。眼镜后面的目光，仔细地端详着对方的脸，禁不住脱口而出："你真年轻呀！"

"还年轻，交年就是25了！"邓小平说罢笑出声来。

其实，张云逸已知道战友的岁数。但是在他的印象里，那位大智大勇的中央代表，与眼前这张娃娃脸，怎么也对不上号。邓小平的目光，也在张云逸的身上移动；自己请求党组织派来的最得力的助手，自己钦佩的北伐勇将，原来是这么一位和蔼可亲的兄长！

邓小平、张云逸两位战友终于在平马镇见面了。

张云逸召唤卫兵："赶快杀鸡、破鱼，为贵客洗尘。"还亲自到厨房作了安排。

在平马镇，邓小平、张云逸和其他党的负责人研究了部队下一步的行动，决定进军百色，将用不着的重武器和弹药疏散到东兰、恩隆的山区保存起来。以备将来打起红旗，成立红军和建立红色革命根据地时使用。

百色起义

1929年10月21日,邓小平、张云逸率领部队离开平马镇,第二天,胜利抵达右江重镇百色。

百色,依山傍水,风景秀丽。低矮的房舍,狭窄的巷道,隐藏在木棉树和龙眼树丛中。小城四周围绕着无边的绿色的山峰;山城前面,右江翻着碧波向东滚滚而去。它虽说是一座人口不足一万的小城镇,却犹如城门上的一把锁,控制着云南、贵州的交通咽喉,它又是右江的政治、经济、文化、交通的中心。

自从张云逸率领队伍来到这里之后,这里就成了革命活动的中

★百色起义示意图

心和策源地。

在百色，邓小平主持召开了党委会，与张云逸他们一道，筹划武装起义和创建工农民主政府的各项准备工作。会议决定：公开在部队和群众中宣传我们党的主张，广泛发动群众；整顿、补充部队，实行官兵平等，建立士兵委员会，发扬民主，反对军阀制度，反对贪污，反对虐待士兵；组织和武装群众，在有工作基础的地方，通过地方党组织将枪支发给群众，以便开展对土豪劣绅的斗争；继续清洗部队中的反革命分子。这次会议考虑到用教导总队和第四大队的名义不便于指挥地方政府，必须有一个公开的行政机构，决定利用旧有的督办官衔，宣布张云逸为右江督办。

会后，张云逸和其他负责人一起坚决贯彻党委会的各项决定。

张云逸首先行使督办职权，以行政长官的名义下发公文，在控制右江各级政权的同时，接管了财政，组织税收，把各县府的税款统统收缴到督办府。这样，一次便收到大量银圆的税款，为武装起义筹集了数目可观的经费。

张云逸在认真抓紧原有部队整顿工作的同时，积极招募新兵。他走上街头，亲自做宣传，他对乡亲们说："我们就是穷人的兵，专门拿枪为受欺负的穷人出气报仇。"经过一段时间的努力，右江地区各县的革命群众运动更加轰轰烈烈地开展起来，工会、农会组织进一步壮大，群众的政治觉悟得到提高，青壮年纷纷报名要求到张督办的部队当兵，张云逸领导的队伍迅速发展壮大。

右江地区的地主、豪绅对此十分仇恨。他们跑到南宁去求援，桂系军阀密令熊镐率领广西警备第三大队到右江驻防，以对付革命群众运动，妄图消灭进驻百色的这支革命武装。邓小平、张云逸等获知这一情报后，果断地决定将警备第三大队全部消灭。

10月28日，张云逸以右江督办的名义，"宴请"第三大队头目熊镐到百色"商谈防务"，在宴会上将其拿获。

与此同时，我党调集的奉议、恩隆、思林等县的农军，配合驻平马镇第四大队的一个营，向警备第三大队发动突然袭击；只用了几十分钟，就将驻平马镇的敌人全部缴械。

第二天，张云逸又亲自带队消灭了第三大队驻扎在那坡的反动武装。智歼反动的第三大队计划的实现，粉碎了敌人妄图扑灭右江革命烈火的阴谋，为举行百色起义扫清了障碍。

11月初，中共中央批准在左右江地区举行武装起义，创建革命根据地和创建红军的指示传到了百色。中央颁给了红七军的番号并委任了负责人。邓小平召集党委会传达中央的指示，并就武装起义的重大问题和具体部署做出决定。会后，邓小平到左江地区部署龙州起义事宜，接着又到上海向党中央汇报工作。张云逸则领导右江地区军民完成百色起义的各项准备工作。

12月11日，正是广州起义两周年纪念日，在广西百色胜利举行了武装起义。

这天一早，百色山城，欢声雷动。八方锣鼓响彻云霄，"打倒军阀"的歌声传遍街巷。四乡农会会员、农民赤卫队员手持梭镖、土枪赶进城来；工人赤卫队扛着刚领到的"七九"步枪走出工厂；学生迈着整齐的步伐，歌声嘹亮；官兵们早已在广场排成雄壮整齐的方阵。一支支人流涌往广场，霎时，广场聚集了近万人，涌动起欢腾的人潮。

最引人注目的是飘扬在军部上空那一面,八尺长、六尺宽的红布大旗上,绣着镰刀锤子,旁边缀着"中国工农红军第七军"九个金灿灿的大字,在初升的阳光照耀下,光彩夺目。

大会庄严宣告在中国共产党领导下举行武装起义和中国工农红军第七军成立。宣布了党中央的任命:张云逸任红七军军长,邓小平任政治委员,陈豪人任政治部主任,龚鹤村任参谋长。军部下辖三个纵队,李谦、胡斌、韦拔群分任三个纵队的司令。

接着,红七军首长高声宣布中国共产党的主张:推翻国民党反动派的统治,建立工农民主政权;打土豪分田地;废除列强在中国的特权;保护工农大众利益,开辟革命根据地。……真是一声掷地一声雷,每一段话都被锣鼓声和欢呼声所打断。

群众大会结束后,举行示威游行,穿着灰色新军装,军帽上缀着五角星、衣领上系着红带子的红军干部、战士,雄赳赳、气昂昂地走上街头,欢呼起义胜利。一队队的工人、农民、学生兴高采烈地来到大街上,他们敲锣打鼓,载歌载舞,欢庆自己的解放。

同一天,右江第一届工农兵代表会议在平马镇隆重召开,成立了右江工农民主政府,并举行了5万多人的庆祝大会。张云逸代表中共红七军前委(红七军成立后,部队党委改为前敌委员会)专程从百色赶到平马。大会开始,张云逸军长出现在主席台上,他用带着广东口音的普通话,宣布红七军的成立,并开始了讲演。

他说:"红七军的成立和右江工农民主政府的诞生,是工农群众的一件大喜事。红七军是工农自己的军队,是保护工农群众利益

的。我们欢迎右江父老兄弟选送自己的优秀子弟参加红七军。有广大工农群众的支持,红七军一定会迅速壮大,革命一定胜利。工农民主政府是工农自己的政府,领导农民兄弟打土豪,分田地,保护工农劳苦大众的利益。现在,我们右江成立了工农自己的政府,有了自己的红军。而广西其他地区的工农兄弟还在受反动派的压迫。广西的反动派是不会甘心在右江一带的失败的。因此,我希望每一个红军战士,每一个工农兄弟,都要拥护共产党,拥护工农民主政府,要提高警惕,随时准备反击敌人的进攻,保卫我们的革命根据地。"张军长一边讲,一边还习惯地不时用手捻他那短短的一绺胡须。

最后,他向大家发誓说:"我们一定在共产党的领导下,发展我们的力量,巩固我们的胜利!我们一定要把红旗插到全中国去!"

他那坚决有力的话语,激起了听众一阵阵暴风雨般的掌声。那面带微笑的神情,那泰然自若的举动,令人难忘。

他讲完话后,代表中共红七军前委,把包着红布的工农民主政府的一颗大印交给右江工农民主政府主席雷经天。

百色起义的成功和红七军的诞生,标志着创建左右江革命根据地的良好开端。它给广西反动派以沉重打击,给灾难深重的广西各族人民带来了希望。它是在广西这块富有悠久革命历史的土地上,继金田村起义开始的太平天国革命运动之后,又一次轰轰烈烈的最广泛最彻底的革命运动。邓小平、张云逸在这一革命斗争中,建立了不可磨灭的伟大功绩。

转战千里

1930年年初，红七军前委决定，红七军主力向黔桂边境发展，进行游击战争，第三纵队留下就地坚持斗争。

2月，张云逸率红七军一、二纵队共3000余人，从广西河池县出发，占怀远，入贵州，过苗山，抵榕江。

榕江，是贵州军阀的后方，囤积着许多军需品，由敌军一名副师长率领600余兵力数百名警察驻守。4月30日，张云逸率红七军以迅雷不及掩耳之势突袭榕江，攻占了榕江城，歼敌500余人，缴获步枪600多支，子弹10万多发，火炮数门和无线电台一部以及无数军用品。

红七军在榕江休整了三天，筹得军饷几万元。然后携带战利品水陆并进，浩浩荡荡回师右江。并以歼敌300名，缴枪300支的成绩，从敌人手中夺回了百色城。

经过三个月的整训，正当红七军兵强马壮，跃跃欲试，准备开辟新的局面之际，"立三路线"指导下的中央给红七军下达了任务：打下柳州、桂林，在广东之小北江建立革命根据地，阻止两广军阀向北增援，最后夺取广州，以保证全国红军首先夺取武汉的"争取一省数省的胜利"。对此，前委讨论时虽有怀疑，但还是从组织上服从中央命令，率军北进。

开国大将的故事

9月20日清晨,张云逸率领红七军准备出发时,从四面八方赶来的乡亲们,怀着依依不舍的心情,欢送自己的子弟兵远征。只见张云逸军长迈着大步走到队伍前,向部队指战员和群众敬了一个礼,然后站在一张小桌上,发表了铿锵有力的讲话:

"英勇的红色战士们,军官们,亲爱的工农群众:我们今天要离开革命根据地了,离开亲爱的家乡、父母、妻子、同志、朋友了。但是我们的离开只是暂时的。现在我们去执行党中央交给我们的战斗任务,去打敌人,我们相信,日后一定会胜利回来的。"在群众的掌声、欢呼声中,在嘹亮的军号声中,红七军指战员迈着雄健的步伐出发了。

邓小平、张云逸率红七军连续艰苦征战了一个多月,攻四把,占长安,袭武岗,虽然打得英勇顽强,却因敌众我寡节节失利,一直没能突破敌人的封锁线,没能攻克一座大城市。而且伤亡、减员十分严重,许多英勇善战的红军战士牺牲了,不少卓有才干的指挥员血染沙场。一天,进入东安县的一座高山上,雨下个不停,人马疲乏到了不能再支持的程度,队伍停下来在野地露宿,有的战士装具未卸就一头倒下去睡熟了。

在一间小茅屋里,邓小平、张云逸等军部领导人围着豆粒大的油灯,在开紧急会议,研究今后的行动方向。一双双凹陷的眼睛,在灯光下显得更加深黑。大家总结了北上作战以来的经验教训,大胆决定放弃攻打柳州、桂林和夺取广州的计划。目前队伍确实处在危险中,必须设法找到一条出路。讨论来讨论去,最后感到只有迅速奔袭全州,以便取道湘粤边境进入江西,与朱德、毛泽东的红

张云逸大将的故事

军会合，才不至于被反动军队消灭在"绝地"之中。

面色黧黑的张云逸，习惯地捻着小胡子，刚毅地说："全州是空虚的。我们的行动快。半夜出发，急行军奔袭全州，只是部队太疲劳了。"显然，张云逸是在万不得已的情况下才下这个决心的。他来回踱着步，倾听着屋外的风声和雨声，眼前浮现出战士们满身污泥血渍、在风雨中沉睡的情景。

"部队的确疲乏极了，但要接受这种考验，共产党员首先要做模范。走，立即走！"邓小平赞同地说。他那敏锐的目光、乐观的神态、无畏的气概，深深感染着在场的每一个人。

号令发出了，英雄的指战员从困乏中奋起，踏上了求生之路。连续奔袭60多里，一鼓作气攻城，将鲜红的镰刀斧头大旗插上了全州城头。

在全州的部队四天，安民治军，休整补充。经过民主讨论，使大家清醒认识到："立三路线"是断送红军、断送革命的错误路线；今后的任务应该是改向江西革命根据地前进，找朱德、毛泽东领导的红军去。尽管道路曲折，但前途是光明的。

部队又踏上了征程。敌人仍尾追不舍。红七军直取道州，连夜向江华突围。途中，刺骨的北风一股劲儿地猛刮，鹅毛大雪漫天飞舞。张云逸和红七军指战员们，这时却仍然穿单衣、短裤，脚下的草鞋早已破烂，一个个冻得脸色发青，嘴唇变紫，手脚麻木，耳朵红肿。寒冷的冰雪夺去了80多位战士的宝贵生命。

在艰难的征途中，张云逸等军首长有马不骑，都把马让给走不动的战士和伤病员骑，他们和战士们一起徒步跋涉。张云逸边走边向部

队作思想动员工作，激励指战员们向前奋进。出老苗山后，在乳源县大战梅花村，歼敌1000余，红军也伤亡700多，其中干部占三分之二。部队减员很大。为适应斗争的需要，红七军前委决定将部队缩编为五十五团和五十八团，仍由张云逸、邓小平分任军长、政委。在难以立足的情况下，指战员不顾雪飞路滑，又向韶关、乐昌间的杨溪口前进，急行两天两夜，1932年2月，来到了乐昌河边。

必须从这里过河，才能突破粤敌封锁线，摆脱尾追之敌。可是，乐昌河水流湍急，白浪咆哮，漩涡翻卷。唯一可供部队渡河的工具只有两条破旧的小木船。来回一趟需要十几分钟，且一次只能渡二十来人。怎么办？邓小平站在高坡上观察了一阵，走下来和张云逸、李明瑞研究，决定邓小平、李明瑞率五十五团先渡，张云逸率五十八团和军直属队殿后。

时间一分一秒地过去，当夕阳斜照，天空挂满晚霞时，邓小平、李明瑞率五十五团及五十八团一部分指战员渡过了乐昌河。这时，对岸突然响起了激烈的枪炮声。原来，大批粤敌乘汽车从韶关向乐昌河扑来。一番激战，河对岸渡口被敌占领了。

红七军被截为两段，张云逸和邓小平的联系中断了。下一步该怎么办呢？

正在这时，人群中有人喊道："军长来了！"大家回头一望，只见张云逸骑着马迎面跑来。原来，在敌人封锁渡口之后，军长亲自探路径去了。回来后，他捋着小胡子，望着大家微笑。虽然情况万分危急，但军长那泰然自若的神态，使战士们紧张而焦急的心情慢慢平静下来。张云逸在残酷的斗争中，在敌人前堵后追、饥寒交迫的险恶环境中，从来都是冷静沉着，临危不惧的。这时，军长跳下战马，同经理处（即后勤处）处长叶季壮等负责同志研究了一阵，便严肃、镇静地向大家宣布：

"现在过不了河，队伍后退30里。"张云逸捋着胡子，果断地下达了命令。

天渐渐黑下来了，张云逸率队伍沿着蜿蜒曲折的山路后撤。现在他身边只有红五十八团一部和一个特务连、两个步兵连以及卫生队、休养连、供给处等非战斗人员，势单力薄。向何处转移？张云逸彻夜不眠。清晨，他把队伍集中到一块，面对坚强的战士们，他充满信心地说："同志们，我们共产党领导的军队，是打不垮、拖不烂的。敌人再凶恶，也挡不住我们向江西前进。无论如何我们一定能渡过乐昌河，到中央红军那里去。逢山爬山，遇水涉水，敌人胆敢阻拦就坚决消灭他。"

几天急行军后，他们在地方党和群众帮助下，从坪石渡过了乐昌河，突破了粤敌封锁线。怀着坚定的信念，张云逸率部向湘赣地区挺进。1931年2月中旬，到达了湖南酃县黄泥潭。这里山峦重叠，地势险要，是红色游击区。

这天，部队集合在溪边的石滩口，张云逸不时地捋着胡子，满面笑容，他指着太阳对大家说："同志们，我们见到太阳了啊！必须坚决奋斗，才有光明的一天。"他又说："现在，我们来到了根据地，只是长征告一段落，任务并没有完成。我们要参加这里的工作，配合当地武装歼灭敌人，开展土地革命，扩大游击区，而后继续前进，找到五十五团，一同去会合朱毛主力红军。"他的话，激起了指战员们热烈的掌声和欢呼声。

接着,他们在黄泥潭击溃敌人一个团,取得了红七军到达湘赣根据地后的第一个胜利。

2月底的一天,张云逸率领五十八团在湖南水口镇与王震领导的湘赣红军独立一师第三团会合,一起向湘赣边区的永新前进。3月中旬,张云逸指挥红七军、独立一师和红二十军并肩作战,接连打了两个大胜仗,第一仗在茶陵李家村,五十八团四连指战员运用张云逸提出的"出奇兵迂回敌后"的作战方案,击败敌陶广部两个团,歼敌300人,俘虏100余人,缴获大批军用物资,占领了茶陵、攸县和酃县。第二仗是主动出击,获得了吉安永阳大捷。顿时,五十八团在湘赣苏区声威大振。

一天,红七军从敌人手里缴获了一张国民党的《中央日报》,上面刊登着一条消息:"共匪李明瑞残部向遂川流窜。"张云逸看到这一消息十分高兴,经湘赣省委同意,除教导队留驻永新外,张云逸带领军部和五十八团南下寻找红七军五十五团。

在乐昌河隔断联系的五十五团等部,历尽千辛万苦,经崇义、上犹、遂川,到达湘赣边区后,也在寻找五十八团。1931年4月初,红七军五十五团和五十八团终于在永新县的天河重新会合,共计3000余人,一时军心大振。此后,张云逸率红七军配合湘赣红军攻安福,战宜春,克茶陵,占安仁,屡战屡胜,所向披靡,保卫和发展了湘赣边区革命根据地,有力地配合了红一方面军取得第二次反围剿的胜利。

1931年7月,邓小平、张云逸率领红七军到达江西兴国县桥头镇，同红一方面军胜利会合，之后编入红一方面军第三军团。

此时的张云逸，心情格外兴奋，他经常来到营房，深入战士中间，鼓励大家说："从现在起，我们是红一方面军的一部分了。在毛泽东同志的直接领导下，多么光荣啊！……"

从1930年9月到1931年7月，自离开右江根据地起，在长达十个多月的时间里，邓小平、张云逸率红七军转战桂、粤、湘、赣四省，行程7000余里，在敌强我弱的危险境况中，英勇地粉碎了敌人的围、追、堵、截，纠正了"立三路线"的错误影响，征服了种种不可想象的艰难险阻，沿途播撒了革命种子，终于实现了"会合朱毛红军"、"实行工农武装割据"的预期目标，在中国革命战争的历史上写下了光辉的一章。

会师不久，红七军领导人张云逸、李明瑞在瑞金见到了中央革命军事委员会主席毛泽东和总司令朱德。中央革命军事委员会和工农民主政府对红七军的战绩给予高度评价。为褒扬红七军的不朽功绩，中共中央和工农民主政府特奖给大红锦旗一面，上书四个大字："转战千里"。

崂山遇险

1935年10月，中央红军战胜无数的艰难险阻，胜利到达陕北。1937年3月，中央组成了军委后方司令部，刘伯承为司令员，张云

逸出任参谋长，刘伯承不在期间，由张云逸代理司令员。4月，为贯彻中共中央确定的抗日民族统一战线政策，争取地方实力派和各阶层人士投入反对日本侵略者的斗争，促成全国抗战的实现，党中央决定派张云逸到华南进行统一战线工作。

4月下旬，张云逸正准备动身离开延安经西安到香港去。恰巧这时周恩来、孔石泉等同志也要经西安到南京去同国民党继续谈判。这样，他们便一同上路。为了保卫首长的安全，中央保卫局专门派了特务队一个由十二人组成的警卫班随车护送。

除了周恩来以外，张云逸便是这支队伍的最高军事长官，虽然他也是被护送的首长之一。但他还是自觉地把保卫周恩来看作是自己的最大责任。出发前，他对照地图详细地研究了行进路线，对公路两旁的地形地貌都做了研究，然后根据自己在大革命时期和土地革命战争时期同国民党打交道的经验，一再告诫随行人员和警卫战士，要充分认识到国民党统治区工作的艰巨性、复杂性。他要大家提高警惕，严格遵守纪律，防止敌人的破坏和暗害。

4月25日，太阳刚刚从东方升起，一辆载着周恩来、张云逸、孔石泉等三十来人的卡车，从延安出发，朝着西安方向驶去。周恩来坐在驾驶室里，早晨的黄土高原一片宁静。汽车在公路上急驶，车后扬起阵阵黄尘。这次一同前往西安工作的人员和警卫人员，多数是年轻人，大家坐在车厢里，说说笑笑，情绪很高。

张云逸表面上虽然同样轻松，但内心却始终不安，西安是国民党统治地区，情况复杂，心中无数，必须加倍警惕，随时准备应付可能出现的敌情。汽车离开延安60里后，来到甘泉县劳山北面的湫沿山。这里山岭起伏，古树丛生，是延安的南大门。当汽车爬上山巅峡谷，进入一个狭窄的拐弯处时，突然枪声大作，200多敌人从正前方公路上挖的工事里，从后面的小山包和左边的树林中同时射击，形成三面包围的态势。密集的子弹像雨点似的朝汽车猛烈地射来，一听到枪声，张云逸知道中了敌人的埋伏，但因山路崎岖，卡车不易冲出敌人包围圈，而且迎面来的子弹随时可能射伤周恩来。这时，周恩来疾速跳下汽车，喊道："快下车，散开打！"张云逸和孔石泉迅速跳下车，协助周恩来同志指挥干部战士利用汽车和有利地形，就地还击敌人。在敌我力量十分悬殊的情况下，大家奋力抵抗，使敌人不能一下就冲过来。战斗不久，警卫员刘九洲负了重伤，司机的腿被打断了，周恩来的随从副官陈有才也负了重伤，最后牺牲在战场上。张云逸的手也被敌人的枪弹打伤，他临危不惧，念念不忘周恩来的安全。

张云逸要求孔石泉寻找隐藏地保护周恩来，他说："你们先走，我是老兵了，战死无憾！"他强忍着伤痛，指挥同志们坚持战斗，以掩护周恩来突围。这时，我方伤亡人员越来越多，情况万分危急，必须迅速突破敌人的包围。张云逸不顾个人生命安危，经过仔细观察，从敌人的枪声中发现右侧没有敌人。于是，他一面指挥大家继续还击敌人，一面同孔石泉一起利用有利地形掩护周恩来从右侧的一片开阔地跨进沟壑，迅速爬上对面山坡的丛林中，冲出了敌人的包围。同时，他组织其余的人员也向右侧突围。为了分散敌人的火力，减少人员伤亡，大家朝着同一方向分散前进。

经过顽强的拼搏，突围出来的同志终于又会合在一起。然后大

开国大将的故事

家向北翻过一座大山,来到三十里铺的公路边。这里有我军的一个兵站,驻有少量的部队,当这里的部队听到山那边传来的枪声时,即刻电告延安。同时,出动人员前来营救。

党中央和毛泽东接到报告后,立即指示派出骑兵急驰崂山援救。当我军骑兵和其他部队赶到时,战斗已经结束,敌人已经逃得无影无踪。看到周恩来、张云逸等同志脱险,大家都为他们感到庆幸。同时,也对牺牲了的同志表示沉痛的哀悼。最后,救援部队把伤员和烈士的遗体运回了延安。

后来证实,崂山事件是敌人事先侦得我们的行动后,设下的埋伏,其罪恶目的就是要谋害周恩来副主席。周恩来的随从副官陈有才,因经常跟随周恩来出入国民党军政要员的官邸,身上带有周恩来的名片,穿的服装也是同周恩来一样的呢子制服。当敌人冲到卡车跟前,见陈有才穿的服装并从他身上搜出周恩来的名片时,以为阴谋已经得逞。加上害怕红军增援部队赶来,就仓皇撤退,没有再向周恩来、张云逸等人追击。

崂山脱险后,童小鹏同志为周恩来、张云逸、孔石泉同志拍了一张合影相。周恩来风趣地对张云逸说:"云逸同志,我们不仅是战友,又成了难友了。"

张云逸说:"这次周副主席能脱险,真是不幸中之大幸。你要有个闪失,我这个老警卫员可就成千古罪人了。"张云逸十分怀念在崂山事件中英勇献身的同志,他一直把当年和战友一起合影的珍贵照片保留在身边,直到逝世。

妻儿被扣

1938年1月，新四军军部成立，叶挺任军长，张云逸任参谋长兼第三支队司令员。1939年5月，新四军江北指挥部和中共江北指挥部前委成立，张云逸分别担任指挥和前委书记，统辖江北新四军和江北游击队，支撑着皖东（淮南）根据地的斗争。

张云逸个子不高，面目慈祥，并不是威风凛凛的七尺大汉。但是，他确实是一位叱咤风云的杰出的将领。在他的军旅生涯中，风风雨雨几十年，经历过多少劫难啊！1940年3月，正是淮南春光明媚的季节，张云逸却承受了一次巨大的感情上的折磨。

1940年春，国民党发动了第一次反共高潮，张云逸所领导的部队及游击根据地，处境相当危急。面临国民党顽固派大军压境的严重形势，张云逸镇定自若，他与中原局刘少奇、郑位三等领导人通宵达旦地研究和部署作战方案。在张云逸的统一指挥下，主力部队和地方党群组织、自卫队相互配合，取得了路西、路东反顽作战的胜利。

可是，国民党顽固派并没有因此罢手，不仅在军事上紧锣密鼓地加紧进攻准备，而且，他们还不择手段，以更卑鄙的方式，到处捕杀迫害我军官兵及其家属。1940年3月22日，张云逸的妻子韩碧和十岁多的儿子张远之被扣押。一起被扣押的还有新四军的干部

和护送的战士二十五人,以及他们携带的7万元军款和枪支弹药……

张云逸的妻儿一行被扣押的消息传到新四军江北指挥部以后,指挥张云逸和参谋长赖传珠极为愤怒,他们认为自从国民党政府颁发《限制异党活动办法》以来,国民党顽固派先后制造了平江、竹沟、鄂东等惨案,屠杀共产党人。这次保安八团又扣押我方人员,也是皖中顽固派制造摩擦的开始,我党我军必须采取有效办法,化险为夷。于是张云逸致电蒋介石、林森、李宗仁、白崇禧,怒斥他们的罪行:"近查皖豫鄂各省地方政府,拘捕侮辱,杀戮我新四军官兵家属,到处皆是,被害已有千数百人,今竟侮辱及于职等高级军官之眷属,于法于情,实难忍默。"电文还说:"彼等炮火余生,不罹于暴寇(指日寇)之手,反被国家军队横加捕押,妻子何辜?遭此荼毒。况职(指张云逸自己)弃家抗战,家属从未受优待,亦不应加以侮辱。"

张云逸在电文中强烈要求国民党政府下令释放妻儿及曾绍铭(团政委)等官兵,立即归还我新四军枪支、弹药和军款,还强烈要求国民党政府通令所属各部绝对不能残害我新四军官兵及家属子女,对违法者,必须以军法严处!写毕这份电报,张云逸不由自主地想起爱妻爱子。韩碧出生于广东省文昌县一户贫苦农民家里。她自幼随父母沿街乞讨,吃尽了人间痛苦。几年后,父母先后病逝,她便到广州一家工厂当了童工。1922年,在粤军担任营长的张云逸看到粤军总司令陈炯明背叛了孙中山,大失所望,便离开粤军隐蔽到广州一家医院,准备另图实施孙中山的三民主义纲领的办法。

1923年,经人介绍,张云逸和韩碧喜结良缘。俗话说:夫贵妻荣。但是，韩碧和张云逸结婚以来，连团聚的日子也很少啊！儿子远之刚刚半岁时，张云逸就告别了妻儿，为党的工作而四处奔忙。一别八年，未与妻儿见过面。

1937年上半年，时任红一方面军副总参谋长的张云逸奉党中央之命，到香港开展华南抗日民族统一战线的工作。他和亲友多方寻找，终于找到了隐蔽在广州以理发为业的妻子。他含泪把妻儿接到香港，妻子协助他做党的秘密工作。

到香港后他们一家人住在一间不到15平方米的阁楼上。这里狭窄、低矮、闷热，既是寝室又是办公室。室内放着一张硬板床，一张桌子，一把藤椅，还有木凳，拥挤不堪。

虽然条件简陋，工作繁重；然而，韩碧母子却感到十分满足。这总是个家呀！儿子受到父亲的抚爱，夫妻团圆和睦。

半年之后，张云逸又要离开香港返回延安，妻儿也要跟他去延安。

张云逸耐心地劝道："咱们一起走目标太大，等我回去把一切安排妥了再派人来接你们母子俩，这样比较安全些。"韩碧嫣然一笑，说："那好，我和儿子耐心等待吧！"

就这样，这对恩爱夫妻又离别了。

如今，组织上多方设法委托曾昌明将他们母子带到桂林，再经组织送往淮南张云逸所在部队。不料他们从皖南军部过长江以后，路经安徽的无为县襄安镇时被国民党安徽保安第八团扣押。

当国民党顽固派知道韩碧是张云逸的妻子时，竟手舞足蹈，欣喜若狂。他们要把韩碧和十岁多的远之扣作人质，想借韩碧软化张

云逸。他们起草了一份电报,急速将韩碧等一行被扣详情报告给蒋介石。国民党南京政府立即回电:"同意,秘密扣押,当作人质。"

一天,保安第八团团长邱正华威迫韩碧给张云逸写信。邱正华说:"我对张云逸将军是十分佩服的!自从他领导百色起义后,军事天才就已名闻寰宇。我们的蒋委员长对他十分器重。你写信劝劝,只要他到蒋委员长这边来,发表一条小小的声明,一来与妻儿可以团圆,二来也能高升。"

韩碧深明大义,她冷笑了笑说:"云逸早年参加辛亥革命,为国为民奔走,革命意志坚定不移。他参加共产党,坚持革命,坚持抗日有什么错?为什么要他离开共产党,投向你们国民党?这样的信,我不会写。"

邱正华阴险假笑道:"哎,张太太,我可是一片诚心,为了你们全家的幸福。"

韩碧愤然回答:"在国难当头的时候,我们新四军忍饥挨饿,天天与日本鬼子作战,你们掉转枪口屠杀自己的同胞及家属,你们还谈什么慈善?谈什么全家幸福!"

邱正华发怒了:"我看你还是放明白点儿好,不要敬酒不吃吃罚酒。你不写这封信,将来就有啃不完的苦果子。"

她面对顽固派威武不屈:"你们抓了我,要打,要杀,随你们的便!我宁愿一死,也绝不出卖自己的灵魂。"她将生死置之度外,敌人的刺刀又奈她何呢!

张云逸为营救妻儿及新四军官兵,他和赖传珠商量,选派江北游击纵队政治部宣传科科长田丰少校,带领警卫员和马夫,前往无为县城与保安旅司令吴绍礼谈判。不幸的是田丰等三名谈判人员也遭扣押，受到严刑拷打。最后，竟被惨无人道地活埋了。

田丰遇害后，顽军不仅不释放新四军被扣人员，反而将他们陆续杀害。团政委曾绍铭也惨死在顽军的屠刀下。除一人逃跑外，只剩下受尽折磨的韩碧母子。

这时，在重庆的周恩来副主席出面，亲自过问此事，向蒋介石等反复申明大义，要以国家民族为重，尽快释放新四军官兵家属以利抗战。

直到1940年9月，国民党反共顽固派才释放被扣押了七个月之久的韩碧和儿子张远之。

韩碧从血泊中走出来了，十岁多的张远之也经历了一次严峻的考验！

韩碧、张远之从岳西辗转来到新四军江北指挥部驻地淮南。韩碧见到了丈夫，热泪忍不住扑簌簌掉了下来。张云逸深知妻儿受苦了，扶着他俩坐下来。张远之劝道："娘，你别哭，见到爹咱们应该高兴呀！"张云逸也劝慰说："儿子说得好，我们全家团聚了，应该高兴呀！"

张云逸对妻子和子女有着深沉的爱，但是作为高级领导者，他严格要求自己，没有把这种深沉的爱化作特权。他也严格要求妻儿，教育他们要和群众同甘共苦。

韩碧说："云逸教子是严格的。他常对我说：'我们对孩子要严格，丝毫不能使他有任何特殊感。要督促他努力学习，将来革命胜利了，我们党和国家需要有真才实学的人，建造新中国，创造新

生活。'"

建国初期,张云逸的小儿子张光东从青岛转学刚来北京时,他不同意孩子舍近求远到条件比较好的学校入学,他说:"这附近就有北池子小学,就让光东和老百姓的孩子一起学习吧!"张云逸送给儿子人生路上的座右铭是:"好男儿自己闯天下!"

张云逸这位出生入死的将军,他的肩膀上分担着国家民族的命运,但是,他也需要有个家:一个革命的家庭,革命的伴侣。

乔装除奸

1941年1月4日,国民党顽固派制造了震惊中外的皖南事变。在事变发生后的整整七个昼夜,张云逸和刘少奇、陈毅等新四军领导人彻夜未眠。对国民党顽固派同室操戈、反共媚日的行径万分愤慨,他们时刻注视着事变的发展,用无线电不断向中共中央和毛主席报告新情况,并想法和被围困的新四军领导人联系,及时给予指导和帮助。

1月17日,蒋介石公然发布命令,取消新四军的番号。为了粉碎国民党顽固派消灭新四军的罪恶阴谋,中共中央革命军事委员会针锋相对,于1月20日发布重建新四军军部的命令,任命陈毅为新四军代理军长,刘少奇为政治委员,张云逸为副军长,赖传珠为参谋长,邓子恢为政治部主任。同时将华中新四军部队和八路军部队

张云逸大将的故事

统一编成七个师,其中第二师由江北指挥部所辖部队编成,张云逸兼师长,罗炳辉为副师长,郑位三为政委,周骏鸣为参谋长。

一年来,张云逸虽然担任新四军副军长,但主要精力放在主持二师的工作上。

一天,张云逸从第二师师部赶往新四军军部所在地盐城开会。在淮(安)、宝(应)县独立团警卫连护送下,来到了戴湾地下交通站,准备从此地通过大运河封锁线。交通站有个叫彭五的交通员叛变投敌了。为防不测,交通站负责人及时通知各交通员隐藏起来,副站长王建高也已隐蔽起来,因此站上无人,而这时,天色已渐亮,处境险恶,怎么办?

护送的警卫战士们为了副军长的安全,建议张云逸先隐蔽起来,待找到王建高后,明天再另外寻找行进路线渡河。张云逸不同意,他对大家认真地说:"待到明天,就赶不上开会了。"他当机立断,决定来个出其不意。他说:"咱们化装渡河,从敌人眼皮底下闯过去。"

经过一番乔装,张云逸和护送的六名警卫战士都打扮成到运河西割草的农民,手拿镰刀和草绳。又几经周折,找到了交通站副站长王建高,弄来一条小木船。这时,天已大亮,张云逸和战士们一起上了小船,王建高划桨,离东岸向西岸驶去。

就在这里,运河堤上由北向南来了十几个敌自卫队员,情况危险万分。张云逸急要王建高把船头调向北划。王建高不解,说,北边是平桥伪军的据点,彭五就在那里为敌人卖命,怎么行?说时迟,那时快,船头刚刚调朝北,敌自卫队员就在岸上朝小船喊开了:

"船上什么人？到哪里去？"张云逸让身旁一位操本地口音的战士高声答话："割草的，到平桥去。"

那伙自卫队员一听是本地人，又是往据点方向去，有点儿相信，本不再理会。可这时自卫队中一位当官模样的人却仍不放过这只船，高声连叫：

"把船开过来，我们要检查。"眼看要短兵相接，警卫连的战士人人手心捏着一把汗，性急的把手伸进腰里准备掏枪。张云逸眼疾手快，一把按住，低声说："不要慌，见机行事。"张云逸要王建高把船靠拢岸。那个当官模样的人头一个跳上小船，后面几个也想跟着上船，王建高忙喊：

"船小，人多会翻的，不能再上了。"并趁机把船往河心荡了荡。这时，张云逸不慌不忙地从袋中掏出一张纸，在那家伙面前晃了晃，又放回衣袋中，对他说："昨天彭五投诚了，根据他的告密，今晚有共产党的重要人物从此渡河，太君要我们化装在这里等候，你来打什么岔？"那家伙一听说到彭五的名字，有点儿将信将疑："你们是哪一部分的？平桥据点里怎么没有见过你们这几个人？"张云逸泰然自若一笑，答："平桥据点的人，这里老百姓全见过。化装了也难遮人耳目，共产党和老百姓是一鼻孔出气，他们会上当吗？所以，我们是从淮安连夜赶来的！"

停了停，张云逸一转念，又继续说："看来你是小队长了，那好，我们正要到平桥去，找彭五当面谈一下，请你给我们领个路吧！事成之后，有你的好处！"说完，像煞有介事地朝岸上挥挥手，大声喊道："你们先执行任务，他跟我们去平桥找彭五。"

不等答话，小船就离岸一直朝北划去。岸上的自卫队员往南越走越远。船上的那个自卫队头目还在发愣，忽然一支短枪顶住了他的腰，紧接着一声喝令："不许动，动就打死你！""那家伙猛吃了一惊，两眼一眨，正想跳水，两臂却早已被揪住，动弹不得。他只好哀声问道："你们到底是什么人，干什么的？"张云逸说："别问！等会儿找到彭五。你就知道了。"于是，由这自卫队头目乖乖领路，张云逸和警卫战士轻而易举地进了平桥，在彭五的姘头家里找到彭五。彭五见是自卫队当官的领路，又听说是淮安太君派来的，来头不小，慌忙连连点头哈腰，递烟倒茶，现出一副十足的奴才相。张云逸强忍怒火，对彭五说："不用张罗，太君有令，你先带我们去抓王建高。"一听说抓王建高，想到自己升官受奖的机会又到了，彭五浑身便来了劲，连忙答应："行，行！"随后拿了一顶马虎帽，领着众人出门。

不一会儿，来到平桥码头，正待上船，彭五一抬头，咦！船上划桨的不正是王建高吗？彭五情知不妙，拔腿就要跑，刚一转身，就被警卫战士踢了个狗啃泥，被反扭双臂押上了船。而那个自卫队头目原来听说要抓共产党，稍有点儿放心，这时觉得情况有异，忙掏枪报警。张云逸眼疾手快，一下夺掉了他的短枪。命令道："快送我们出镇，不然先要了你的命！"

另一个警卫战士拔出短刀，逼着他上船。就这样，一行人顺利渡出平桥镇，来到大运河东岸的泾河渡口，上了岸。

张云逸把彭五交给王建高押去就地处决。他走到彭五面前问他："你不是想知道我是谁吗？我让你死个明白，我是你张大爷张云

逸。以你小小的叛徒，劳我张云逸大驾，你很占便宜啊。"言毕，一挥手，王建高把彭五给毙了。

张云逸又对那个自卫队头目教育了一顿，要他看清形势，支持抗日，不做坏事，否则就和彭五下场一样。

警卫战士押着自卫队头目返回了大运河西岸。张云逸在泾河渡口地下交通员的护送下，连夜往新四军军部进发。在新四军军部会议召开之时，张云逸准时到达盐城。

"飞马"香烟

皖南事变发生后，华中敌后抗战进入艰苦阶段。1941年4月30日，根据中央军委决定，组成了新四军第二师军政委员会，张云逸任书记，罗炳辉、郑位三、郭述申、周骏鸣为委员。1942年2月成立淮南军区，张云逸兼军区司令员，郑位三任政治委员，罗炳辉任副司令员，周骏鸣任参谋长。

淮南军区有4万将士，队伍壮大了，可是，这些将士的弹药粮饷却没有着落。一发追击炮弹是当时农民8亩地小麦产量的价值，而在一次路西战斗中就消耗了300多发。战士们吃的困难，每人每天不足1斤粮，3钱油；穿的更是困难，每人只有身上穿着的一套单衣，根本无法换洗。加上国民党、日寇和伪军对淮南根据地的军事进攻、政治破坏、经济封锁，更加重了根据地的困难。对此，作为司令员的张云逸又怎样思考，怎么解决呢？

他遵照党中央的方针政策，一边打鬼子，一边搞生产，组织生产自给。

他先领导建立了军工厂。厂房是农家茅舍，条件虽然简陋，但工人们硬是凭着自己的一双手和顽强的战斗意志，创造出了年产60万发步枪子弹的成绩。

子弹生产出来了，迫击炮弹也生产出来了，还生产出了地雷。枪炮的肚皮解决了，人的肚皮更要解决好。张云逸一个命令下去，部队便轰轰烈烈地开展了开荒种粮、喂猪种菜等活动。在那艰苦的岁月里，张云逸职务高，年龄大，身体有多种疾病，但是他带头抬石、开荒、捡粪，样样农活都抢着干。在司令员的带领下，淮南军区生产的粮菜不仅可以自给自足，还支援了其他根据地。

有一次部队开大会，正在台上演讲的张云逸，无意中发现台下有两名战士从地上捡烟头来吸。这个发现使他心里隐隐作痛。他怨恨自己为什么没有早发现这个问题。香烟虽不是生活必需品，自己也不吸烟，但作为一名司令员，战士们杀敌立功，连吸支烟都不能满足吗？

淮南的烤烟闻名国内外，但农民生产出来的烟叶却被日伪统治区的客商低价收购高价售出。这样一进一出，淮南烟农受害，我们的资金外流，又使这些身在淮南的战士吸不上烟……

张云逸心潮翻滚。他又想到，抗日民主政府曾三令五申，限制外烟运进，但因根据地只有一家私营小烟厂，根本不能满足实际需要。而我们无工厂、无香烟，又怎么限制呢？淮南多么需要一个新

烟厂啊!"

散会后,张云逸找来供给部部长胡弼亮,第一句话是:"我们办个烟厂。"他接着说:"这样,既配合政府开展反对敌人经济封锁的斗争,又能解决干部、战士和人民群众的抽烟问题。"

胡弼亮接受了办烟厂的任务,张云逸司令员当面批给他42元淮南票。这便是办烟厂的全部经费。这42元钱,当时只是一口猪的价钱。

两天过后,胡弼亮向张司令汇报:"厂址选在铜城西街李家长庄,可以马上动工修建。"这正是大家所盼望的事情。消息传开,干部战士们兴奋得叫起来:"好哇,一口肥猪变烟厂,保证打好经济仗!"

烟农们听说新四军开办烟厂,都把上不连枝、下不沾土的上等好烟叶送给他们。这种烟叶,味最纯,色最好,每株烟草只有六七片。烟农们乐呵呵地说:"支援军队办烟厂,一片烟叶一片心。"当地妇救会、儿童团也动员起来,不计报酬来帮助捡烟叶,抽烟筋。

烟厂建起了,很快就投入正式生产。可是,香烟叫什么牌号好呢?大家想来想去,最后,张云逸根据淮南日报社秀才们的提议,定其名为"飞马"牌。秀才们还在飞马牌香烟盒上画了一匹展翅飞腾的骏马。

张云逸高兴地对大家说:"这象征着革命的发展如骏马飞腾。好,太好了。"

金黄色的烟丝很快便被卷起,飞马牌香烟便"飞"出烟厂,"飞"到了前线,"飞"到了集镇。——烟厂收购烟农的烟叶,烟农增加了收入,地方政府增加了税收。

后来,烟厂又发展了四个分厂,分别设在竹镇、古城、盱眙等地。到1945年底成立了天源公司。烟厂越办越大,不仅能自给,而且可以贸易,用它换粮食、换药品、换弹药、换布匹。

飞马牌香烟的制作技术不断改进,质量日益提高。比色、比香、比味、比烟丝、比烟灰,飞马牌香烟压倒了名牌货大英香烟。检验烟丝,大英牌含烟筋在百分之二十以上,其他牌子更多,唯有飞马牌则无烟梗子,一色金灿灿的纯叶。吸上一支,一片芳香。提起飞马牌,烟商们翘起大拇指称赞:"不怕不识货,只怕货比货;飞马牌香烟当当响!"根据地的人民群众,对于飞马牌压倒外地名牌更是高兴不已。

飞马牌声誉突起,使来自敌占区的各种名烟的地位一落千丈,进口数量由减少而绝迹。同时,敌占区的烟商们冒险来了,四邻的烟贩都汇聚铜城镇。彻夜长明的汽灯,照着络绎不绝的人群,成为夜市。他们在烟厂门口连夜排队,有时竟排起几十人、上百人的长队争购。

由于敌占区封锁得紧,解放区的产品难以出关。张云逸想了个"冒名顶替"的办法。从上海精印了大批大英牌香烟空盒到铜城,里面装上飞马牌香烟,一船一船地顺利装运出去。于是,这匹"飞马"真正展开了它金色的翅膀,飞遍淮南,一举突破了敌伪对根据地出口商品的封锁,名扬京、沪等敌占城市。

这时,在上海、南京街头,经常能见到烟商们神秘地告诉顾客:"剥了皮看肉,仔细看看,货真价实的真'飞马'。这是'四爷'(新四军)的产品啊!"

新中国成立后,飞马牌香烟驰名全国。饮水思源,说起"飞马牌",它还是张云逸大将军的"专利"哩。

开国大将的故事

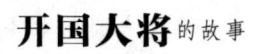

罗瑞卿大将的故事

勇斗洋人

罗瑞卿 1906 年 5 月 31 日诞生于四川省南充市舞凤乡清泉镇。八岁进塾馆读书,十三岁入南充大林寺高等小学。十五岁入南充中学后,开始参加爱国学生运动。

罗瑞卿虽生于地主家庭,却不按他封建长辈的愿望发展。少年时代,他就厌恶人世间的种种不平。同时,有两位人物对他的成长产生过重大影响:一位是南充中学校长——建国初期曾任国家副主席的张澜,张澜在同旧势力斗争中,刚正不阿,廉洁不苟,爱国爱民的品格成为罗瑞卿做人的楷模。另一位是 1925 年秋以筹建嘉陵高中为名来南充宣传国民革命,组建共产党的吴玉章。特别是吴玉章讲的武装斗争对于国民革命的重要性,给了罗瑞卿以很深的启示。

1926 年年底,罗瑞卿同几位立志革命的青年沿长江东下,经重庆到武汉。罗瑞卿对同行的朋友说:"国家这么乱糟糟的,我看光靠写写传单、发发宣言是不顶用的。要搞军事,我要当兵。"他以优

罗瑞卿大将的故事

异的成绩考入武汉中央军事政治学校。

1927年上半年,经任伯芳、陈刚介绍,罗瑞卿加入了中国共产党。5月,蒋介石指使夏斗寅部叛变,进逼武昌。在这紧要关头,共产党人将中央军事政治学校、南湖学兵团等单位组成中央独立师,由叶挺指挥。罗瑞卿被任命为排长。从此,罗瑞卿开始走上了军事指挥的道路。在独立师里,有一则"罗瑞卿勇斗洋人"的故事,一时被传为佳话。

一天,罗瑞卿正带着几个人在武汉江汉关执行警戒任务。突然,发现江面上有一条中国小木船,在一艘洋人的火轮追逐下,几次差点儿翻沉,而火轮上的洋人则以此取乐,发出阵阵狂笑。洋人火轮紧追小木船不舍,最后,终于将小船撞翻了。

罗瑞卿见此情景,怒不可遏,马上让传令兵挥动信号旗,示意火轮靠岸。然而,火轮根本没有把这几个中国军人放在眼里,继续我行我素。"鸣枪警告!"罗瑞卿吼了一声。随着几声枪响,洋人这才止住狂笑,惊讶地转身一齐往岸上看。"过来!"罗瑞卿又是一声大喊。面对这条挥动着手枪的汉子,洋人才意识到真的不妙,小火轮只好向岸边开过来。

靠岸以后,一个大鼻子洋人非常傲慢地从火轮上走下来,他的身后,紧跟着一个奴相十足的中国翻译。还没等洋人开口,中国翻译便抢先冲罗瑞卿等人骂了起来。

罗瑞卿的气不打一处来,看这家伙狐假虎威的架势,问他:"你是中国人吗?要是,你把腰杆挺直点儿,有老子给你撑腰,洋人捏不碎你的卵子。要不是中国人,你给我靠一边去,用不着多嘴多舌。"那翻译被罗瑞卿一顿臭骂，也破口骂道："给你二尺军装就不知天有多大，你咋呼什么，误了麦皮尔先生的大事，我告诉你们长官剥你的皮！"说完，陪着洋主人就想离开。

"不许走！"罗瑞卿喝道。"干什么？"洋奴翻译强打精神质问道："你们想干什么……叫你们长官来！"

"我就是长官！"罗瑞卿说。"你？"洋奴翻译轻蔑地笑笑，"你算什么官……不跟你们瞎嚷嚷！"洋奴翻译又想溜。

罗瑞卿抬起枪口，砰的一声打在洋奴翻译前面的路面上。"走？没那么容易，我的子弹就在那儿等你！"说完，又放了一枪。

这一下，把大鼻子洋人吓坏了，连忙摆手，露出一副可怜相："No，No，先生，慢慢说，收起你的家伙！"

洋奴翻译也吓得脸色惨白，问道："你，你们凭什么开枪？"

"凭什么？看看那只渔船，是被你们撞翻的。告诉你，这是中国的长江，轮不上你们来摆威风。现在我命令你们，脱下衣裳，去把小船拖上岸来！向船上的人赔礼道歉！"

洋大人们面面相觑，面对滔滔江水几条腿杆直打哆嗦。

"脱！"一个战士拉了拉枪栓。

"别……别开枪，我们脱！"洋奴翻译连忙鞠躬又向洋大人叽咕几句，几个人你看看我，我看看你，只好脱下衣服。脱着脱着，洋大人扑通一声跪在地上，洋奴翻译也跟着跪下，说："长官高抬贵手，我们不会游泳，下去要出人命啊！"

见此情景，围观的群众哈哈大笑，罗瑞卿大手一挥，对战士们说："不会游泳可以学，把他们扔下去，让他们练习练习。"几个战士一拥而上，不由分说，推的推，抱的抱，哪管洋人和洋奴才杀猪般地嚎叫，全把他们扔进江中……

不久，一份抗议声明飞到独立师师长叶挺的办公桌上。叶挺把罗瑞卿叫到办公室，问明情况，也是一阵大笑，说："干得好，让他们抗议去吧，我顶住。下次再在中国的江面上为非作歹，还把他们扔到江里。"

死而复生

1929年年初，罗瑞卿被派往闽西根据地，担任上杭蛟洋游击队教官、队长。1930年6月，红军主力整编，罗瑞卿任红十一师政治委员。

1931年4月，蒋介石发动了对中央根据地的第二次围剿。红军在敌人三面包围之中隐蔽待机二十五天。5月13日，敌王金钰和公秉藩师离开富田向东固开进。5月16日，红四军为右路军一梯队，由东固向富田进击。在这四十里长的山路上，敌军抢先一步，占领了九寸岭和观音崖两处险要隘口，严密地把守红军必经之路。

先头部队红十一师政委罗瑞卿和师长曾士峨赶到前沿察看地形和敌情，只见这里悬崖陡峭，怪石嶙峋。是个易守难攻的地方。山头上摆满了轻重机枪和小炮，敌人正在紧张地构筑工事。

"报告！"军部通讯员呼哧带喘地跑来，向罗瑞卿和曾士峨说:"军长命令你师,迅速拿下九寸岭和观音崖,为全军打开道路!"

"晓得了!"曾士峨回答道,并用下巴指了一下前方,征询罗瑞卿的意见:"刻不容缓,只有强攻了。"

"趁敌人立足未稳,强攻!"罗瑞卿用力地点了一下头。

随着嘹亮的冲锋号声,攻击开始了。战士们一手提枪,一手攀着山石、草木,艰难地攀登。麇集山头的敌人疯狂地扫射,密集的子弹向下倾泻着,炮弹、手榴弹四处爆炸,山石崩飞,黑烟翻腾,不少同志被击中跌下山来。

眼看攻势受挫,罗瑞卿心急如焚,对曾士峨说了声:"你指挥,我上!"

没等答话,他便大声喊道:"同志们,跟我来!冲上去!"

战士们又集结起来,跟着他向上冲击,呐喊声震撼着山谷。顿时刀光剑影,杀声震天。

眼看着就要冲到山顶了,罗瑞卿一边举枪射击,一边喊:"打开前进的路,同志们,冲啊!"

突然,他脸上受到重重的一击,一颗子弹打中了他,身子歪了几歪。一直紧紧跟在他身边的警卫连连长杨得志急忙把他扶住:"罗政委,你……"

"冲上去!占领山头!"罗瑞卿捂着伤口,咬着牙喊着。

杨得志痛心地把罗瑞卿放好,看着山上顽抗的敌人,眼都红了,狠命地把一梭子弹打了出去:"为罗政委报仇,冲啊!"

"为罗政委报仇,冲啊!"雷鸣般的呼喊声响起,一队又一队的红军战士从罗瑞卿的身边奔过,争先恐后地向山头冲击。敌人的阵地很快被占领了，全军的通路打开了，但是罗瑞卿却成了血人。

卫生队长叶青山很快赶来，查看伤势。只见子弹打在罗瑞卿的左腮部，贯耳而出，颧骨被打断了，伤了动脉，血一个劲儿地向外涌流。叶青山打开药包，迅速为他进行急救包扎，血被止住了。由于失血过多，罗瑞卿昏迷了。师长曾士峨命令叶青山："立即护送罗政委到后方抢救！"

抬到后方医院的时候，血把担架都染红了。医生们在旁轻声说："恐怕活不了了，通知后勤做棺材吧！"一会儿，隔壁屋子里果然传来拉锯子钉木板的声音。两个做棺材的人还说："棺材要做得长一点儿，那个人可高啦！"这些话罗瑞卿都听见了，他想，这次自己真的活不成了。几天之后，这个顽强的汉子居然又活过来了。

这件事被毛泽东知道后曾说，罗瑞卿是阎王点了名拒不报到的人。不久，毛泽东、朱德派来一位叫杨光池的同志专程看望罗瑞卿，并对杨光池说："正在打仗，我们分不开身你先代表我们去看看罗瑞卿同志，告诉他安心养伤，同志们给他报仇！告诉医院的同志，一定要保住罗瑞卿！多带些战利品，去慰问一下罗瑞卿和住在医院的同志们！"

1931年10月，罗瑞卿伤愈出院，在瑞金参加了全苏区党代会议和第一次全国工农兵代表大会。此间，罗瑞卿见到了毛泽东。当时，毛泽东想留罗瑞卿在总政治部工作，罗瑞卿表示想回部队，毛泽东接受了他的要求。随后，罗瑞卿回红四军担任了政治部宣传部长。

开国大将的故事

巧破日特

1935年11月,中央红军胜利到达陕北。罗瑞卿调任一方面军保卫局长。1936年6月,党中央在陕北瓦窑堡创办了中国抗日红军大学,罗瑞卿被任命为教育长。他一面工作,一面学习。这年下半年,他受中央委派,曾到红军各部队巡视,然后向中央报告情况。

1936年12月,西安事变发生后,罗瑞卿作为中共代表团成员,随周恩来、秦邦宪、叶剑英赴西安,处理西安事变。

中共代表团到达西安后,罗瑞卿日夜为周副主席的安全担心,生怕敌人钻空子。

果然不出所料,敌人加紧了暗杀活动。国民党特务在夜间杀害了外出归来的温启同志。温启是奥地利共产党员、牙科医生。七贤庄这套院落,是他的住宅,也是我党的地下交通站。当年史沫特莱、埃德加·斯诺以及林伯渠、丁玲等人,都是在这里和党接上关系,踏上了去延安的路。西安事变后,中共代表团的同志,大部分住在这里。

敌人杀害温启同志,实际上是在对中共代表发出警告。但是他们想错了,罗瑞卿他们以更顽强的斗争来回击敌人。他们布置了防范措施,同时加紧了对周副主席的保卫工作。

在张学良公馆附近,新开的一家牙科诊所引起了罗瑞卿的注意。

在如此动乱的情况下，怎么会有人突然开起诊所呢，而且又在这样一个并不繁荣的街道，会有几个病人？

他把这个疑点告诉了孙铭久。孙铭久立即派人调查，并监视其行踪。但调查者汇报说，开业的是个老医生，为生活计，早就要开诊所，由于整修门面而耽误了些时间，正巧赶在事变发生后开业。来往的也都是病人，没什么形迹可疑者。

罗瑞卿心里打了个问号。事情就这么简单？国民党特务、日本间谍，难道只知道在张公馆附近转来转去，不懂得设埋伏、安钉子？

他派一个同志去侦察。这位同志碰巧牙疼，进去治牙。老医生确有技术，说得头头是道，只看了一次，把牙病治好了。似乎没有什么疑点。

罗瑞卿决定亲自访一访这位牙科医生。他换了便衣，把随行人员安排在附近，自己单枪匹马闯了进去。

"修牙吗？先生，请坐！"老医生见罗瑞卿进来，客气地打着招呼，请他坐到牙科专用椅上。

罗瑞卿点点头，一边就坐一边打量老医生。只见此人五十岁上下，头发花白，有点秃顶，口音里有较浓厚的东北味道，在外表上确实找不到可疑之处。

"我这牙近几天有点儿疼，没大毛病，请瞧瞧。"罗瑞卿说着坐好。

"好的。"老医生熟练地拿起镊子，让他张开嘴，仔细检查起来。

罗瑞卿借机观察他的脸。他的皮肤白嫩，几道不深的皱纹里溢着微笑，眼睛里闪烁着探寻的光。

"先生，这是火牙。"老医生说，"牙床有些肿，可以上点儿药。"

"嗯。"他应着。

老医生上药很轻，也很准。看得出来，他是个牙科医生，不是冒牌货。

"好了。"老医生对他笑笑，然后去洗手。

罗瑞卿站了起来。

"坐一下。"老医生边揩手边说，"看看效果如何，不行的话，再上点儿药。"

罗瑞卿何尝想走，正好顺水推舟，坐了下来。"听口音，你是东北人吧？"他问。

"是呀，住在沈阳。唉，提起往事，不堪回首啊！"老医生对着镜子整理掉到额前的几根长发。

"日本鬼子可恨！"罗瑞卿突然愤恨地说，"太可恶！"

老医生身子抖了一下，随即镇定下来，转过身来说："是的，占了我的家乡，这个仇一辈子忘不了的！"

罗瑞卿站起来，观赏墙上的字画，这是孙思邈的一段医训："凡大医治病，必当安神定志，无欲无求，先发大慈恻隐之心，誓愿普救含灵之苦。"

"这字写得真好！"罗瑞卿赞赏说。

"嗯，不错不错。"老医生附和着。

"请问，这位姓孙的，是哪朝哪代的医生？"他漫不经心地问。

"秦代大医学家，对中药最有研究。"老医生若有所思地说，眼神有点儿张皇。

"他是浙江人吧？"罗瑞卿又问。

"陕西的，韩城有他的墓地呢！"这次，他答得比较肯定。

罗瑞卿又坐了一会儿，付了钱，表示谢意后，出来了。当晚，他就让孙铭久下逮捕令。

孙铭久对他的自信大为惊奇："你为什么抓他？"

"他是日本人。"罗瑞卿毫不含糊地说。

"日本人？"

"对了。他说，是的，这个仇，一辈子忘不了的。这不是中国人说的话。"

"只凭这一句——"

"还有，在给我检查牙时，他不自觉地轻声自语：'扣类'，这是日本话'这里'的意思。"

"还有吗？"

"有。"

"请讲。"

"他说孙思邈是秦朝人。实际上，应该是唐朝人。"

"罗将军，有你的，要是我，他说秦朝的，我也会信呢！"

"还有。"

"嗯？"

"孙思邈是耀县人，他却说是韩城人。看来他是临时抱佛脚，背都背错了。"

"真有你的！"

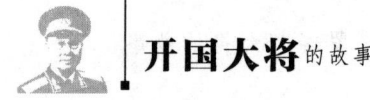

"总之，"罗瑞卿总结似的说，"他是一个日本人，一个日本特务。"

老医生被逮捕了。经过审讯，他供认不讳，是在东北长大的日本人，后来被日本特务机关收买，潜伏到北平。西安事变后，又奉命前来西安，专门设法搜集周恩来和张学良的活动情况。他起初说没有电台，后又说已经毁了。但是经过两次仔细搜查，终于在挂字画的地方发现暗门，找到了电台和秘写工具。

拔掉了这个钉子，罗瑞卿心中稍微安稳了一些。

在西安期间，罗瑞卿协助周恩来等人，为贯彻中央正确的方针和策略，做了大量工作，实现了西安事变的和平解决，迫使蒋介石接受中国共产党联合抗日的主张，打开了国共合作建立抗日民族统一战线的新局面。

志同道合

1940 年 5 月，罗瑞卿被中央任命为八路军野战政治部主任，并担任中共中央北方局委员。这一时期，罗瑞卿是工作和爱情双丰收。在黄土高原的窑洞里，一个叫郝治平的女孩子走进了他的生活。这段爱情故事，是耐人寻味的。

1940 年底，郝治平来到北方局党校学习。党校每天晚饭后有一个多钟点的自由活动时间。在延安读抗大时的萧彬跑来找她，邀请郝治平去见她的爱人。三人刚坐下，罗瑞卿笑吟吟地进来了。因为是过去的老上级，郝治平给他敬礼，握手，随意谈谈，便起身告辞了。

第二天，课间休息时郝治平收到一封信，她瞧瞧信封上陌生的笔迹，漠然地往笔记本中一夹，走进课堂，继续专心听讲。是啊，她猜到信中的内容，像这样的信，她收到的太多了。

战争再残酷也压不住人类崇高的情感。

回到窑洞，郝治平拆开信，一看信开头的称谓"紫萍"，心里纳闷：她原名叫郝治平，后改为赤茜，从没叫紫萍啊！她急忙翻到最后一页，落款是三个字"洛水清"，一阵慌乱攫住了她的心。姑娘的心跳了，这"洛水清"是谁呀，怎么谈情说爱还像搞地下工作似的，干吗化名呢？细细一琢磨，她明白"洛水清"不是别人，肯定是罗瑞卿，"洛水清"是罗瑞卿的谐音嘛。

对罗瑞卿，郝治平并不陌生。在延安抗大时，罗副校长经常给她们讲课。其中赢得满场掌声的名句"抗大抗大，愈抗愈大"，连同会场内滚动的春雷，一齐留在她的记忆中。

郝治平那晚把"洛水清"的信反复读了几遍，突然又为自己方才的慌乱害羞。人家是老红军老首长，见到老部下、年轻干部，约去聊聊天何必神经过敏呢！

第三天晚饭后，郝治平独自向村头走去。村口大柳树下，果然站着个高大的身影，见她出村，迎过来，两人并排沿着乡间小路，缓缓走着。

不知为啥，一向落落大方的郝治平心跳加快了。这是她第一次

开国大将的故事

单独和罗瑞卿在一起,有些拘谨,不知谈话怎么开场。

罗瑞卿翻开一个本子递过来:"还记得这照片吗?"郝治平凑近一看:"怎么不记得,这是您离开抗大时给我们女生队拍的嘛!"她仿佛为了克服内心的拘束和紧张,开始顺题说起照片上同志们的去向和近况,说话又快又流利,罗瑞卿多是点头,专注地听。

两人又转到村口,罗瑞卿站住了:"好了,我不进村了。我是四川人,爱吃辣子讲实话。我腮部负伤后,讲话有点儿费力,心里想的事,还是用笔写顺当些,我给你写信,同意吗?"

郝治平冲口而出:"我写信可写不好。"

罗瑞卿握握郝治平的手,笑着打起趣来:"我们订个君子协定,我有事就给你写信,发挥我的长处;你学习紧,不必回信,只要晚饭后出来,我们见见面,我听你讲,发挥你的口才,这样大家都便利、舒心,你看如何?后天是星期日,我再来等你,好不好?"

郝治平抽回手,不置可否地笑笑,笑得有些勉强,有些不自然。往回走时,郝治平心里乱纷纷的。罗瑞卿没明讲继续交往的目的,可目的只有傻瓜才猜不出。

"洛水清"的信来得很勤。郝治平读这些信,常感到是一种美好的享受。信中除了继续称她紫萍外,没提到过一个亲昵的字眼。他谈对战局的分析;对党史学习的理解;对学员中的疑问的解答。郝治平每次读他的信,都感到有收益,并能从字里行间品味出罗瑞卿对自己的关心和思念。他的文笔流畅,条理清晰,以理服人。

一次月下,罗瑞卿送郝治平往回走,他突然说:"治平,你这个人好骄傲哟!"

郝治平有点儿意外："我怎么骄傲啦？人家都说我挺谦虚的。"

"你忘了，我们第一次在黄河边见面，你都不理我。"

郝治平想起来了。1939年，抗大行军到了黄河边，黄河涨水，他们驻在一个小村子，等候水退渡河。一天罗副校长到驻地看望大家，郝治平大方平静地给副校长敬个礼，问了声好。当大家都围过来向副校长问长问短时，她已闪开位置，悄然离去了。

郝治平不以为然："你是副校长，我只是个技术书记，我能向你说啥！"

"你恐怕是嫌我长得黑，没相中吧！"罗瑞卿开起玩笑来，"你别看不中我，你知道吗？有次我出门回来，桌上放了一束盛开的野花，花瓣上还带着露水呢。"

"噢？！那你去找给你鲜花的姑娘好啊，我不理睬你，你为什么找不理睬你的人呢？！"郝治平顽皮地以攻为守。

罗瑞卿没有立即回答，他凝视着郝治平的眼睛，半晌才轻声说："我就喜欢对我不理不睬的姑娘。"接着，他一手扶着她的肩，缓缓往前走着，一边详详细细地讲述了自己的父母家庭，坦率、真诚地叙述了自己过去婚姻的曲折和痛苦。

郝治平惊呆了，她真没想到，平日乐观爽朗、朝气勃勃的罗瑞卿，个人生活中竟有着这样痛苦的记忆。她突然产生了一种莫名的恐慌，担心自己年轻、无阅历、无能力安抚面前这位成熟领导者久经沧桑、备受痛苦的心。她咬着嘴唇，什么话也说不出。

"你为什么不说话？"罗瑞卿发觉郝治平身上在发抖，他放下自己的胳膊，有些难过地问："是因为我从前结过婚？"

"不！"郝治平抬起头，尽量控制着自己的感情，一字一句地说："我不在意你过去爱过谁，我只想证实你现在是不是真爱我，需要我。我担心我挑不起作为你爱人应该挑起的担子，担心我太幼稚，不能给你增添慰藉和爱护，担心……"郝治平几乎呜咽出声。在不清楚罗瑞卿的过去时，她爱他的坚毅、爽朗和平等；知道了他过去的生活曲折后，她更爱他的诚实和坦率。这时她只恨自己为什么不早点出世，让自己用成熟丰富的感情，安慰面前这位她深深爱着的人。

罗瑞卿眼睛里闪动着一束奇异的光彩，他无法压抑心头幸福的冲动，把郝治平紧紧拥抱在胸前，他声音发颤，近似喃喃细语："好姑娘，谢谢你，我就盼望有个纯洁、真诚而又坚强的姑娘真心地爱我，能与我结为终身伴侣，共享幸福，共度忧患，你的淡漠，你的单纯，你的善良，你的坚韧，都是我期望的纯洁、真诚。嫁给我吧，治平，我爱你，我真心地爱你！"

郝治平幸福地流泪了，她不愿让罗瑞卿笑话她的软弱，只伏在他的胸前微微点点头，小声说："瑞卿，等我党校毕业再结婚，好吗？"

"几号毕业？""4月3日。""行，4月3日结婚，我一天也不愿多等！"

1941年4月3日，罗瑞卿同郝治平在桐峪镇举行了简朴而热闹的婚礼。

1975年春，罗瑞卿写了《忆往事书赠郝治平》。他写道："我与治平在抗日战争最艰苦的1941年结婚……婚后在太行的岁月，确属艰苦难言的岁月，但也是我们感到十分美满幸福的岁月。这是我们的骄傲，亦足见我们相爱之革命基础及情真心挚。""本年4月3日为我们结婚三十四周年，时光易逝，好景却长。我们之间时日愈久相知愈深，感情愈厚。"这些话，表达了罗瑞卿对革命事业的坚强信念和对郝治平的深情。

针锋相对

1946年年初，中共中央决定调罗瑞卿到敌占的北平市，任北平军事调解处执行部中共代表团的参谋长，协助叶剑英同国民党、美国代表进行谈判。

这期间，人们传颂着罗瑞卿许多传奇式的故事：

"噢，参谋长先生。"罗瑞卿一走进谈判大厅，立即被记者们围住了，有的已经拿出照相机拍照，镁光灯一闪一闪。

"各位先生女士，还不到记者招待会的时候。"罗瑞卿客气地对他们说，"有什么问题，一会儿，我们的叶剑英将军会回答你们的。"

"不，罗参谋长，"一个女记者问，"国军方面说，共军正在向北平派部队，八宝山一带常有共军出没。请问，有这种事吗？"

罗瑞卿笑了："根据我的经验，国民党方面什么话都能说出来。"

记者们静静地听着。

"他们也许会对你们说，瞧，叶剑英他们占领了北平。不，先生们、女士们，你们会明白，我们只是住在这儿，不是占领！"

开国大将的故事

他辛辣而幽默的话语,博得一片喝彩:

"罗参谋长出口不凡!"

"啊,您讲得真好!"

自从军事调解处执行部的中共代表团进入北平后,北平市民十分关切。各报社记者更是纷纷采访,简直应接不暇。

罗瑞卿已经不是第一次参加谈判了。但这次与西安事变不同。那次,他主要负责保卫工作,这次却负责全面工作。那次是和国民党,和日本人斗争,这次日本人换成了美国人。照理说,美国只算三方面的一方,而且居于调解地位。然而,事实上他把国民党那一方的事情全包揽过去了。说得坦率一点儿,国民党的代表形同虚设,一切都得听美国的。

这就加重了谈判的艰巨性和复杂性。而且这种舌战的局面,只有思维敏捷、随机应变、语言准确,才可能战胜对方。

事实无可辩驳。破坏停战协议的,总是国民党一方。但是,他们却把种种罪名强加给共产党。罗瑞卿他们必须予以反击。

这天,罗瑞卿向叶剑英汇报工作后,浏览了当天的报纸,又处理了几份急件,躺在床上刚刚入睡,电话又响了。

"哈啊!"这个大鼻子放肆地叫着,一连串的英语又急又快,害得翻译只好跟放连珠炮似的翻译。"你方在深夜2时15分向我开枪,破坏协议!"电话是戴维斯打的。

"告诉他,这是中国,不是美利坚!"他叫翻译马上译过去。

"No,罗,不明白你的意思!"这家伙故作不知。

"这是中国!"罗瑞卿加重语气,回敬道,"怎么是'我方'？你代表谁？"

戴维斯卡了一下壳，但马上说："明天，上午8点，开会！"不等回答，就挂上了电话。

第二天，国民党报纸已经登出消息："中共破坏协议，在大同前线开火！"

叶剑英拿起报纸看了看，怒不可遏："这帮家伙，又耍阴谋！告诉《解放三日刊》，回击，坚决回击！"

罗瑞卿说："我已经揭露了事实真相！"并递过去一张油墨未干的《解放三日刊》。

为了这件事，罗瑞卿几乎一夜未睡。拍电报、打电话，了解事实真相后，马上叫来《解放三日刊》的记者写消息，然后带回去排版。

上午8点，罗瑞卿在记者的簇拥中准时走进会场。戴维斯和国民党代表随后也到了。

"开会。"戴维斯一脸傲慢，瞥了瞥罗瑞卿，"事实很清楚，是你们共产党不守信义。"

罗瑞卿嘴角露出一丝冷笑。

国民党代表是个应声虫："对，对，盟军有证据。"

罗瑞卿马上抓住对方的破绽，用讽刺的口气问："请问，你们两方事先商量好了吗？"

"这是什么话？"国民党代表马上板起脸来反驳："没有的事！"因为有的报纸讥讽国民党代表是美国人的应声虫，所以他最怕回答这类问题。

罗瑞卿一笑，紧逼着问："没有商量，那么你怎么知道他有证据？"

"这个，"国民党代表的脸唰一下红了，"我相信他说了就一定有证据。"

记者席上，传来哧哧的笑声。

他更不自在，偏过身去，躲开罗瑞卿锐利的目光。

"事情就是这样！"戴维斯独霸会场，不许别人说话，"把证人带来。"

证人来了，是个国民党少尉。罗瑞卿瞄了他一眼，罗瑞卿过人的辨认能力和记忆能力，使他一下子认出了来人。他不露声色地等待着戴维斯演下面的戏。

国民党少尉很拘谨，显然对这种场合有些胆怯，他看看"导演"戴维斯，仿佛在等待他的指令。戴维斯点点头。国民党少尉开始像小学生背课文似的"揭露"了一通。

起初，记者们拍照，记笔记，真以为会揭露出什么要害的东西。听了不到一半，不少人便停了笔，只有国民党的《中央日报》等几家报纸的记者在那儿记个没完。

"这就是事实真相！"那少尉一讲完，戴维斯马上说，"记者们，听清楚了吧？"他摆出一副胜利者的姿态，"散会！"

"慢！"罗瑞卿一摆手，站起来，面对那国民党少尉，"请问少尉先生，你是几点钟坐飞机从大同赶来的？"

"我……"少尉顿时一脸慌张。

记者们"唰"一下子又打开了本子。原来，好戏在后头。

国民党代表立即代为回答："坐火车来的！"

罗瑞卿紧盯不放："几点钟的火车？"

"他……"国民党代表开始要赖，"我认为这不是实质问题。实质问题是你们破坏了协议。"

"请诸位女士们、先生们听清楚。据他们说事情是凌晨两点二十五分发生的。从大同到北平，火车要走几个小时？他怎么能赶到这里？还有，"罗瑞卿指指国民党少尉一身崭新的军服，"他如果是从战地来的，为什么衣服如此崭新洁净？皮鞋一点尘土不沾？"

"是呀！""对呀！"

记者们发出赞同声，有的开始给假证人拍照了。国民党少尉像一只被围在中央的老鼠，狼狈不堪，无地自容。

"你的任务完成了，走吧！"戴维斯怕出更大的丑，连忙赶国民党少尉走开。

"别走！"罗瑞卿大声说，"他根本不是从大同来的。他是北平机场的人。我来北平下飞机的时候，他给我敬过礼。对吧？"他问那少尉。

少尉抱着头跑了出去，身后留下一连串的笑声。

敌人在谈判桌上斗不过我们，就在代表团和我们的报社驻地安排了大批特务，监视跟踪代表团成员和报社的记者、编辑，甚至有意制造事端。

一天，我们的一位记者拿着一份稿子，从代表团住的协和医院赶回宣武门外的报社。特务们故意拦住他盘问，把稿子抢去撕了。

第二天，在开会之前，戴维斯一反常态，故意走出来，装出一副亲近的样子："啊，罗将军，你真了不起！"

罗瑞卿望着他那高鼻子笑而不答,看他葫芦里又卖什么药。

"你的组织才能值得称赞,你们——"

"不不,"罗瑞卿马上接口说,"我的才能很差。"

大鼻子马上愣住了。他在提防,不知罗瑞卿的袖子里藏着什么剑。

国民党代表也小心翼翼地防范着。

"我组织了一遍又一遍,还是防备不了国民党方面的突然袭击!"罗瑞卿说,"昨晚——"

"No,No!"戴维斯马上连连摆手,"罗将军,还没开会,我们不谈政治!"

"可政治在触动我们!"罗瑞卿说出事情真相,"昨晚,我们记者的稿子被宣武门的国民党特务抢去了。"

"罗将军,不要说笑话!"戴维斯的黄眼珠有些发红了。

"这是事实!"罗瑞卿寸步不让,他公布了事情经过。

"休会,休会!"戴维斯不等罗瑞卿讲完就气急败坏地宣布休会。

"会还没开始!"罗瑞卿纠正他说,"戴维斯先生,真理是块铁,而谎言只是烟雾!"

"休会、休会,下星期三开会。"戴维斯气汹汹地向外走,国民党代表尾随其后。

记者们满有兴趣地听罗瑞卿继续讲下去。

战斗在敌人的心脏里,开展斗争非常困难。罗瑞卿时时提醒大家注意防范,同时要学会和敌人面对面斗争的本领。"和平"这个神圣的字眼已经被玷污,可敌人却反把一个个战争的罪名强加在我们头上。必须揭露敌人利用"和谈"准备战争，必须在谈判桌上回击敌人的挑衅。

又是一次斗争。

"关于安平镇事件，完全是共军有意挑起事端，我想这是有目共睹的事实——"

罗瑞卿气愤地截住戴维斯的话："没有调查你怎么能肯定责任在我方！"

"不，不，"他摆着毛茸茸的手，"这是我的经验。"

"这是彻头彻尾的谎言！"罗瑞卿质问道，"你的经验是什么？我建议，立即到安平镇现场调查，让事实回击谎言。"

"我反对！"国民党代表说话了，"我同意美方意见。"

罗瑞卿冷冷一笑："贵方代表只会说这一句话！"

"我——"国民党代表脸又红了。

"我抗议！"戴维斯叫起来，"散会，明晨9点开会！"

说完，他又率先冲出会场。国民党代表像尾巴一样紧随其后。

第二天，上午9点。

罗瑞卿第一个进入会场。

"罗将军，您对今天的谈判有什么预测？"天津《大公报》记者问。

"预测？"他含而不露地说，"大约你也能从戴维斯的历次表演中，预测到会谈的结局。"

有几个记者会心地笑了。

"开会开会！"戴维斯"咚咚"地走进来，手一挥就叫起来，

开国大将的故事

"请美军证人丘克中士做证!"

"我抗议!在未商定会谈议程之前,就叫证人,这是错误的!"罗瑞卿针锋相对地说。

"那又怎么样?"戴维斯斜睨了国民党代表一眼。

国民党代表立即心领神会,附和着说:"对,对,请丘克做证。"

"丘克,丘克中士做证!"戴维斯迫不及待地叫着。

"我方也有证人。"罗瑞卿站起来,"如果做证,应该请双方证人都来。"

"我只听丘克的。"戴维斯蛮横地说。

"我反对!"罗瑞卿毫不示弱。

"我赞成!"国民党代表鹦鹉学舌地说。

罗瑞卿瞥了他一眼,不无讽刺地说:"我希望你语言丰富一点儿!"

"休会、休会。今天会议由于共方无理取闹无法进行,散会!"戴维斯"咚咚"地向外走。

"我抗议!"罗瑞卿郑重声明,"破坏会谈的是你们,你们违背了三方会谈准则。"

国民党代表站起来,刚要迈步,看到记者们嘲讽的目光,犹豫了一下,又快步走出去。

谈判一次又一次被他们破坏了。

罗瑞卿协助叶剑英在同国民党、美国代表谈判中,坚决贯彻了党中央关于和平谈判的方针和策略,揭露了美蒋反动派假和谈真备战的阴谋。

罗瑞卿在国共谈判彻底破裂,内战开始之时,撤离了北平。临行，他以一个革命家的气魄和胆略，充满豪情地说："我今天离开了北平。我再回来的时候，一定是北平的解放！"

预言在1949年成了现实。

转战歼敌

1946年6月，蒋介石撕毁了停战协定，派遣30万大军围攻我中原解放区，全面内战由此爆发。罗瑞卿奉中央之命，返回了晋察冀解放区。他一到晋察冀军区指挥部，就迅速了解敌情，指挥作战。同年7月至9月，他参加指挥了大同、集宁战役；10月，他参加指挥了张家口保卫战；1947年年初，又参加指挥了易涞、满城、保南战役和正太战役。几乎是无日不战。在这期间，罗瑞卿还领导部队开展了新式整军运动。

到了1947年6月，蒋介石的全面进攻已经被粉碎，不得不改为重点进攻。全国各地的解放军部队不断地打歼灭战，整师、整军的敌人接二连三被消灭。在这种形势下，罗瑞卿认为，前一阶段的作战虽然消灭了不少敌人，但还没有打出大量歼敌的歼灭战。要想完全掌握主动，就得痛痛快快地打掉敌人几个师、几个军。

于是，罗瑞卿率部东进，来到津浦路以东的渤海区寻求战机。

从6月中旬到10月中旬，晋察冀野战军先后进行了青县、唐官屯战役，保北战役和大清河北战役，虽然歼敌近两万人，但仍未能

实现打大的歼灭战的意图。对此，罗瑞卿很不满意。

时间已是金秋，全国各大战场不断传来大量歼敌的捷报。罗瑞卿一向是不甘落后的，面对兄弟部队的辉煌战绩，他更感到肩上的担子沉重。此时的他，满脑子都是捕捉战机的念头。

机会终于来了。

由于我东北野战军发动的秋季攻势，使东北战场敌军面临着极大的压力。蒋介石不得已，从晋察冀战场上抽调了五个师出关增援。罗瑞卿根据敌人兵力相对空虚这一情况，与杨得志、杨成武等人果断地决定，集中第二、第三、第四纵队和炮兵旅等部队，再次杀向保定以北地区，先消灭徐水之敌九十四军。

10月11日，进攻徐水的战斗打响了。我军各部迅速扫清了徐水外围的敌人据点，随后向徐水守敌发动猛攻。守敌第九十四军共辖五个师，在我军的进攻面前，他们迅速收缩防线，五个师猬集一团，拼死顽抗。我军猛攻六个昼夜，未能攻下徐水。鉴于这种情况，罗瑞卿等指挥员决定改变战术，分兵西进，以引诱敌人从坚固的城防工事中出来，相继在运动中歼灭敌人。

正在此时，蒋介石飞到北平。他一下飞机，便指手画脚地训斥部下作战不利。蒋介石判断：我晋察冀野战军围攻徐水六天未能攻克之后，已经大伤元气，主力西窜以便休整，现在进攻徐水只是掩护主力的撤退。于是，他命令驻石家庄的第三军军长罗历戎率部赶奔保定以北，与徐水的九十四军南北夹击，一举歼灭我晋察冀野战军主力。

罗历戎不敢怠慢，果然率全军倾巢出动，浩浩荡荡杀奔保北而来。

战争即是斗智斗勇。应该说蒋介石并不笨，他的这一招也可谓杀机凶险。但是，蒋介石对形势的判断完全错了，他不知不觉地让我军牵着鼻子走。未曾交锋，已先失一着。

罗瑞卿、杨得志、杨成武和耿飚等野战军首长得知罗历戎出动，真是喜出望外。他们已经看到，半年多来苦心捕捉的战机就在眼前。于是，指挥部立即作出相应部署：一方面命第二纵队一部、第三纵队和冀中军区独立第七旅伪装成主力，继续攻打徐水，并准备抗击从北面而来的敌人援军；另以冀中军区独立第八旅和当地民兵，纠缠住敌第三军，既要钳制和迟滞它的前进速度，又要准备阻止其后撤；野战军主力六个旅，星夜秘密南下，围歼敌罗历戎部第三军。

我南下部队连夜向清风店急进。部队一边急行军一边作战前紧急动员。战士们士气高昂，脚下生风，一夜行军100多里。太阳升起来时，部队进入了老解放区。村边道旁，支前的群众向战士们手里、衣兜里塞着煮熟的鸡蛋、烙饼、白薯、包子以及花生、大枣、核桃等食品。部队在人民群众的支持下，一路马不停蹄、人不歇脚、向目的地奔去。解放区党组织和各级政府组织起支前大军，大车队、担架队、扁担队，人欢马叫，伴随着英勇的野战军行军队伍向敌军席卷而去。只见广阔无垠的大平原上，一片龙腾虎跃的景象。

10月19日，歼敌部队到达清风店附近，并立即向进至清风店北边的敌第三军展开包围。

这个时候，敌第三军军长罗历戎率两个师和军部共14000余人，正驻扎在几个小村子里。一路上，不断遭到我独八旅和民兵的袭击，一日数惊。敌军进入我解放区后，村子里空无一人，找不到一粒粮，甚至井都被堵死，连一口水都喝不上。在我军一昼夜急行军200多里时，敌第三军每日只能爬行二三十里。当 10 日下午先头部队报告说发现共军主力时，罗历戎自恃装备精良，部队训练有素，而且与南北驻军相距不远，自信地将部队收缩到以西南合村为中心的几个村子里。摆开梅花形防御阵式，并发电报向石家庄和北平守敌求援。

20 日天刚亮，我军对被围之敌发起了猛攻。敌人拼死反抗，在飞机的支援下用所有的轻重武器筑起了一道道火墙，并不时发起反冲击。

第三军被围后，敌保定绥靖公署主任孙连仲急忙组织了五个师，由此向南企图援救第三军。孙连仲还亲自坐飞机到部队上空督战。敌军的攻势开始时很猛，接连冲过徐水和保定一线我军的阻击。但过了保定之后，南援之敌被我担任打援的四个旅死死地钉住，再也无法前进一步了。

此时，经过一白天的激战，我军已把敌第三军压缩到不到 400 户人家的西南合村里，上万敌军拥在一起，我军的每一炮都给敌人造成伤亡。入夜之后，我军向敌人发起了总攻。残敌在我猛烈炮火的打击下，七零八落，再也无法组织抵抗。敌军长罗历戎只得命令部下分路突围，自己却换了一身士兵服装，带上一些随从想蒙混逃脱。但没走多远，便被我军俘虏了。

清风店一战，我军经一天一夜，将敌两个师一个军部全部歼灭，实现了罗瑞卿打大的歼灭战的愿望。望着大平原，罗瑞卿心里充满着喜悦。这是晋察冀野战军的第一个翻身仗。

清风店战役之后，石家庄守敌的力量大为削弱，罗瑞卿感到，攻打石家庄这个大城市的时机已经成熟。

石家庄位于石德、平汉、正太三条铁路的交会处的全面防务处，战略地位极为重要。城中敌第三十二师师长刘英负责。守敌兵力两万左右,其中只有三十二师是正规部队,战斗力较强,其余都是周围各地退到石家庄的地主土匪武装。守敌利用日伪时期留下的城防工事,又不断加固和扩建,形成了三道防御阵地,构筑了大小碉堡6000余个。敌师长刘英称石家庄固若金汤,共军没有飞机坦克,就别想拿下石家庄。

罗瑞卿分析敌情后认为,石家庄周围都是解放区,实际上已成孤岛。守敌士气不高,兵力空虚。而我军经过清风店之战,士气正高,无论在兵力上还是在攻坚能力上都有把握打下石家庄。晋察冀军区司令员兼政委聂荣臻向中央发报,请求批准攻打石家庄,中央批准了这一请求。由于攻打石家庄是解放战争开始以来我军将要攻

★云盘山风光

打的第一座大城市，中央对这一战役高度重视，朱德总司令亲临晋察冀野战军司令部，与聂荣臻、罗瑞卿、杨得志等野司首长一起研究制订攻城方案。

经过充分准备，11月6日，攻城战打响了。我军指战员不怕牺牲，前仆后继，于次日已攻占机场和城外的云盘山制高点。并在云盘山上架起了大炮，居高临下猛轰城中守敌。经过几天的激烈拼杀，扫清了敌人的外围工事，于12日凌晨开始向敌城内的核心工事发起进攻。正在我军准备一鼓作气，拿下敌核心工事时，罗瑞卿接到报告，敌师长刘英被我军俘虏了。

原来，我四纵的侦察兵越过敌人防线，神不知鬼不觉地摸到了敌人的师指挥所，把刘英和正在指挥所的一群敌军官给捉了回来。刘英被带到四纵第十旅政委傅崇碧面前。傅崇碧命刘英下令，让守敌停止抵抗，放下武器。守敌见主将被俘，抵抗也无意义，纷纷停火投降。就这样，仅用了六天时间，我军就攻克了石家庄，歼敌两万四千余，缴获了大量武器装备。特别是石家庄解放后，晋察冀和晋冀鲁豫两大解放区完全连成一片。

罗瑞卿后来说：清风店和石家庄"这两个战役才算是晋察冀军民打了翻身仗"。

罗瑞卿大将的故事

坚持真理

罗瑞卿六十九岁时，写过一首述怀诗："从小叛逃封建家，磨难虽多心无瑕。蒋匪屠杀犯众怒，烈士鲜血浇红花。革命一生未虚度，戎马廿年耻矜夸。吾今即令身残老，志在千里岂嗟呀！"这首诗，是他一生的真实写照。

60年代中期，中央军委秘书长、解放军总参谋长罗瑞卿对林彪分裂军队、破坏军队建设和毛泽东思想的科学性的行径，以及江青企图插手军队的阴谋，进行了坚决抵制。罗瑞卿针对林彪鼓吹的"政治可以冲击一切""顶峰""最高最活"的言论，十分尖锐地指出："红与专是辩证的关系，政治工作要保证完成训练和各项工作，否则，天天讲突出政治，业务工作总是搞不好，那就是毛主席所说的空头政治家。""最高，难道还有次高吗？难道不能再高了吗？最活，难道还有次活吗？最高最活，不好理解（顶峰），不符合毛泽东思想，难道马列主义、毛泽东思想就不再发展了吗？"罗瑞卿在审查一篇稿子时，删掉了上面写的"顶峰""最高最活"的字句，并指示："这样的提法，毛主席知道了也不会同意。"1965年，林彪一伙要发一个关于"突出政治"的文件，并在这个文件的前言中写上当时在军队没有任何领导职务的叶群的名字，与其他几个高级干部的名字并列，同时，还要把这个文件印发所有连队张

贴。罗瑞卿不同意这样做，坚持把这段文字删掉。1965年11月，江青多次打电话进行纠缠，要罗瑞卿召集一个文艺座谈会，罗瑞卿一直置之不理（后来，是林彪与江青勾结，开了一个林彪"委托"江青召开的部队文艺座谈会，炮制了反革命的会议"纪要"）。1965年，在一个重要的军事会议上，因林彪长期养病，久不露面，决定由罗瑞卿作总结发言。林彪得知后，竟大发脾气，指责罗瑞卿"搞背后活动"，并要罗瑞卿"在什么范围内活动的就在什么范围消除影响"，然后，林彪又让叶群出面对罗瑞卿进行拉拢。对此，罗瑞卿十分反感。

正是因为罗瑞卿坚持真理，坚持党性原则，具有光明磊落、刚直不阿的高尚品德和革命情操，所以被林彪、江青一伙视为篡党窃国的障碍，而遭到诬陷和迫害。在1965年12月上海会议上，林彪以阴谋手段搞突然袭击，罗织种种吓人的罪名，把罗瑞卿整下了政治舞台。正如罗瑞卿后来讲的："就是因为我不听林彪那一套，我这个位置成了他篡党夺权的绊脚石。他拉了我几次没拉过去，就下了狠心，要整掉我。"

1975年，邓小平主持中央日常工作。罗瑞卿恢复了工作，担任中央军委顾问。罗瑞卿在福建休养期间，一边以惊人的毅力同"文革"期间遭受迫害而造成的病残作斗争，一边顽强地坚持学习马列著作和毛泽东著作。同时，还拖着残腿，到处做调查研究，主动帮助基层解决问题。这期间，正是"四人帮"横行的严重时刻，罗瑞卿时刻关注着局势的发展，日夜为党和国家的前途命运担忧。1975年，他看到"四人帮"控制的报纸登出评《水浒》的文章，便一针见血地指出："这里面有鬼！""评《水浒》的文章我看是反对周总理和小平同志的。"他对福州部队的主要领导同志说："《学习与批判》（当时'四人帮'在上海的党羽搞的一个杂志）要好好看看，里边尽是毒草。"他看了"四人帮"诬蔑科学院的《汇报提纲》的文章，无比气愤地说："科学技术怎么不是生产力！难道火药的发明，蒸汽机的发明，原子的发现，没有引起生产力的巨大变革？！"当邓小平再次受到"四人帮"的诬陷打击时，他心情十分沉重，叹息："这真是一大悲剧啊！"1975年，他在《答友人》的一首诗中写道："感君知我心，何畏遮天云。太阳终归出，一样照人们。"抒发了一个老共产党员对正义必定战胜邪恶，党和人民一定要战胜祸国殃民的"四人帮"的坚定信念。一次，福州军区司令员皮定均将军来看他，两人谈起林彪自我爆炸后，"四人帮"继续为非作歹、倒行逆施的情形都异常气愤。皮定均说，你就在这里住下去吧，将来他们这些人要翻天，我们就和他们干！你腿不方便，多给我们出主意。罗瑞卿点头答道："是啊，毛主席说过，中央出了修正主义，就要起来和他们斗。"正是因为罗瑞卿与"四人帮"及其在福建的追随者水火不相容，所以，在1976年，"四人帮"的党羽攻击罗瑞卿是"还乡团""走资派"，并把大字报贴到了北京。

1976年，周恩来、朱德、毛泽东相继逝世，罗瑞卿悲痛万分。加上对"四人帮"的愤恨，使他的健康受到很大影响，不得不服用本来已经停止服用的硝酸甘油片。毛泽东逝世后，他经过力争，回到北京参加了毛泽东的追悼大会。罗瑞卿拄着手杖，用一条腿支撑着身体站了一个多小时。

开国大将 的故事

1976年10月,党中央粉碎了"四人帮",罗瑞卿欣喜万分,焕发了极大的革命热情,他决心为党的事业、为军队建设竭尽自己的全力。"做一个配称跟了毛主席几十年的老干部。"

粉碎"四人帮"反革命集团,结束了十年内乱的中国,党和人民面临着两种抉择:一是全面拨乱反正,彻底否定"文化大革命",纠正以前的"左"倾错误;二是继续坚持"文化大革命"及其以前的"左"倾错误,过去的一切不许动,以前的一切都照搬。5月11日,《光明日报》发表特约评论员文章:《实践是检验真理的唯一标准》,广大群众赞成这篇文章的观点,但也有不同意见。还有的人认为这篇文章在理论上是荒谬的,思想上是反动的,政治上是砍旗的。但罗瑞卿对这个问题却有着清醒的认识,他旗帜鲜明地反对"两个凡是"。在他的过问下,《解放军报》很快转载了《光明日报》评论员的文章。

1978年5月20日,总政的一位副主任和解放军报社的一位领导一起到罗瑞卿的住处,汇报并请示正在召开的全军政治工作会议的宣传工作。出医院不久的罗瑞卿,坐着轮椅从卧室出来,一见面就说,《实践是检验真理的唯一标准》是一篇坚持马列主义、毛泽东思想的好文章,它提出了一个牵一发而动全身的大问题。听说现在还有一些同志对这个问题还有疑虑,我要去做他们的工作。罗瑞卿明确指出,全军政治工作会议就是要宣传实事求是的思想路线,宣传一切从实际出发,宣传实践是检验真理的唯一标准。不从根本上解决这个问题,我们不从现代迷信中走出来,就一步也前进不了。

6月2日,邓小平在全军政治工作会议上作了重要讲话,着重阐述了实事求是、一切从实际出发、理论与实际相结合，是毛泽东思想的根本观点，是马克思主义的一个最基本的原则，是活的灵魂。他尖锐地批判了那种主张"照抄照转照搬"、认为"谁要是坚持实事求是，从实际出发，理论和实际相结合，谁就是犯了弥天大罪"的错误思想。当晚，罗瑞卿亲自打电话，要《解放军报》根据邓小平的讲话精神，很快写一篇有分量的评论文章。

全军政治工作会议结束后，解放军报准备发一篇特约评论员文章，文章清样送罗瑞卿审阅修改。他连夜打电话来说："现在不是有人搞'两个凡是吗？这种做法，表面上好像在维护毛泽东思想，实际上是违背和损害毛泽东思想。马恩列斯从没有讲过'凡是'，毛主席也没有讲过'凡是'；如果用'两个凡是'的态度对待列宁的话，就不会有农村包围城市的道路和以后的中国革命的胜利；如果用'两个凡是'的态度对待毛主席的话，中国的社会主义事业就不可能在新条件下继续发展。"此后，他又两次打电话，对文章的修改一再提出意见。还要求把毛泽东批评"本本主义"的思想和邓小平在全军政工会议上的讲话的主要精神反映到文章里去，使真理标准的讨论进一步深化。

几经修改，文章基本定稿，又送给罗瑞卿审阅，他认为，文章的基本观点，他已打电话同胡耀邦商量过，胡耀邦也都同意。他要报社再修改推敲一遍，务必做到无懈可击。后来，胡耀邦在一次讲话中，提到罗瑞卿为这篇文章同他通了六次电话。

文章尚未发表，罗瑞卿就去联邦德国做腿的手术。临上飞机前，他还惦记着军报那篇评论员文章，对军报的领导说："那篇文章，

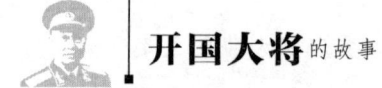

你们放胆发表，可能有人反对，我负责，打板子打我。"他这一番话，可以说是他高尚品格的最好概括，体现了他对社会主义的忠诚和无所畏惧的气魄。

英名永存

中国人民解放军领导者之一、中共中央军委秘书长罗瑞卿大将，1978年7月赴联邦德国治疗腿疾，1978年8月3日凌晨2时40分因突发心肌梗死，不幸逝世于距波恩200多公里的海德堡医院。

悲痛笼罩了中国大地。他是个历经大难而不死的人。

"四一二"大屠杀，没有死在蒋介石手里；第二次反围剿东固之役，子弹打穿脸腮，伤及颅骨，棺材都打好了，他拒不向阎王爷报到；长征时，他负伤的嘴只能张开三分之一，雪山草地照样过来了；日寇对太行的灭绝人性的大扫荡，多少次他都化险为夷；林彪那样整他，锯了腿，仍刚强地站立起来……可是，这一回，他是真的走了。

北京的8月，多半是艳阳普照的碧云蓝天，谁料到，昨夜还是满天星斗，破晓竟由晴转阴。机场上空笼罩着浓云厚雾，灰蒙蒙一片，犹如泼墨画，间或有几滴泪珠般的雨点，更增添悲凉的气氛。

人群默默无语，翘首望空。中央派的一架载着罗瑞卿大将遗体的飞机，穿云破雾降落在跑道上。舱门开了，迎候的同志登机瞻仰遗容，只见罗瑞卿魁梧身躯躺在洁白的棺床上，数朵红色的玫瑰花点缀在他的身旁。他面容安详，像是在忙碌工作之后，小睡片刻。少顷，覆盖着党旗的银色灵柩，缓缓地从机上抬下，邓小平等党中央、国务院、中央军委领导人，生前友好向他致敬。人们久久不愿离去，目送着灵车徐徐驶向人民解放军总医院。

罗瑞卿是1978年7月18日，乘飞机抵达联邦德国首都波恩的。他到波恩后曾给国内子女来信说："这里气候温和，风景优美。医院的教授专家们，世界观虽与我们不全一样，但就医疗条件来说，他们是全力以赴的。虽然要冒点儿危险，大致能如愿以偿，不会出什么意外，你们可以放心。"

8月2日，罗瑞卿进了海德堡医院手术室。中午，手术室传出消息，一切顺利，手术是成功的。傍晚，罗瑞卿从麻醉中清醒后，还对为他手术的外国医师用英语说了："晚上好，谢谢你！"医师替他把手术后的左腿搬动了几下说："明天你可以下床了。"两人相视都高兴地笑了，直到晚上12点多，他的情况仍然平稳。万万没想到，就在第二天凌晨，凶恶的心肌梗死闪电般地夺去了他的生命。

他走了！然而，罗瑞卿那传奇般的经历，他对党对人民的无限忠诚和高尚的情操，将激励后人为完成将军未竟之志去奋斗！

开国大将的故事

王树声大将的故事

"洋秀才"

处于大别山区的湖北省麻城县，有个地方叫丁家岗。这里风景秀丽，物产丰饶，算得上是附近百里的富庶之地。正因为如此，二三十年代，土豪劣绅，军阀土匪，都把手伸向这里，苛捐杂税、巧取豪夺，搞得这里的人们越来越穷。

1923年农历正月初三这天，人们正按传统习俗过年。虽然穷苦人置办不起什么年货，但比起往日来，还是多了一些欢乐气氛。特别是天真活泼、跑来跑去、又喊又笑的孩子们和不时响起的鞭炮声，更给一个个山村平添了不少生气。

傍午时分，一阵噼噼啪啪的鞭炮声在项家冲响了起来，在一座还算齐整的房前，一个年约十五六岁的男孩，正高举着一幅报喜的红帖，和着鞭炮声大喊：

"恭喜王家，国伢哥高中了！"

村里人也围在房前，为这国伢喝彩。一时间好不热闹。

国伢是谁？

他，就是日后令大别山中反动派闻风丧胆，统率千军万马，打得蒋介石军队和日伪军心惊肉跳的共和国一代元戎，王树声大将。

这年，王树声十八岁。

那么，村里人在为他庆祝什么呢？他"高中了"什么呢？

说起来现在的人也许觉得不算什么。原来，村里人庆祝的是王树声考上了县里的高等小学堂。

在这地处大别山深处的麻城县，文化教育历来落后，许多村子当时找不出一个识字的人，全县仅在县城里有一所官办的高等小学。无怪乎在村里人的眼中，这所高等小学就是培养"洋秀才"的最高学府了。王树声考上这所全县唯一的高等小学，在村里人眼中自然是高中了洋秀才。更让人们觉得有理由庆祝的是，十里八乡，贫寒人家的子弟考上高等小学，只有这一个。

此刻，王树声心中，也充满了快慰之情。许多往事一件件在他脑海里翻腾。在他刚记事时，家里经几代人的辛苦劳作，积累下一份在当地算得上殷实的家产，有房屋，也有一些水田、旱地，全家吃穿不愁，他也得以上学读书。不幸的是，在他十岁前后，父母相继去世，他兄弟姐妹五人，全靠年迈的奶奶抚养。家中一下子没有了主要经济来源，坐吃山空，没有几年，他的家境已沦为穷家小户了。

穷人的日子不好过，由富变穷，日子就更难过。王树声记得：一些家境好的亲戚在前些年还时常走动，不时来看看，而这几年则断了往来，仿佛根本就没有这一家似的。王树声在初小上学时，虽因品学兼优很受老师的器重，但学校中有几个富家子总和他闹别扭，还公开散布说："别看老师喜欢他国伢子，谅他这穷小子也考不上洋秀才。"

每听到一次这样的话，王树声就暗下一次决心：我非考给你们看看！

由于家境渐贫，供他上学不易，王树声特别珍惜学习时间，在学校成了勤学苦读的模范。放学回到家中，他不忍心看着年迈的奶奶和弟妹们操劳，总是尽力多帮着干点活，并反复地告诫自己：一定不辜负家人和老师的期望，要学出个样子来。

功夫不负有心人。今天，他终于考上了县高等小学，为亲人们争了气。王树声此时怎么能不高兴呢。他感到一幅光明的画卷已经在眼前展开，他的生活将要发生重大变化了。

的确，当他在初春告别了家人，来到离家百里之外的县城上学时，深感外面的世界丰富多彩。虽说麻城算不上繁华都市，但这里水陆交通方便，商业比较发达，又因距武汉不远，所以消息灵通。在这样的环境中生活和学习，王树声总是很兴奋，感到每天都有新发现。比起家乡那个山窝窝，真是两个世界两重天啊。

学校里的课程令王树声着迷。这里有国文、历史、地理、自然、英语、美术、音乐、体育等现代课程，王树声国文和算术的功底扎实，但其他课程对他来说几乎全是陌生的。所以，每一门新课在他眼里都是一个新天地。他以极大的兴趣学习着，很快，他就在同学中脱颖而出，因品学兼优博得老师和同学们的好评。

学校中有位国文教师叫王幼安，是王树声的亲叔伯哥哥。王老师早年也就读于这所学校，毕业后升入在武汉的湖北省立师范。在那里受到了董必武等进步老师的栽培，并立志以董必武为榜样，投身教育事业，以唤醒青年投身救国事业。他毕业后回到麻城高等小学堂，利用课堂，向学生们讲述国际国内形势，抨击时弊，这一切使王树声受到强烈震撼，也惊醒了他学好功课，就可以成就一番事业的单纯梦想。循着王老师讲述的道理，结合自己对社会的了解，王树声感到这个社会的确太不公平，太腐败了，需要对它进行一番认真的改造。

王幼安在当时还秘密组织了一个马克思主义研究小组，并在家里收藏了不少进步书刊。王树声和他的几位同窗好友经常去王老师那里看书、议论时政、交流读书心得、探讨祖国命运前途。经过两年的学习，王树声不仅学到了很多知识，而且思想上也产生了飞跃。他的眼界已经不再局限于乘马岗、不再局限于麻城，甚至湖北也已经关不住他了，他向往着更为广阔的天地，要做一番救国救民的事业。

大义灭亲

王树声以优异的成绩，从县高等小学堂毕业了。本来，以他的才干和学习成绩，继续深造是不成问题的。正在王树声为今后的前途进行筹划时，年迈的奶奶身体垮了。他不得不面对现实，回乡担

负起照顾奶奶的生活担子。

　　王树声先在本族当塾师（就是家族子弟的老师），后来又受聘当了本区初等小学校的校长。尽管这在当时已是个很不错的职位了，但王树声内心却很苦闷，他不甘心就此耗尽青春。可是，今后又当如何呢？

　　就在王树声对未来感到迷茫之时，他的两位同窗好友、正在省城上中学的桂步蟾、徐其虚来到他家，带来了国民革命军发动北伐战争的消息。王树声不禁一阵惊喜，脱口而出地喊道：

　　"真的？那我们投笔从戎去吧！"

　　他边说，边激动得直转圈，那样子，就如同马上要走。

　　两位挚友被他的举动逗笑了。桂步蟾上前按住王树声说："别急嘛，你先看看这个。"说着，从挎包里取出一些小册子和传单交给他。

　　徐其虚笑眯眯地对王树声说："你一看就会明白，当今天下是风雷激荡，英雄大有用武之地啊！"

　　接着，两位朋友向王树声介绍了全国的情况，特别讲到中国共产党和国民党的合作，孙中山的三民主义和三大政策。王树声听得津津有味，急切地问：

　　"这国民党和共产党在什么地方，怎么才能参加？"

　　两位朋友见状不由得相对一笑。王树声一下明白了："哈！你们准有来头！"

　　原来，桂、徐二人，是奉董必武老师之命，在回家乡联络同志的途中，专程来找王树声的。于是，王树声经桂、徐二人介绍，加入了中国国民党。经过一段时间的考验，中国共产党的秘密组织吸收王树声加入了共产党。这是 1926 年春季。

　　王树声加入中国共产党之后，思想和行动都自觉地站在劳苦大众一边。到了 1926 年秋天，北伐军胜利地攻克了武汉。麻城原先秘密活动的党组织也转为公开。王树声与同志们一起，打着国民党的旗号，在各乡发动农民成立农会，农民运动很快兴起。王树声此时担任了国民党乘马区分部书记和区农民协会组织部长，同时担任中共乘马区支部第二乡党小组长。

　　王树声在领导农民运动初期，发现广大贫苦农民表现并不积极，经了解得知，原来农民们看到领导他们斗地主、分田地的大多是些"洋秀才"、外乡人或家里有田产的人。农民们私下嘀咕："他们这些富贵人家子弟，真能跟地主老财们斗吗？"明白了内情，王树声便向农会会员们宣布：

　　"我们既然参加了共产党，发誓消灭压迫和剥削，就决不再跟土豪劣绅站在一起！从今以后，我王家的地不再收租收息。"王树声说到做到，他当众向租种王氏家族田地的佃户们退押，焚烧了地契借约。在王树声的带动下，其他农会领导人也起来效仿。穷苦农民们看到这些，深受感动，纷纷奔走相告：跟王树声他们一块干吧，人家是真革命！随之麻城县的农民运动迅速开展起来。

　　当农民们刚刚尝到翻身的滋味，准备跟着王树声大干一场的时候，传来了一个令人不安的消息。乘马区罗家河农会被当地恶霸丁枕鱼派人给砸了。砸农会的强徒还打伤了多名农会会员，并扬言：今后哪个胆敢造地主的反，就要用大刀劈碎他的头。

　　听到这个消息，乘马区农会委员立即召开会议，研究对策。委员们对丁枕鱼的罪恶行径个个义愤填膺，可在讨论处置方案时，人们却不吭声了。

这是为什么呢？

原来，这丁枕鱼是王树声的亲舅爷，也就是王树声奶奶的亲弟弟。谁不知王树声兄弟姐妹五人都是奶奶一手抚养大的，王树声一向对奶奶孝敬备至。现在，王树声能像对待别的土豪劣绅那样与丁枕鱼坚决斗争吗？正在农会的委员们左右为难之时，得到消息的王树声满头大汗地从外乡赶了回来。他一进屋劈头就问：

"怎么还不去抓丁枕鱼？个个都像泥巴人似的待在这里。"

大伙你看看我，我瞅瞅你，还是不吱声。

王树声火了："你们怕斗不过丁枕鱼？"

他的童年好友廖荣坤吞吞吐吐地说："国伢哥，这丁四老爷不是别的地主，跟你奶奶是亲兄弟……"

"就为这！"王树声哈哈大笑起来，"要革命就不能讲情面。农会是我们的命根子，谁反对农会，我们就跟谁斗！亲娘老子也一样。"说罢，他一挥手："走，找丁枕鱼算账去。"

此刻丁枕鱼正躺在红木雕花床上抽大烟。这一次，他派人公然砸了罗家河农会，一方面是自认为他的势力大，谅那些穷小子们也奈何他不得；另一方面他觉得自己的外孙王树声掌管着区农会，是个大"官"，一定会给他撑腰。想着想着，他越发得意起来，禁不住地自言自语："这些穷小子真是发了疯，想在我家门口成立什么农会……"

他正念念叨叨，神态得意之时，一个家丁连滚带爬地跑进来喊道："老爷，不得了，农会打来了。"

丁枕鱼一下子蒙了，还没容他反应过来，一大群贫苦农民已经冲到了他的面前。愤怒的人们把丁枕鱼拖倒在地，围着他展开了斗争和控诉。

此刻，丁枕鱼再也没有了往日的威风，不断转着圈给人磕头。猛然间他看见了王树声，如同见到了"救星"一般，连忙不住声地喊：

"国呀，快救救你舅爷！"

王树声严厉地说："你往日对穷人不仁，我就对你不义！你这是自作自受！"随后，王树声把手一挥："捆走！"

几个农会会员上来把丁枕鱼捆了起来，在人们的唾骂声中，丁枕鱼仿佛明白了：自己的末日要到了。

在随后的几天中，农会会员们押着这个一度被人称为"北乡虎"的恶霸，四乡游斗。走到哪里，哪里一片喊打，一片欢呼。土豪劣绅再也不敢为非作歹，劳苦大众真的扬眉吐气了。人们纷纷传颂着王树声大义灭亲的壮举，对这个青年人更加敬佩了。

剑锋初砥

1927年4月12日，国民党蒋介石集团公开背叛了孙中山先生制定的"联俄、联共、扶助农工"的三大政策，以"清党"为名，在其控制区内大肆捕杀共产党员和工农革命分子。各地被革命运动吓跑了的地主豪绅，此时纷纷纠集地痞土匪，向革命力量反扑。一时间，血

开国大将的故事

雨腥风,白色恐怖笼罩在曾一度轰轰烈烈地开展革命运动的地区。

湖北省麻城的农民运动,也面临着严峻的形势。一批逃亡在外的土豪劣绅,勾结河南光山一带的反动武装红枪会反扑回来,他们一路烧杀,并以上万之众包围麻城县县城,宣称要"血洗"麻城。

面对敌人的进攻,当时担任中共麻城县委委员和县农会组织部长的王树声,同县委其他同志一道,迅速组织各乡退到县城中来的农会会员和城里的工人、店员等,用各种武器武装起来,决心与敌人拼死一战。

敌人围城后的第二天,就拉开架子攻城。上万名红枪会匪徒个个袒胸露臂,头缠红、黑、黄、白布,手持长矛大刀,口念咒语,杀气腾腾地攻了上来。

守城的农会会员们虽然个个革命意志坚定,但毕竟没有经历过

★河南光山县风光

大的战斗。看到一队队红枪匪徒在其师父的率领下涌上来，紧张得连气也出不匀。在王树声身边的一个小伙子，平时是个出了名的大胆，此时也忍不住凑到王树声耳边悄声问：

"国伢哥，听说红枪会喝符念咒，刀枪不入呢。"

王树声冷冷一笑："吹牛！我不信这些王八蛋是钢打铁铸的。"

说完，他端起一支步枪，瞄准目标，只听"啊"的一声，走在最前面的一个红枪会师父一头栽倒在地。

这一下，守城的战士欢呼起来："连他们的师父也挡不住枪子，徒子徒孙算什么！打呀！"

于是，各种武器一齐向靠近城墙根的匪徒开了火。顷刻间，石头、瓦片、子弹、灰罐如雨点般打了下来，墙下顿时烟尘迷漫，攻城的匪徒四下乱窜，死伤一大片。

在后面指挥的红枪会大头领见这样攻损失太大，便让二头领带一队人绕到西门，妄图攻打防守薄弱的地方。但是，敌人的举动早被站在高处城墙上指挥作战的王树声发现了。他马上带领一批战士来到西门隐蔽起来，并架起一门威力很大的土炮。

会匪的二头领率队来到西门外，见城墙上守兵不多，以为得计，先让会匪们喝符念咒，然后向西门冲过来。

会匪刚刚接近城门，只听"轰"的一声巨响，二头领和他身边的会匪被土炮炸得血肉横飞，其他会匪见状纷纷抱头鼠窜。

这一下，会匪大头目傻了，急忙收兵，并后退几里。守城的战士们初尝了战斗胜利的喜悦，又叫又笑，士气大振。

此时，王树声和县委的领导人们头脑十分冷静。他们深知，红

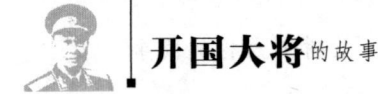

枪会匪人多势众，加上土豪劣绅从四乡拼凑的爪牙，人数比守城的多几倍。现在虽败退几里，但他们很快会卷土重来。更何况城中弹药不多，难以长时间坚守。

怎么办？

王树声提议上武汉搬兵解围。这是个好主意，也是当时唯一可行的办法。难的是，敌人虽退，但已将麻城周围封锁了，突出敌人的包围封锁，要冒极大的危险。

对此，大家心里都很明白。县委的每一位同志都是好汉，没有一个怕死的。但重要的是要完成搬兵的任务。于是，在商议谁去搬兵时，大家一时定不下来。此刻，王树声自告奋勇地说：

"还是我去最合适。"他接着陈述理由，"前不久我刚上过省城，向董必武老师请示过工作。这次搬兵，还要先找董老师。人熟为宝，路熟少跑。是不是？"

大家听了以后，一致赞同。

当天夜里，阴云遮月。王树声带着两个人装扮成红枪会匪徒的模样，手提大刀，身藏短枪，从一背静处垂绳下了城墙。然后迅速来到红枪会宿营地附近的一处高地隐蔽起来。过了不一会儿，只见敌人营地突然大乱，守卡和巡营的匪徒边喊边向营地里跑："农会劫营来了！"

原来，这是王树声与县委的同志们商量好的一计。城中同时派出多股人潜到敌人哨卡和营地附近，边放枪边喊，使敌人摸不着头脑，小股设卡的匪徒心虚，全收缩到营地里去了。这样，王树声他们便顺利地突出了敌人的封锁，踏上了通往武汉的大道。他们连夜赶路，第三天终于见到了时任国民党省党部和中共湖北省委负责人的董必武（当时在武汉的汪精卫集团还没有公开反共）。董必武听了王树声的汇报后立即派省府警备团一营和武昌中央农民运动讲习所的三百名武装学员，前往救援。

部队在王树声的引导下水陆兼程，一路上横扫反动地主武装。在离麻城还有几十里远的时候，围城的红枪会匪徒就听到了消息。这些匪徒自知不是正规军的对手，不顾其大头领和土豪劣绅的胁迫利诱，一哄而散，纷纷夺路跑回光山老家去了。麻城之围随之而解。

自解除麻城之围不久，武汉地区的形势就变得更加险恶了。

5月13日，反动军阀夏斗寅率部叛变，投靠蒋介石。7月15日，汪精卫集团步蒋介石后尘也开始"分共""清共"，向革命者挥起了屠刀。至此，国共合作的局面完全破裂，轰轰烈烈的大革命失败了。

麻城地区的土豪劣绅们这时更是有恃无恐，重又纠合红枪会等反动武装，叫嚣"打回西张店，杀尽共产党"。而解麻城之围的警备团一营和农讲所学员均已前往它处。面对反动势力即将发起的反扑，王树声和同志们坚定地领导农民自卫军和农民义勇军，决心为保卫贫苦农民的利益而战。

一天，据可靠情报，逃跑的大恶霸，人称"活阎王"的王芝庭，将于8月18日这天率民团和红枪会匪徒三千余人"杀回老家"。王树声同县委及农民自卫军的领导人聚在一起研究对策。大家各抒己见，讨论得十分热烈。王树声却一直在静听大家的发言，若有所思地用手在桌上点点画画。县委书记蔡济黄拍了他一下问：

"树声,你怎么不吭声?有什么妙计说出来。"

王树声笑笑说:"大家讲得好。这次敌人来犯,北界河口是必经之路。那里一边是悬崖绝壁,一边是密林。我们可以在这里打他个埋伏。"

说到这,王树声用手在桌上比画着:"我想,这一仗这样打:以东山岗密林作阵地,隐蔽布防三层。一层是装备钢枪的主力农民自卫军;二层是用土炮和梭标的农民义勇军;三层是大量动员参战的武装群众。为了防备万一,还可请黄安的农民自卫军支援。这样,就好比'三保险'再加'回一脚',准让王芝庭逃不了。"

大家听了一齐称好。王树声接着说:"我提的作战办法如果可行,我就打头阵。"

于是,作战方案就这样确定下来了。随后,各参战队伍立即投入紧张准备。两天后,一支支队伍于夜间悄悄进入了预伏阵地。

次日中午,敌人果然来了。只见敌军排成一列长蛇,蠕动着进入了伏击圈。骄横的王芝庭虽对作战一窍不通,但自以为兵强马壮,根本就没有把农民自卫军放在眼里。"什么自卫军义勇军,见到我的队伍还不早就跑光了。"此时,他盘算的是如何向农民复仇,如何重整家业……正在他想得出神时,忽听头顶上几声炸响,吓了他一大跳。从他坐的轿子窗口望去,只见漫山遍野都是梭镖大刀。他想命令队伍抵抗,可浑身颤抖得居然发不出声。只得由几个跟班连拉带架地往回逃。

再说正在一线指挥的王树声。他看敌人全部进入伏击圈后,把手中红旗一摇。信号手立即放响令炮。早就等得不耐烦的农军们,放完一排枪后，一跃而起，犹如猛虎下山一般冲下来，喊杀声震天动地。参战农军们已经憋足了劲，准备与敌恶战一场。谁知这几千敌军日夜排阵练功，折腾了几个月，却中看不中用。一见眼前这阵势，一个比一个逃得快。这样，冲入敌群的农军主要任务就成了抓俘虏。"活阎王"王芝庭也被王树声活捉。

这一仗，给了妄图反攻倒算的土豪劣绅狠狠一击，也给处于白色恐怖下的革命人民以极大的鼓舞。王树声在当地人民心中的形象也更为高大了。

智取"小王国"

大革命失败后，王树声与同志们响应党的八七会议的号召，组织农民武装，与土豪劣绅拉起的民团等反动武装进行了针锋相对的斗争。1927年11月13日，王树声参加了黄麻起义，并参与创建了中国工农红军鄂东军。此后，王树声转战于木兰山区，利用游击战打击地主恶霸的反动势力。1929年春天，红军趁蒋桂战争爆发的大好时机，在黄安地区创建了鄂豫皖根据地。在这一过程中，王树声率领部队猛攻姚集、夜袭新洲、远征皖西，立下了显赫战功。

这里要讲的是1931年2月，王树声率部攻克反动"小王国"——新集的故事。这时，王树声已是威震敌胆的红军主力团团长了。

新集虽不是个大地方，但这里三面是山，一面是水，地形险要，

易守难攻。当地恶霸地主与土匪勾结，经多年经营，把这里修得城高墙厚，异常坚固。并以此为依托，称霸一方，为害四乡。大革命时期附近的土豪劣绅惧怕农民斗争。携带搜刮来的钱财，纷纷逃到这里，与新集的土豪劣绅勾结在一起，结成最为反动的一股势力。在大革命高潮时，农民革命武装多次要攻打，都因地势不利和城中地主土匪的拼死抵抗，未能成功。土豪劣绅们十分得意，将新集称为"反共小王国"。红军早就想拔掉这个扎在根据地的钉子，但二次攻打都没能攻下。

这一天，刚刚开完粉碎蒋介石对鄂豫皖根据地"围剿"的祝捷大会，副军长徐向前把正要回部队的王树声留了下来。王树声估计

★八七会议会址

首长又要给自己下达新的任务了。

他猜得不错。徐军长亲切地对王树声说:"我们这次虽然打垮了蒋介石的围攻,但还要再接再厉,全力巩固和发展根据地。军部已经下决心先摧毁对根据地威胁很大的新集。已决定派你们团去完成这一任务。"

王树声一听,深知任务艰巨,心里有点没底:"我们试试吧。"

"不是试试,而是一定要攻下!敌情嘛,军部完全了解,所以才调你这个主力团承担这个任务。"

见首长这样信任自己,王树声胸膛一挺,很干脆地回答:"保证完成任务!"

回到部队,王树声迅速作了布置,然后率全团出发,与助攻部队一道,将新集包围起来。一向以惯打硬仗、恶仗著称的王树声团随即向新集发动了猛攻。哪知敌人倚仗城墙,你远他用土炮轰,你近他用枪打;你架云梯爬城墙,他就用滚木礌石往下砸。连攻几次,都没能攻上城墙,部队却有不少伤亡。

王树声改为夜攻。但夜里敌人防范更严。城上城下三步一火把,五步一灯笼,将城墙四下照得亮如白昼,根本不能隐蔽攻城。

几天下来,战斗没有进展。敌人的气焰更加嚣张起来,整日听见城上漫骂哄笑:"来呀,赤匪,还有什么花样都亮出来吧,给大爷们解闷……"红军战士们气得直跺脚。

怎么办?王树声苦思冥想:几天的战斗证明,敌人所凭的就是那道坚固的城墙。可是怎样才能攻破这道墙呢?

想来想去想不出好办法。正在烦躁时,忽听得一声土炮响。王

树声眼前一亮：对呀！民间开山炸石的办法能不能用？他越想越觉得有门。这不就是徐军长讲军事课时提到过的爆破作业吗？

王树声兴奋异常，正想下命令搞爆破，转念一想，又觉得困难仍然不少：在敌人的眼皮底下，打炮眼、放炸药不容易，就算可以做到，又到哪去搞炸药呢？想到这他不禁又烦躁起来，数九寒冬，他大敞着怀还觉燥热难受，不断地在屋子里走来走去。

走着走着，只见王树声突然用手捶了下头，自言自语地说："我怎么光自己想呢？'三个臭皮匠顶个诸葛亮'，该同大家商量商量嘛。"

他立刻带着自己的设想来到干部和战士中间，请大家一道想办法。果然，人多办法也多。

有的提议："在墙上设法打炮眼，我们挖地洞过去。"

有的说："没有黄色炸药，我们就用做鞭炮的黑火药。这东西咱们这里有的是，只要多用点，一样能把城墙炸开。"

大家七嘴八舌，一个完整的破城方案很快就形成了。王树声开心地笑了，他觉得好多天没有这么轻松愉快了。

说干就干。在当地群众的支持下，火药、工具等等很快就备齐了。在北门外一处比较隐蔽的地方，从部队中选出的一批精干小伙子开始挖洞。为了分散敌人的注意力，王树声不断派小股部队袭扰敌人，并放冷枪杀伤城头敌兵。

挖洞的战士们干劲很大，进度不断加快。眼看地洞已挖了近半，这时，发生了一个意外事故。原来，由于缺乏经验，地洞挖得太浅，在通过一个石砌厕所时，出现塌方，漏下的屎尿大大败了战士们的兴。

面对这一情况，王树声没有灰心。他一边鼓励大家从头开始，一边与大家一起总结经验。再次开工后，战士们把洞挖深了许多，每前进一段就用木头撑起。这样，一步一步地向城墙接近。

守城的敌军对红军的举动有了察觉。他们堆土运石，妄图在城墙一旦被炸开时迅速堵上口子。但敌人对红军地洞的走向却判断错了，准备的大量土石离爆破地点差了足有半里。

经过七八个昼夜的奋战，地道挖好了，装满一棺材的火药也安放好了，爆破工作一切准备就绪。

这天，正值农历腊月二十三，是我国传统的"小年"。雪后初晴，只见山川素裹，四野银装，战场上此时也显得格外安静。

下午5时，神色冷峻的王树声下达了命令："点火！"

随着自制的土导火线咝咝作响，所有人的心都提了起来："能炸响吗？能炸开城墙吗？"

不一会，只见前方一段城墙像是被什么顶了起来，顷刻间四分五裂。随后火光、烟尘大起，人们听到惊天动地的一声巨响。被敌人吹嘘为"攻不破的铜墙铁壁"，开了一个几米宽的口子。早已做好准备的攻城将士们等不及飞溅的土石落下，在敌人还没有反应过来的一瞬间，已涌入城中。原本在其他几座城门佯攻的部队此时顺势改为强攻，乘敌混乱之机纷纷爬上城头。

失去城墙依托的敌人面对英勇善战的红军，自知不是对手，但这里聚集的大多是亡命之徒，还想拼死抵抗。在所谓"民团总司令"的督促下，一批批号叫着反扑上来。无奈红军锐不可当，仅几

个小时，为害一方的地主土匪武装便全部被消灭干净。不可一世的"反共小王国"就这样被彻底摧毁了。

疆场弯弓月

摧毁"反共小王国"之后，王树声率部队经多次战斗，先后拔除了根据地周围的许多反动土围子，并与各部红军协同作战，粉碎了蒋介石军队的两次围剿。不到一年，鄂豫皖根据地已发展成为当时共产党领导下的第二大红色区域。红军也日益壮大。1931年11月7日，中国工农红军第四方面军成立。王树声任第十一师师长。

面对红军和根据地的发展壮大，蒋介石极度不安。在红四方面军成立之前，蒋介石就调集十五个师，将鄂豫皖根据地四面围住，准备发动第三次围剿。但此时的蒋介石自己的麻烦事不少。先是日本帝国主义发动了"九一八"事变，侵占了我国东北，全国人民一致要求结束内战，枪口对外；接着国民党内部出现了急剧分化，许多地方实力派借机反蒋。这一切导致蒋介石无法统一调动部队，已经驻扎在根据地周围的敌军原计划向鄂豫皖根据地发动围剿，此时，只能对红军采取守势了。

面对这种情况，红四方面军制订了主动出击的计划，向敌人展开了进攻。王树声接到的第一个任务是承担攻克黄安战役的打援任务。

接到这个任务后,王树声激动得彻夜难眠。四年前,王树声和战友们为了保卫新生的黄安革命政权,曾与几十倍于自己的优势敌军浴血苦战。战斗中,他亲眼看到一批批朝夕相处的亲密战友英勇地倒下了。其中有中国工农革命军鄂东军总指挥潘忠汝、黄安县委书记王志仁等。最后,王树声他们在副总指挥吴光浩率领下,九死一生突出重围时,只剩下七十几个人。

杀红了眼的王树声捶胸顿足,哭喊着:"副总指挥,带我们杀回去吧,跟敌人拼了!"吴光浩虽然也满眼喷火,但他严肃地说:"留得青山在,不怕没柴烧。只要我们团结一心,紧靠穷苦人,不放枪杆子,总有一天我们还会攻下黄安城,为死难战友报仇!"就这样,这七十几条好汉,上了木兰山。

黄安失陷后,逃亡在外的反动地主和土豪劣绅跟着敌军反攻倒算。他们用最残忍的手段杀害农会会员和红军家属。王树声卧病在床的老祖母就是被丁枕鱼的儿子丁岳平拉到院里,一边狂叫:"你孙子不是大义灭亲吗?今天我也大义灭姑妈!"一边上脚狠踢。硬是把老人活活踢死。

每当想到这些,王树声就肝肠寸断,恨不得马上能回黄安报仇。现在,王树声的大名早已让敌人丧胆,他率领的红十一师已是久经沙场、能征善战之师。这次出征黄安,王树声已等候多时了。

11月10日,在红四方面军成立的第三天,黄安战役打响了。

王树声率红十一师,在黄安独立团和麻城赤卫军的配合下,一路势如破竹,不到一周,就扫除了沿途的敌军,攻下了黄安的门户高桥、桃花两镇,全歼守敌一个团。兵临黄安郊外。

开国大将的故事

　　守卫黄安的是反共起家的敌师长赵冠英。他在攻打黄安时被工农革命军打瞎了一只眼，此后留下个外号叫赵瞎子。他见红军攻克了高桥和桃花这两处战略要地，仗着自己兵多武器装备好，急令两个团出城来夺。但他太不了解红军了。还以为他的对手与四年前守黄安的工农革命军鄂东军一样呢。他的两个团出城后不但没能夺回高桥、桃花两地，反被红军打得一败涂地，死伤上千，而且城郊的据点又丢了不少。这下赵瞎子急了，赶忙向宋埠之敌求救。宋埠之敌恐黄安有失，宋埠也难保，即刻发兵两个旅，气势汹汹地想与红军在黄安地区决战。

　　面对这一情况，王树声按既定方针。先在大、小峰山一道阵地上痛打了敌人一顿，然后转移到五云山一带构筑的第二道阵地。敌人乘红军转移之机，重占了桃花镇，他们不知是计，还以为红军不过如此，于是又向五云山进攻。王树声命部队抵挡一阵，又佯装不支，再退到嶂山的第三道阵地。

　　红军一退再退，敌人便得意忘形起来。赵瞎子在黄安城大摆宴席，庆祝打退了红军。来援的敌军更是自以为天下无敌，又向嶂山进攻，还放出话来要"活捉王树声"。

　　此时，王树声已胸有成竹，在敌人全力进攻的同时，王树声派一部分部队正面顶住敌人，而命令主力两翼包抄。敌人发现不妙后跑得飞快，只被红军吃掉一个多团。但有趣的是，敌援军带给黄安守敌的几百担军需品完好地留给了红军。

　　赵瞎子见援军败退，城中粮弹不继，士气动摇，急得如热锅上的蚂蚁。红军围城部队的宣传攻势已瓦解了他不少官兵。在一筹莫展的情况下，只能整日守着电台呼救。对于黄安的局势，蒋介石也极为关心，因为黄安战略地位重要，占住这里就可以封锁大别山南麓，而失去黄安，则武汉就处于红军的威胁之下。有鉴于此，蒋介石严令宋埠、黄陂等地的驻军，火速增援黄安。各地敌军不敢违令，又集结了四个旅，于12月中旬分两路向桃花镇展开了钳形攻势。

这次，王树声不再故意示弱，而是率领部队顽强阻击。因为他清楚，敌人此次增援是抱着鱼死网破的劲头来的，如果再不能解黄安之围，敌酋便无法向蒋介石交代，很可能连脑袋也保不住。所以，敌人的进攻十分疯狂，加上敌人倚仗火炮和兵力的优势，王树声所率的打援部队面临的压力确实不小。

经几日血战，红十一师退守到嶂山的最后一道防线。王树声与全师将士都很清楚，能不能夺取黄安战役的胜利，全看嶂山能不能守住了。敌人似乎感到"胜利在望"了。一群群、一队队士兵在军官的驱赶下不断向阵地攻过来，阵地已不再敌我分明，红十一师官兵在师长的率领下已全部投入到了惨烈的拼杀格斗中。尽管红军官兵勇猛顽强，以一当十，但毕竟是面对着比自己多四五倍的敌人，况且连日奋战，指战员们没有得到休息和补充，阵地随时有可能被突破。

正在这危急时刻，方面军总指挥徐向前亲率各路劲旅向敌人的中间和左右两翼杀来。敌军正攻得上劲，没料到自己三面受敌，一下子乱了阵脚，迅速溃败下去。这一溃败就再也收不住了，正所谓兵败如山倒，一直败退到黄陂老窝还惊魂未定。

开国大将的故事

12月22日,黄安战役已进行了四十三天。按照方面军的部署,已完成了扫清黄安外围和击溃援敌两个阶段的战斗任务。全军布置就绪,就准备开始向黄安之敌发起总攻了。守敌赵瞎子此时见增援无望,自知黄安难保,便命令部队向南突围,他自己则化装成士兵从西面出城,想蒙混脱逃。但是,他和几个随从没跑多远,就被当地群众认出,此时恰好王树声带人赶到。赵瞎子还想顽抗,被王树声飞身上前,双手扼喉,这个罪大恶极的反共分子便被活捉了。突围出城的敌军见四面八方都是红军和参战群众,纷纷夺路而逃。红军乘胜追击,在第二天将逃敌全部围歼。

黄安战役是鄂豫皖根据地创建以来红军取得的一次空前的大胜利。这一仗消灭了敌人一个整师零一个团,先后击溃敌六个旅的援兵,共歼敌1.5万余人,缴枪7000余支。根据地向南扩展了一大片。

黄安战役后,王树声率红十一师作为方面军的主力,又参加了商(城)潢(川)战役、苏家埠战役和潢(川)光(山)战役。这几次战役共歼敌6万多人,其中敌正规部队四十个团。特别是苏家埠战役歼敌3万,缴枪12000余支,各种炮43门,机枪171挺,是又一次辉煌的胜利。

经过这四次战役,红四方面军主力已发展到两个军六个师,并组建了四个独立师,共45000余人。根据地人口达350万,鄂豫皖根据地发展到了极盛时期。在这一过程中,王树声率部英勇拼杀,屡克强敌,建立了卓著功勋。

王树声大将的故事

勇破剑门关

1932年8月,视红军和根据地为心腹大患的蒋介石,又调集二十六个师零五个旅,30余万人的兵力,并亲任总司令,向鄂豫皖根据地发动了第四次围剿。

这个时候,鄂豫皖根据地的主要领导人是张国焘。他积极执行王明的"左"倾机会主义路线,不采纳徐向前等人提出的正确主张,使红四方面军苦战多日,遭到前所未有的重大伤亡,被迫实行战略大转移。红军离开根据地后,越过京汉路,艰苦转战数千里,

★嘉陵江风光

终于在川北和陕南山区建立了川陕革命根据地。

从 1933 年 2 月至 1933 年底，英勇的红四方面军在总指挥徐向前和副总指挥王树声等人的率领下，先后粉碎了四川各路军阀的三路围攻、六路围攻等多次进攻。歼敌 10 余万。此时，红四方面军已发展到 8 万多人，根据地达二十二个县，面积有 42000 多平方公里。人口 500 多万。1935 年春，红四方面军的英雄健儿们在"渡过嘉陵江，迎接党中央"的口号鼓舞下，拉开了自己长征的序幕。这时，于 1934 年 10 月开始长征的中央红军已到达贵州，蒋介石调集了多路大军围追堵截。红四方面军能否突破四川军阀苦心经营多年的嘉陵江防线，对于中央红军按计划北上具有重要意义。

嘉陵江是四川省的四大江河之一。王树声率红四方面军的第三十一军来到渡河作战的地方一看，只见江水奔腾，一泻千里，两岸都是高山和悬崖峭壁。真是江宽、岸陡、水深、流急。加上守敌已在江对岸修建了无数碉堡，并配置了优势的炮火。突破这一防线，困难确实不小。怪不得守敌刘汉雄吹牛说红军若是敢来，不死在江中也要死在他的阵前。

但敌人的如意算盘打错了。王树声带领全军，经过一个多月的紧张准备，于 3 月 28 日夜，开始了突袭渡江。

红军战士们乘着夜色，静悄悄地上了船。随后，成百条木船以尽可能快的速度向对岸驶去。当船行至江心时，被对岸的敌人发觉了，各种火炮一齐向江面射击，这边岸上的敌军也以各种武器向江上打来。一时间，许多船只被炸碎了，有的船被打中起火了，有的船被炮弹爆炸激起的水柱掀翻了，许多战士落到水中。这初春的江

王树声大将的故事

水冰冷刺骨,但红军战士们不顾一切,只要还有一点力气,就拼命向对岸游去。

敌人的炮火没能阻挡住英勇的红军,很快就有一批战士到达了对岸,向敌人的江防工事冲了过去。随后,一批又一批的战士冲了过来,晨曦微露的时候,渡江已经成功。红军乘胜追击,一天追了70多里。刘汉雄的一个旅被全歼。

红军渡过嘉陵江后,立即分兵三路乘胜前进。王树声率三十一军作为右翼,直取剑门关。

"打破剑门关,好比得四川"。剑门关地形非常险要,它扼川陕咽喉。关口南北山连山,关口两旁,峭壁依天而立,其间仅有一条不宽的道路。通到半山腰上有一隘口,古称"鸟道天险",这里

★四川剑门关

要贴着石壁走一段狭窄的栈道。隘口上建有一座关楼，安着坚固的铁门。无怪乎历代人称"剑门天下雄"，的确大有"一夫当关，万夫莫开"之势！

王树声勒马关前，从望远镜中仔细观察着这座雄关，不由得暗暗叫绝。他一下子就明白了传说三国时代蜀国大将姜维，从汉中退守此关，魏将钟会率 10 万精兵久攻不克的原因；也明白了为什么现守此关的敌宪兵司令刁文俊敢放出话来："就算他红军能渡过嘉陵江，也插翅难飞过我的剑门关！"的确，这些年来，王树声虽是身经百战，可这样的险关也还是头一次遇到。

怎么打？王树声边观察边思索。显然，不能从正面硬攻。王树声把视线转向南面，只见这里是一片起伏的丘陵，一直向北到关口几乎都是这种地形。他忽然领悟了徐向前总指挥布置整个战役时所作的决策。原来，嘉陵江是绕关而流，剑门关以北江面，水流平缓，两岸开阔；而关的南面，水流湍急。但如果红军由北面渡江，就正对着剑门之险；而从南面渡江后，则可绕到南面向北攻。这样，实际上避开了剑门关最险要之处，相反，敌人的退路倒大成问题了。想到这里，攻关的方案也在王树声脑子里形成了。

王树声指挥部队对剑门关形成东、西、南三面包围，分路展开进攻。由于敌人原先的整个防御体系是朝着北面的，红军的进攻使其措手不及。不到一天时间，剑门关外围的据点就被红军拔除了。王树声趁热打铁，指挥部队向主峰展开了进攻。

这时，天不作美，开始下起雨来，地下的水顺着山沟往下淌，满地泥泞。红军战士们在水里泥里向着敌人的阵地冲去。不甘灭亡的刁文俊，依托坚固的工事，充足的弹药，逼着他的士兵们，集中所有轻重火力，向红军头上不停地倾泻。红军几次冲上山去，又被压下来，战斗形成了僵持局面。

密切注视着战场动向的王树声，调整了部署，将预备队调了上来，并集中迫击炮和机关枪，专打敌人建在山顶上的集团工事。这一招很见效，敌人的炮火受到了压制，红军连续突破了敌人的两道阵地，眼看就要攻到山顶了。正在这时，红军的掩护炮火却意外地稀疏下来。敌人乘此时机，更加疯狂地向红军的攻击部队头上倾泻弹雨。王树声从望远镜中看到，他特别喜爱的年轻的营政委鲍英，身中数弹倒了下去，许多已经接近山顶的战士也倒了下去。王树声悲愤得大喊一声：

"把炮兵连长喊来！"

炮兵连长跑了过来，只见王树声红着眼睛厉声问道：

"你搞什么名堂，为什么不打炮了？"

"报告首长，炮弹快打光了！"

"还有多少？"

"三门炮总共只有10发了！"

"我命令你三炮打中主峰那个大暗堡！打不中，军法论处，快！"

"是！"炮兵连长一头冷汗，跑回阵地去了。

片刻之后，随着几声炮响，一发又一发炮弹像长了眼睛，准确地在敌人的大地堡顶上和集团工事中间开花了。王树声高喊："打得好！"随即下令全线吹冲锋号。

听到号声，各个方面匍匐在泥水中的红军勇士们一跃而起，在敌人还没有清醒过来时已冲上山顶。接着是一阵短促而激烈的肉搏拼杀。

黄昏时分，惊险奇绝的剑门关之战，以红军全歼守敌四个团的战绩，精彩地结束了。红军攻下剑门关，敌人在嘉陵江西岸已无险可守。这次战役，可以说是红四方面军战史上，规模最大、也最为激烈的强渡江河、夺关斩隘的攻坚战。在整个战役中，红四方面军各部共歼敌万余人，攻克县城九座，控制了东起嘉陵江，西达北川，南至梓柜北至甘川边，纵横二三百里的广大地区。也为中央红军北上，开辟了通道。

喋血河西

1936年10月，分头长征的中国工农红军第一、二、四方面军终于在陕甘宁边区的会宁胜利会师了。至此，红军胜利地结束了震撼世界的长征。

红军三大主力会师后，根据党中央制定的"首先造成西北地区的抗日局面"的方针，红四方面军的九军、三十军和五军，共22000余人西渡黄河，开始执行"宁夏战役计划"。11月11日，党中央和中央军委下达命令，决定河西部队改称西路军，并成立了西路军军政委员会，陈昌浩为主席，徐向前为副主席，王树声为委员之一，同时决定，西路军的主要任务改为打开陕甘宁边区到新疆的通路。此时，王树声因身体不好，已不再担任第三十一军军长，而随九军行动。

西路军面对的主要敌人是盘踞于西北地区的"马家军"。马家军的首领是马步芳、马步青、马鸿宾、马鸿逵和马鸿禄，人称"五马"。这"五马"是西北地区回族上层最反动的封建势力的代表。他们以残暴的手段压迫和剥削当地回、汉等族人民，以狭隘的民族观念和宗教手段统治军队，蒙骗群众。"五马"视宁夏、青海和甘肃为自己的势力范围，多年来搞独立王国，不愿蒋介石插手西北，但在反共这一点上，又与蒋介石一样坚决。当西路军向河西走廊进击时，"五马"迅速与蒋介石勾结，倾全力向西路红军扑来。

红军按中央的部署，分为三个纵队前进。王树声所在的九军于11月15日攻占了古浪。

古浪是河西走廊的一处要冲，但这里城垣残破，年久失修，已形同废墟。且城的东面和北面是平坦开阔的沙石戈壁，西南方向是鸟鞘岭，全城如同建在川道里。这样的地形极不利于防守，相反，敌人的骑兵部队却可以充分展开。九军刚一占领古浪，就在这样不利的条件下与敌人展开了一场恶战。

九军进占古浪的当天，敌人就蜂拥而至，将这座小城团团围住。次日清晨，敌三个骑兵旅、两个步兵旅，在两个民团和飞机大炮的配合下，从四面八方向古浪发起了猛攻。九军此时尚未来得及修建防御工事，只能仓促应战。经三日苦战，在三十军的一个团接应下才冲出重围。这一仗，可以说是西路军与马家军的第一次正面较

量。红军指战员发现马家军比蒋介石的嫡系部队和以往交过手的其他军阀部队要勇悍得多,特别是他们的骑兵,训练有素,战斗力很强。马家军也领教了红军的英勇顽强,他们用数倍于红军的兵力,又有飞机大炮助战,却只与红军打成平手,而且死伤两千多人。

这一仗九军的损失也不小,军参谋长陈伯稚、二十五师师长王海清、二十七师政委易汉文等人牺牲,兵力损失了三分之一。在这种情况下,西路军总指挥决定由王树声担任副总指挥兼九军军长。王树声深知肩上的担子不轻。这不仅是因为九军遭受了重大损失,又无法补充,更因为王树声预感到更惨烈的战斗还在后面。王树声自开始军旅生涯以来,身经大小数百战,无论多么激烈的战斗他都是胸有成竹,毫无惧色。正因为这样,他成了红军中智勇双全的名将。现在整个西路军所面临的形势与以往王树声所遇到过的都不相同。这主要是部队深入民族区域,当地民众受反动派欺骗宣传的影响和历史上形成的回汉间的民族隔阂,不愿与红军接近。红军无根据地依托,给养和弹药均无法补充,兵员也得不到补充。再加上气候寒冷、敌骑行动迅速等不利因素,红军面临着极大的困难。

面对这些情况,王树声与九军的各级指挥员一起认真总结经验教训,力求重振九军雄风。

从11月上旬到12月上旬,红军一路拼杀来到了山丹、永昌、凉州地区,并在这里歼敌6000多人。但此时红军也减员严重,由过河时的22000人减少到不足15000人。12月12日,西安事变爆发,黄河以东出现了有利于红军的巨大变化,西路军奉命于永昌地区就地休整,伺机东进,以策应兰州的友军和河东红军。

不久，西安事变和平解决。西路军根据中央指示继续西进。这时，河西走廊已是天寒地冻、风雪满天。红军饥肠辘辘、衣衫褴褛，冒着零下二三十度的严寒长途行军，其困难可想而知。即使如此，红军指战员们仍保持着高昂的士气和必胜的信心。这使死心塌地的反动军官大惑不解："共产党的军队身上连一件半新半旧的衣服鞋袜都穿不上，可是打起仗来不怕死，到底是为了什么？"

马家军发现我军西进，便集结重兵尾追不舍，还不时派出骑兵部队突袭。西路军以五军开路，三十军殿后，边打边进。1937年元旦，五军攻占了高台，守敌1000余人投降。随后，五军驻守高台，三十军和九军进驻倪家营子。由于这里粮食比较充裕，西路军总部决定在此进行休整补充。

到1月中旬，敌两万余人包围了高台，并有大量敌人伺机进攻倪家营子。西路军出师以来最惨烈的一场恶仗就在高台展开了。从1月12日打到20日，五军在军长董振堂的率领下给敌人以沉重打击，但最终寡不敌众，几乎全军覆灭，董振堂以下3000多老红军壮烈牺牲。

1月31日，敌军开始集中全力进攻倪家营子。敌人先用重炮猛轰红军阵地，然后步、骑兵从四面八方涌上来。红军没有重武器，子弹也很缺乏，平均每支枪不过十几发。因此，全靠近战对付敌人。

王树声所率领的九军与程世才、李先念率领的三十军阵地相接。由于五军人马所剩无几，已遭严重削弱的九军又成了西路军的主力，负责正面抗击敌人。面对成群敌兵的冲击，王树声心里非常清楚：现在是1万余西路军与7万多马家军的大决战。如果顶不住敌

人，后果是不堪设想的。王树声回头向总指挥部方向望去，总部所驻的小村子也在遭受敌人炮火的轰击，有几处房屋被炸起火，只见黄色的、黑色的、暗红色的烟尘从四面冒出，已看不清房屋的轮廓。

忽然，王树声听到阵前喊声大作，他马上向阵前看去，原来是马家军已冲上来了。一直在躲避敌人炮火的红军战士们从坍塌的工事、弹坑中一跃而起，远一点的用枪打，近一点的就甩手榴弹，已到眼前的就用刺刀捅、大刀劈。每一个战士都如同一只扑食的饿虎，人人锐不可当。一时间只杀得天昏地暗，日月无光。看到这些，王树声周身血涌，一下子从指挥所冲出来，抄起一支枪，便从一个阵地到另一个阵地，了解情况，部署指挥。

敌人的进攻被打退后，就开始炮击，然后又是步、骑兵配合进攻。就这样，一天要进行多少次。每当敌人进攻，王树声总是身先士卒，在战斗间隙，他还不断地跑来跑去，慰问负伤战士，作战斗动员，还给战士们讲打骑兵的战术。

西路军与敌人拼杀了五六天后，鉴于长期困守对红军不利，西路军军政委员会决定回师东返。2月21日夜，全军还剩下的8000余人分为左右两路开始突围。王树声率九军为右翼，经恶战突出敌人的重围后，边打边走，24日到达西洞堡、龙首堡一带。部队刚刚驻下，敌人就追了上来。总指挥徐向前果断地批准三十军提出的杀敌一个回马枪的计划。当天下午，三十军为主力，九军配合，以突然的行动，回身将马家军的一个宪兵团包围起来。

这个宪兵团是马步芳的精锐主力之一，全由青海彪悍的青壮年组成。他们装备好，马匹好，受反动宣传的影响很深。在追击中，宪兵团一马当先，以为凭他们的战斗力，只要一冲，就可以将红军击溃，所以极为骄横。但他们万万没有想到，那些武器不整，穿着像叫花子，因长时间营养不良而面黄肌瘦的红军战士，打起仗来还是那么勇敢顽强，令人生畏。不到三个小时，800多名宪兵就全部被歼。红军缴获了800多支马枪、400多支手枪，还有大量弹药和战马。

这个胜利，使苦斗多日的红军官兵士气大振，王树声心里特别高兴，他判断总部会利用这一大好时机继续向东，彻底摆脱马家军的围追，重新掌握主动。

他无论如何也想不到，西路军主要负责人陈昌浩被这一胜利冲昏了头脑，认为敌我力量对比已经起了决定性的变化。于是，他不顾西路军其他领导人的反对，决定重返倪家营子，准备继续西进，完成原定的任务。这个错误决定，导致了西路军的失败。

王树声率九军回到倪家营子后，见不到一个人影。经过敌人的破坏和洗劫，这里已成废墟。部队突围时留下的伤员几乎全被敌人

★祁连山

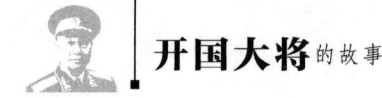

用各种残暴的方式杀害了。第二天天刚亮,西路军再次被几万敌人团团围住,战斗更加激烈。敌人的兵力在不断增多,而红军的兵力每时每刻都在减少。经过九个日日夜夜的反复拼杀,西路军已弹尽粮绝,人不满3000,到了非突围不可的时候了。

3月11日夜,红军再次突围,向西北方向转移。当部队撤到祁连山口的梨园口时,又遭敌骑兵的围追。一番激战后,西路军仅剩的1500余人退到祁连山上。在这生死存亡的关头,西路军军政委员会决定将部队整编为左右两个支队,左支队1000人,由李先念等人率领,向安西、新疆方向前进;右支队500人,由王树声率领向东面黄河方向转移。陈昌浩与徐向前等人另带一小队,向东潜移。

王树声率队在祁连山与敌周旋多日,经几次遭遇战,部队被打散了。由于自然环境的严酷,无衣无食的生活,使许多人在伤病的夹攻下倒了下去,王树声身边的人越来越少。

坚持到5月,王树声等人开始向东转移,经打听,知道马家军已经撤兵。这样,他们走了一个多月,渡过清水河,进入了甘肃和宁夏交界的沙漠地带。凭着一颗对党的赤子之心,王树声他们靠着两条腿,走出了大漠,来到了宁夏的中卫县。其间又几次遇险,最后剩下的几个人分头过了黄河。在同心县找到了红军。王树声经历了千难万险,九死一生,终于到"家"了。

1937年8月,陕北迎来了金灿灿的秋季。王树声在几名骑兵的护送下,终于来到了日夜思念的延安。当他看到宝塔山,纵马涉过延河水时,这个钢打铁铸的汉子终于抑制不住,流下了悲喜交加的热泪。

打回大别山

1947年6月，党中央和毛泽东主席作出了一项震惊世界的战略部署，命令刘（伯承）邓（小平）大军强渡黄河，直插国民党的战略腹地——大别山。中国人民解放军经过近两年的战争，先后粉碎了蒋介石军队的全面进攻和重点进攻，同时，揭开了人民军队战略进攻的序幕。

此刻，王树声在哪儿呢？

说来不幸，王树声自蒋介石发动全面内战开始，就不停地率领部队与敌人战斗。从泼陂河反围攻到中原突围，再苦战鄂西北，近两年的连续紧张战斗，硬是把这条铁打的汉子给拖垮了。这时，王树声正在山西晋城根据地养病。

但王树声身在病榻，心系前方。每天脑子里想的不是治病，而是作战，时刻关心着战局的变化和发展。当他得知党中央的上述部署后，激动得食不甘味、夜不能眠。是啊！大别山是生他、养他的地方，那里的乡亲、那里的一阜一木、一山一沟，他是那么的熟悉。我军就要向国民党反动派展开战略进攻了。王树声在病床上一天也待不住了。他要亲自参加解放这块英雄土地的战斗，不然的话，他会遗憾终身。

于是，他提起笔来，给党中央写了要求去大别山工作的报告，坚决要求随刘邓大军南下，理由只有一条："大别山是我的故乡，我王树声是大别山的儿子。我开始走向生活，就在那跟党闹革命，可故乡的父老姐妹们，至今还没有获得解放。今天终于大反攻了，我要再打回大别山！"

既是因为革命战争的需要，也感于王树声真挚而坚决的态度，党中央批准了他的请求。10月，王树声告别了山西，告别了妻儿，再上征鞍，投入到南征大军的行列之中。

越接近大别山，王树声的感情越强烈。当部队进入红安（黄安）、麻城一带时，王树声看着故乡的山故乡的水，听着分外亲切的乡音，他完全陶醉了。常言说得好：人逢喜事精神爽。王树声到了故乡，病也好了大半。他立马山前，极目远眺，眼里看到的不仅仅是故园秋色，他看到的还有自己离开大别山之后的征程。

当年，他作为一名师长，率队随红四方面军离开鄂豫皖根据地，血战一路，在川陕边扎下了根。创建了川陕根据地。

他作为一名军长，在川陕边力破顽敌，威名赫赫。

他作为红四方面军的副总指挥，率部渡嘉陵江、攻剑门关、占北川、克茂县、进懋功，与红一方面军胜利会师。其后，他过草地，战天全，终于迎来了三大主力会师陕甘。

他作为红军西路军副总指挥，率部与马家军激战河西，最后只身东渡黄河，前后历时十个月，饱尝了人生的困苦，经受了无数次的生死考验。

在抗日烽火中，王树声走上了太行山，与日本侵略军殊死搏斗，随后又南下豫西，创建了中原根据地。

现在，他立马大别山，壮怀激烈，升任大别山中心的鄂豫军区司令员。

鄂豫军区辖地包括湖北东部、河南南部以及安徽西部，方圆六七百里，人口七八百万。占住这一地区，东可威慑南京，西可叩武汉大门，南可扼长江水道，北可瞰制中原，所以，历来为兵家必争之地。这里是敌人最为敏感的要害部位，但长期被敌人视为后方，所以倒成了敌人最薄弱的地区。这里的人民有着光荣的革命传统，党的组织一直在坚持领导斗争。因此，我军在这里迅速创建根据地，具有不少有利条件。

蒋介石在搞清了刘邓大军的意图之后，慌了手脚，急忙调二十多个旅的兵力，重演当年围剿红军的故技，妄图趁我军立足未稳之机，一举歼灭，歼灭不成就将我军赶到淮河以北去。王树声一边组织力量迅速开展创建和巩固根据地的工作，一边率属下的五个军分区部队，配合主力，与敌周旋。到1948年春天，敌人30万兵力的重点清剿以失败而告终。我军在大别山站稳了脚跟，根据地建设的局面已经打开。

这时，为全国战局的需要，刘邓大军主力冲出大别山，移师淮河以北地区机动歼敌。我军主力一走，敌人又调集了20多万人马，并拼凑了众多地主武装，向大别山进行扫荡，企图一举荡平根据地。在这种形势下，手上只有少量正规部队的王树声，面临的压力是可想而知的。但这个"大别山的儿子"已经长成，经历过的磨炼使他更加坚强。在最困难的时刻，王树声率部分散活动，重新打游击。大量敌人被王树声他们牢牢地牵制住，根据地表面上虽被敌人

占领，而实际上处处是敌人的坟墓。

  1948年11月，淮海战役打响了。清剿大别山的敌人主力被调走，留下的正规军仅有十来个团。王树声抓住这一有利时机，指挥部队四处出击，打得留守之敌无法招架。很快就恢复了大别山根据地。这不仅有力地配合了淮海战役，而且为我大军进军江南，解放全中国建立了桥头堡。在我大军渡河南下后，王树声又领导大别山相邻三省的部队开展了有声有色的剿匪斗争，用半年时间，歼灭匪特1.5万余人。

  王树声以出色的战绩，迎来了中华人民共和国的诞生。随后，又投身于新中国的国防建设中。

许光达大将的故事

投笔从戎

在湖南长沙县境内的浏阳河畔,有一个美丽的小山冲,叫萝卜冲。此地绿树成荫,碧水长流,一派南国景色。1908年11月19日,许德华(许光达曾用名)就出生在这里的一个贫苦农民家里。他排行第五,人称五伢子。

甘甜的河水,秀丽的景色并没有给许德华带来幸福的童年。父亲许子贵,勤劳俭朴,但对人严厉吝啬。许德华九岁那年,母亲丢下他和两个小妹、一个小弟离开了人世。不久,父亲续了弦,小弟送了人,大妹也误食有毒草药死了。年幼的许德华和更年幼的小妹相依为命,过早地开始了人生道路上的艰难跋涉,饱尝了人间的辛酸和冷眼。

在当篾匠的大伯许长龄的资助下,许德华边放牛边读完了小学,接着,又考进长沙县木梨镇高小。木梨镇是个水旱码头,因为交通方便与外界联系甚多,社会上的各种流派、主义,在这里都有市

场。教师们的思想也五花八门,持不同政见的教师时常争论,各抒己见。勤于思考的许德华从中摸索着、窥探着,民族民主的气氛深深地感染着他、熏陶着他。

1921年秋,十二岁的许德华高小毕业,考入长沙师范学校,该校不收学费,每月只收十二三元膳宿费。虽然生活清苦,但这里却给他打开了一个新的天地。不仅有学识渊博的教师和血气方刚的同学,还有乡下没有的学习环境。许德华高兴极了,他埋头在知识的海洋里,刻苦攻读。他认定"吃得苦中苦,方为人上人"这个道理。

他几乎忘记了萝卜冲那低湿的小屋,几乎忘记了童年时那苦难的经历。

第一年寒假,他没有回家,独自一人在冷冷清清的宿舍里,寒窗苦读。直到"送灶"那天,大伯来叫他回家过年,他才背着书包回到萝卜冲。可是,初五刚过,他就要走。小妹生气了,苦苦盼到的哥哥才回来几天,又要走了,她还有好多话要同他说呢!许德华笑着对她说:"我要回去读书啊!读了书,才有出头之日,你明白吗?"

当时,马列主义已经传入湖南省,反帝反封建的新思潮日渐高涨,学校里的政治空气也很浓。1921年11月,许德华才到学校不久,长沙就爆发了一场裁军运动,数以万计的学生、工人、市民来到省政府门前请愿,抗议统治全省的军阀赵恒惕政府不顾全省春荒夏旱、瘟病流行、饥民无数而却大兴军事,企图扩大地盘的做法,要求裁减军费,救济灾民。结果遭到赵恒惕政府的血腥镇压,很多参加者被士兵殴打致伤。长沙师范许多学生也被打伤。学生们群情

许光达大将的故事

激愤，无心读书。

当时只顾埋头读书的许德华，虽然没有参加这次请愿活动，但是，同学们的鲜血，使他思想上受到了猛烈的震动。他不明白，为什么政府这样不近人情，这样不顾群众的死活？这叫什么政府！这时候，国文教师曹典琦（共产党员）找到他，让他去听听同学们组织的国事讨论会。曹先生学识渊博，讲起课来深入浅出，是他最敬佩的教师之一。曹先生的话他不便拒绝，只好放下课本，走进了一间挤满学生的小屋。同学们讨论的内容非常广泛，是许德华从来没有听到过的：从军阀赵恒惕的种种倒行逆施到陈炯明赶走孙中山；从学校校长的专横到资本家迫害罢工工人。一切社会问题，都在同学们的思考之中。他渐渐地被吸引住了。这次讨论会使许德华又一次受到了震动，他开始把目光从课本移向了社会。

第二年暑假，许德华照例没有回家。一天，他正在操场上练习跳高，曹典琦先生走了过来，"听说你们昨天的讨论会争论得很热烈，讨论什么问题呀？"他说。

"军阀混战与列强瓜分中国之野心。"许德华说。

"哦！这个问题是很重要。我这里有几本杂志，你拿回去看看，看完了我们一起谈谈，好吗？"说着，他递给他一卷杂志。

就这样，许德华在曹典琦先生的指导下，开始阅读了《向导》《新青年》等进步杂志。并且，每周他都到曹先生那里参加一两次不拘形式的讨论会，纵谈国家大事。其间，他还听过邻校长沙子女师范的徐特立、周以栗两位先生的两次演讲。他们对中国的社会问题分析之深刻，主张之鲜明，立论之正确，使许德华佩服得五体投

地。他开始知道了中国社会落后的现状及根源；懂得了解决中国社会问题的钥匙是马克思主义。于是，他找来各种介绍马克思主义的书籍，如饥似渴地读了起来，心里感到从未有过的充实。这时候，他的"十年寒窗"的想法，终于被时代的洪流冲淡了。

但是，真正把许德华推向实际斗争前沿的是1923年长沙发生的"六一惨案"。

这年3月，日本帝国主义强行租借旅顺口的条约期满了，但是他们拒不归还，企图长期霸占。消息传来，长沙各界人民十分气愤，成立了以郭亮为首的"湖南外交后援队"，实行对日经济绝交，抵制日货，开展声势浩大的反日斗争。

6月1日，一艘载有日货的日本轮船从武汉开抵长沙两湖码头。"后援会"立即派出检查员前往检查。学生、市民数千人聚集在码头上为检查员助威，与轮船上的日本士兵发生了冲突。日军开枪射击，打死学生二人，打伤数十人，造成了惨案。第二天，悲愤的学生集会抗议，抬尸游行。

日军的暴行，激怒了许德华。帝国主义竟敢在中国的领土上横行霸道，残害中国人，作为中国人，怎能无动于衷呢？在学生会的组织下，他第一次和同学们一起走上街头，组成讲演团，向群众宣传"六一惨案"真相，动员群众起来反对日本帝国主义。他不顾饥饿和疲倦，几乎跑遍了长沙的每一条街道。6月4日，长沙学界举行"六一"死难者追悼会。许德华一早就来到会场，散发传单，高呼口号。会后，他又和群众一起到赵恒惕政府门前请愿。林立的军警挥舞木棒阻止群众，许德华头上被打了几个大包。他仍然不顾一切地冲在游行队伍前面，冲破了军警重重把守的三道门。

"六一惨案"使他真正看清了中国的现实，懂得了救国救民光靠埋头读书是不行的。从此，他投身到了实际斗争中去，成了学生运动的积极参加者。

在长沙师范期间，许德华最喜欢去的一个地方就是岳麓山。那里埋藏着黄兴、蔡锷、刘道一等革命先驱的遗骨，他们可歌可泣的光辉事迹，给后人以深刻的启迪；岳麓山上还有层林尽染的满山枫叶，当枫叶红了的时候，像一团团燃烧的火焰，给人以激励的力量。1925年5月，许德华由毛东湖、陈公陶介绍加入了中国共产主义青年团，同年9月，转为中国共产党党员。

1926年春，中共湖南省委决定，选送一批年轻的共产党员到广州的黄埔军校学习，许德华被选中了。当他获知这个消息后，兴奋极了，黄埔军校是1924年国共合作时期，孙中山为培养革命的军事人才在苏联帮助下办起来的。周恩来同志在那里当政治部主任。再者，广州是革命的策源地，又是革命政府所在地，能到那里去学习，许德华真是求之不得。他连家都未回，也没留下只言片语，就愉快地匆匆上路了。

在南下的列车上，他打开曹典琦先生临别时送给他的小册子，那是一本《共产党宣言》，上面有曹先生的赠言："锦绣前程，好自为之。"他边看边沉思着，仿佛革命为他打开了一条金光大道，他决心一步一个脚印地走下去。

追赶红旗

在广州，许德华经过三个月的入伍先期训练，考入黄埔军校第五期炮科十一大队。在此期间，他不仅阅读了许多马列著作，如《共产主义ABC》《帝国主义浅论》等，还利用军校的组织生活日到广州农民运动讲习所听周恩来、恽代英的形势报告，或到工厂、农村做社会调查，接触社会，丰富知识。

1926年年底，国民党政治会议决定迁都武汉，并在武汉成立了黄埔军校武汉分校，许德华所在的黄埔第五期学员奉命迁入武汉分校。在这里，他被选为炮科党支部宣传委员，他写诗歌，办壁报，在军校内积极宣传革命思想。他的床头上总是摆着厚厚一摞书，有《向导》《中国青年》《创造》《共产党宣言》《国家与革命》等，他不断地从书中汲取丰富的精神营养。

但是，好景不长。1927年年初，国民党右派的反革命气焰嚣张起来，他们以戴季陶主义为护身符，与北方"西山会议派"遥相呼应，对革命实行反动。随后，蒋介石发动了"四一二"反革命政变，于是，宁汉分裂。5月，驻鄂东的反动军官夏斗寅发动叛乱，率部进攻武汉。分校学生奉命改编为中央独立师，随叶挺讨伐夏斗寅。许德华随军出征，参加了讨夏的行列。7月，武汉政府主席汪精卫举行"分共"会议，公开与蒋介石合流。一时间，白色恐怖笼罩着整个武汉。革命进入了最低潮。这对每一位共产党员都是严峻的考验。在黄埔军校里，一些不坚定的共产党员，在校方的逼迫下，自动放弃了共产党党籍。

在此形势下，武汉分校将五期提前草草毕业。许德华根据党的指示，分配到国民革命军第二方面军张发奎部的第四军直属炮兵营当了见习排长。不久，随军移防九江。

九江，这座驰名中外的南方小城，眼下，也已失去了往日的静谧，恐怖的气氛弥漫全城。许德华的心里异常苦闷，他不明白，为什么轰轰烈烈的大革命，有声有色的国共合作，一下子就付诸东流？为什么蒋介石能倒转革命的车轮？他不知道革命会向何处去；也不知道自己这个普通的党员该做些什么。他时常溜到九江城里去闲逛，因为在九江街头的饭馆茶肆里，常有一些武汉分校的学生聚集在一起，传播各种消息，评论局势的变化。他要从中寻找革命的动向，探索革命的进程，他不能、也不愿在迷惘中徘徊，不能在苦闷中堕落。

1927年8月1日，一个令人震惊的消息传到了九江城：叶挺、贺龙将军率部在南昌暴动了！许德华和几位炮兵营的共产党员都激动不已。革命的旗帜终于打出来了。第二天清晨，他们接到中共九江市组织的指示：炮兵营的共产党员立即去南昌参加暴动。许德华喜出望外，他和炮兵营的其他五名共产党员分别溜出了兵营，来到集合地。

此时，国民党二十五师师长李汉魂已封锁了南浔线上的重镇马回岭，铁路中断了。大家非常焦急，许德华提议："用我们的腿去追上红旗！""同意！"大家异口同声地说。于是他们翻过庐山，沿着赣江南下。六天以后，他们终于出现在赣江南岸。

但离南昌城不远，他们就感到气氛不对，城头上既没有红旗，也听不到歌声。果然，在路口处，他们发现一张由张发奎署名的告示，上面写道："叶挺贺龙，盘踞南昌，希图不轨，实行赤化，本总指挥，挥泪致讨，以谢党国。"

"不好，张发奎的部队进了南昌。这家伙彻底倒过去了。"党小组长老黄说。"叶、贺部队呢？"许德华焦急起来。

"很可能已经转移了。"老黄猜测着。

"转移到哪里去了呢？"有人问。

无人回答。大家都沉默了。突然的变化，使他们不知如何是好。

猛然，一声霹雳，夏日的暴雨，铺天盖地而来，淋得他们不得不躲进路边的一座草棚里。

这时，许德华从外面打探来了消息：叶、贺部队两天前就全部开走，他们沿抚河下临川去了。张发奎部队昨天下午才进城。

"那我们怎么办？往哪里去呢？"有人焦急地问。

"先住下来再说。"

"不行，张发奎的部队不是进城了吗？"

"八仙过海，各显神通吧。谁能在哪里找到党，谁就到哪儿去。"

"那怎么行，党派我们来是参加暴动的啊！"

他们在昏暗的草棚里争吵起来。许德华一直未说话，他思索着，忽然，他一拍脑袋，激动地大声说："追，咱们追上暴动的部队。"

"可是,能追得上吗?"有人问。

"假如……追不上,那可麻烦了。"

大家沉默不语了。

最后,老黄严肃地做出了决定:"同志们,党派我们来南昌是参加暴动的,可惜,我们来晚了。不过,部队还在前头。我们能从九江赶到南昌,为什么不能从南昌再去追赶部队呢!不追上部队,我们就没有完成党交给的任务。部队往南开,也许有更大的革命行动,我们不能再耽误了。我同意许德华的意见,继续追赶部队。不愿意去的,可以随便。"

大家没有提出异议。于是,六个战友冒雨上路了,他们沿抚河向南奔去。

途中,他们从几个起义部队的逃兵嘴里知道了起义部队正在临川,心里非常高兴,追了这么多天,总算有了盼头。

可是,天有不测风云。当他们走过一个叫王家洲的镇子的时候,被一伙荷枪实弹的士兵包围了,许德华急中生智,将九江党组织的介绍信塞进了他那只开了线的单鞋的夹层里。这伙人看样子也是从起义部队里逃出来的。他们搜走了许德华等的银圆、衣服和钢笔,还强行扣留了他们,企图拉他们入伙。晚上,他们趁看守出去抢劫的机会,拆掉天窗,逃了出去。他们沿着漆黑的山路,拼命地奔跑,一刻也不敢停留。

第二天清晨,他们来到一个山村旁。同伴中的江西人杨实人去打听了一下方位,才知道,这一夜,他们没有向南走,却一直向西北跑了足足六十来里路,已经进入高安县。这里离临川少说也有

二百里。

"大家说怎么办吧？"老黄把手一摊，一筹莫展。

"再往南呀！不过是多跑点路。"许德华一心想赶快追上部队。

"看你那副模样，能跑得了吗？"老黄指着他脚上底和帮快要分家的鞋子说，"我们现在身无分文，这样去追赶部队，一路上还不得饿死？"

是啊，这的确是个实际问题。许德华面对现实，无言以对。

"老黄，我有了办法。"杨实人突然说话了，"这里离高安县城不远，不如先到我家去，我再想办法找高安党组织协助，行吗？"

老黄说："我看也只有这个办法了。"

于是，他们来到高安县城，与当地党组织取得了联系。高安县党组织想留下他们一起搞农民武装，被他们婉言谢绝了。许德华坚持要追赶起义部队，他说："参加起义军，是党交给我们的任务，红旗在前，有志者事竟成。"最后，杨实人留在县里工作，许德华和其他同志继续南下。他们又在赣南的崇山峻岭中奔走了十来天。

一天早晨，他们走进一个山村，村里的墙上贴满了标语："打倒蒋介石！""起义万岁"……醒目之处，还有一张国民革命军第二方面军总指挥贺龙签署的布告。

他们兴奋起来，起义部队就在前面。他们忘记了疲劳和炎热，快速赶路。傍晚时分，他们汗津津地来到了宁都边。

"嗒嗒嗒！"一阵嘹亮的号声传来，多么熟悉的声音呀！一股热流涌上了他们的心头。

"快看！哨兵的红领带！"这红领带是南昌起义部队的标志，

他们出发前,党组织也发给他们每人一条。现在,他们赶紧拿出红领带,把它系在脖子上,满怀喜悦地奔进城去。

他们终于追上了起义军的后卫部队二十五师,师长周士第。在这里,许德华还意外地遇见了黄埔军校时的老同学廖运周,他现在已是二十五师七十五团的参谋。

娃娃连长

在南昌起义后卫部队二十五师里,许德华被分配到七十五团三营十一连当排长。

七十五团是个有光荣传统的部队。它的前身是在北伐时期攻打汀泗桥、贺胜桥战斗中屡建奇功、荣膺铁军称号的叶挺独立团的第一营,团长孙一中就是当时的副营长。战士们看见上级分配来了个十九岁的娃娃当排长,文质彬彬的,说起话来还有点腼腆,虽说是军校毕业,但是个学炮的,就有些看不起他,暗地里称他为"娃娃排长"。

这时,起义部队决定攻打会昌,然后转道去汀州、上杭,直下潮州、汕头。

一天,连党代表廖浩然向全连传达了上级的作战命令,官兵们个个摩拳擦掌。许德华也精神振奋,这是他参加起义部队以来的第一次战斗。他认真地做着准备,检查了全排同志的枪支弹药。

开国大将的故事

　　夏夜，牛毛细雨下个不停，天漆黑得伸手不见五指。长满了苔藓的山路崎岖不平，有人不时摔倒。天亮时分，部队翻过一座高山，赶到了目的地。七十五团奉命立即攻占会昌城西寨岽的制高点。十一连是全团的尖刀连，而许德华的排又是尖刀排，他率领全排士兵爬山涉水向上冲。许德华腿长身体壮，他"唰唰"地跑在前头，几个老兵几乎赶不上他。他们开始佩服起这个"娃娃排长"来。在许德华的带领下，他们一阵风似的冲了上去，一会就占领了第一个山头。

　　攻打第二个山头的时候，敌人居高临下，密集的火力网使我方前进受阻。不知怎的，排里的那挺机枪又卡壳了。正在关键时刻，许德华冲过来，一把推开那个惊慌失措的机枪手，夺过机枪，几秒钟内排除故障，端起机枪，狠命地扫射起来。这时，连长李逸虹立即领着部队冲上了山头。七十五团乘胜追击，在会昌城里与对面冲过来的七十四师会合。红旗终于插上了会昌城头。

　　打这以后，许德华在士兵们眼里的分量重了起来，"娃娃排长"的雅号再也没人叫了。

　　起义部队自攻打会昌以来，长途跋涉二十多天，从江西经福建的长汀，沿汀江来到粤东，战斗与非战斗减员的人数愈来愈多，大家迫切希望能驻下来，喘口气，整顿整顿。当他们进入大埔县三河坝以后，前敌委员会决定分兵两路：叶、贺率领主力继续沿江南下潮汕；朱德指挥二十五师留守三河坝，监视梅县方向的敌人，掩护主力转移。这样，他们在三河坝休整了十天。

　　很快，敌军总指挥钱大钧纠集三个师从松口方向追来，万余敌人将全部压在二十五师身上。大敌当前，朱德和二十五师师长周士第决定：离开中心区，到河东凭河据守，阻敌过河。

这时，十一连连长李逸虹已调走，由许德华代理十一连连长。"娃娃排长"升为"娃娃连长"了。他暗暗下决心，一定要打好这一仗，连长的职务可以代理，但打仗却不能当替补。

许德华所在的七十五团是在阵地的最前沿，而十一连又是七十五团的前沿重点。这对于一个十九岁的年轻指挥官来说，担子实在是太重了。他不断地督促全连士兵加紧修固工事，不要麻痹大意。

第二天下午5时，钱大钧带领三个师进入三河坝，他们在江城观音阁上架起了迫击炮，开始向笔枝尾山发起进攻。他们从松口调来大批船只，在大麻莲塘、梅子崀一直到归寨、南门坪一带广阔的江面展开了强渡。

许德华指挥全连连续打退了敌人三次进攻。这时天已经黑下来了，在猛烈炮火的掩护下，四百多名敌人爬上河滩。成批的炮弹呼啸着落在小松林里。小松林成了一片火海，把韩江滩头映得通红。火光中，许德华看见河滩上的敌人正疯狂地冲上来，韩江上的敌船也排成了行。他咬着牙高喊："打！把敌人统统打下去！""嗒嗒嗒"，全连士兵向敌人展开了猛烈的射击。但是由于敌人的炮火凶猛，连里先后伤亡二十多人，机枪手也牺牲了，而敌人还在拼命地向上冲，情况十分危急。这时，孙一中团长出现在小松林里，他把手中的一支二十响一挥，高声喊道："全体跟我冲，把敌人压下去！"许德华首先跳出战壕，率领全连士兵冲了下去，全团的六个连像泰山一样压了下去。韩江滩头，短兵相接，刀戈乒乓，枪炮声，喊杀声，响成了一片。四百多敌人终于被歼灭了。

第三天清晨，钱大钧调来了更多的船只，战斗很快就到了白热化的程度。在打退敌人两次冲锋之后，许德华的十一连只剩下二十来人了。他们有的头缠渗血的绷带，有的腿裹污黑的纱布。团长孙一中和连党代表廖浩然也受了重伤，被抬下了战场。下一步该怎么办，靠这二十来人能守住阵地吗？许德华焦躁起来。

这时，天下起了大雾，万物都被淹没在浓浓的白雾之中。只有韩河的流水哗哗作响。敌人在大雾的掩护下，又渡过了韩江，抢占了滩头阵地，有的敌人又开始摸了上来。

师参谋长游步红不知什么时候来到了小松林，对许德华说："快带几个人下去，乘雾大捅他一下子。"

"是！"许德华抱起一挺机枪，带着三排剩下的六七个战士下了山。

他们摸过去，先甩了一排手榴弹。大雾里，敌人弄不清山上下来多少人，有的就地趴下来抵抗，有的拼命往河边跑。许德华纵身一跃，端起机枪，向那影影绰绰的人群扫射起来。他把满腔的愤怒化作复仇的子弹。忽然，"轰"的一声，一发炮弹在许德华身后爆炸，他被巨大的气浪推得打了个趔趄，他感到腰部好像被什么东西捅了一下，一阵剧痛，他不由自主地摸了一下后腰，啊！血！鲜红的血液已经浸湿了他的衣裳。该死，怎么负伤了。他想继续向前冲，可一步也挪不动。天地开始旋转，他一头栽倒在地上，失去了知觉。

负伤以后，许德华和党代表廖浩然被安置在三河坝附近的茂之

许光达大将的故事

前村的一户农民家里养伤。伤口刚刚好转，他们就悄悄地离开了茂之前村，赶奔潮州。到了潮州，他们才知道起义军已经失败了。反动派正在到处张贴告示，捉拿叶挺、贺龙。他们不敢久留，决定到上海去寻找党组织。11月底他们来到上海，十里洋场，人海茫茫，他们连住的地方都难找，更别说找党组织了。后来他们听说原七十五团老团长孙一中正在安徽寿县"招兵买马"，为国民党三十三军筹办学兵团。收集南昌起义失散人员。于是，他们直奔寿县，途经南京时，正好遇到了廖运周，在他的帮助下，他们与党组织接上了头。他们被派到国民党三十三军协助孙一中办学兵团，扩充革命力量。许德华被任命为学兵团教育副官，从事兵运方面的工作。由于工作策略上的失误，他们的活动被敌人发现了。三十三军军长柏文蔚秘密下令逮捕孙一中、许德华和廖运周等人。他们被迫转移到寿县廖家湾，并在此组织雇农罢工运动。不久，孙一中、许德华、廖运周又暴露了身份，伪县政府派出马队来捉人，寿县县委通知他们迅速转移。他们只得逃离寿县，途中跑散。许德华独自来到蚌埠，与党组织失去了联系。在去浦口的路上，他误乘了开往南京的火车。在南京他决定先回长沙老家看看，然后出来找党组织。

1928年9月28日，在父亲的逼迫下，在长沙萝卜冲，许德华与未婚妻、长沙师范学校教师邹希鲁之女邹清华结了婚。这门亲事是许德华在长沙师范学校读书时，父亲与邹先生订下的。邹先生非常喜爱这个勤奋聪颖的学生，就把自己的大女儿桃妹子（邹靖华）许配给了他。但许德华当时一心想读书，没有把这事放在心上。其实桃妹子是个非常温柔贤惠、善解人意的姑娘。婚后，他俩恩恩爱

爱，和和美美。

但新婚第十天，许德华就得到消息：由于叛徒出卖，长沙当局已派兵前来缉拿他。他只好告别妻子，匆匆逃离长沙。

1929年初，许德华改名许泛舟，从河北省清河县来到北京，因举目无亲，只得一边打零工，一边寻找党组织，处境极为艰难。后来他病倒在北京北新桥天寿公寓。幸亏房东的女儿相救，并找到了在国民党九十六师当参谋的廖运周。廖运周介绍他到江苏无锡他的族弟廖运泽处当差，让他伺机再去上海寻找党。

1929年4月，许德华来到无锡，由廖运泽介绍，在皖系袁子经的独立旅警卫营一连当了排长。5月，独立旅驻防芜湖，他终于与芜湖党组织取得了联系。在芜湖党组织的领导下，他在独立旅中从事兵运活动。但不久他的身份暴露，只好逃离独立旅隐蔽起来。

这时，中央军委决定由周恩来主持在上海举办军事训练班，为各根据地的武装斗争培养干部。安徽党组织决定推荐许德华前往上海，参加中央军委训练班学习。

洪湖奋战

1929年7月的上海，炎热，喧闹。

一位衣着华丽、举止典雅的年轻女人走进了许德华住的上海福泰旅馆。

许光达大将的故事

"洛先生,有客人!"茶房在楼下大声喊。许德华走出房门,只见有位手里拿着檀香折扇的贵夫人站在客厅里,那精美的扇面上有四个苍劲的大字:"凤鸣两岸"。

"啊!交通员来了。"许德华连忙奔过去,"姨妈,你来了!"

……

第二天,女交通员领着许德华乘上漂亮的人力车,来到麦达赫司脱路的一座豪华公寓门前……

这里是中共中央军委书记周恩来亲自主持的中央军事训练班的秘密培训地,是为各苏区培训武装斗争骨干的地方。党员由各地党组织推荐,三个月一期。许德华参加的是第一期。

在培训班里,许德华意外地遇到了老团长孙一中,他俩被编在一个小组。结业后,他俩又一起被分配到鄂西洪湖游击区开展武装斗争。

9月中旬的一天,孙一中和许德华化装成商人,乘船来到武汉。这时的许德华已改名为许光达,是光明之路一定到达的意思。孙一中也改名叫孙德清。他俩是以中央代表的身份被派往洪湖的。在联络站,他们发现被特务跟踪了。于是,只好乘船来到沙市,在第二联络站他们见到了交通员。在鄂西特委交通员的秘密护送下,他们终于很快进入洪湖苏区。

他们到达洪湖时,贺龙已去湘西桑植、鹤峰一带建立根据地,成立了红四军。此时的洪湖地区,活跃着两支鄂西特委领导的游击队,一支由段德昌领导,在洪湖以西监利县的柳家集、刘家场一带活动;另一支由段玉林领导,在白露湖以西江陵县的横沟、沙冈地

区活动。

　　孙德清、许光达进入苏区后，因为一时找不到鄂西特委书记周逸群，就在石首县委石书记的安排下，到段玉林游击大队参加了战斗。两个月以后，他们在鄂西特委在横沟市召开的县委联席会议上见到了周逸群，向他汇报了在训练班了解到的国际国内形势，并传达了中央关于成立红六军的指示。特委决定将洪湖两支游击队合编为红六军。

　　1930年春节，红六军在监利县西北的汪家桥正式成立。由孙德清任军长，周逸群任政委，许光达任参谋长，段德昌任第一纵队司令员，段玉林任第二纵队司令员。同年6月，红六军奉命南下，迎接贺龙的红四军。许光达任二纵队政委，率部攻克华容。接着，一、二纵又连克石首、公安。7月初，红六军和红四军在公安县的南平胜利会师。随后，两军前委在普济观召开联席会议，根据中央指示，组成了中国工农红军第二军团。贺龙任总指挥，周逸群任政委，孙德清任军团参谋长。红六军改编为两个师，许光达担任十七师师长。

　　7月下旬，前委会议根据贺龙、周逸群利用蒋冯阎中原混战的时机，集中力量消灭洪湖地区的反动武装，扩大湘鄂西根据地的建议，分兵两路向东北挺进。许光达奉命率十七师赴沔阳地区铲除地主武装白极会，先后攻克新沟嘴、府场、杨林尾等地。此后，他又率师参加了攻克石首、藕池、监利、仙桃诸战役。军团主力进展也很顺利，不久，残敌被迫退到来荆河以北。

　　正当红二军团顺利发展之时，中央派来的新政委带来了中央具有"左"倾错误倾向的指示,命令红二军团离开洪湖,配合一、三军团攻打长沙。于是,红二军团渡过长江,南征湖南。他们围津市,攻沣州,计划进而夺取常德,切断武长铁路,配合一、三军团行动。结果,敌人一面坚守津、沣,一面调兵遣将,很快使兵力对比发生敌强我弱的变化,红二军团腹背受敌,不得已,被迫撤退,转往石门。

在合口,贺龙获悉一、三军团已撤出长沙,主张返回洪湖,巩固根据地,许光达支持贺龙的正确主张,但中央派来的政委坚持再攻打津市。于是,红二军团再攻津、沣,遇到了何键从长沙回师的大军,我军损失重大,六军参谋长刘仁载牺牲。不得已,部队撤到松滋杨林寺、街河市一线休整。

12月中旬,敌人十几个团的兵力向杨林寺进逼,企图分割包围红二军团。红六军仓促应战。许光达率领十七师英勇阻击,激战一整天,终于赢得了时间,保证了军团指挥部的安全转移。这时,十七师已经损失了三分之一。

1931年2月间,红二军团在五峰枝柘坪一带休整。许光达和六军政委柳克明一起,奉命率十七师下山,到松滋、公安一带筹粮。当时的洪湖根据地正处在反围剿的困难时期,沔阳、潜江、江陵地区已经陷落。在公安一带,许光达率部乘机偷袭了石首藕池,企图打通与洪湖根据地的联系,但因敌军增援,未能成功。为此,在返回鹤峰后,他由于有重返洪湖根据地的右倾情绪而受到党内警告处分。

3月,红二军团根据中央指示缩编为红三军,干部要降级使用。

许光达担任了八师二十二团团长职务。当部队领导向他征求意见时，许光达说："革命嘛，当什么都行，只要有仗打。"

4月初，前委会决定转战荆门、当阳、远安。途中因沙市、宜昌敌人来援，红三军撤至鄂北马良坪。但不到半个月，敌人又集中了10余个团的兵力围攻马良坪。贺龙率红三军英勇抗击，终因寡不敌众，向北突围。负责阻击的许光达所率二十二团被敌人切断了与主力的联系，困在官帽山上，三面受敌，一面悬崖峭壁。为了保存有生力量，许光达果断决定，连夜率团攀藤下悬崖，终于突出重围，转到房县、兴山交界的九道梁地区。他们在深山老林里坚持战斗了两个多月。7月间，得知贺龙已率红三军占领了房县。许光达立即率部赶往房县与主力会合。许光达受到了表扬。不久，被任命为红八师师长。

1931年8月，贺龙获悉段德昌率红九师已沿襄河北上，决定率军南下，返回洪湖。9月28日，主力在刘猴集与红九师胜利会师，重返洪湖苏区。这时中央派夏曦来到鄂西，担任湘鄂西分局书记兼红三军政委。红三军三个师被编为两个师一个独立团，许光达下放当了八师二十五团团长。

1932年1月，敌人集中三个师、三个旅的兵力清剿襄河以北地区。在瓦庙集展开了激战。师长段德昌命令许光达率二十五团插到敌人两个清剿部队中间去分割敌人。但敌人发现是红军主力，马上转入防御，抢占有利地形，毁屋砍林，构筑工事，设置障碍。战斗时断时续，打了一天也没有进展。

第二天，许光达奉命攻占柳枝集，要求拂晓前结束战斗。由于敌人占据了柳枝集盐厂西边的两座碉堡，火力密集，二营冲不上去。许光达急了，他来到二营指挥所，亲自指挥战斗，不幸被敌人机枪打中，身负重伤。

在洪湖瞿家湾医院，因为医疗条件差，子弹未能取出。最后湘鄂西特委和贺龙决定，把许光达送往上海治疗。在湘鄂西特委给中央的介绍信中这样写道：许光达同志曾经任三军八师师长，在上山时，带队攻藕池回苏区未下回五峰转鄂西北；三军回洪湖，任九师二十五团团长。他曾做过反逃跑主义的斗争，应城之役受伤甚重，弹未出，特来诊治，希接治。伤愈，希望给予短期军事政治训练，仍派回三军工作。

许光达到上海后，因为白色恐怖严重，无法入院手术。适逢中央要从根据地抽调一批干部去苏联学习，于是决定让他去苏联学习并治疗。

5月，许光达和其他同志一起辗转到了苏联。

独当一面

沟壑纵横的黄土地，温暖如春的新窑洞。1938年1月，许光达从苏联伤愈、学习归国，到达了延安。毛泽东、王稼祥亲切地接见了他和同批回国的其他同志。毛泽东说："你们都是在列宁故乡喝过洋墨水的洋包子，有学问的噢！中央欢迎你们回来。回来参加伟大

的抗日战争。我们的党，我们的军队已经度过了最艰难的时刻，在抗日战争中得到了发展，将来还要大发展，需要人才嘛！你们这样的干部，愈多愈好！希望你们回来以后，好好发挥作用。"话虽然不多，但许光达感到，中央对他们寄予了很大希望，他们肩上的担子不会太轻。

不久，许光达被任命为抗日军政大学训练部长。5月，又被任命为抗大教育长。其间，他努力从事军队教育工作，先后发表了《抗大最近的动向》《抗大在国防教育上的贡献》《战术发展的基本因素》等文章。这时，许光达失散了十多年的妻子邹靖华和小妹许启亮在徐特立、林伯渠帮助下，来到了延安，这对夫妻终于团聚了。自从许光达1928年年底逃离家乡后，邹靖华含辛茹苦地盼望丈夫早点回来，她打过工，累吐过血，遭受过继母和旁人的白眼，也轻过生。但她始终相信丈夫会回来的。1932年她终于收到了丈夫的一封信和一百块银圆。她遵照丈夫的嘱咐，考上了长沙师范学校，她逐渐接触了马列主义，她开始懂得了丈夫所从事的事业，她要追随丈夫，走革命的道路，于是她和小妹千里迢迢来到了这里。在这离别的十年里，部队的领导和同志们也多次关心过许光达的生活问题，但许光达心里只有他的桃妹子。经过十年的离别的考验，他俩人的爱情更加炽热，更加牢固了。后来邹靖华和许启亮也进入抗大四队学习。

1939年7月，许光达被任命为抗大三分校校长。他在领导教学工作的同时，还积极从事对抗日战争经验的研究，在《八路军军政杂志》上发表了一些论述抗日军队组织形式、战略战术的文章，如《反敌季节扫荡》等。

许光达大将的故事

1941年1月后,他又调任军委参谋部部长兼延安交通司令、卫戍司令,中央情报部一室主任。

1942年,抗日战争进入最艰难的时期,中央批准了许光达去抗日前线的请求,分配他到晋西北军区担任独立第二旅旅长兼晋西北军区第二分区司令员。邹靖华和两岁的女儿玲玲一同前往,四岁的儿子延滨留在延安。

当时,日寇正在推行扫荡与蚕食相结合的政策,在晋西北根据地增设了七十多个据点,根据地已被吞食三分之一。二分区的情况更为糟糕,一共六个县,日军已侵占了神池、五寨、岢岚和偏关四县,且每县都驻有日军一个大队和伪军一个大队,并设有大小许多据点。

许光达到了二分区所在地保德县后,立即投入了紧张的工作。这时,女儿玲玲患了急性肠炎,因缺医少药不治而死。许光达忍着悲痛,对当地作了大量调查研究。他分析了敌我友三方的形势,并根据中央的有关指示提出四项任务:1. 深入敌占区,开展反蚕食斗争;2. 加强对河西国民党军的统一战线工作,减少后顾之忧;3. 领导群众开展生产,渡过难关;4. 开展练兵运动,提高战斗力。在对敌斗争中,他抽调得力干部组织武工队,深入敌占区,肃清汉奸特务,摧毁伪组织,建立抗日政权。经过几个月的艰苦斗争,五寨和清水河地区取得了很大胜利,捕获了五寨县伪县长、风子头区伪区长及其伪官吏一百二十余人,摧毁清水河地区伪村公所三十七个,建立了抗日政权。

为了粉碎敌人的经济封锁,解决分区军民的吃、穿、用问题,许光达响应党中央号召,带头搞大生产运动。他和大家一样,开荒

种地，养鸡喂猪，纺纱织布。作为分区的总指挥，他每天四处奔波很晚才回家，但他还要点起灯来纺纱，坚持完成自己的定额，不允许别人代替。在许光达的领导下，高粱、谷子、大枣长满了保德县。他还筹集了大量的物资、钱粮，送到党中央所在地延安。

在对敌斗争的同时，许光达还注意对伪军和附近国民党驻军开展统一战线工作。一次，他听说驻偏关的伪军大队长张镇戎想同我军拉关系，就仔细了解和分析了一下张镇戎的情况，决定与他建立联系。他亲自派独二旅供给部政委李三楼和偏清武工队队长王志武前去做张镇戎的工作。经过两位同志的积极努力，张镇戎和我们订了秘密协议。协议规定：我军保证他们的生命安全和财产不受侵犯，他们要及时报告日寇的军事政治行动；奉命外出扫荡时，不准杀人放火；被迫与我军交战时，双方对空射击；时机成熟时，率部起义，张镇戎可在分区任职。在我方的尽力争取下，1943年春日寇撤出偏关时，张镇戎果然率部二百多人起义，经过整顿，被编入偏清支队。张镇戎当上了分区参议。此后，我方开始加强对伪军家属和亲友做工作，尽一切可能在伪军中打开局面，建立内线。对伪乡长、村长和保甲长也区别对待，尽可能团结。

许光达还非常注意同邻近的国民党二十二军八十六师的关系。为了减少反蚕食斗争中的后顾之忧，他派人前往八十六师做统战工作，在有关人士的积极努力下，八十六师二五六团团长高致国表示愿意与我方合作。为了表示我方的诚意，许光达冒着可能被扣压的危险，应邀前往河西二五六团赴宴。他的行动使高致国很感动。又经过几番周折，高致国终于和我军签订了合作抗日的协议。

许光达大将的故事

1943年，在晋绥军区统一领导下，许光达积极贯彻毛泽东的"把敌人挤出去"的指示，在二分区新组织了四个强有力的武工队，在独二旅配合下，从西面逼近五（寨）、三（岔堡）线各据点。同年秋，日伪军联合向分区发起进攻。日军田村大队及伪军六百多人，从三岔堡西犯，占领沙泉镇和保德城；敌原野大队及伪军六百多人，从五寨南犯，占领岢岚和保德。河西府谷的国民党顽军也与日军频频接触，情况十分危急。军区决定由许光达率部围困保德、沙泉镇之敌，配合攻打甄家庄。许光达沉着应战，一面率领二分区军民同保德、沙泉之敌战斗，一面打击国民党顽军的投降活动，确保了甄家庄之战的胜利，把日军"挤"出了保德，使日军的秋季扫荡破产。在此次敌人秋季扫荡中，许光达领导一分区军民共进行大小战斗一百四十八次，毙伤日伪军近六百名。

1945年2月，我晋绥军区发动春季攻势，夺取了离岚公路。五三公路上的敌人非常恐惧。3月下旬，他们强征大车，抢运三岔堡存粮到五寨城。许光达一边发动群众开展反支差斗争，一边指挥三十六团攻占小河口，命令各部队打击敌人的运粮队，迫使敌人放弃五十万斤的粮食，从三岔堡和旧寨两个据点撤回五寨。接着，许光达又抓紧时机，命令三十六团包围五寨、义井、小河头；二十一团和神池独立营则围困神池、贺职、八角堡。4月15日，"挤"退了风子头据点。20日"挤"退了八角堡之敌。24日攻克贺职、五寨城北石嘴头、城东都嘴。义井以东的凤凰山各据点伪军也先后投降。25日五寨日军弃城逃跑。

1945年7月，全国的抗日武装已发展到了一百万左右，所有

解放区的敌占重要城市和交通要道，均处在我军包围之中。8月9日，毛泽东发表声明，号召全国抗日武装对日军举行大规模的战略反攻。8月10日、11日，朱德总司令向解放区武装部队连续发布命令，命令八路军、新四军及一切人民武装向各敌占城市和交通要道进军。中共中央决定晋绥军区部队由贺龙统一指挥。吕正操任雁门军区司令员，许光达任雁门军区副司令员，负责北线作战。

8月12日，北线以归绥为中心展开了全面反攻。吕正操、许光达率独二旅三十六、三十二团进至清水河地区。清水河城内伪军拒绝投降。18日，两团向清水河之敌发起猛攻，于19日晨全歼伪军千余，俘虏三百人。

8月15日，日本帝国主义宣布无条件投降。抗战终于胜利了。但蒋介石却大搞反革命的两手，他一面邀请毛泽东去重庆进行和平谈判，一面却派国民党"接收大员"去各地，抢夺抗战胜利果实。在此情况下，党中央采取了针锋相对的方针，以革命的两手对付反革命的两手。于是，许光达又奉命率部向长城以北方向奋勇挺进。

驰骋西北

1946年6月，国民党终于揭开了假和谈真内战的面纱，单方撕毁了停战协定，向我解放区发动全面进攻。许光达奉命担任晋绥野战军司令部代理参谋长。11月，贺龙根据形势发展的需要，将晋绥野战军

许光达大将的故事

统编为三个纵队，许光达被任命为晋绥野战军第三纵队司令员，率领独立第二、第三、第五旅活跃在晋中、晋北地区，保卫晋绥解放区。

1947年8月，许光达奉中央军委命令，率第三纵队两个旅西渡黄河，在西北野战军彭德怀司令员指挥下，参加粉碎国民党反动派对陕甘边区的重点进攻的战斗。此时的解放战争已进入第二个年头，全国战局已转入了战略进攻。为了策应刘、邓大军南进，保障陈赓兵团南渡，西北野战军决定由许光达率三纵去攻打榆林，以调动胡宗南集团军北上。

滚滚黄河，奔腾咆哮，许光达率领独二旅连夜渡河，直奔榆林地区。在作战会议上，他强调："这是进入西北的第一仗，必须打好，要给彭总一份丰厚的晋见礼。"

高家堡和乔家滩位于榆林东北，是榆林外围的重要据点，也是通往榆林的门户，这正是独二旅进攻的头两个目标。这里驻扎着国民党军八十六师的一个团和一个补训营。战斗打响了，根据作战计划，唐金龙旅长命令：三十六团攻打乔家滩，十七团攻打高家堡，二十一团作为预备队。谁知敌人利用据点里坚固的防御工事，顽强抵抗。十七团在扫清高家堡外围据点乔家滩敌人时受挫，副团长张子善、参谋长张野炬都负了伤，激战一天，未见分晓。

这时，许光达来到了十七团指挥所，他认真分析了敌情，决定暂不强攻乔家滩，而集中主力去突袭高家堡。同时，他还命令神府支队去高家堡以西，控制高家堡西山。这样，两面夹击，对高家堡之敌造成强大的心理威胁。果然，拂晓攻击一开始，高家堡和乔家滩敌人就慌了，不知道解放军来了多少部队。上午10点钟前后，他

们派人前来谈判，交涉投降事宜，一方面想摸清我方实力，一方面想拖延时间，等待榆林援兵。许光达一下就看清了敌人的阴谋，他限定敌人在中午12点之前必须投降，时间一到，立即攻城。不出所料，敌人未在所限时间内投降。许光达一声令下，总攻开始。二十分钟后，十七团三营在炮火掩护下炸开了东门，一营、二营也在东北角竖梯成功。全旅战士势如破竹，冲进高家堡。战斗结束，独二旅共毙伤敌二百余人，俘虏陕北警备司令部少将副司令张子英及所属官兵近一千四百余人。

1947年11月4日清晨，许光达率领第三纵队来到清涧城下。这次清涧战役，彭总给第一、第三纵队的任务有三个：一是必须坚决夺取清涧城。收复清涧是收复瓦市、绥德，巩固后方，夺取榆林，向关中进军的关键；二是要活捉七十六师师长廖昂，二十四旅旅长张新汉；三是一切准备在5日16时前完成。任务十分艰巨。首先，清涧位于延安、绥德之间的九里山以南，扼咸榆公路之要冲，四面环山，清涧河环城向西向南流去，东北部依托九里山支脉，城西有笔架山与它隔河相望，构成城东、城西的天然屏障，地势险要，易守难攻。其次，城内守敌为国民党七十六师，是胡宗南的一张"王牌"，师长廖昂中将，被他们举为"常胜将军"。他凭着城坚隘险，自恃"固若金汤"。再有，彭总给他们的时间总共只有三十来个小时。要详细地侦察地形，摸清敌火力配备，搞好土工作业，准备爆破器材，沟通通信联络，完成炮火阵地，还要分配战斗任务，开诸葛亮会，等等，时间异常紧张。

怎样才能打好这一仗呢？许光达经过周密思考，决定分三步来完成彭总下达的任务。

第一步是扫清清涧城外围，主要由一纵夺取城西笔架山，三纵拿下城东山麓制高点吊溜。但由于这两处都居高临下，加上我军炮火不足，一、三纵队打了一天，也没有攻下来。9日清晨，彭总打来电报，说敌援兵刘戡的二十九军五个半旅已经到达清涧西南的永坪，距清涧只有一天的路程了。如不能速战速决，后果将不堪设想。许光达在作战室里急速地踱着步子。突然他停住了脚步，他决心重组攻击力量，集中全纵队火力，攻击笔架山和倒吊溜。接着他下达命令：中午11点以前必须完成任务。命令下达后，他来到二旅指挥部，亲自指挥战斗。指挥员的到来，大大鼓舞了士气，中午时分，三纵二十一团拿下了倒吊溜。不久，一纵也夺取了笔架山。清涧城完全暴露在我军的枪口之下了。

第二步是夺取清涧城。他指示各旅抓紧休整队伍，做好攻城准备，连续作战，不给敌人喘息的机会。这时，敌援军刘戡部队已推进到七里甲、下面窑一线，彭总急调教导旅协同新四旅进行阻击，战斗十分激烈。怎样才能更快地完成任务呢？许光达想起了守城的指挥官廖昂，是他黄埔五期的同学。于是他提笔给廖昂写了封信，说明利害，劝他投降。他想即使廖昂不肯投降，至少也可以起到动摇其军心的作用。廖昂收到信后，头脑展开激烈斗争，他的部下也惶恐不安，纷纷私下议论，权衡着利弊。这时，胡宗南来电，说刘戡援军很快到达清涧，命令他坚守待援。廖昂顿时为之一振，决心坚持到底。10日晚，许光达下令攻城。战前，他专门指示各旅团干部，要活捉廖昂。一小时后，二旅五团连续爆破炸开了东门，又过了一个小时，一纵独一旅和三纵五旅破北门成功，敌人受南北夹

击,终于一败涂地。

第三步是活捉廖昂、张新汉。许光达命令进城部队连夜清查俘虏,查出廖昂、张新汉立即报告。清晨,五旅来报,廖昂藏在一个地主大院里被我抓获,张新汉化装藏在俘虏兵中,也被查出。这时,许光达才轻轻地松了一口气。

10月11日,中共中央致电彭德怀转参战纵队,祝贺清涧大捷。

1948年2月,西北战场转入战略反攻。许光达在彭德怀司令员的指挥下,率领三纵队先后参加了宜川、瓦子街战役、澄颌战役、荔北战役和1948年11月的冬季战役,都出色地完成了任务。

1949年初,中国人民解放军夺取了辽沈、淮海、平津三大战役的伟大胜利。蒋介石即将全面崩溃。2月1日,解放军实行全国统一编制,西北野战军整编为第一野战军;所属的第一、二、三、四、六纵队整编为一、二、三、四、六军。整编后,许光达被任命为三军军长,下辖七、八两个师。整编后,许光达又率三军参加了1949年的春季攻势和陕中战役。

1949年6月,许光达被任命为二兵团司令员,下属三、四、六军。7月,他又率二兵团参加扶眉战役,大获全胜。

1949年8月下旬,第一野战军发动了兰州战役。许光达率领二兵团和六十三军及一兵团、十九兵团一起追歼马步芳部,许光达二兵团担任主攻任务。8月20日,他们来到兰州城下。他首先带领兵团师以上干部侦察地形,找到了攻克兰州的两个关键点:一是夺取兰州的主要屏障南山;二是控制敌人的唯一退路黄河铁桥。然后,他召开作战会议,进行战斗部署。8月21日,二兵团三个军按计划分别向马家山、营盘岭、沈家岭发起了攻击，想一下子敲开紧锁兰州的三座大门。但由于官兵的急躁情绪和轻敌思想严重，激战一天，一个地方也没攻下，而伤亡却很大。许光达立即指示三个军连夜召开党委会，检查原因，并如实向上级报告了情况。22日，接到彭总指示：推迟总攻时间，整顿部队思想，研究进攻战术。

25日拂晓，总攻开始。二兵团四军首先突破了敌人的工事，占领了狗娃山；六军在四十二门山野炮和迫击炮的支援下，也攻克了南山营盘岭主阵地三营子。与此同时，六十三军攻克了马家山。南山失守后，敌人开始全线溃退，企图过黄河铁桥逃命，被我三军发现。许光达立即下令：抢占西关，控制黄河铁桥，截断敌人的退路。经过十几分钟激战，三军顺利夺取黄河铁桥，七军乘胜追入城内。十九兵团主力沿川陕公路南进，按计划有力地阻击了援兰的胡宗南部队；一兵团经陇西、渭源，越洮河，解放了临夏、循化，直取西宁。26日凌晨，三、六军在城内会合。接着，马步芳匪军全部被歼，五星红旗终于在兰州城的上空飘扬。

国歌声声，军号嘹亮，许光达精神抖擞，又踏上了新的征程。

铁骑飞奔

1949年冬，许光达随彭德怀从祖国的大西北来到首都北京，在党中央的首脑机关所在地中南海协助彭德怀起草给中央人民政府

的工作报告。他把邹靖华和儿子也带来了。他想趁此机会,忙里偷闲,和妻子一起浏览一下这举世闻名的古都。然后返回西北,继续工作。谁知,这一来竟改变了他后半生的生涯。

有一次,中央领导同志在议论建国大事的时候,周恩来总理向朱德、彭德怀两位老总提出,调许光达去外交部工作。理由是,当时的外交工作主要是联系东欧社会主义国家,许光达曾在苏联学习过,很适合这个工作。但是,老总们有自己的打算:军队要现代化、正规化,必须要有懂专业的军事人才。许光达在苏联时,曾在东方大学专门为中国红军举办的一期汽车训练班学习过汽车、坦克和大炮方面的技术,是难得的军事专业人才。总理征求许光达个人意见时,许光达笑着说:"外交工作我怕不能胜任,还是军队工作熟悉一些。"

一天,彭总邀请许光达夫妇共进午餐,餐后同游风景秀丽的北海。在游览中,彭总对许光达说:"战争结束了,军队要成为国防军,要变单一兵种为多兵种,海军、空军都要成立起来。陆军里还要建立装甲兵、工程兵、防化兵,还要加强炮兵,这些都要人去搞。你是不是去搞装甲兵?后半辈子为军队现代化出点力。"

作为一名将军,能在军队发展的新时期为军队现代化出把力,真是求之不得。他欣然接受了彭总的建议。他表示:军委让我搞装甲兵,我后半辈子一定要把心血用在装甲兵上。

许光达说到做到。1950年5月,他奉军委命令重返北京,带着十几个人,住在前门外一座名叫乡村饭店的小旅馆里,开始筹建中国人民解放军装甲兵。6月,中央军委任命他为装甲兵司令员。当时，虽然四个野战军各有一支坦克大队，但人数都不多，且坦克都是从国民党部队缴获来的，装备陈旧，数量又极少。在这样的基础上，要建成一支统一的、能适应现代化战争需要的新兵种，距离还相差很远，甚至可以说是白手起家了。没有自己的武器装备，缺乏技术兵种需要的指挥和技术人员，连个领导机关都没有。

许光达开始了艰苦的工作。他首先把几支坦克部队的领导陆续找来，了解情况，然后考虑了一个切实可行的计划。他决定从两个关键问题入手：一是按统一编制整编部队；二是抓干部培养。经军委批准，他把原有的坦克部队整编为三个战车师，并陆续新组建了三个坦克团。9月1日，又成立了兵种领导机关。接着，他又在天津亲自主持组建了解放军第一所培养装甲兵干部的坦克学校。以后，他又陆续组建了三个编练基地和四所坦克修理工厂。

1950年10月抗美援朝开始，彭德怀率领中国人民志愿军入朝作战。1951年1月，许光达亲自组织坦克部队参加志愿军赴朝参战。他对参战部队的战场集结、作战使用以及技术保障等作了充分考虑和周密布置。4月，为了了解和研究装甲部队的作战使用及战场技术保障工作，许光达亲赴朝鲜战场，进行实地考察。11月，他主持制定了装甲兵部队三年建军规划。

从此以后，许光达经常深入部队，调查研究，为部队的发展和院校建设用尽了心血。他还对装甲兵的组建、使用、训练和技术保障、装备建设等，提出许多指导性很强的意见，对装甲兵部队的日益发展壮大做出了贡献。在他主持下，几个军区的装甲兵领导机关成立了。接着，又先后增建了培养指挥、技术干部和坦克修理人员

的四所坦克学校。1957年，为适应装甲兵发展的需要，培养大批中、高级指挥干部和技术人员，根据军委统一规划，许光达又组建了装甲兵学院和装甲兵工程学院，他亲自兼任装甲兵学院院长。在装甲兵建设上，他提出了"没有技术就没有装甲兵"的口号，强调政治工作与技术工作相结合，军事训练和实战需要相结合。他带头起表率作用，为了摸清坦克的性能，掌握第一手材料，五十多岁的许光达钻进蒸笼一般的坦克里学习驾驶，经过十来天的刻苦练习，他终于征服了这个庞然大物。于是，他下令，装甲兵的指挥员一律要上车，学会驾驶坦克。他还注意研究国外先进的军事科学技术，重视干部培养。许光达还善于把丰富的实践上升到理论高度，为装甲兵的理论建设提出了不少真知灼见。他在这方面的主要著作有《当前装甲兵部队建设中的几个问题》《在集训会议上的报告》《当前政治工作的中心任务》《关于装甲兵分队战术现场会议向军委的报告》等。

★共和国首任装甲兵司令员许光达大将

许光达大将的故事

在研制和定型生产中国第一代坦克的过程中,许光达也花费了大量心血。新坦克需要的特殊钢板没有,他就四处奔跑,直到钢材解决为止。当我国第一辆国产坦克刚刚试制成功时,他亲自赶到高温试验场,不顾人们的劝阻,一头钻进驾驶舱。当他拿到第一手材料从车里出来时,已是汗流浃背了。在建国十周年的国庆大典上,由我国自行生产的坦克组成的坦克方队"隆隆"地驶过天安门广场,受到党和国家领导人的检阅。

1955年9月,许光达被授予大将军衔。由于他在革命战争中的功绩,还授予他一级八一勋章、一级独立自由勋章和一级解放勋章。说到大将军衔,这里面还有一个感人的故事:

当许光达得知自己将被授予大将军衔时,心里很不安,几经考虑,他给毛主席和中央军委的领导同志写了一份"降衔申请书":

军委毛主席、各位副主席:

授我以大将衔的消息,我已获悉。这些天,此事小槌似的不停地敲击心鼓。我感谢主席和军委领导对我的高度器重。高兴之余,惶愧难安。我扪心自问:论德、才、资、功,我佩戴四星,心安神静吗?此次,按新民主主义革命时期的功绩授勋。回顾自身历史,1925年参加革命,战绩平平。1932—1937年,在苏联疗伤学习,对中国革命毫无建树。而这一时期是中国革命最艰难困苦的时期:蒋匪军数次血腥的大围剿,三个方面军被迫作战略转移。战友们在敌军层层包围下,艰苦奋战,吃树皮草根,献出鲜血生命。我坐在窗明几净的房间吃牛奶、面包,自苏联返回后,有几年是在后方。在中国人民解放军的行列里,在中国革命的事业中,我究竟为党为人

民做了些什么？

对中国革命的贡献，实事求是地说，是微不足道的。不要说同大将们比，心中有愧。与一些年资较深的上将比，也自愧不如。和我长期共事的王震同志功勋卓著：湘鄂赣树旗，南泥湾垦荒；南下北返，威震敌胆；进军新疆战果辉煌……

为了心安，为了公正，我曾向贺副主席面请降衔。现在我诚恳、慎重地向主席、各位副主席申请：授我上将衔。另授功勋卓著者以大将。

许光达
1955 年 9 月 10 日

中央军委没有接受他的请求，根据他对中国革命的贡献，仍授予他大将军衔。

1956 年 9 月，在党的第八次全国代表大会上，许光达当选为中央委员会委员。

1959 年 9 月，许光达被任命为中华人民共和国国防部部长。

1966 年，血雨腥风的"文化大革命"开始了。一贯强调"没有技术就没有装甲兵"的许光达，被造反派扣上了"反党篡军"的帽子，关了起来。在被非法隔离的日子里，他同林彪、"四人帮"一伙作了坚决的斗争，身心受到了残酷的迫害。1969 年 6 月 3 日，一代名将许光达，带着为国为民的无限忧愁，带着壮志未酬的遗憾离开了人间。事后，人们在他的一本《毛泽东选集》的扉页上发现他在隔离期间写的一首诗：

百战沙场驱虎豹，

万苦千辛胆未寒。

许光达大将的故事

> 只为人民谋解放,
> 　粉身碎骨若等闲。

这首诗是他一生追求真理,对党和人民赤胆忠心的写照;也是他一生光明磊落,襟怀坦白的写照。

著名诗人赵朴初读了许光达在受迫害时写的诗,非常感动,欣然命笔,对他光辉的一生和崇高的品德作了这样的总结:

> 刑威不能屈,烈火出纯钢。
> 节节皆忠骨,寸寸是刚肠。
> 句句腾正气,字字发奇香。
> 宜做军民范,永为邦国光。

再版后记

为青少年写书，对于我们这些长年从事理论研究工作的人来说，并不轻松。

萌动这个念头，主要是我们这些已为人父母者，对于目前青少年读物中"古""洋"所占比重过大心存不安。古典的和外国的东西可以读也应该读，但总读这些东西对广大青少年全面了解历史、认识国家、看待社会、明确自己的责任远远不够。我们相信，每一位父母都希望自己的孩子健康成长，因而也乐意看到他们多读健康有益的图书。于是我们达成共识：与其抱怨，不如抽时间实实在在地为孩子们做点事。这一想法得到了出版社的大力支持。经过一番努力，我们先后编写出了《毛泽东的故事》《周恩来的故事》《刘少奇的故事》《开国元帅的故事》《开国大将的故事》《邓小平的故事》等十几套青少年读物，陆续出版，并受到广泛欢迎。其中若干套书还获得了全国优秀畅销书奖。

由于我们对于青少年的阅读心理和阅读兴趣还缺乏深入了解，所以写出来的东西与青少年的期望之间仍会有一定距离。我们计划在今后编写其他书时争取做得更好一些。

在编写这些故事时，我们广泛参考了已出版的有关各类书籍，恕不在此一一列举。谨向所有这些书的作者、编者、出版者表示衷

再版后记

心感谢。

诚恳希望各界读者提出宝贵意见。同时建议各界同人,如有精力,亦不妨拿起笔来,为孩子们写点什么。

编著者